Political Sociology

Power and Participation in the Modern World, 5E

政治学与社会

（第五版）

[美] 安东尼·M. 奥勒姆（Anthony M. Orum）
约翰·G. 戴尔（John G. Dale） 著
王军 译

中国人民大学出版社
·北京·

献给我的父母，阿尔玛和莫里·奥勒姆——安东尼·M. 奥勒姆

献给我的儿子，伊莱贾——约翰·G. 戴尔

序

本书是 1977 年首版的一部优秀著作的最新版本。经过多次再版和修订，本书保留了对美国以及中国等国家政治社会学领域的通俗介绍。但是，我们希冀，本版在许多重要方面不同于并优于以前的各个版本。

约翰·戴尔（John Dale）现在成为托尼·奥勒姆（Tony Orum）本书的合作者。应托尼之请求，约翰同意承担本书有关社会运动章节的写作，并新增了一章关于卡尔·波兰尼（Karl Polanyi）的内容。我们相信，与较早版本相比，这些章节的增加，是一项实质性贡献。而且，托尼已经对上一版的许多内容进行了修订，例如，有关政党和大都市的章节，他还增补了两章新内容：第十二章“大众媒体”和第十三章“政治参与和民主追求”。

鸣谢：有这样的机会跟随那些在这一领域具有重大影响的富有洞见的政治社会学家学习并加深对这一领域的理解，使得约翰深感荣幸。这些政治社会学家包括弗雷德·布洛克（Fred Block）、查尔斯·蒂利（Charles Tilly）、安德鲁·阿拉托（Andrew Arato）、杰克·戈德斯通（Jack Goldstone）、迈克尔·彼得·史密斯（Michael Peter Smith）、约翰·沃尔顿（John Walton）以及已故的阿瑟·维迪奇（Arthur Vidich）等人。约翰补充说，不管怎样，他在本书中对他们的学说的阐述如果有任何误解的话，他们也绝不用对此承担任何责任。

约翰还想感谢他的合作者奥勒姆，感谢他给了自己为《政治学与社会（第五版）》做出贡献的机会，而此前这原本是奥勒姆个人的成果。而且，在深刻理解了这一机会给自己所带来的一切之后，约翰倍感荣幸而又不安。

最后，他非常感谢他的挚友、同事兼妻子丹妮拉·克蕾姆（Daniela Kraiem），感谢她与自己探讨生活中的政治问题，感谢她帮助反复修改稿件，感谢她陪伴度过的美好时光（并分享生活中的其他点点滴滴），感谢她与自己共同养育两岁的儿子伊莱贾

(Elijah)，他们也将一起分享未来的稿酬。

托尼要感谢的是他的老师、朋友和众多学生，包括尼尔·斯梅尔泽（Neil Smelser）和迈耶·扎德（Mayer Zald），许多年来，正是他们与他一道分享了有关政治学和政治社会学的思想。此外，他要感谢的是他的孩子们，汉纳（Hannah）、丽贝卡（Rebekah）和尼古拉斯（Nicholas），他们离开安乐窝，使得他能够不受太多干扰而专注于这项工作，当然，同样也感谢他们能够放飞翅膀，从而开始他们自己的人生旅程。感谢苏珊（Susan），在过去的20年里，正是她一直陪伴在他的学术旅程中，使这一切充满乐趣，并使生活充满愉悦。

目 录

第一章

导　论

今天，我们生活在一个急剧变化的时代。旧的国家已经崩溃，新的国家从它们的废墟上崛起。资本主义及其对利润的追逐，兴盛于一个不再由共产主义力量主导的世界。民主已经取得胜利，但是，旧的民主国家仍然在寻求自我复活的途径。民族国家之间的疆域界限已经被打破，成千上万的移民得以在全球开启其自由旅途。世界不再遭受大规模战争的威胁，但是，由一小撮人所发起的恐怖主义活动，仍然是即将来临的潜在危险，与较早时代的军事力量相比，更具有凶险的、潜在的灾变性。

我们将在本书中描述政治社会学家们用于思考这些事务的方式。政治社会学，一个更为宽泛的社会学学科的分支领域，起源于 19 世纪几位伟大的社会理论家的著作。如我们今天一样，所有这些社会理论家都生活在一个经历着巨大变迁和动荡的世界。革命无处不在；旧政权灭亡；新社会阶级诞生。如我们今日所做，所有这些思想家都试图理解如此的变化。

当今某些主题是政治社会学家优先考虑的工作，这使得他们的方法与其他研究政治学的方式区别开来。首先，政治社会学家采用全景式的观点来观察世界，试图找到政治制度与其他制度特别是经济制度之间的关联。其次，政治社会学家相信，虽然政治制度（像国家一样）能够以独特的方式呈现，但这样的制度同样也必然是通过某种方式以世界上其他制度为基础的。举例来说，民主国家并未如雨后春笋般地涌现，因为其发展需要依赖于一系列特殊的历史和社会环境。同样，像独裁政府或极权专制等旧制度的消失（通常不是在一夜之间彻底实现的），并不能单单归因于其领袖的个人失败，同样也是由于这样的制度在暗流涌动的国际关系领域失去驾驭能力。最后，政治社会学家对于政治制度的时空构造和演变是非常感兴趣的。因此，在他们的思考中，时间和历史往往成为非常重要的因素，其重要性远远超过了许多现代政治学家所使用的所谓的分析工具。

如今，比以往任何时候都尤为明显，政治社会学所教授给我们的最为重要的经验教训，是那些必须在所有公民中进行普及和共享的。这些经验教训应该关涉政治制度的成功与失败——例如，人类如何能够创建新的具有可持续性和回应性的民主制度？本书将竭尽所能简明扼要并令人信服地展示这些经验教训，以使那些对政治学研究缺乏了解的读者也能够读懂。

权力与权威

有两个基本概念引领着政治社会学家的思考。这两个概念是用我们日常生活中所熟悉的术语来描述的：**权力**（power）与**权威**（authority）。它们至关重要，与政治社会学家们所关注的主要问题密切相关。因此，在本书开篇首先解释这两个概念，显然是非常重要的。

一般而言，权力通常指一个人或集团和机构操控并塑造人们观点和行为的能力。当父母能够使自己的子女按照其指令行为时，我们就说，父母拥有了对子女的权力。同样，当政府能够向公民征税时，我们同样可以说，政府向公民行使了权力。

权威常常指自身运行于其中的一套制度以及制度化的安排，除此之外，它与权力有些类似。如果一个恶棍欺负一个懦夫，使用武力和暴力使其顺从，我们就说，恶棍之所以获胜，原因在于他的强权。但是，恶棍不具有权威，没有一套制度来支持他的武力，没有一套制度化的安排来强迫懦夫顺从于他。恶棍的胜利纯粹是因为体魄的强健。

现代社会学有一个基本假设，即社会领域不会有效运行——事实上它有可能纯粹是无政府状态的。如果服从仅仅是建立在人们的武力或强健体魄基础之上的话，那将是一个恶棍主宰的世界，它将逐渐演变成一个只有具备最强健体力的人们才能生存的世界。而如今我们已经知道，现存世界既有恶棍、懦夫，也有其他各色人等共处其中。这个世界之所以得以运转，是因为存在着引导其运转的整套社会安排和制度安排，是因为其运转几乎都是在我们日常生活的幕后进行的。按照我们的解释，社会制度运行的目的，是建立一整套规则来指导我们的生活，并且允许懦夫在遭受恶棍的攻击和殴打时，能够确保获得应有的补偿。

这些规则就代表着权威。它们是制度化的行为指南，由它们来规定一个人可以公平地要求另一个人遵从其意愿的条件。假设某大学院系的负责人要求一名教师承担某些课程，而这名教师那么做不是因为负责人的强势，而是因为授课是这名教师与大学所签合同的一部分内容。大学将权威赋予了负责人，而作为负责人，他能够要求教师承担课程。如果教师不服从，并拒绝上课，那么，负责人就可以大学官方的名义解雇他，因为负责人在大学制度的框架内拥有权威。

因此，所谓的权力与权威，指的是一个人或集团塑造其他人或集团的观点和/或行为意图的实施。权威是国家内部处理诸如此类关系的惯常的媒介。它是分层的、多维的因素，对于确保整个世界的运行起着基础性作用。当大型制度瓦解时，正如前苏联发生的政府倒台事件，说明基础性权威发生坍塌。因而，在这种环境下，权力显然取得了主导地位，由于缺乏制度，因而无规则可循。恶棍取得了胜利。

正如一些政治社会学家所指出的，真正的技巧不在于搞清楚旧政府垮台时即将创建的规则的确切性质，而在于如何确保新生制度权威的**合法性**（legitimacy）。在从权力到权威的进一步演变中，合法性成为关键因素。原因在于，合法性在本质上是一种信任感，正是这种信任感，是社会和政治制度得以构建和恒久运行的基础。凡合法性所在之处，或得以被创造的地方，制度及其所行使的权威才得以存在；合法性失败之处，权威及其各种规则也必将失败。现代某些社会哲学家，如于尔根·哈贝马斯（Jürgen Habermas），对整个**合法化**（legitimation）过程或者合法政权的创建给予了极大的关注，恰恰是因为合法性对于建设持久的社会制度所具有的重要意义。

总而言之，所有政治社会学家在谈论他们所从事的政治研究和世界时，通常都对涉及权力和权威的事务怀有强烈的意识。对于他们而言，权力与权威是他们所从事的知识王国的常识性概念，它们所扮演的角色如同原子（甚或夸克）之于物理学家。权力与权威是两个最基本的术语，引导着政治社会学家对社会和政治世界中的主导模式进行研究。在随后的章节中，我们将经常使用权力与权威这两个术语，主要依据的就是我们在这里给出的界定。偶尔我们也将交替使用两者，主要原因就在于，在很多情况下，权力概念比权威概念更为贴切。尽管如此，我们在这里所进行的区分——权力和权威与合法性的重要性之间——依然是非常关键的。希望大家在阅读此书时，能够牢记这一点。

制度、网络与文化

除了权力与权威这两个概念以外，其他三个概念对于政治社会学家的研究也是至关重要的。我们已经介绍了其中一个概念——**制度**（institution）。早期的社会学理论家，对于社会制度的本质是非常关注的。马克斯·韦伯（Max Weber）——我们将在第三章介绍他——或多或少是根据他对社会制度本质的关注以及社会制度如何被创建甚或被破坏，来理解社会学的。在20世纪中叶的一段时间里，社会学家倾向于忽视社会制度的本质，而宁愿将其研究焦点集中于不同形式的社会行为方面。而现如今，社会制度的本质和形式已经重新流行。通过本书，你将会发现诸如政党、政府制度以及企业等社会制度本质的多种讨论。总之，社会制度所代表的是，**一个特定社会已确立的、有组织的实践**。而且，社会制度一旦形成，就能够对历史过程和个体生活的形塑和发展方向产生深刻影响。

现代政治社会学研究的第二个主题，就是**社会网络**（social networks）。社会网络所代表的是人们之间的社会联系和纽带，是有组织地将个体联系起来的一套关系。我们的大部分日常生活能够借助于我们深深嵌入其中的社会网络来加以考量，对此，社会学家有着越来越清醒的认识。而且，在随后的内容中你将会发现，社会网络思想在政治社会学的议题中会以大量不同的方式反复出现。例如，研究投票行为的学者，审视选民的社会网络，其目的是为了理解他或她做出投票支持哪一位政治候选人的决定这一过程。或者，我们再举另一个例子，社会运动（social movements）分析家，将一个社会中不同社会网络的性质作为一种途径，借此来获得关于社会运动随着时间的推移如何起源、如何发展的深刻见解。

政治社会学家依赖的第三个，也是最后一个概念是**文化**（culture），抑或是在大型人类团体中存在的信仰。文化这一概念，作为理解社会动力的工具，已经愈来愈对当代的社会学家有所帮助。我们将通过多种考察方式，追寻不同社会的文化特性，从而加深对其政治维度的理解。一种显而易见的方式涉及不同国家所展示出来的民族特性的表现形式。民族特性所代表的是受边界限制的国家组织的特有文化形式。在美国，其独特表现就是对平等和个人主义的明确强调，在过去两个多世纪的时间里，这种信仰已经得到充分发展并深深扎根在美国人心中。文化自觉的另一种表现，就是诸如女性主义、环境主义等现代社会运动，强调的是核心信仰的重要性以及为成员创造新的身份认同的方法。这种立场，与旧的社会运动，如工联主义甚或公民权利运动形成鲜明对比，后者所强调的重点在于从政府与资方的妥协中争取特殊利益。

制度、网络与文化这三个概念，为我们提供了一种思考宏大政治问题的方法。它们有助于社会学家对已有的发现进行建构，同时也有助于指导他们探究新的发现。我们殷切希望大家能够了解，本书在随后的章节中是如何使用这些概念的，以及它们在政治社会学家的分析中占有多么重要的地位。

社会政治观：马克思、韦伯、涂尔干、托克维尔与波兰尼

五位杰出的学者已经为我们提供了一份思想遗产，这有助于塑造政治社会学家思考当今政治的方式。尽管当代政治社会学家已经远远超越了这份遗产，但它依然对我们的世界观产生了非常深刻的影响。

本书第二章至第五章，将介绍这五位学者的著述。第二章介绍卡尔·马克思（Karl Marx）的主要观点。马克思是19世纪第一位伟大的社会理论家，他关于社会阶级和现代资本主义的著述，对众多政治社会学家产生了极大影响。尽管马克思并未过多地论及政治和国家的本质——它们在很大程度上是资本主义优势地位的反映——然而，正如你将在有关美国政治和现代民族国家发展的章节中发现的，其基本的形象化描述依然使大批社会学家的著述充满无限活力。

第三章我们来审视韦伯的著作。韦伯是一个杰出的政治社会学家，他探讨了马克思未能成功论证的主题，并着重强调了马克思考虑相对较少的、在资本主义重大演变过程中出现的政治制度和思想问题。韦伯留给我们的是，关于国家以及国家与其他社会制度之间联系的基本观点。

埃米尔·涂尔干（Emile Durkheim）是一位法国社会学家，而亚历克西·德·托克维尔（Alexis de Tocqueville）则是对美国和法国大革命最具洞察力的分析家之一，他们留下的是一份多少有些不同的遗产。与马克思和韦伯不同，他们二人重点强调的是使社会充满生机和活力的共同信仰和制度。涂尔干将注意力转向了一般社会现象的本质，并创造了一套思想，有助于我们将焦点集中于今天所说的公民社会（civil society）——它既不是国家，也不是经济体，而是社会领域的一部分。托克维尔在其有关美国民主的著述中，为我们提供了一种无与伦比的洞见，向我们描绘了一幅美国主要依赖于民主与公民社团和参与的一般模式之间相互联系的图景。在过去的十年时间里，当学者们试图彻底了解构建一个有效民主政府的意义时，这些伟人——当然也包括其他人——的著作已经广为流传。

第五章介绍的是卡尔·波兰尼（Karl Polanyi）对以往经济全球化这一失败工程的依然中肯的评论。与马克思一样，波兰尼谴责了市场自由主义对社会造成的破坏。但是，与马克思不同的是，波兰尼认为，资本主义并不具有某种永恒的本质而不可避免地播下了自我毁灭的种子。相反，他强调，建立在资本主义基础上的各种制度，具有历史的偶然性，因而具有再构能力。

与涂尔干和托克维尔一样，波兰尼强调，公民社会在保护我们免遭非民主国家的行为、政策以及机构的迫害中，发挥着重要作用。但波兰尼同时也强调，公民社会必须防范由市场所导致的不平等。因而，在像弗·伊·列宁（V. I. Lenin）这样的马克思主义者推崇革命的地方，波兰尼对改革市场的可能性依然心存乐观，这取决于公民社会如何使市场牢牢嵌入政治、法律与道德之中。

我们必须承认，即使不深入研读这些杰出学者的著作，人们也有可能理解现代政治社会学家的研究。事实上，许多政治社会学家并未花太多的精力去查阅他们的著作，依然继续着他们的事业。如今，尽管这些著作在很多方面已经过时，但我们依然确信，它们仍然为我们提供了如何创造全景式世界图景的精彩模式，有助于我们理解由纷繁复杂事务组成的迷宫。它们用这样的方式，继续激发着我们的研究热情和想象力。

教学指南

在努力提供有关政治社会学的广泛而精确的描述的过程中，我们已经通过本书做了一些工作，多少可能会有别于我的同事和朋友们业已完成的研究。首先，我们主要参考美国当前及历史上的资料，试图阐明那些抽象的概念。但凡有可能，我们也试图辨别美国政治与其他地区特别是西欧政治的差异。对于比较资料进行分析的尝试，仍然与我们原本的期望相去甚远——尽管已经比二十年前有了长足进步。我们希望，无论老师还是学生，都尽可能多地引介来自其他国家的素材，以凸显美国背景的特质，并充实政治社会学家所使用的概念范畴。

其次，我们已经提出了有关特殊主题的理论，并根据现有证据、偶尔也根据好理论（good theory）的要求来对其进行评估。我们不可能解决基于已知事实的理论之间的差异，或者也不可能以不符合我们对世界的认知为由而抛弃一种特殊的理论，关于这些内容，我们已经谈了很多（请特别注意第七章的相关思考）。因此，除了我们在本书中提出的理论的一般差异外，你也将面对一种展现各种理论和未决问题之间的差异的努力。人类世界并非一个整齐划一的空间，在其中，我们的思想都可以通过观察而得到证实；我们没有理由去美化和粉饰一本关于这个世界尤其是有关其政治的书籍——那种做法只会贬低你的智商。本书中所体现的思想，如同这个世界所展现出来的一样，都要求我们进行思考和反省。

除了许多重要内容之外，如果说我们还试图努力通过本书传递什么理念的话，那就是：人类必须以强烈的求知欲和开放心态来接近这个世界，必须心甘情愿去探究有关世界的各种结论，必须对明确地表达观点具有充分的适应性，必须体现出探究那些判断是否精确的足够耐性。此即政治常常所证明的东西；此即学术追求之所在。

第二章

论经济与政治：马克思与新马克思主义者

一个资本家打倒许多资本家。随着这种集中或少数资本家对多数资本家的剥夺，规模不断扩大的劳动过程的协作形式日益发展，科学日益被自觉地应用于技术方面，土地日益被有计划地利用……各国人民日益被卷入世界市场网，从而资本主义制度日益具有国际的性质。随着那些掠夺和垄断这一转化过程的全部利益的资本巨头不断减少，贫困、压迫、奴役、退化和剥削的程度不断加深，而日益壮大的、由资本主义生产过程本身的机制所训练、联合和组织起来的工人阶级的反抗也不断增长。资本的垄断成了生产方式的桎梏……资本主义私有制的丧钟就要敲响了。剥夺者就要被剥夺了。

——卡尔·马克思：《资本论》第一卷*

如何解释关涉人类自身命运之政治本质？什么力量有助于我们更好地理解政治和政府制度的本质？社会学家们所沿寻的不是一条路径或一种观点，而分别是三种不同观点中的一种。在本章和随后的两章中，我们将解释每种观点的特征，同时也试图在关于这些观点的更为经典的论述与杰出学者新近的贡献之间进行某种调和。

在这些观点中，最为著名的就是一个多世纪以前马克思在其著作中提出的。马克思为我们提供了一种关于现代世界的强有力的综合观点。而且，正是这种观点直至今日仍然继续给人以思想和行动上的启迪。马克思的主要贡献，就是确定了政治之于经济的威力和能量。时至今日，仍然有学者在仿效马克思。自 20 世纪 70 年代以来，资本主义的经济全球化已经在全球扩散，人们之间的经济不平等在加重而不是消弭。经济不平等的加剧——马克思著作的一个核心观点——使得许多作家和学者相信，马克思的思想对于理解现代世界及其政治的形成仍然是极其重要的。

马克思论经济与政治

马克思的基本思想

马克思 1818 年生于德国的特里尔，1883 年在伦敦与世长辞。在卡尔出生前一年，

---

* 中文译文参见《马克思恩格斯文集》，第 5 卷，874 页，北京，人民出版社，2009。——译者注

即1817年，在具有犹太血统的父亲的带领下，全家皈依路德教。他的父亲受过良好教育，并且是一名律师，除此之外，并无过人之处。家里的几个孩子当中，最倔强和最有进取心的就是卡尔。马克思成熟较早，曾在波恩大学法律系从事研究工作。在那里，他受到了新黑格尔主义者（neo-Hegelians）的影响，后者是一个由非常杰出的德国哲学家组成的群体。在大学毕业之后的10年时间里，他结交了终身挚友弗里德里希·恩格斯（Friedrich Engels），并共同投入到新创建的共产党的工作之中。他们二人将在人类历史上留下不可磨灭的影响。①

在论及马克思的影响时，以赛亚·伯林（Isaiah Berlin）评论道：

> 如果说天才的标志就是将先前相互矛盾的东西转变成自明之理的话，那么，马克思是当之无愧的。根据所取得成就的影响在人类文明思想永久性背景中所占的比例来衡量，可以说，马克思在这一领域所取得的成就，必然是不可忽视的。②

例如，我们很多人都认为，我们能感觉到存在这样一些群体，而且可以根据共同的财富和财产标准，或更简洁一点，根据社会阶级，来对他们进行甄别。马克思帮助我们理解了这一思想的重要性所在。我们当中的许多人也认为，人们政治或宗教思想的形成，在某种程度上取决于他们的财富水平，也就是说，取决于人们富有或贫穷的程度。我们如何思考这种关联，是受到马克思深刻影响的。最后，我们当中有许多人相信，现代社会中存在着严重的财富和权力的不平等，而这种不平等有可能成为重大意识形态斗争的基础。这种思想的产生，同样也是在马克思的帮助下完成的。

具有讽刺意味的是，有许多人，其自身的思想传承在很大程度上来源于马克思的理论，却成为马克思最强大的敌人，这主要是因为，马克思的思想以往一直是被当作政党或整个国家的纲领基础来加以利用的，如前苏联。实际上，其思想已成为马克思主义和建立在共产主义思想基础上的国家——如中华人民共和国——的基础。但是，事实虽然如此，却不应成为贬低这种思想的依据。今天一些国家仍然深受马克思著作的影响。我们将会发现，马克思的著作仍然有助于我们深化对这些国家和有关经济管理机构的理解。

---

① Isaiah Berlin，*Karl Marx：His Life and Environment*（London：Oxford University Press，1963）.

② Tom Bottomore，ed.，*Karl Marx*（Englewood Cliffs，NJ：Prentice-Hall，Inc.，1973），68.

马克思认为，人们在日常生活中的角色，与其作为学者或者历史研究者所发挥的作用之间，存在着一种内在的冲突。前一种角色要求人们从事实践活动，并对这个世界承担某种道德责任。而后一种角色，则要求人们冷静而客观地对待这个世界，以便对其运行实现不偏不倚的观察。像韦伯这样的社会学家，也意识到了这两种冲突角色带来的紧张关系，却选择将这两种角色分离。正如当今的许多学者一样，韦伯坚持认为，只有使这两种角色保持分离状态，学者才能提出客观的观点。他争辩道，这对于我们坚持政治主张是非常完美的，但是，不应该允许那样的观点进入课堂（人们好奇的是，对于当今教师能够如此自由地表达学术观点的大学和学院，韦伯不知会作何感想）。

为了解决两种角色之间的矛盾，马克思选择了将两种角色混合起来的方式。例如，作为历史学家和社会学家，马克思认为，一名学者通过全面细微的研究，能够发现历史变革和发展的基本原理。他还声称，恩格斯和他本人已经运用他们的辩证唯物主义原理，发现了历史发展变化的基本规律。在本章稍后部分，我们将论及这一原理的某些重要特征。但是现在，我们需要强调的是：这一理论宣称，在现代资本主义条件下，无产阶级或工人阶级，将会在与资本家或工业企业所有者的革命性对抗中取得胜利。

作为一名哲学家，马克思认为，他的变革理论本身，是历史发展的产物——那就是，19 世纪资本主义社会的发展，使得像恩格斯和他本人这样的人物，抓住了历史变迁的基本规律。他指出，当社会变革即将来临之时，就像一些人会用武器来武装自己一样，有一些人会选择用理论知识来武装自己。①

（我们还应注意的是，在马克思看来，所有人的思想，都是社会和历史环境的产物。多数人——富人和穷人——受其所处特定社会阶级利益的影响，即使在社会和经济发生重大变迁时期，靠其自身也无法理解基本规律以及即将发生的变革。然而，仍然有少数人是具备这种理解能力的，自然，这其中就包括恩格斯和马克思本人。）

因此，对于马克思而言，将通过理论努力而得来的对于变革的理解，与出于坚定

① Georg Lukacs, *History and Class Consciousness*, translated by R. Livingstone (London: The Merlin Press, Ltd., 1971).

的革命信念而对变革所承担的道德责任综合起来进行分析，只不过是迈出了一小步。正是由于理解了变革的动力——特别是全球资本主义的增长以及它所不可避免地带来的不平等——使得马克思相信，对于像他这样的知识分子来说，教育工人阶级并由此而推动必然要发生的社会革命的发展，是极其重要的。事实上，他的变革理论与他的行动承诺，由此而完美地结合在一起。抑或正如他在《〈黑格尔法哲学批判〉导言》中所述："哲学把无产阶级当做自己的物质武器，同样，无产阶级也把哲学当做自己的精神武器"①。

如果我们明白，马克思有能力在他对理性思考的承诺与同时发生的革命行动之间，实现非同凡响的紧密结合，那么，我们就能够对其著作中许多看上去相互矛盾的地方有非常清楚的理解。例如，有这样一些思想家，他们认为，马克思对决定论即历史变革的不可避免性的强调，与他所倡导的为了工人阶级的利益而进行革命，是相互矛盾的。如果变革是不可避免的，缘何又谈论可以组织革命？然而，马克思却创造性地实现了两者之间的联姻：一方面是决定论，另一方面则是自由意志（free will）。刘易斯·福伊尔（Lewis Feuer）这样描述马克思的学说：

> 它号召人类开展一场至高无上的自由意志行动，即通过革命行动来干预自己的历史，并创建属于自己的社会。但是，它却使用了必然论者的言辞，以使无产阶级在其自由发展的重大转折关头，充满了历史的必然性。于是，自由与决定论两者之间实现了辩证的统一。自由的语言总是能在决定论者的语义学中得到注解，而神秘的革命者则与科学家合二为一。②

像许多联姻一样，这样的结合并不总是充满着愉悦。某种角色，如科学家，偶尔会优先于另一种角色，如革命者。但从总体上看，马克思费尽心思使二者实现统一，而这是此前或此后很少有学者能够做到的。因此，马克思很有可能就是那个被当今社会学家称为公共知识分子的第一人。

理解马克思的另一把钥匙，就是使他倾注了毕生精力的某些思想。其中最为重要的就是异化（alienation）思想。他认为，人类作为社会存在物，被异化了——也就是

---

① Robert C. Tucker, ed., *The Marx-Engels Reader* (New York: W. W. Norton Co., Inc., 1972), 23.（中文译文参见《马克思恩格斯文集》，第1卷，17页，北京，人民出版社，2009。——译者注）

② Lewis Feuer, ed., *Marx and Engels: Basic Writings on Politics and Philosophy* (Garden City, NY: Doubleday and Co., 1959), xi.

说，人类从他们自己独有的创造力和与他人相互理解的能力中分离出来。马克思坚持认为，异化的主要根源就在于社会制度，尤其是社会阶级的存在和劳动分工的出现。他进一步指出，异化的主要表现就是，人们相信社会制度是不可变的，不能对其进行变革。其他社会学家尽管持有不同的观点，却接受了某些相似的思想。例如，法国社会学家涂尔干坚持认为，正如所有的社会事实一样，劳动分工所代表的不过是劳动本身的一种类型学现象（见第四章）。

马克思的立场也有其独特之处。事实上，他相信社会制度**不是**（not）一成不变的，而是持续为人类所创造和再创造。他进一步假定，所有历史，特别是社会制度的持续演变和变革，正朝着消灭人类异化的单一目标迈进，因此，它正在逐渐向人们展示，人类是他们自身所属社会环境的创造者和主人。历史发展的每一个重大阶段，都朝着实现这一目标迈进了一大步——社会日益增加了允许人们摆脱异化束缚、独立于社会制度的能力。马克思认为，随着资本主义的崩溃和共产主义社会的来临，这一目标将最终实现。对于马克思而言，共产主义必将是一个社会阶级消亡了的社会，因为正是阶级的存在催生了人类的异化。

经济与社会分层

大概正如马克思所想，人在生活中的基本角色是生产者。制造出来的产品及其被制造的方式——无论是农业体制还是工业体制——都是经济基础的体现。对于马克思来说，正是这些基础成为社会运行的核心。直到马克思的著作问世，关于经济的研究还简单地停留在对于生产的性质和方式的理解上。而马克思提出了一个非常重要的新观点。他声称，在自然的生产过程之外，也存在着社会不平等，这种不平等与人类自身的本质没有任何关系。一些人贫困，而其他人富有，这正是生产过程的影响所造成的——而且，在现代社会，正是资本主义经济基础本身带来了这样的结果。尽管如今我们很多人都想当然地持有这种观点，但马克思在当时就能提出这种观点，的确是具有革命性的。

社会生产方式和模式导致社会集团或阶层的诞生。这些集团共同体现着社会等级制度的社会分层状况，在特定意义上被称为**社会阶级**（social classes）。马克思认为，在成熟的资本主义社会，存在着两大主要阶级：占人口极少数的**资本家阶级**（capitalists）和占人口大多数的**无产阶级**（proletariat）。这两大集团在一个重要事实上存在差异——资本家拥有生产资料，即科技工具，而无产阶级除了自己的劳动力之外一无所有。而且，财产的所有权，使得所有者成为这一过程所有成果——利润和剩余价值——的唯一受益者。

尽管马克思对社会阶级这一特殊概念的依赖贯穿于他的大多数研究过程，我们仍然必须认识到，他的社会阶级概念包含着某种歧义。在《共产党宣言》——1848 年马克思与恩格斯共同写作和出版的政治手稿——一书中，除资本家或工业资产阶级以及无产阶级或工人阶级外，作者还谈到了“中间等级的下层，小工业家、小商人、手工业者和农民……‘危险阶级’，社会流民”[①]。在《法兰西阶级斗争》——一部对路易·菲利浦（Louis Philippe）和路易·波拿巴（Louis Bonaparte）政权进行历史分析的著作——一书中，马克思对“金融贵族……工业资产阶级……小资产阶级……和农民”进行了描述。[②] 还有其他一些例子能够说明马克思曾经提到了两大阶级之外的其他阶级，而这就会不可避免地引出这样的疑问：当谈论社会阶级时，马克思到底想到了什么？

由于马克思去世之前没有来得及澄清这一困惑，由此引发了围绕这一困惑的大量学术成果和争论。为了我们的目的，我们主要应该依赖于资本家与无产阶级之间的社会阶级分裂，而我们这样做是有充足理由的。原因在于，社会阶级分裂这一概念，贯穿于马克思对资本主义经济发展进行抽象分析的全过程。[③] 而且，这一概念也明显出现在他对资本主义所做的政治分析之中。例如，马克思和恩格斯在《共产党宣言》中所描绘的资本主义社会最终两大政治阵营，其中一方是工业资产阶级或资本家阵营，另一方就是无产阶级阵营。他们声称，所有其他阶级，终将被并入这两大集团。最后，这一概念与马克思对资本主义的整体性界定，即生产资料的私人占有，是最为协调一致的。使用同样的术语来对社会阶级和资本主义基础进行界定，是一个深思熟虑

---

① Feuer，*Marx and Engels*，17-18.

② Ibid.，282.

③ 像其他每个社会学家一样，马克思不可能在现实世界中进行这种试验，而只能采取抽象的方式。此外，以这种方式获得的结果依然是重要的，其结果也预示了资本主义企业赖以发展的方式。马克思所使用的现实经济原则的缺陷，其起源在很大程度上归因于大卫·李嘉图（David Ricardo），这使得他的许多预测出现错误或含混。例如，可以参见 Fred M. Gottheil，*Marx's Economic Predictions*（Evanston，IL：Northwestern University Press，1977）。这也是许多所谓的科学预测的宿命，无论它们一度曾多么科学。

的计谋，这使得马克思能够做出这样的预测，即资本主义和资本家阶级将在同一历史瞬间消亡。①

经济基础与上层建筑

马克思对社会和政治世界具有一种宽广的视野。这种视野不仅可用于讨论当前问题，也包括讨论以往的问题。对于马克思来说，经济是打开这个世界神秘之锁的钥匙。换言之，人们与经济之间的联系塑造了他们的生活。在马克思看来，经济对这个世界的每一项特征和制度都产生了深刻而又意义深远的影响。因此，社会的经济发展进程不仅塑造了其政治特征，而且也塑造了其宗教思想、哲学前提、教育制度——事实上，塑造了现实生活方式的方方面面。“统治阶级的思想，”马克思曾经写道，“在每一时代都是占统治地位的思想。”② 因此，在现代资本主义条件下，这一阶段乃至整个资本主义社会的统治思想，就是资本家阶级的思想。

马克思关于政治本质的观点，拓展了其关于经济在任何社会中所发挥的作用和重要性的见解。大体而论，他认为，在现代资本主义条件下，政治只不过是生产方式和生产关系基本特征的一种反映。因此，既然资本家是资本主义社会占主导地位的社会阶级的代表，那么，他们同时也就是居于主导地位的政治力量。出于同样的原因，他们的对立面无产阶级，不过是现代资本主义社会居于从属地位的或无权势的群体。

理解所有这一切的一个非常实用的方法，就是在研究马克思的学者中通用的一个比喻——社会的**经济基础**（substructure）和**上层建筑**（superstructure）之间的联系。请考虑图 2－1 所示情景——经济基础由整个现代资本主义经济中的各种基础性要素

---

① 即使马克思在剖析资本家阶级和无产阶级时，他对它们各自代表着什么似乎也是困惑的。有时候，他把它们看作现实存在的集团。但是，他经常把它们看作有助于进行分析和做出预测的抽象实体［Stanislaw Ossowski, *Class Structures in the Social Consciousness* (New York: Free Press, 1963)］。更为重要的是，如果马克思意欲通过财产关系对资本家阶级和无产阶级进行界定的话，那么，在资本主义制度下，必定还存在另外一个社会阶级——土地贵族，它是封建社会的一个残余，其财产不是由科技工具，而是由土地构成的。这样，在资本主义制度下，似乎存在着三个主要的社会阶级，而不是两个阶级：资本家阶级，即科技生产工具的所有者；土地贵族，即土地所有者；无产阶级，除了劳动力之外，他们一无所有。附带说一句，这些阶级就是马克思在《资本论》第三卷中所界定的三个主要阶级。然而，如果马克思的寿命足够长的话，他还有可能认为，当资本主义社会发展到成熟阶段时——19 世纪晚期，没有一个资本主义国家被认为是成熟的，甚至英格兰也不例外——土地作为利润来源的重要性将会减弱，因而也只会剩下两个阶级：资本家阶级和无产阶级。

② Marx, "The German Ideology," in Tucker, *The Marx-Engels Reader*, 136.（中文译文参见《马克思恩格斯文集》，第 1 卷，550 页。——译者注）

构成，因此体现着资本主义的生产方式和本质。它有可能既包括生产资料，或者以物质资料的生产存在的这种元素，也包括马克思称之为生产关系的东西，即社会阶级的形式与特征。建立在经济基础之上的上层建筑，除其他元素外，由资本主义的政治制度以及诸如政党这样的特殊元素构成。通常情况下，马克思都认为，经济基础对于政治制度和政治领袖可以有所为和有所不为施加了强大的制约作用。

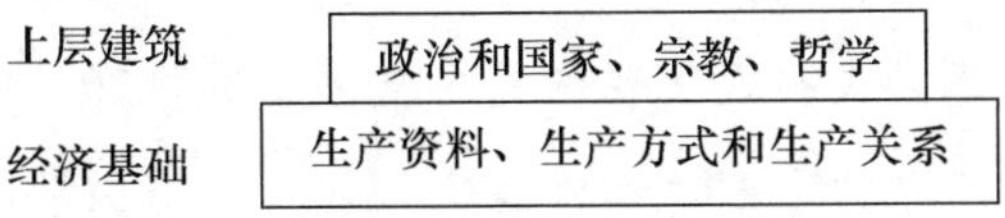

图 2－1　社会的经济基础与上层建筑

政治作为阶级斗争的一种反映

对于我们大多数人来说，政治似乎是不同的人、集团以及政党之间的一场旷日持久的竞争和斗争。例如，当今的美国政治似乎纯粹是党派——保守党与自由党、共和党与民主党以及相似的集团——之间的斗争。理解这场斗争的本质，对于大多数人而言，只是意味着简单地理解导致双方争斗的特殊政治术语和问题。按照这种思路，如果共和党人与民主党人在联邦政府要实现的目标上发生分歧，问题就简单了，它只是事关征收所得税以及其他诸如此类的联邦政策所采用的方式不同而已——为了刺激商业领域的更多投资，共和党人主张减税；而民主党人为了给需要帮助的人们提供更多来自联邦政府的帮助，则试图提高税收。

然而，对于马克思来说，对抗性政治集团之间的差异，建立在现实的阶级和/或财产形式的差异的基础之上。例如，他注意到，在 19 世纪法国国民议会中，存在几个不同的政治派别和政党，它们为了控制政府而展开斗争，却很少能团结起来。马克思坚持认为，政治集团之间相互关系的失调，是社会阶级基本差异的一种简单反映，而对立的政治纲领则来自财产的**不同形式**（different forms）：

> 我们已经说过，正统派和奥尔良派是秩序党中的两个大集团。什么东西使这两个集团依附于它们的王位追求者并使它们互相分离呢？难道只是百合花和三色旗，波旁王室和奥尔良王室，各种色彩的保皇主义？难道真是它们的保皇主义信仰？……（使）这两个集团彼此分离的……决不是由于什么所谓的原则，而是由

于各自的物质生存条件，由于两种不同的财产形式；它们彼此分离是由于城市和农村之间的旧有的对立，由于资本和地产的竞争。[①]

然后，马克思继续用同样的风格，提供了关于物质条件与政治观点之间联系理论的一个最为清晰的阐释：

在不同的财产形式上，在社会生存条件上，耸立着由各种不同的，表现独特的情感、幻想、思想方式和人生观构成的整个上层建筑。整个阶级在其物质条件和相应的社会关系的基础上创造和构成这一切。……如果奥尔良派和正统派这两个集团中的每一个集团，都硬要自己和别人相信它们彼此分离是由于它们对两个不同王朝的忠诚，那么后来的事实所证明的却恰恰相反，正是它们利益的对立才使得这两个王朝不能合二为一。正如在日常生活中应当把一个人对自己的想法和品评同他的实际人品和实际行动区别开来一样，在历史的斗争中更应该把各个党派的言辞和幻想同它们的本来面目和实际利益区别开来，把它们对自己的看法同它们的真实本质区别开来。奥尔良派和正统派同处于共和国中并提出同样的要求。如果一方不管另一方力求复辟它自家的王朝，那么这只是表明，资产阶级分裂成的两大集团（地产和资本），都力图恢复自己的统治地位，而使对方处于从属地位。[②]

马克思认为，如果国家不是明显地出于对资本家阶级的偏爱而实施统治，那就仅仅意味着，还不存在一个单一的居统治地位的社会阶级，而是存在着相互竞争的社会阶级，其权力衍生于不同的财产和财富形式。

国家权力及其限度

资本主义社会的国家机器，通常由“常备军、警察、官僚机构、教会和法院”等机关，外加议会共同构成。[③] 这一机器所推行的各项政策，总体上服务于资本家阶级

---

① Marx, “The Eighteenth Brumaire of Louis Bonaparte,” in Tucker, *The Marx-Engels Reader*, 459.（中文译文参见《马克思恩格斯文集》，第2卷，498页，北京，人民出版社，2009。——译者注）

② Marx, “The Eighteenth Brumaire of Louis Bonaparte,” in Tucker, *The Marx-Engels Reader*, 459-460.（中文译文参见《马克思恩格斯文集》，第2卷，498～499页。——译者注）

③ Marx, “The Civil War in France,” in Tucker, *The Marx-Engels Reader*, 552.

的利益。例如，马克思在《资本论》中指出，英国议会通过了许多旨在延长劳动者工作日从而增加资本家利润或剩余价值的法律。①

正如现代许多新马克思主义者所主张的，在马克思看来，国家是一种非常强大的社会制度。它将为数庞大的权力和资源集中于数量相对较少的官员和机构手中。从所有的表现来看，似乎正是这种制度掌握着生杀予夺大权。例如，美国联邦政府的行政机构，就拥有宣战权、对国会决议的否决权，并为美国提供全面而强有力的政治领导。

但是，按照马克思的观点，国家权力、领袖和官员，完全受制于资本主义自身的性质。从长远来看，国家及其领袖，都不能做出危害资本主义自身利益或与其背道而驰的决策。资本主义制度，是一种财产私有制度，在这种制度内部，所有者的利益属于个人和集团。这种制度与资本家阶级本身共同制约着自由和国家权力的行使。正如马克思和恩格斯所观察到的，“现代的国家政权不过是管理整个资产阶级的共同事务的委员会罢了”②。（在后来问世的著作中，新马克思主义者对这些观点进行了修正并使之更为缜密。）

资本主义和资本家统治的维系

到底是什么维系着现代资本主义的发展，特别是在面对财富和物质福利极度不平等的情况下？许多人都在探讨这一问题，试图揭示资本主义霸权及其完整性的本质。在马克思看来，资本主义得以维系，取决于两股核心力量：意识形态的张力和资本主义经济的稳定性与多功能性。**意识形态**（ideology）是资本主义上层建筑的核心特征之一。它是使资本主义得以维系的信念和理想的体现。对于马克思而言，从资本主义观念不再服务于工人阶级的最佳利益，而是服务于资本家和现代资本主义自身最佳利益的程度来看，意识形态也是一种“虚假意识”的体现。所有服务于增进资本主义利益的信仰抑或信仰体系——例如，我们很多人都拥有这样的梦想：每个人以及任何人都可能变得富有的美国梦——构成了资本主义的意识形态。

---

① Marx, *Capital*, I, Chapter 10.

② Marx and Engels, “The Communist Manifesto,” in Tucker, *The Marx-Engels Reader*, 337.（中文译文参见《马克思恩格斯文集》，第2卷，33页。——译者注）

但是，从深层次上看，这正是资本主义制度得以自我维系的特征。马克思坚持认为，资本家为确保自己的利润或剩余价值，在攫取巨额利润的同时，仅向工人提供最低限度的工资，昔日的资本家更像当今企业的首席执行官（CEO）。其结果是，阻碍了工人阶级积累足够的资本从而独立于生产过程本身。因此，按照马克思的观点，由于无力积累任何属于自己的资本，工人除了拥有自己的劳动力之外，只能被迫日复一日地从事简单劳动。自由市场制度，这个今天用于描述现代资本主义特征的术语，事实上所描述的绝非劳动者的自由！

革命与变革

在过去的20年里，越来越多的社会学家将其注意力转向对政治变革运动的研究，特别是转向对那些旨在推动革命或者旨在使政治和社会制度发生根本性变革的运动的研究。苏联的解体以及相伴而生的其东欧盟国的崩溃，所代表的仅仅是已经发生的、引发政治社会学家兴趣的少数重大政治变革。

马克思本人利用他对资本主义社会本质的总体认识，为我们提供了关于革命的强有力的生动描写。他认为，革命的终极基础将会在经济性质和经济关系中被发现。而且，每一社会内部都包含着终将决定其自身命运的因素。对于马克思而言，社会是自相矛盾的，在其发展过程中，由一个社会阶级所推动的力量会为其自身埋下毁灭的种子。

根据马克思的观点，一般来说，促使革命爆发的因素有三类：起决定作用的经济因素、社会因素以及工人阶级的阶级意识的形成。对于马克思而言，经济因素是最重要的因素，但其他因素也发挥着重要作用。

经济前提　马克思认为，资本家对利润的贪欲，将逐渐导致商品的过剩——一种超出了世界市场吸纳能力的过剩。革命的大多数**经济前提**（economic antecedent），就源自这一核心假设。首要的条件就是周期性危机的发生以及资本家利润的下降。正如马克思和恩格斯在《共产党宣言》中所评论的：

> 只要指出在周期性的重复中越来越危及整个资产阶级社会生存的商业危机就够了。在商业危机期间，总是不仅有很大一部分制成的产品被毁灭掉，而且有很

大一部分已经造成的生产力被毁灭掉。在危机期间，发生一种在过去一切时代看来都好像是荒唐现象的社会瘟疫，即生产过剩的瘟疫。①

按照马克思的观点，革命的第二个经济前提是资本的集中化。所占比例日益减少的工业所有者，明显占有较大比例的财富——这是对资本主义社会财富由少数人控制的趋势的一种夸大。“现在要剥夺的已经不再是独立经营的劳动者，而是剥削许多工人的资本家了。这种剥夺是通过资本主义生产本身的内在规律的作用，即资本的集中进行的。一个资本家打倒许多资本家。”② 集中化的结果之一，就是使工人阶级更为清楚地看到了压迫的根源和事实。

集中化所导致的另一个后果就是**无产阶级化**（proletarization）。许多资本家由于被剥夺了先前所占有的生产资料，为了生存被迫加入工人阶级的行列中。事实上，他们开始向下流动。“工业的进步把统治阶级的整批成员抛到无产阶级队伍里去，或者至少也使他们的生活条件受到威胁。他们也给无产阶级带来了大量教育因素。”③

对于革命的最后一个重要经济前提，存在着多种多样的解读。根据马克思的观点，由于经济危机日益频繁发生，由于技术引进带来的对工人的稳定替代，使得工人的经济状况日益恶化。特别是庞大的剩余劳动人口，即产业后备军被创造出来，导致工人工资的下降并加重工人阶级的负担。

不管怎样，产业后备军仅仅是一个更广阔进程的**贫困化**（verelendung）抑或与日俱增的贫困的缩影。“因此，在一极是财富的积累，同时在另一极，即在把自己的产品作为资本来生产的阶级方面，是贫困、劳动折磨、受奴役、无知、粗野和道德堕落的积累。”④ 学者们之间的争论围绕着如下问题展开：马克思是倾向于主张工人阶级的绝对工资减少，即工人阶级的总工资水平出现下降，还是说他意在说明整个社会的总工资水平的绝对提高了，而无产阶级的相对工资水平却下降了，即无产阶级的工资占国民收入的份额减少了？前者以对马克思的“庸俗化”解读而闻名，后者则以“相对

---

① Feuer, *Marx and Engels*, 12.（中文译文参见《马克思恩格斯文集》，第2卷，37页。——译者注）

② Marx, *Capital*, I, 750.（中文译文参见《马克思恩格斯文集》，第5卷，873～874页。——译者注）

③ Feuer, *Marx and Engels*, 19.（中文译文参见《马克思恩格斯文集》，第2卷，41页正文和注释②。——译者注）

④ Marx, *Capital*, I, 644-645.（中文译文参见《马克思恩格斯文集》，第5卷，743～744页。——译者注）

剥夺论”而著称。上述争论事实上已经超越了纯粹学术争论的范畴；如果马克思意在表明，在绝对意义上大量工人的境遇变得越加糟糕，显然他是错误的，而这一点则有可能用来解释他所预言的革命为什么没有发生。

社会前提 马克思思想的主题之一就是所谓的城乡对立。这一主题在马克思强调城市化对于革命的推动作用时，是很鲜明的。被吸引到城市地区的大批工人，比乡村地区的农民和农场主拥有更大的革命潜力。造成这种状况的原因有两个：城市中心的工人一般受雇于工厂，从事的是最不体面、最惨无人道的工作，而纯粹的人员密度呈现出组织革命运动的潜力，这是城市中心区域的典型特色之一。

革命的第二个**社会前提**（social antecedent）是起源于城市化的信息交流。工人之间的信息交流对于一场革命运动的形成是至关重要的，主要原因在于它能够使工人意识到各自经历的相似性，并培育出共同的信念：

> 工人有时也得到胜利，但这种胜利只是暂时的。他们斗争的真正成果并不是直接取得的成功，而是工人的越来越扩大的联合。这种联合由于大工业所造成的日益发达的交通工具而得到发展，这种交通工具把各地的工人彼此联系起来。①

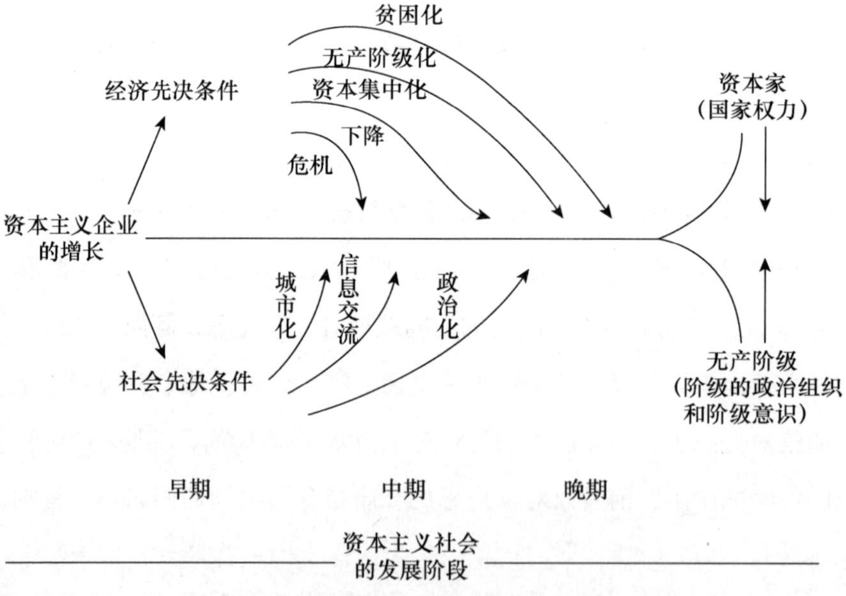

图 2-2　资本主义社会阶级冲突和革命的经济和社会前提

① Feuer, *Marx and Engels*, 16.（中文译文参见《马克思恩格斯文集》，第 2 卷，40 页。——译者注）

工人阶级内部信息交流的重要性就是，它服务于工人阶级抵制资本家对社会信息交流工具的控制，还服务于工人阶级抗衡资本主义价值体系的总体霸权。

工人阶级革命运动发展所需要的最后一个重要社会前提，就是工人阶级的政治化。这种政治化有两个来源：一个是作为工人与资本家之间遭遇战结果之一的、几乎是自然而然出现的工联主义；另一个则是像马克思及其同伴这样的革命者，为指导工人阶级政治斗争而在外部所做的种种努力。马克思和恩格斯在《共产党宣言》中强调了这一点：

> 最后，在阶级斗争接近决战的时期，统治阶级内部的、整个旧社会内部的瓦解过程，就达到非常强烈、非常尖锐的程度，甚至使得统治阶级中的一小部分人脱离统治阶级而归附于革命的阶级，即掌握着未来的阶级。所以，正像过去贵族中有一部分人转到资产阶级方面一样，现在资产阶级中也有一部分人，特别是已经提高到能从理论上认识整个历史运动的一部分资产阶级思想家，转到无产阶级方面来了。①

当然，这两个来源之间并不一定兼容。事实上，正是在这种政治化的明确形式问题上，马克思主义的忠实追随者们已经开始产生分歧。

阶级意识与政治行动　也许，马克思的革命方案以及更为广泛意义上的变革方案的最重要的组成部分，就是阶级意识。它也是最难理解的组成部分。对工人阶级的成员来说，为了推翻资本家的统治，他们不得不对自身作为一个阶级有清醒的认识。马克思声称，无产阶级必须实现从自在阶级向自为阶级的转变，前者是一个仅仅靠相似的经济和社会条件而存在的阶级，后者则是一个其成员能够清醒认识那些条件的阶级。马克思所使用的这两个术语来自路德维希·费尔巴哈（Ludwig Feuerbach），而费尔巴哈对它们的吸收最终可以追溯至伊曼纽尔·康德（Immanuel Kant）。

到底是什么清晰地形成了这种阶级意识现象？在《德意志意识形态》一书中，马克思对这一概念进行了最具体、最清晰的阐释："单个人所以组成阶级只是因为他们必须为反对另一个阶级进行共同的斗争；此外，他们在竞争中又是相互敌对的。"② 阶

---

① Feuer, *Marx and Engels*, 17.（中文译文参见《马克思恩格斯文集》，第2卷，41页。——译者注）

② Tucker, *The Marx-Engels Reader*, 143.（中文译文参见《马克思恩格斯文集》，第1卷，570页。——译者注）

级意识由两部分组成：一个集团的成员具有与另一集团的成员处于敌对状态的共同意识，并且具有联合起来对付那一集团的共同愿望。① 特别是对于无产阶级的成员来说，阶级意识意味着，作为一个集团，他们意识到资本家正在对他们施加压迫，进一步讲，他们深信，有必要采取集体行动来反对资本家。

政治组织在阶级意识的形成过程中，发挥了重要作用。然而，这种组织，特别是无产阶级的政治组织，到底应该采取什么样的明确形式呢？很多年以来，人们都想当然地认为，工会以及工会运动就是马克思所思考的那种政治形式的体现。然而，工会运动却从来没有从根本上向西方资产阶级政府发出挑战，这使得一些马克思主义者得出结论说，工会运动仅仅是现代资本主义条件下另一种形式的“虚假意识”的表现。而且，工会运动作为一支力量，在当今大多数社会中已经基本消失了，由此为政治组织和工人阶级的领导留下了一个真空地带。这类政治组织的缺乏，事实上成为减少工人阶级革命机会的核心因素。不管怎样，这确实已经导致工人对资本家要求的更大的顺从，因而使资本主义本身的力量得以维系。

新马克思主义者

弗·伊·列宁

列宁 1870 年出生于俄罗斯，原名弗拉基米尔·伊里奇·乌里扬诺夫（Vladimir Ilich Ulyanov），无论是在革命实践的意义还是理论本身方面，都为马克思主义遗产的不断发展做出了重大而特殊的贡献。除了稍后我们将探讨的理论贡献外，列宁及其同伴，包括列夫·托洛茨基（Leon Trotsky），还为后继的革命党人提供了一种模式。凭借其成功，他们展示了如何进行革命，特别是在像俄国这样的国家，跨越资本主义的发展阶段，在很大程度上依靠的是农民革命的力量来推翻专制独裁。② 在沙皇统治

① 在哲学层面上，阶级意识中还存在着另外一个因素——阶级成员必须意识到他们即将具备掌握社会权力的优势（Georg Lukacs，*History and Class Consciousness*：*Studies in Marxist Dialectics*. Cambridge，MA：The MIT Press，1971，83-222）。

② Isaac Deutscher，ed.，*The Age of Permanent Revolution*：*A Trotsky Anthology*（New York：Dell Publishing，1964），*passim*.

下，俄罗斯在很大程度上是一个农业国家，工人阶级为数较少；统治阶级不是资本家阶级，而是一个权力来自土地收入、非生产性财富和遗产继承的贵族阶层。因此，革命一旦在这种落后的国家爆发——这样的国家不是马克思曾经预言的世界上重大社会主义革命爆发的首选地点——自然会引起举世瞩目。因而，来自俄国内外的共产主义理论家们，随后对沙皇及其后的亚历山大·克伦斯基（Alexander Kerensky）政府被推翻的特殊原因以及社会主义政权的充分实现所需要的条件，进行了更多的讨论和分析。正是在这些问题上，列宁和托洛茨基之间产生了分歧，之后斯大林和托洛茨基也分道扬镳，并最终导致后者于 1941 年被暗杀于墨西哥。

论革命　如果说列宁对于马克思主义遗产的主要贡献，在于他在俄国所取得的政治实践上的成功，那么，这其中也包含着他所做出的理论贡献。1903 年，他出版了《怎么办?》这本著名的小册子。[①] 出版此书的部分原因在于，是同其在俄国社会民主党中的对手——普列汉诺夫（Plekhanov）进行论辩，特别是用来反对那些鼓吹无政府主义的人。在 19 世纪后半期的俄国，无政府主义这种政治行动模式，尤其是在民粹派抑或俄国民粹主义中间，已经获得了很多的同情。列宁在这本小册子中指出，社会主义革命的性质要求革命必须在政治、理论以及经济等几条战线展开。他坚持认为，人们不能想当然地认为，工会为了工人利益所做的种种努力，自身就能带来工人的解放。他指出，单单有这种努力是远远不够的。它们尤其不充分，原因在于它们无力解决现存的沙皇独裁统治问题——它本身是一种政治制度，而不是一种经济制度。列宁不仅反对一般意义上为了提高工资和代表工会所做的种种简单努力，也反对在社会主义阵营内部出现的各种改良主义尝试。列宁认为，那些寻求革命的人们必须为此做好准备。革命者几乎是在迫不得已的情形下，来促进工人阶级情感的创造和塑造，来促使工人阶级真正意识到马克思恩格斯学说中存在的整个历史运动。因此，列宁相信，革命者必须实现理论创新，同时还必须全身心投入到政治运动中去——鼓动人们反对政府，筹备建党以完成革命。

无论对于革命者还是学者来说，列宁关于革命政党性质的分析，都具有独特的魅力。与许多同代人形成鲜明对比的是，列宁坚持认为，革命政党必须由一支专职的革

---

① V. I. Lenin, "What Is to Be Done: Burning Questions of Our Movement," in *The Lenin Anthology*, ed. Robert C. Tucker (New York: W. W. Norton & Co., Inc., 1975), 12-114.

命者干部队伍组成，他们彻底投身于能够吸引他们为之奋斗终生的革命事业。列宁的一生，就是这种献身的典范，他将毕生精力献给了俄国的革命运动，即使在流亡海外期间也是如此。正是像列宁本人这样的职业革命者，才有可能完成革命的任务。他们沉迷于马克思恩格斯的学说之中，通过全身心关注自己所面对的现实条件，通过培育组成革命运动的人民大众对当前历史条件的正确理解，来进行自我训练。列宁进一步指出，这样的革命者无论是为了唤起大批支持者的热情，还是通过艰苦努力推翻他们所面对的强大政权，都必须孜孜不倦地进行宣传鼓动。俄国布尔什维克的成功，不可避免地导致众多其他潜在的革命者，试图从列宁的《怎么办?》中去寻找他们自己的革命道路答案。

格奥尔格·卢卡奇（Georg Lukács）带着极大的崇敬指出，列宁既是一个理论家，也是一个政治家。作为理论家，列宁创制并详细阐释了革命政党获得成功所必需的理论；作为政治家，他对运用何种策略、何时以及如何更有效地运用这些策略了如指掌。列宁坚定地要求，革命者应根据独特的历史条件和特定社会的阶级冲突状况，来对当前形势做出解释。列宁对理论与现实情况的关注进行了如此精妙的结合，在这方面，没有人能够与他媲迹。他谴责那些盲目谈论工人阶级和资产阶级、盲目谈论所有社会的阶级冲突而又不考虑它们内部环境之间特殊联系的所谓的马克思主义者。他相信，在现代世界，各地阶级斗争的性质是各不相同的。因此，他指出，“马克思主义者必须考虑生动的实际生活，必须考虑现实的确切事务，而不应当抱住昨天的理论不放。因为这种理论和任何理论一样，至多只能指出基本的、一般的东西，只能大体上概括实际生活中的复杂情况”①。列宁对现实的确切事务的考量的坚持，与历史唯物主义的目标是一致的——而不是对那些理论的不加思考的应用——已经被看作对马克思主义遗产的另一重要贡献，并且还对诸如路易斯·阿尔都塞（Louis Althusser）和尼科斯·普兰查斯（Nicos Poulantzas）这样的学者产生了独特的影响。②

论国家 正如列宁对马克思主义理论和实践所做的其他贡献一样，1917 年 8 月完

---

① V. I. Lenin, “Letters on Tactics,” in Lenin, *Marx-Engels-Marxism* (Moscow: Foreign Languages Publishing House, n. d.), 400.（中文译文参见《列宁文集——论马克思主义》，169 页，北京，人民出版社，2009。——译者注）

② 普兰查斯两本特别有影响的著作是 *Classes in Contemporary Capitalism* (London: Verso, 1978) 和 *Political Power and Social Classes* (London: Verso, 1978)。它们均揭示了列宁的思想对普兰查斯本人的影响。

成、直到十月革命胜利后才出版的《国家与革命》一书，也采用了政治理论的形式。[①]在这本书中，列宁详尽地揭示了社会主义国家或工人国家的确切性质，而这一点正是马克思和恩格斯都没有详尽阐释的。正是在这本著作中，列宁试图辨别无产阶级革命专政的精要之处，试图推断国家最终是如何“消亡”的（恩格斯语）。列宁认为，促使克伦斯基上台却保留议会完整性的俄国二月革命，仅仅是实现真正社会主义革命的第一步。他指出，二月革命事实上已经具备了一场资产阶级革命的所有特征，成功地推翻了沙皇专制政权，但与此同时却使资产阶级实现了对社会的控制。因此，这一政权本身被推翻是必然的，而且它必然是以无产阶级——俄国工人阶级——的名义被推翻的。他进一步指出，要推翻这一政权，就必须为了农民和工人的利益联合起来，因为除了像彼得格勒这样的少数城市地区外，在大多数地区，农民人数远远超过工人。

列宁指出，一旦推翻了令人蔑视的克伦斯基政府，布尔什维克就必须将任务转向在俄国建设一个工人阶级的国家。但是，这样的国家将实行无产阶级的革命专政，这样评判又意味着什么呢？在马克思和恩格斯的著作中，国家难道不是仅仅被看作统治阶级压迫被统治阶级的工具，而且，伴随着革命的爆发，会必然消亡吗？在这些问题上，列宁不得不同马克思思想中模棱两可的地方作斗争，以找到一种与马克思主义学说保持一致的方法，与此同时，也建立一套用以指导俄国工人国家的新型原则。因此，列宁指出，为了工人阶级的利益，工人国家必须接管政权，权力应该掌握在那些本身来自工人阶级的人们手中。但是，必须将这样的国家当做反对先前占优势地位的统治阶级——资产阶级和沙皇政权的残余势力——的武器来加以利用。在这一点上，列宁超越了马克思和恩格斯的观点。他坚持认为，工人国家有可能成为工人以及追随他们的其他社会阶层进行解放斗争的武器。列宁依据他对 1917 年中期俄国社会的解读和理解，再一次强调，工人国家必须将权力集中于工人代表手中——换言之，发动一场武装斗争。与那些提出建立一个民主共和国的人形成鲜明对比的是，列宁声称，这样的民主制度至少在一段时期内是不适合俄国的，原因在于，旧社会残余势力的存在仍然揭示出显著的社会和经济不平等。

列宁试图利用 1871 年的巴黎公社，特别是马克思对巴黎公社的分析，作为进一步的方案，来提供关于社会主义国家的某种解释。列宁从巴黎公社以及马克思对巴黎

---

① V. I. Lenin, “The State and Revolution,” in Tucker, *The Lenin Anthology*, 311-398.

公社的分析中，找到了支持其观点的依据。他声称，只要对资产阶级民主稍加了解就会明白，俄国的国家机器的运转，必须是为了工人而不是所有公民的利益。稍后，在布尔什维克十月革命胜利后建设新政府的过程中，列宁开始在苏维埃——工人委员会——的基础上组建新生的社会主义政权。推翻克伦斯基政府的基础，就是在工人委员会的帮助下形成的。因此，苏维埃和共产党组织的发展，成为列宁在《国家与革命》一书中试图界定的工人国家的实践成果。

论帝国主义 列宁对帝国主义的分析，是他对马克思主义做出的另一个贡献，有人甚至称其为最为持久的贡献。他指出，帝国主义是资本主义发展的最高阶段。① 从其关于成熟资本主义的著述特别是《资本论》中可以看出，马克思似乎没有能够跟上19世纪中叶以来历史发展的步伐。而恰恰正是在这一时期，资本主义开始展示出一种新的面貌。诸如英国和法国，开始寻求在世界其他地区特别是亚非地区拓展其统治权。由于制造业对原材料供应和廉价劳动力的史无前例的大量需求，更不用说产品的巨大市场需求，这些更为发达的资本主义国家，试图使其他地区对它们毫无疑虑的居民永久臣服于它们。其最终后果，就是在整个世界富国（资本主义国家）与穷国（殖民地或附属国）之间产生日益加深的裂隙，时至今日，这种裂隙依然是一种活生生的现实。

在《帝国主义是资本主义的最高阶段》一书中，列宁试图澄清并解释这种发展。在总结19世纪最后25年和20世纪早期历史发展的基础上，结合J. A. 霍布森（J. A. Hobson）和鲁道夫·希法亭（Rudolph Hilferding）两人的前瞻性分析，列宁指出，随着金融资本崛起并取得至高无上地位，现代资本主义的发展必然在资本主义国家内部引发少数的垄断。② 对更高利润的追逐——资本主义发展的动力，使得美国、法国、德国以及世界上少数其他资本主义国家的大工业家们，开始向欠发达地区投资，并通过大额贷款进一步确保他们对这些地区的统治。列宁认为，20世纪早期的世界最终被分割为宗主国（资本主义国家）和附属国（殖民地）。这种分割的原因，部分在于资本家阶级本身，部分则在于寻求在被占领的殖民地实现垄断资本主义合法控制的政府官员的共同努力。

---

① V. I. Lenin, "Imperialism: The Highest State of Capitalism," in *The Lenin Anthology*, Tucker, 204－274.

② Rudolph Hilferding, *Das Finanzkapital* (Vienna: I. Brand, 1910); and J. A. Hobson, *Imperialism* (Ann Arbor, MI: University of Michigan Press, 1902, 1965).

就强调垄断资本主义的发展是资本主义发展的一个新阶段而言，列宁的分析代表了马克思主义遗产的一个新的转折。而且，之所以说它是一个新的转折，是因为它勾勒了世界上各种国家之间的联系和联盟的不断发展的方式，是因为国家之间的分化程度的日益加深。其中有的国家可能被视为资产阶级国家——如英国，即使它包含了工人阶级在内——而有的国家则在很大程度上（即使不是全部），也是由劳苦大众组成的。列宁似乎已经感觉到，分化程度如此之深，可能会为较早时候马克思所期望的世界范围的无产阶级革命奠定基础。

安东尼奥·葛兰西

像列宁一样，意大利激进主义者安东尼奥·葛兰西（Antonio Gramsci）还在年轻的时候，就已经与社会主义政治结下了不解之缘。但是，与列宁不同的是，葛兰西在参与代表工人阶级所进行的推翻政权的活动中，从未取得过成功。事实上，与1920年代众多其他左翼激进人士一样，葛兰西对苏维埃政权所取得的伟大成功推崇备至。在积极投身意大利左翼团体的政治和理论活动很多年以后，葛兰西于1926年加入意大利共产党。虽然他对多年的追捕并不在意，但是，仅仅在入党一年后，葛兰西就被贝尼托·墨索里尼（Benito Mussolini）的警察逮捕入狱。他在狱中度过了生命中的最后十年，经受着拷打和反复发作的病痛的折磨。这一时期，也是他一生最具理论创造力的时期，他利用这段时光，尝试探讨意大利无产阶级革命的可能性问题。在思考过程中，他建立了自己的思想体系，对后来的马克思主义产生了深远影响。

论共产党　葛兰西的主要思想之一，就是对共产党在夺取政权中的作用的认识。与尼科洛·马基雅维利（Niccolo Machiavelli）的重要著作《君主论》所表达的观点不同，葛兰西指出，在现代世界中，君主所代表的实际上并不是单一个体，而是一个共同的集团，一种集体意志——或者更为明确地说，就是像意大利共产党这样的政党。① 即便这样理解，共产党人依然可以从马基雅维利的思考中汲取很多教训。政党如同君主，它必须懂得夺取并确保权力的恰当时机。就像君主一样，政党必须坚定自

---

① Antonio Gramsci，“The Modern Prince，” in *Selections from the Prison Notebooks*，Antonio Gramsci，edited and translated Quintin Hoare and Geoffrey Nowell Smith（New York：International Publishers，1971），123-205.

己的政治信念，采取为了政党自身和无产阶级的利益而设计的夺取权力的特殊行动。更为重要的是，就像君主一样，政党必须以“半人半兽”的面目出现。① 也就是说，政党必须能够适应世界本身环境的变化：它不但要具备在必要时动用武力的能力，而且要具备充分利用公众的广泛信任和同情的能力。尤其重要的是，它必须想方设法掌控这样一种微妙的进程：将自身作为集体意志从外部强加于人民，又将自身视为民意的唯一代言人。

论统治阶级的霸权 葛兰西对政党作用的分析，展示出其对诸如共产党等革命政党所面临的策略难题的一种异乎寻常的敏锐和彻底把握。同样是这种敏锐，也有助于解释他在分析维系现有政权的条件时所表现出来的洞察力，那就是对**霸权**（hegemony）条件的分析。② 无产阶级政党在确保无产阶级权力问题上的失利，特别是意大利的情况，深深地困扰着葛兰西。他为此指出，如果这种权力依靠的不是阶级统治的霸权的话，任何政党都无法确保权力，正如他对现代君主所作的分析，这意味着，这一政权必须被公众而不是冷漠无情的恶棍视为其意愿的唯一真正的代言人。建立在霸权基础上的国家的权力，所依靠的并不仅仅是其武力，而依赖于其国民的或多或少自愿的服从。葛兰西推断，公众这种自愿而广泛的顺从，源自这种政权具有深入而完整的防御性堑壕。进而言之，这种防御性堑壕意味着，公众必须对政权怀有广泛的忠诚，这种忠诚是由一整套社会和文化制度培育出来的。

因此，阶级统治的霸权最终依赖于一系列高度复杂而又普遍的公众情感，这种情感不会受政党偶尔发动的攻击的影响。“公民社会的上层建筑，”葛兰西写道，“就像现代战争的堑壕配系。在战争中，猛烈的炮火有时看似可以破坏敌人的全部防御体系，其实不过损坏了他们的外部掩体工事；而到进军和出击的时刻，才发觉自己面临仍然有效的防御工事”③。当然，葛兰西的分析尤其有助于发展马克思主义，为革命政党抓住重大历史时刻推翻统治政权提供了有益的参考。与此同时，这也是一种沉重的悲观主义的见证，在葛兰西与世隔绝的狱中生活中，这种悲观主义的阴霾始终笼罩着他。

---

① Antonio Gramsci，“The Modern Prince，” in *Selections from the Prison Notebooks*，Antonio Gramsci，edited and translated Quintin Hoare and Geoffrey Nowell Smith（New York：International Publishers，1971），170.

② Antonio Gramsci，*Prison Notebooks*，125 *et passim*.

③ Ibid. 235.（中文译文参见［意］安东尼奥·葛兰西：《狱中杂记》，曹雷雨等译，191 页，北京，中国社会科学出版社，2000。——译者注）

法兰克福学派

在当代马克思主义者中，没有几个学术团体能够产生像法兰克福学派那样的影响。1934 年，狄奥多·阿多诺（Theodor Adorno）和马克斯·霍克海默（Max Horkheimer）二人在德国创建了法兰克福学派，稍后由于阿道夫·希特勒（Adolf Hitler）的统治，该学派曾一度迁往美国。其主要人物对于马克思的解释，更多的是将其作为一个哲学家而不是一个献身革命的思想家来对待的。从某种意义上说，他们回到了青年马克思时代，作为提炼他们认定的马克思的主要理论贡献的方式；同时，他们为马克思主义思想添加了新的元素，引入了来自西格蒙德·弗洛伊德（Sigmund Freud）的升华与压抑以及来自韦伯的理性与合法性等概念。由于对马克思著作的解读越来越带有哲学色彩，他们已经形成了一种晦涩难懂的思想体系——自然也就越来越远离当今工人阶级的需求了。

赫伯特·马尔库塞　法兰克福学派，特别是赫伯特·马尔库塞（Herbert Marcuse）和哈贝马斯二人著作中体现出来的主要新观点之一，是将最初由韦伯强调、在马克思的思想中发现的对资本主义的批判融为一体的思想。由于不再像经典马克思主义的阐释那样关注无产阶级本身，甚至不再关注作为生产活动的劳动，马尔库塞靠《单向度的人》一书，在美国获得了极大的成功和名望。① 他指出，现代文明揭示了古希腊人所追求的纯粹理性（reason）与现代社会理性主义之间的分道扬镳。古希腊人的纯粹理性与对真理的探求紧密结合在一起，而且，心灵本身并未脱离自然，而是被视为自然的有机组成部分。古希腊哲学家已经假设，在心灵与自然之间存在着一种固有的和谐，两者互为对方的一部分，纯粹理性所代表的是，试图通过深刻的反思，去发现那些对于自然至关重要的原则以及那些仅仅昙花一现的现象时的心灵的活动。在马尔库塞的眼中，现代资本主义文明所做的一切，就是创造了人相对于自然、理性相对于纯粹理性的一种根本异化。借助于压抑人类拥有的所有那些基本的、重要的品质——深刻反思世界以及肉欲、爱欲或爱的需要，现代资本主义文明已经实现了这一目标。与他之前的卢卡奇一样，马尔库塞再次将辩证法作为马克思主义批判思想的本

① Herbert Marcuse，*One-Dimensional Man* (Boston：Beacon Press，1964).

质，实际上是对马克思主义自相矛盾的掩饰。

马尔库塞对现代资本主义文明的谴责，是将美国视为最典型的实例来看待的，这种批判一定从韦伯对现代世界理性本质的强调中获得了某种灵感。[①] 正如我们将要在下一章获知的，正是韦伯对技术理性和实质理性进行了区分。前者以对技术、效率和可计算性的特别强调，似乎描绘出现代资本主义基本元素的特征。而后者，所涉及的则是行动指向的目的、目标与价值。韦伯认为，在现代资本主义社会，非常明显同时又令人难以接受的是，几乎在社会的各个方面，所有的行为都开始受制于一种对于成本的定量的、可计算性评估的关注，这种评估是为了实现一个特殊的目的，或者说任何目的，而与目的本身的实质意义无关。马尔库塞对韦伯的这一基本洞见大加赞赏；但很快又开始指责韦伯，说他未能以一种真正批判的姿态成功地解决技术理性与实质理性二者因何分裂的问题。

当然，对于马尔库塞来说，答案在于这样一个事实，即现代资本主义文明所展现的是两种理性之间的一种彻底分离：技术理性变成了理性，而实质理性则代表了古希腊的纯粹理性概念。马尔库塞带着对格奥尔格·黑格尔（G. W. F. Hegel）和卢卡奇强烈的怀旧情调指出，人所创造的客体因此而与人分离，并明显地凌驾于人之上，与此同时，人自身的深刻反思或想象力却受到了压抑。事实上，人不再代表人本身，而只是某种非人化的存在；人对自我的认识，要通过思想的客体和主体对他已经创造的客体的分析来实现。因此，人开始把自己看成简单的技术工具，看成是流水线上与自我感觉分离的工人，原因则在于现代文明世界所创造的科学管理原则。人的语言采用了概念与事务直接联系的方式，而不是一种来自人类观念的虚构方式。甚至是人的情欲，也开始被具体化为性欲的诉求方式。即使是人的身体，也仅仅被看成是情欲的客体，而不是被看作陷入爱河的他自己的一部分。也许了解这一点是非常有趣的：人们在之前葛兰西颇具理性和极富洞察力的分析中，甚至发现了大量诸如此类的对现代资本主义的谴责。[②]

哈贝马斯 哈贝马斯是当今法兰克福学派的领军人物，或许在他最为著名的分析中，也汲取了韦伯对现代资本主义本质的批判性观点。哈贝马斯接受了韦伯有关合法

---

① Herbert Marcuse, "Industrialization and Capitalism in the work of Max Weber," in *Negations: Essays in Critical Theory*, Herbert Marcuse (Boston: Beacon Press, 1968), 201-226.

② Antonio Gramsci, "Americanism and Fordism," in *Prison Notebooks*, Gramsci, 277-318.

性和合法化性质的观点，他指出，现代社会中的矛盾，特别是对社会福利和大众民主的双重诡辩的强调所引发的矛盾，已经在现代资本主义国家虚构的决策正确性和正当性方面制造了危机。哈贝马斯声称，无论韦伯还是那些与他一样都强调合法性合乎法律性质的其他学者，都错误地认为，现代社会所做出的合法决策的性质本身，足以有效确保决策的正当性。哈贝马斯指出，那实际上是不正确的。合法性有其更深层次或者说完全不同的原因。合法性是以现实社会中人们普遍接受的正当性为基础的。但是，无论是对于现代社会本身，还是对于有关现代社会的理论，这种理解都是模棱两可的。他指出，只有一种批判理论，一种抓住了现代资本主义基本问题的批判理论，才能洞察世间事物的真相。为此，哈贝马斯提出了“普遍语用学”计划，试图通过对隐晦语言和交往的详细分析，来揭示现代资本主义的种种扭曲和矛盾。①

尼科斯·普兰查斯

普兰查斯是当代马克思主义者中最杰出的政治社会学家，作为一名理论家，他于1979年过早地离开了人世。普兰查斯试图将马克思主义的分析框架扩展至20世纪的资本主义，并用以理解20世纪的国家。特别需要强调的是，他试图理解，国家何以有可能成为阶级斗争发展史中的独立角色，而且，在有关“国家的相对自主性”讨论中，他的思想已经被马克思主义者奉为圭臬。②

论结构　普兰查斯提供了一些关于资本主义和现代政治的独特思考方式。也许其中最为独特的视角，来自另一个马克思主义者、他的法国导师阿尔都塞。像阿尔都塞一样，普兰查斯依据各种结构来思考社会。结构或多或少代表了各种元素之间的协调共鸣，而且，它们共同服务于保持社会秩序的完整性，多少有点类似于我们早些时候用来解释马克思观点时所使用的上层建筑或公民社会等概念。尽管它们是抽象的力量，但其中仍然包含了超出纯粹概念的内容，仍然服务于世界运行方式的塑造。紧随

① 参见他的不同著作，主要包括：Jürgen Habermas, *Legitimation Crisis* (Boston: Beacon Press, 1975); *Communication and the Evolution of Society* (Boston: Beacon Press, 1979); *Theory and Practice* (Boston: Beacon Press, 1973); and *Knowledge and Human Interests* (Boston: Beacon Press, 1971)。

② 关于尼科斯·普兰查斯思想的一本好的入门著作，可见Bob Jessop, *Nicos Poulantzas: Marxist Theory and Political Strategy* (New York: St. Martin's Press, 1985)。普兰查斯个人对国家自主性的探讨，参见Poulantzas, *Political Power and Social Classes*, Part IV。

阿尔都塞之后，普兰查斯强调，在现代资本主义的运行中，有几种结构发挥着作用。这些结构包括：意识形态结构，或曰思想王国；政治结构，或曰政治王国和国家；经济结构，或曰生产领域；司法结构，或曰法律王国。① 这样，在意识形态领域，普兰查斯就将诸如个人权利的重要性，或多元利益的代表等主张，列为现代资本主义政治自由主义意识形态的实例。而且，与阿尔都塞一样，普兰查斯坚持认为，这些结构中的每一个结构，都有可能独立于其他结构而发挥作用，在历史上任何既定的具体社会中，如20世纪的美国社会，一种结构有可能对维护社会秩序发挥支配作用。例如，他认为，在某些例子中，较之其他三种结构，意识形态结构有可能占据优势地位，而在其他例子中，政治结构特别是国家则有可能获得支配地位。当然，这种观点意味着，普兰查斯反对用经济决定论来对马克思进行简单化、庸俗化的解读。最后一个例子中所阐述的经济要素决定资本主义功能的观点，经常被普兰查斯以一种毫无羁绊的自由方式来加以使用。

论国家 普兰查斯的第二个独特观点在于，他认为，国家作为一种结构，能够独立地促进资本主义社会的生存和发展。这种观点具有双重性。他断言，国家机构可以干预阶级斗争，特别是在支配阶级与从属阶级之间出现僵局的时候。事实上，国家甚至可以采取行动，促使从属阶级的利益超过支配阶级，甚至凌驾于处于支配地位的资本家阶级之上。例如，他写道，"国家的目标恰恰在于支配阶级政治上的瓦解……[以及]……在支配阶级的政治斗争有可能发生的地方，其目标有时会指向充当维持[统治阶级霸权]的工具"②。换言之，如果国家允许不同阶级之间公开竞争和冲突，很可能只是服务于维持资本主义在经济、司法以及社会意识形态领域的全部霸权。但是，国家还可以用另一种方式，来充当社会中的独立角色，即使得国家本身成为阶级斗争的场所。普兰查斯通过这一观点所要表明的是，国家可以由各阶级的不同派别组成，不仅包括占支配地位的资本家阶级的成员，也包括从属阶级的成员。而且，普兰查斯指出，资本主义的命运有时候不是由资本家阶级的霸权所决定的，而是取决于另一个阶级的霸权，即一个能够在特定历史时刻明确实现资本主义社会统一的阶级的霸权所决定。普兰查斯正是试图用这一观点，来对现代福利国家——其许多措施均惠及

① Poulantzas, *Political Power and Social Classes*, Part I *et passim*.

② Poulantzas, ibid., 191.

工人阶级——做出解释。不管怎样，工人阶级的胜利还只是停留在表面上。在普兰查斯看来，通过福利国家所提供的各种福利，如社会保障、医疗保险以及其他措施，都只是为了确保现代资本主义的其他基本组成部分免遭侵扰。

国家的相对自主性：普兰查斯与米利班德的交锋　普兰查斯对于国家与社会的描述，显然比马克思对二者的描述更为复杂。鉴于马克思曾经断言，“国家不过是统治阶级的执行机关”，普兰查斯指出，国家有可能代表一个战场，资本主义社会不同阶级之间的矛盾和冲突通过这一战场来一决雌雄。对马克思观点的这种修正，似乎得到了广泛接受，而与此同时，普兰查斯将国家视为结构以及国家较之于资本主义经济运行具有相对自主性的观点，导致了他与其他当代马克思主义者尤其是拉尔夫·米利班德（Ralph Miliband）之间的激烈交锋。[①] 米利班德指出，在20世纪的资本主义社会，国家仍然是资本主义赖以生存的核心工具。为什么是这样呢？他认为，原因就在于，在诸如司法系统、警察局、立法机关特别是政府行政部门等国家机构中，核心决策者仍然是由资本家阶级的成员构成的。米利班德提供了非常令人信服的资料来证明他的论题。然而，普兰查斯却认为，米利班德的马克思主义观——明显沿袭了“国家是统治阶级的执行机关”的观点——是一种过于天真的想法。正是作为结构的国家，而不是人民，孕育并促进了现代资本主义的发展。普兰查斯坚持认为，如果把国家甚或整个资本主义还原为个人的代理人，就是无视马克思的基本思想，就是误解了马克思对资本主义作为一种毫无人情味的运行体制的强调。

普兰查斯与米利班德之间关于现代资本主义国家的性质和运行的思想交锋，在20世纪70年代已经相当激烈。这种现象也反映出马克思本人思想的某种模糊性，我们在有关马克思的讨论中也曾间接谈论过这种模糊性。在马克思主义的设想中，这种模糊性与人民或代理人的角色有关。他们仅仅是实现资本主义制度运行的工具，还是作为一种独立的力量发挥着某种作用？实际上，他们是真正的现实存在吗？普兰查斯否认他们是一种整体的现实存在，而米利班德尽管承认其现实性，却认为他们仍然是为资本主义的长远利益服务的。但是，米利班德的观点也暗示着，如果国家被其他阶级的代理人所掌握，将会向与资本主义利益相反的方向运转，甚至有可能对资本主义加

---

① 有关这一争论的精彩而有趣的内容，参见 David A. Gold，Clarence Y. H. Lo，and Erik Olin Wright，“Recent Developments in Marxist Theories of the Capitalist State：I” *Monthly Review Press*，27（October 1975），29-43。

以改革。很显然，这根本不是普兰查斯的观点中所暗示的意思。另一种模糊性则与国家本身的角色有关。虽然普兰查斯希望强调的是，国家在由其他阶级而不是资本家阶级控制的时候，如何才能在阶级斗争的演变中实现自主性，但最终，他在这一问题上并未提供比马克思更为清晰的主张。原因在于，他像马克思一样坚持认为，在特定历史环境中的国家结构，更崇尚从属阶级——例如，法国路易·波拿巴统治时期的农民——从长远来看，这种行为持续支持了资本主义的发展。换言之，普兰查斯和马克思二人关于国家的自主性思想中所包含的虚构成分是相同的；对于两位理论家来说，资本家阶级的霸权连同资本主义，都不受国家行为的影响。

结 论

马克思的著作和思想，对于社会学家如何思考政治，发挥了持久的重要影响。它们激发了一些相当重大的历史观的产生。即使在马克思主义体系中更多的东西——包括异化和辩证分析等概念——从人们的视野消失的地方，马克思的幽灵仍然是影响我们世界观的强大力量。也许最深刻的思想就是，在这个世界上，还有许多公民依然遭受着严重的不公平和悲惨遭遇的折磨。马克思将焦点集中于资本主义及其所产生的不平等，以此方式来揭露资本主义制度如何使一些人变得富裕，而使另一部分人陷入极端贫困。当资本主义遍及世界之时，不平等依然存在。事实上，在民族国家内部以及民族国家之间，几乎每天都有关于穷人和富人之间鸿沟日益加深的新发现。公司 CEO 们的财富还在持续保持增长；而在多数国家，普通公民却越来越难以承受日益加重的生活成本。

为什么资本主义导致了如此巨大的经济差异？如何才能帮助那些穷人和需要帮助的人克服他们的困难？这些问题，在马克思的经济分析和思想中占有核心地位，正是这些问题使得马克思的永恒遗产和思想成为现代世界的希望所在。

第三章

论国家与社会：韦伯与新韦伯主义者

托洛茨基曾在布列斯特—立托夫斯克说道：“一切国家皆以武力为基础。”这当然是正确的……暴力是国家特有的手段……但今天我们却必须说，国家是这样一种人类共同体，它在一定疆域内成功地宣布了对正当使用武力的垄断权……国家被认为是“正确”使用暴力的唯一来源。因此，对于我们来说，“政治”意味着分享权力或影响权力分配的斗争，无论是在国家之间还是一国内部各集团之间。

——《以政治为业》*

国家制度或政府，控制着政治的运行，这似乎是不证自明的道理。当然，这是所有那些自诩为政治学家的学者的观点的必不可少的组成部分。但是，社会学家，至少从马克思时代开始，已开始对此有了多少不同的理解。他们认为，不能简单地通过考量国家本身内部的运行来理解政治。相反，必须以更广阔的视野——对于许多马克思主义者来说，包括社会阶级、经济以及国家所处的国际环境——来寻求对政治本质的解释。

有这样一位思想家，他在使我们将注意力转回国家强制力及其与其他社会制度的联系方面发挥了重要作用，他就是韦伯。据说，韦伯将自己置于马克思的对立面。他试图通过思想和观念在历史研究中的重要（如果不是决定性）作用，来纠正马克思的唯物主义哲学。在《新教伦理》这本追溯西方禁欲主义新教起源和影响的著作中，韦伯得出一个著名的结论，他指出：“……以对历史和文化所作的片面的唯灵论因果解释来替代同样片面的唯物论解释，当然也不是我的宗旨。每一种解释都有着同等的可能性，但是如果不是作作准备而已，而是作为一次调查探讨所得出的结论，那么，每一种解释也不会揭示历史的真理。”① 在政治王国中，韦伯也试图抵消马克思对于社会现象的经济原因的着重强调。与马克思不同，他认为，国家的现实的政治管理对于塑造权力如何施加于人及其他国家，发挥着非常重要的作用。

韦伯引入政治研究的另一个元素，就是强调大人物在缔造历史过程中的作用。大多数社会学家都会强调，诸如国家等基础性组织和社会机构，对于历史结局具有长期

---

* 中文译文参见［德］马克斯·韦伯：《马克斯·韦伯社会学文集》，阎克文译，80 页，北京，人民出版社，2010。——译者注

① Max Weber, *The Protestant Ethic and the Spirit of Capitalism*, translated by Talcott Parsons (New York: Charles Scribner's Sons, 1958), 183.（中文译文参见［德］马克斯·韦伯：《新教伦理与资本主义精神》，于晓、陈维刚等译，144 页，北京，生活·读书·新知三联书店，1987。——译者注）

重要的影响。但韦伯却认为，拥有巨大个人权力和影响的个体——他称之为具有**魅力型**（charismatic）人格——对于现代国家的形成，同样发挥了决定性作用。他曾经写道，“任何地方现代国家的发展，都肇始于君主的行动”①。类似这样的人物，通常崛起于社会动荡之中，为不稳定的社会制度提供必要的领导，并为了子孙后代而改造它们。在当代，俄国的米哈伊尔·戈尔巴乔夫（Mikhail Gorbachev）和南非的纳尔逊·曼德拉（Nelson Mandela）就是这样的人物，他们在社会和政治剧变之时明确地提供了这种领导。

尽管社会学家们对于这类人物能够发挥作用——超越制度本身——的程度并未取得一致意见，但韦伯仍试图左右逢源。他指出，国家制度的力量不但归因于其法律和行政机构的力量，而且归因于有助于提供方向和领导的非凡人物。他坚持认为，这样的非凡人物，不仅仅服务于维系制度的不断发展，他们及其亲密盟友，还具有创新这些制度的能力和活力。沃尔夫冈·莫姆森（Wolfgang Mommsen）评论说，“韦伯和弗里德里希·尼采（Friedrich Nietzsche）都深信，只有个人，通常只有那些杰出的个人，才有能力确立新的目标，才有能力推动社会的发展”②。

韦伯论国家与政治

韦伯的基本思想

韦伯是世界上最后一位伟大的博学者。作为从法律到经济学等多个领域的专家，韦伯试图揭示关于西方世界的众多奥秘。与马克思不同的是，他从未提出过一种宏大理论，也从不相信这种理论会成为社会科学发展的重要而有效的工具。他写道：

> 对于精确的自然科学来说，“规律”越普遍有效，它们就愈重要和愈有价值；而对于赋有具体前提条件的关于历史现象的认识来说，最一般的规律因为其内容

① Max Weber, “Politics as a Vocation,” in Hans H. Gerth and C. Wright Mills (eds.), *From Max Weber: Essays in Sociology* (New York: Oxford University Press), 77.

② Wolfgang J. Mommson, *The Political and Social Theory of Max Weber: Collected Essays* (Chicago: University of Chicago Press, 1989), 26.

最为空洞，所以也就最无价值。一个类概念的有效性——它的范围——愈广泛，它就愈使我们离开实在的丰富性，因为为了包含尽可能多的现象的共同因素，它就必定是尽可能地抽象，因而空无内容的。在文化科学中，关于一般的认识在其本身是绝无价值的。①

相反，他在对一些具体问题和广泛性问题进行抨击时所持有的态度和历史观念，正是马克思著作中所缺少的。他认为，人类社会的历史就是这样，它不可能形成关于这种社会的某些基本的普遍规律或原则；充其量不过使人们可以为特殊的历史事件提供明确的解释。进一步来说，随着时间的推移和世界的变化，即使是社会学家提出的问题也将发生变化，并反映新的议题和焦点。

广泛的追求迫使韦伯不得不寻求一种微妙的平衡：一方面试图坚持作为一名学者的研究，另一方面，又要积极参与他感兴趣的日常政治活动。他逐渐形成了自己的策略，而这已经成为许多社会学家和历史学家效仿的模式。他声称，对于知识分子来说，最为重要的就是，必须使自己的学术生涯从日常生活中分离出来。在不损害相互有效性的情况下，不能将对于两种追求的判断简单地混为一谈。特别是作为一名科学家，不可能公正或可靠地为公民提供正确方向。同样道理，作为教师的学者，不应该在课堂上忙于辩论术，特别是当这种策略是旨在获取名誉而不是进行教育的时候。“教师的任务，”他写道，“就是用自己的知识和学术经验去帮助学生，而不是将他的个人政治见解强加于学生……我愿意引用我们史学家的著作来证明，一名科学工作者，在他表明自己的价值判断之时，也就是对事实充分理解的终结之时。”②

严肃的学术和科学迫切需要消除知识分子话语体系中的辩论术，政治舞台也是这样，有着自身的特殊规则。就其本质而言，政治所代表的是围绕对紧缺的物质资源和象征性（或思想）资源的控制而展开的持续冲突。任何意欲涉足这一领域的人，都必须为斗争和妥协做好准备，但最终结局要么是以胜利者的姿态出现，要么从此销声匿迹。因此，终极的伦理目标，特别是自然法所坚持的天赋权利和权利平等，在政治上

---

① Max Weber，*The Methodology of the Social Science*. Translated and edited by Edward A. Shils and Henry A. Finch. With a Foreword by Edward A. Shils.（New York：The Free Press，1949），80.（中文译文参见［德］马克斯·韦伯：《社会科学方法论》，韩水法、莫茜译，30 页，北京，中央编译出版社，1999。——译者注）

② Max Weber，“*Science as a Vocation*，” in Gerth and Mills，*From Max Weber*，146.（中文译文参见［德］马克斯·韦伯：《马克斯·韦伯社会学文集》，阎克文译，143 页。——译者注）

从一开始就注定是要失败的。很显然，韦伯对政治及其与学术的关联的看法，与马克思的观点有极大的不同；马克思寻求在表面上各种独立的追求之间的统一。不管怎样，对待韦伯的观点，就像对待马克思的观点一样，必须将其置于其西方社会观的更广泛的背景中加以理解。

根据韦伯的观点，西方社会和经济生活的性质，代表着职业化和日常活动的发展顶峰。对于纷繁复杂的众多行为中的每一种，都应以职业或专业的形式进行界定，从而建立起一种独特的职业路径和一套特殊的权利义务关系。这一主题转而成为西方文明发展过程中更具有广泛性和普遍性趋势的一个组成部分；这一主题就是**合理化生活**（rationalization of life）。对于韦伯来说，这意味着所有生活都要经受一种共同形式的评估，可计算性——对为实现特定目的而使用的最有效的技术手段进行评估。因此，在市场中，可以精确地计算出购买货物和服务的最有效方式；在法庭上，几乎可以准确地计算出违法者应受的惩罚或应承担的义务；而在战争中，旨在迅速而有效地实现海陆战争胜利的最佳策略，也能够轻而易举地得到评估。

这些形式在理性的官僚体制中得到体现，是西方国家最重要、最显著的特征。韦伯声称，这种行政管理形式，既有优点，也有缺点。作为西方文明重要主题的结构形式，它所代表的是超越以往所有文明的重大**技术**（technical）进步；与其他任何组织形式相比，它能够更为迅捷、精确而廉价地完成任务。不管怎样，它还导致了人的异化；它代表了现代生活借以得到管理的结构性途径，而个人缺少控制这种体制的能力，甚至无力控制自己的生存活动。而且，官僚体制成为如此具有普遍性的一种制度，致使个人的行为乃至其自由的选择余地都大大减少了。

尽管个人选择的所有手段都已经被简化为一种共同的评价方式，但是，关于个人选择的目的，尚未出现类似的简化。人们可以根据有限的价值观念对自我的承诺做出选择。诸如此类的价值观，反映了韦伯社会学的基本内容，它们以能够为不同的社会集团、**特殊身份群体**（status groups）提供基础的目标形式表现出来，也成为政治舞台上滋生集团间竞争与冲突的根源。*

---

* "status groups"一词本是韦伯社会分层理论的一个重要概念，然而，国内学术界对于这个词的理解和翻译却比较混乱，有"显贵阶层""身份阶层""地位群体""身份群体""同一社会阶层的群体"等多种译法，要么侧重对 status 的翻译，要么侧重对 group 的翻译，都不能准确地表达原意。本书译为"特殊身份群体"。——译者注

韦伯最伟大的思想成就，可以从他努力对东西方之间存在的广泛差异的解释中找到。在这里，他将注意力和研究转向对宗教本质的理解。他将宗教研究置于研究工作的中心，并将西方禁欲主义新教的兴起作为主要研究内容。他指出，禁欲主义新教是西方生活的一个主要事实，这表明西方与东方之间存在一个重大差别。禁欲主义新教的信条——对救赎的强调、对信徒生活的持续警示、对自我放纵的节制、对生活和工作的真诚奉献——通过为精明而残酷的财富积累提供一种道德基础，以一种相互矛盾的方式来确保西方资本主义的统治。①

韦伯对可能性、政治权力以及政府官员的理解，比马克思更为敏锐、更有启发性。他认为，总体上来看，行政管理特别是现代国家的，能够产生与经济运行同等的影响。马克思认为，社会的各种活动根植于其生产方式和经济制度。韦伯则认为，在现代社会中，居于核心地位的是权威或统治权的行使。因此，他将很大一部分研究精力用于解释权威的确切性质，以及它如何得以在现代社会、封建社会和古代社会发挥作用。

虽然韦伯与马克思一样，也坚持认为人是异化的，但他却认为，异化的原因不是来自物质生产方式，而是来自行政管理方式。不管怎样，与马克思不同的是，韦伯并不确定人类是否能够摆脱异化的束缚；他相信，人类在减少官僚体制的侵害方面实际上是无能为力的。而且，与马克思的著作不同，韦伯的研究不再包含人类发展的终极目的或意图。历史和生活还在继续；人至多能够理解建构历史的重大主题，却不能轻易地辨识未来的轮廓。他总结说，我们就是现代世界制度“铁笼”中的囚徒：“[现代经济] 秩序现在却深受决定着当今所有……个人……生活的机器生产的技术和经济条件的制约。巴克斯特（Baxter）认为，对圣徒来说，身外之物只应像‘披在他们身上的一件随时可甩掉的轻飘飘的斗篷’。然而命运却注定这斗篷将变成一只铁的牢笼。”②

国 家

韦伯将如何思考现代国家及其在社会中运行的轮廓和主要特征，留给了他的后继

---

① 例如，可参见 Gerth 和 Mills 主编的 *From Max Weber*：*Essays in Sociology* 一书有关宗教的章节。

② Weber，*The Protestant Ethic and the Spirit of Capitalism*，183.（中文译文参见［德］马克斯·韦伯：《新教伦理与资本主义精神》，于晓、陈维刚等译，142 页。——译者注）

者。根据韦伯的观点，现代国家的主要特征，就在于它行使着“在既定疆域内合法使用武力的垄断权”①。这样一种垄断，为国家提供了一种现代社会任何机构或部门都不具备的权力；使得国家及其官员用一种其他任何团体（包括大型社会阶级或公司）都不曾拥有的方式掌控着权力。于是，在事关武力和强权的问题上，国家成为终极的权威。韦伯坚持认为，从某种意义上说，正像中世纪的教会那样，在现代世界中，国家占据着突出和核心位置。

在韦伯看来，国家的组织维度有两个关键特征。第一个特征就是国家的官僚制本身。按照他的观点，官僚机构居于国家组织和行政管理的中心，由它来代表大众对法律和政策进行阐释并贯彻落实。尽管议会或国会代表着当选官员，但是，由文官组成的国家官僚机构，仍然因其在事实上执行政府官员制定的法律而居于决定性地位。事实上，在19世纪的德国，国家官僚机构的权力比民选官员的权力大得多，而韦伯对官员，即使是经过民主程序当选的官员，是否能像文官那样有效率并胜任自己的工作，是不抱什么希望的。②

第二个重要的权力维度，是占据优势地位的**官员群体**（groups of officials）。这种优势地位来自官员们所具有的政治管理专业知识和技能。韦伯指出，由于法律——特别是现代理性法——对于现代社会的日常生活已经如此重要，因此，那些精通法律的现代律师将在政治活动和国家强制力执行过程中居于更核心的位置。③ 对于韦伯来说，律师代表了社会现代化进程中一个强大的社会联盟，其潜力也许要胜过资本家这一社会阶级。

韦伯指出，在一个民主社会里，盛行的是法治。公民必须遵守法律，否则会因违法而遭受惩罚。像钟摆一样，人们随着时光的平静流逝，以有序而理性的方式从事着日常活动。韦伯相信，不管怎样，这种秩序的背后，潜藏着对整个社会特别是对民主社会的深层内在威胁。第一个这样的威胁，就来自对理性规范的过分强调，以及国家和其他现代机构对它们的利用。这种规范注重的是效率和可计算性，却是以忽视正义和平等等深层次议题为代价的。韦伯认为，由于将重点转向效率，深远而强大的生活

---

① Weber, “Politics as a Vocation,” in Gerth and Mills, *From Max Weber*, 78.

② Max Weber, *Economy and Society: An Outline of Interpretive Sociology*, translated by Guenther Roth and Claus Wittich (New York: Bedminster Press, 1968), Volume Ⅲ, 1393 ff.

③ Weber, “Politics as a Vocation,” in Gerth and Mills, *From Max Weber*, 94-95.

目标——以及关于这种目标的各种问题——就被抛在脑后，迷失在无数的规则和官僚秩序之中。

另一个威胁源自现代国家本身官僚制的性质。韦伯认为，随着国家变得越来越复杂和强大，任何个人组成的集团——更不用说单枪匹马的个人了——挑战国家的能力遭到削弱。在他看来，民主社会未来面临的最大威胁，并不在于马克思所说的资本的积聚和集中，而在于国家背后权力的集中。一个缺乏强有力领袖的国家，仅靠一支平庸的官僚团队，对于公民的长远福祉所造成的危害，要远甚于一个由充满恶意的领袖统治的国家。他写道，"只能在这两者之间做出选择：或者是挟'机关'而治的领袖民主制，或者是无领袖的民主制，即职业政治家的统治，他们没有使命感，不具备造就领袖人物内在超凡魅力的个性品格"①。

统治者的权力

我们真的能够谈论一种伟人历史理论吗？在韦伯有关个人或领袖以及制度的作用的论述和思考中，充满了紧张和矛盾心理。② 这种紧张导致人们在解读韦伯时产生巨大的差异。一些学者强调，韦伯崇尚诸如 19 世纪德国的俾斯麦（Bismarck）等伟大人物的权力，他们指出，韦伯与尼采都认为，伟大人物能够运用足够的权力来颠覆或改变世界，使得制度和习俗成为个人权力的彻头彻尾的奴仆。③ 另外一些学者则强调，韦伯在承认个人权力的同时也认为，制度也在发挥自身的影响（正如他在有关新教伦理的著作中所阐述的），在其特有的框架内再造社会和生活。正是这种解读，使得人们更加清醒地认识到韦伯对现代国家作用及其如何重塑和再造社会的强调。

理解韦伯——并由此扩展至其政治观——关于领袖问题的观点的最明智方式，来自德国社会学家莫姆森的相关著作和解释。莫姆森指出，韦伯关于制度和个人权威的思考，不应该被认为是二元对立的，而应将其看成是组织和制度实际运行过程的组成部分。他笃信民主，但是，那必须是一种在仁慈领袖引导下的法律和强制力实现制度

---

① Weber, "Politics as a Vocation," in Gerth and Mills, *From Max Weber*, 113.（中文译文参见［德］马克斯·韦伯：《马克斯·韦伯社会学文集》，阎克文译，112 页。——译者注）

② Authur Mitzman, *The Iron Cage: An Historical Interpretation of Max Weber* (New York: Alfred A. Knopf, 1970).

③ Chapter 9, "The Sociology of Charismatic Authority," in Gerth and Mills, *From Max Weber*.

化的民主。莫姆森写道，“从现实主义角度看，（韦伯认为，）民主至多意味着自由选举产生的领袖的统治，他们当选后，就处于一种完全可以按照自己的判断行事的位置。民主从来不意味着由自下而上的政策形成机制来取代统治”①。因此，现代国家的权力不仅仅在于国家官僚机构有规律的高效运行，而且在于强大的个人给予国家的领导和超凡魅力。那么，在这种意义上，诸如战时英格兰的温斯顿·丘吉尔（Winston Churchill）首相或者建国不久的以色列总理果尔达·梅厄（Golda Meir）夫人等伟大人物，都为其国家提供了一种不可或缺的声音表达和方向性指导。

最近的一些组织社会学家，例如彼得·布劳（Peter Blau），对于统治者和具有权力与影响的非凡人物所发挥的关键性影响，持彻底的否定态度。他们仍然坚持认为，现代社会的运行，事实上的确是由组织和其他结构的有规律的惯常的行为所推动的。然而，一直到最后，韦伯本人仍然主张，“政治行动总是取决于‘少数原则’……在巨型国家，这种专制独裁因素是不可根除的”②。

权威及其合法性

在政治研究中，韦伯的一个最为持久的贡献在于，他努力去理解个人是如何被组织成为大型聚合体并运行起来的。对于马克思而言，部分原因是由于意识形态的作用。而对于韦伯来说，则是因为权威的存在，或者像某些社会学家所说的，是因为统治。③

对权威服从的基础，在于其有具体的依据。在现代社会，这种权威有其存在的法理基础。法律是一种普遍的、不受个人情感影响的统治工具，它为大型社会的运转提供了极大的便利。例如，韦伯坚持认为，法律有助于现代大型社会的创建，就其本身的特性而言，大型社会必须建立在普遍的而不是特殊的基础之上。但是，法律具有更为深远的重要意义。现代国家的官员和公民，依据法律提供的条文签订契约，从而达成关于统治本质的一致意见。

---

① Mommsen，*The Political and Social Theory of Max Weber*，32.

② Weber，*Economy and Society*，Ⅲ，1414.

③ 例如，可参阅 Reinhard Bendix，*Max Weber：An Intellectual Portrait*（Garden City，NY：Doubleday & Co.，1962），Chapter 9。

然而，在现代社会，法律本身并不能确保服从或统治，还必须有行政管理机关来帮助法律的贯彻实施。行政管理通过对不服从的惩罚、征税、发动战争以及相关手段，迫使人们服从统治者。韦伯评论说，“（一切）有组织的统治，都需要控制那些在既定条件下使用暴力所必需的物质资源……都需要控制一个行政班子和物质的行政手段”①。由于争夺统治地位的重大斗争总是发生在统治者及其幕僚之间，因此，行政部门也会引发自身的问题。为了减少篡夺统治者权力的威胁，同样也必须建立统治者与其幕僚之间利益上的团结关系；建立这样一种团结关系的负担，就落到了统治者的肩上。正如相似的事例所表明的，这种团结是通过统治者提供的物质和精神奖励来保障的：“对失去（物质奖励和社会荣誉）的恐惧，是影响掌权者与行政班子之间团结的最终决定性因素。”②

尽管韦伯赋予现代国家在既定疆域内垄断暴力手段使用权的特征，但从长远来看，作为国家统治存在基础的合法性，在韦伯心目中仍然是最为重要的。韦伯公开宣称，离开了其下属的自愿服从，统治者的统治就无法进行下去。权力就是十足的统治，权威则基于公民的服从。如果公民不再服从，即使再多的暴力也无法强迫他们服从。韦伯思想中二元主义的循环——个人权力和制度权力之间、思想力量和物质生产力量之间——甚至在统治的合法性问题上浮现出来。当然，统治者之所以能够统治，原因在于他们掌握着背后的武力手段；但是，除非其追随者完全相信他们的领导权，否则，统治者权力的行使也是不会成功的。

政治权力与社会集团的竞争

在现代社会中，正是由于国家行使着合法使用武力的权力，因而它们常常被视为社会集团竞相争夺的战利品。如我们所知，马克思认为，在一个处于特定历史发展阶段的社会中，这种战利品被统治阶级所获得，而在现代资本主义社会，则为富人和财富的力量所控制。对于韦伯来说，事情远不是这么简单。事实上，在韦伯看来，这是一个相当复杂的问题。尽管他赞成马克思关于存在社会阶级的观点，但他却认为，社

---

① Weber, *Economy and Society*, Ⅰ, 264.

② Weber, "Politics as a Vocation," in Gerth and Mills, *From Max Weber*, 80.

会阶级的存在只是劳工市场具有相似地位的人们组成的一种普通集合体的反映。社会阶级绝不可能被组织起来采取决定性行动，原因在于他们缺乏采取这种行动的任何共同基础。相反，韦伯坚持认为，另外两种社会联盟更有可能采取有目的的共同行动。

一个就是他所说的**特殊身份群体**（status groups）。这一群体由具有相同职业或专业地位的人组成，如医生、艺术家或者前文所提到的律师。由于这一类人具有相同的地位，他们同样也共享着某种价值观和生活方式。他们可以生活在城市的同一区域，在类似的商店购物，或者以某种相似的方式从事工作。在 1980 年代，**雅皮士**（yuppies）或年轻的都市专业人士成为评论家们的创作题材。这些人工作在城市，收入颇丰，都住着相似的豪宅。他们是特殊身份群体的典型代表。

特殊身份群体有时候可能成为政治行动的基础。他们之所以能够恰到好处地做到这一点，原因在于其成员共享着相似的生活方式和价值观。从狩猎和来复枪成为其主要休闲活动的主要部分这一意义上来说，现代社会的狩猎者，在某种程度上就隶属于特殊身份群体。而且，当人们做出种种努力去控制枪支的销售时，这些狩猎者通过类似美国来复枪协会这样的组织，能够非常有效地阻止旨在控制武器销售和使用的多数法案的通过。

不管怎样，更多情况下，特殊的政治协会和政党才是国家权力的主要竞争者。政党既不同于社会阶级，也不同于特殊身份群体，它是为追求特殊的政治目标和权力行使而专门组织起来的。韦伯曾经指出，“政党生活在‘权力’大厦中”，“其行动是以获取社会‘权力’为指向的，也就是说，以影响社会行动为取向，而不管其内容是什么”①。政党集中其能量、制定其策略以确保权力。有时候，政党拥有很长的历史、成功的竞选纪录，并赢得重要的政治职位，就像美国的民主党和共和党一样。有时候，政党仅服务于非常有限的目标和意图，甚至以官僚机构和其他组织内部权力竞争者的身份出现。

总之，韦伯坚持认为，虽然现代社会存在着众多冲突，但是，社会阶级却显得过于臃肿、笨拙和多样化，以致在获取权力的回报上收效甚微。特殊身份群体偶尔会成为统治特权和操控现代国家庞大武力的主要竞争者，但通常情况下则是由政党来充当

---

① Weber, “Class, Status and Party,” in Gerth and Mills, From *Max Weber*, 194.（中文译文参见［德］马克斯·韦伯：《马克斯·韦伯社会学文集》，阎克文译，186 页。——译者注）

这一角色。

新韦伯主义者

虽然韦伯从未用马克思那样的方式创造出一个庞大的追随者和理论家群体，但他关于国家和社会的著述，在最近几十年，确实对许多社会学家产生了重要影响。这里我们要讨论的是其中三位最为著名的社会学家——莱因哈特·本迪克斯（Reinhard Bendix）、查尔斯·蒂利（Charles Tilly）和西达·斯科波尔（Theda Skocpol）。

莱因哈特·本迪克斯

1938 年，本迪克斯以流亡者的身份从德国来到美国，他的到来强化了美国社会学界的比较和历史研究方法。他对韦伯和法国学者托克维尔（见第四章）所关注的主题进行了研究。本迪克斯感兴趣的是大规模的社会和政治变迁，特别是对思想观念在社会构造变化以及推动这种变化的过程中所发挥的作用，他尤其感兴趣。随着 1960 年《马克斯·韦伯思想肖像》一书的出版，他成为韦伯著述最重要的诠释者。①

论权威的行使及其本质 本迪克斯的著述有助于阐明韦伯主义的核心主题，即政治权威。正如经济和意识形态在马克思著作中的地位一样，在韦伯的研究中，权威发挥了同样核心的作用。韦伯认为，权威方面的各种差异是辨别历史上不同政权与新时代的关键所在。而且，他开始认识到，现代社会的主要创新特征不是资本主义本身，而是能够确保其对人们行使权威的理性组织形式和基础。本迪克斯将托克维尔提出的疑问和议题混杂在一起进行了详尽阐述。②

通过对韦伯原创概念的重新设计，本迪克斯更为清晰地阐明，权威所代表的不仅仅是统治者权力的简单行使，即便权力具有合法性。相反，权威的行使所代表的是一种微妙的平衡行为，它所要平衡的是一种持续不断的紧张关系，即领袖希望自己的命

---

① Bendix, *Max Weber: An Intellectual Portrait*.

② Reinhard Bendix, *Nation-Building and Citizenship: Studies of Our Changing Social Order* (Berkeley: University of California Press, 1964).

令得到贯彻执行的强烈愿望与追随者对其命令的勉强遵从之间的紧张关系。因此，如果人们希望理解社会的本质，就不应仅仅去研究权威的本质以及谁拥有权威这样的问题，而且应该去探究使得领袖得以对追随者行使权威的原因和基础等问题。权势人物自身如果对其追随者的特征或本质毫无了解，是不可能轻易驾驭权威的。在本迪克斯所著韦伯的传记中，本迪克斯评论说：

> 统治，包含了统治者与被统治者之间的相互关系，其中，服从的实际频率仅仅只是如下事实的一个方面，即发号施令权力的存在。统治者与被统治者赋予权威关系的意义也同样重要。除了发号施令外，统治者们还宣称，他们拥有这么做的合法权威……那种认为统治者及其命令构成一种正当权威秩序的观念，也同样在某种程度上引导被统治者的服从。①

事实上，对于本迪克斯而言，在谈论权威的行使问题上，关于追随者心态方面的内容，并不少于有关领袖方面的内容。

工业社会的工作与权威 韦伯已经强调，社会的整合不仅起源于富人对物质资源的控制，而且也常常是源自占统治地位的思想和观念。本迪克斯进一步扩展了这一观点，他坚持认为，政治斗争发生的原因在于，竞争性社会集团的观念和物质利益均出现了冲突。② 事实上，观念利益像物质利益一样，在政治本质中发挥着主要作用，尽管人们常常不得不通过敏锐而细致入微的历史分析来发现它们。

对于观念利益及其在社会冲突中的作用的研究，本迪克斯的主要贡献在于，用自己的研究方式，对19世纪初管理主义意识形态作用的变化进行了研究。他以18世纪末王室权威的崩溃为切入点开始他的分析。一旦这种崩溃发生，许多力量就被释放出来。此外，本迪克斯注意到，下层阶级已经从过去的权威关系中解放出来，现在可以自由地追求他们自己的行动过程了。他对这种状况的解读，是自相矛盾的：个人可以自由追求自己的利益，却为此而被迫地参与他人的追求。③ 其结果是造成了由旧政权的崩溃而释放出来的个人主义与工人携手追求共同物质利益的需求之间的一种紧张关系。

---

① Bendix, *Max Weber: An Intellectual Portrait*, 292.（中文译文参见［美］莱因哈特·本迪克斯：《马克斯·韦伯思想肖像》，刘北成等译，309页，上海，上海人民出版社，2002。——译者注）

② *State and Society: A Reader in Comparative Political Sociology*, Reinhard Bendix, ed.（Boston: Little Brown, 1968).

③ Reinhard Bendix, "The Extension of Citizenship to the Lower Classes," in Bendix, ibid., 233-256.

从一种贵族与农民关系稳固的社会转变为一种工业兴起而且新职业面向所有大众开放的社会，这种形势对劳动本身的性质提出了一个难题。既然现在人们是自由的，那么，怎样才能说服他们在新的工业环境中为其新的主人工作呢？为什么他们还应为新主人工作呢？本迪克斯和韦伯都认为，在这里，影响权威关系的关键因素是思想。但是，究竟哪些思想或意识形态，对于引起先前的农民接受新的顺从形式的原因是必要的呢？这是本迪克斯在早期有关工作与权威以及晚些时候有关国王和统治者的著作中提出的基本问题。

就劳动而言，本迪克斯坚持认为，西方国家和俄罗斯不同意识形态的出现，都是为了确保工人的忠诚。① 随着时光的流逝，工作的意识形态正当性特征在两种国家都会发生变化。尤其是在西方国家，人们对工作的科学特征以及劳动者进行生产的最佳方式的强调与日俱增。这种现象在 1920 年代和 1930 年代弗雷德里克·泰勒（Frederick Taylor）的思想和著作中达到顶峰。这种思想宣称，只有一种唯一正确的工作方式，管理的诀窍就是使工人遵循这种方式。泰勒主义的基本意识形态取代了早期对自由资本主义的强调，也取代了强调工人懒惰是问题根源的观念。在本迪克斯的眼中，这种管理意识形态，对劳动本身的性质是至关重要的，其重要性远甚于马克思主义者对现代资本主义条件下劳动和劳动力的一种单纯物质上的强调。

国王还是人民 在本迪克斯最后一部重要著作《国王还是人民》一书中，他对权威本质的解释进行了全面抨击。② 在这本书中，他为自己设定的目标是，试图理解 18 世纪及其后国王和贵族权威向人民或大众权威的转型。他从广泛的历史谱系和不同的民族/文化背景出发来考察政治权威这一难题，其范围涉及俄罗斯、英格兰、法国和日本等国。他带着对韦伯的强烈怀旧情绪指出，思想的传播和知识分子的动员，在现代社会的构建中发挥着重要作用。

> 知识分子动员——读者大众和受过良好教育的世俗精英的成长，依赖的是学术职业——（是）导致社会变迁的一个独立因素……例如，印刷术的发明和 17 世纪的科学革命，都是知识分子动员的组成部分，现代化早期的商业化为知识分

---

① Reinhard Bendix, *Work and Authority in Industry* (Berkeley: University of California Press, 1956).

② Reinhard Bendix, *Kings or People: Power and the Mandate to Rule* (Berkeley: University of California Press, 1978).

子动员提供了便利，但后者的发生恰好早于商业化，并且为推动商业和工业的发展提供了方法。①

而且，他还为被他称为"示范效应"——当一个国家仿效另一个国家取得的成就时，旧政权就会崩溃，人民政权就会启幕——的现象进行了争辩。因此，英国革命以及17世纪晚期英国议会的崛起，为其他国家尤其是渴望民主的知识分子群体提供了可供仿效的模式。对于本迪克斯来说，诸如此类的群体，受到通过努力就可以仿制其他政权的成功道路的激励，在新的民族国家的创建中发挥着重要作用。

本迪克斯特别汲取了韦伯著作中的一个明确主题——这一主题强调的是**观念力量**（ideal forces）在社会建构和解构中的作用。他认为，理解社会秩序就要求人们理解权威存在的深层次潜在基础，换言之，就是找到一个群体服膺另一群体的原因。他针对国王的权力和工厂管理权所展开的仔细分析，有助于揭示这种观念力量产生和发挥作用的方式。然而，他的研究对当代政治社会学家所产生的影响是有限的。也许主要原因在于，他没有能够留给我们一种有关思想和观念如何持续发挥其政治影响力的清晰而系统的模式，这种模式将服务于指导并激励当今的社会学家进行分析。

查尔斯·蒂利

蒂利是现代社会历史学家的领军人物之一，其理论风格介乎马克思和韦伯之间。他在学术上既未完全秉承马克思的思想，也没有完全继承韦伯的思想，但正是他帮助我们加深了对两位思想家所提出的完全相同的政治和社会问题的理解。② 在关于经济环境和阶级差异的分析中，他已经在细节上帮助我们拓展了对这种力量如何在历史中发挥作用的理解——不是通过宽泛的模式，而是通过精确细致的历史分析。③ 在他有关国家的丰富著述中——包括国家建设和围绕政府权威的斗争——我们发现，他是在

---

① Reinhard Bendix, *Kings or People : Power and the Mandate to Rule* (Berkeley: University of California Press, 1978). , 266.

② 例如，可参阅 Charles Tilly, *From Mobilization to Revolution* (Reading, MA: Addison-Wesley Publishing Company, 1978), Chapter 2。

③ Charles Tilly, *The Contentious French* (Cambridge, MA: The Belknap Press of Harvard University Press, 1986), and *Popular Contention in Great Britain, 1758 – 1834* (Cambridge, MA: Harvard University Press, 1995).

对韦伯式遗产进行补充并使之更加精练。

蒂利认为，变革是社会本质的重要主题，而且他已经为考察这一主题倾注了大量精力。他并未采取一种极度宽泛的理论化视角来研究变革，而是将焦点集中于变革何以发生——尤其是抗争力量和变革力量如何在普通民众中产生，无论他们是农民还是城市无产阶级。他的研究总是深深根植于特殊的历史事件之中，总是基于权利遭受不法侵害的公民团体的满腹苦恼和不满。而且，其中大部分内容致力于研究过去几个世纪以来法国和英国的持不同政见和背叛的起源。他是当代最多产的社会学家之一，同时也是思想不断变化和随着时代变革的学者。在这里，我将阐明他对理解现代国家的本质以及面对现存政治权威而崛起的抵抗力量等方面所做出的几项重要贡献。

现代国家的起源 大约 30 年前，蒂利就成为社会科学家团队的一名成员，该团队应美国社会科学研究委员会的要求，承担了将有关欧洲国家何以形成的研究成果汇集起来的任务。[①] 这一任务的成果，就是有关国家形成和国家建设的不同特色的非常有趣的系列研究论文的诞生。事实上，尽管每位学者的研究方法和观点存在很大差异，但他们却在以下问题上达成了一致，即他们研究的核心问题是国家建构，而不是民族建构。[②]

蒂利的主要贡献是对不同的研究项目和论文进行协调和综合。在当时，他的综合分析体现出四个主要贡献。第一个贡献就是对现代国家进行了明确而清晰的界定：

> 1500 年以后在欧洲占统治地位的结构，即民族国家，（它具有这些特征：）（1）它控制着界限清晰而连绵不断的领土；（2）权力相对集中；（3）不同于其他组织机构；（4）在其疆域内，通过获得对高度集中的强制力的垄断倾向，来强化其主张。[③]

这一界定清晰地回应了韦伯最初关注的国家概念的主要特征。第二个贡献在于，他使用了与同时代的社会学家不同的方式，努力探究国家的起源问题。特别需要指出的是，他坚持认为，任何理解现代国家起源的努力，都不仅要对实际出现的制度进行研究，而且也必须考究为什么国家或政府的替代形式——比如城邦——无法生存下去。

---

① Charles Tilly, *The Formation of National States in Western Europe* (Princeton, NJ: Princeton University Press, 1975).

② Ibid., 6.

③ Ibid., 27.

他的第三个贡献是这样一种观点，即现代国家的起源，与战争时期政治制度的发展和成功有着密切的关系。国家的形成在其本质上，是在发动战争的过程中完成的：在战争中获胜的政府，也获得了发展成为现代国家的最佳机会。他的第四个也是最后一个贡献，或许才是最重要的贡献。他坚持认为，其他分析都过分强调了国家形成的顺序和阶段，即实际的政治发展。他声称，由于现代国家相互之间存在很大差异，莫名其妙地认为一种结果或一种模式就能代表所有国家的形成道路，无疑是错误的。事实上，他想说明的是，现代国家的性质变化多端，任何正确的分析都必须深入考察国家的起源，而不应该满足于所有国家都经历完全相同的发展阶段这种观点。①

蒂利 1975 年关于国家形成的观点，只是为多年以后他所承担的工作勾勒了一个初步轮廓。在后来的论述中，即 1990 年出版的著作中，他指出，现代国家，如法国、英国或者荷兰，起源于两个核心因素的结合：(1) 资本的集中与积累；(2) 强制力或武力的集中与积累。② 其政治制度有能力进行政治动员和资本集中的地方，也有能力奉献更多的现代国家机构——特别是从民众中榨取资源的金融组织和机构。与此相似，其政治组织有能力在一种单一权威下集中各种暴力手段——积累武器和强大军事力量——的地方，现代民族国家的核心元素就出现了。

蒂利指出，现代国家的多样化，取决于资本要素和强制力要素之间的不同组合。例如，他观察到，荷兰的崛起主要是因为它能够利用资本、城市工业和金融家等资源，来创立并巩固其权力基础。相比较而言，近代德国成功的原因则在于，它能够通过对诸如汉诺威和普鲁士等公国的政治统治者行使武力和强制力，来进行军事力量和行政力量的动员。总之，不管怎样，通过发动战争而创立国家，总是最有可能、最成功的方式：

> 统治者武装力量的创建产生了持久的国家结构。它做到这一点，既因为在国家内部军队已成为重要的组织，也因为军队的建设和维持催生了辅助性的组织——财政部门、供应服务、征兵机构、税务部门和更多组织。③

① 也可参阅 Charles Tilly，*Big Structures*，*Large Processes*，*Huge Comparisons* (New York：Russell Sage Foundation，1984)，特别是 Chapter 2。

② Charles Tilly，*Coercion*，*Capital*，*and European States*，*AD 990-1990* (Cambridge，MA：Basil Blackwell，1990).

③ Ibid.，70.（中文译文参见［美］查尔斯·蒂利：《强制、资本和欧洲国家》，魏洪钟译，77 页，上海，上海世纪出版集团，2007。——译者注）

在15世纪晚期，战争的发动具有特殊的决定性作用。正是在那一时期，许多具有决定性意义的重大战争爆发了。在这些战争中获胜的国家，变得更强大了，控制了更多的领土，行政管理也更加完善——换言之，正如蒂利在1975年著作中所阐述的，看起来更像现代国家。而那些战败国则日益萎缩，类似于城邦，随后即沦落为具有类似国家属性的组织的历史残余，它们在与其他以领土为基础的组织的事关生存竞争的斗争中失败了。

尽管资本的流动和强制力的实施代表了现代国家形成的关键因素，但也不能忽视其他因素的作用。因此，蒂利注意到，一个国家内部社会阶级的种类和力量强弱，也会影响国家的形成和建设进程。所以，一个地区的地缘政治也是非常关键的，特别是在领土范围存有争议，或者是由不同的甚或竞争性的政治权威统治的情况下。

虽然蒂利的观点和证据在理解现代国家的起源方面给予了我们极大的帮助，使我们能够在韦伯最初研究的基础上，甚至与那些当代学者的研究相比，有了更为深入的发展，但是，仍然有一个问题，蒂利并未阐明——这使得他的研究无法令人满足，更不能令人满意。他坚持认为，国家的多样化主要取决于组织在动员资本和强制力方面的成功、取决于有大量国家的存在。但是，他却从未通过提供某种分类来告诉我们这种多样化的特征。一个国家如何不同于另一个国家？根据是什么？国家之间的差异显著吗？以何种方式？换言之，我们如何对国家进行分类？最终，蒂利对于国家差异的论述，不足以使我们清晰地理解：资本和强制力等主要因素以及社会阶级和地缘政治等辅助性因素，是如何结合起来导致这种多样化的。

抗争政治和动员　在社会学家当中，使蒂利享有盛名的是他关于社会运动和革命的著作。蒂利的开创性成果是写于20多年前的一部学术著作，该书致力于对政治动员本质的研究。① 这部著作是有关社会运动研究的广为传阅和引用的文献之一。

蒂利指出，社会学家必须将注意力从马克思和韦伯的宏大范式，更多地转向政治抗争自身的维度。他倾毕生精力研究政治抗议，为实现这些维度的严密的概念化和经验研究做出了贡献。他提出了由他本人冠名的所谓的集体行动的“动员”模式。这一模式包含几个关键要素：**利益**（interests）、**组织**（organization）、**动员**（mobilization）和**机会**（opportunity）。要想理解集体行动如何发生，就必须了解其中每一个要

---

① *From Mobilization to Revolution*.

素是如何发挥作用的。

所谓利益，是指一个特殊群体相对于人口中的其他群体所具有的相对优势或劣势。组织则是指共同身份以及增进这种认同的社会结构。所谓动员，是指一个寻求新政治优势的集团对可以掌控的资源的控制。机会则是指，一个特殊集团在与社会固有的政治力量进行斗争的过程中，所拥有的动员资源和充当竞争者的可能性。

蒂利对上述每一个要素的大量具体的经验特征，都进行了仔细观察。例如，他注意到，一个群体的基本社会结构，能够影响其为挑战社会权威而进行动员的能力。因此，在借鉴吸收社会学家安东尼·奥伯沙尔（Anthony Oberschall，1973）开创性研究的基础上，他指出，一个集团内部的紧密关系及其强大的外部联系，有利于该集团进行集体行动的动员。对于一个集团进行有效动员和对抗现存力量的能力来说，机会同样也是一个关键影响因素。如果权威通过努力成功地压制了挑战者，那么，进行动员的机会是十分有限的。但是，如果现行政权正在经受巨大威胁，或者一般社会条件有助于放松一个政权对其他力量的压制，那么，进行动员的机会就会显著增加。

蒂利对于集体行动的思考，更多的是努力确定一套概念和方案，它们不同于像韦伯这样的著名社会理论家早期曾使用的概念和方案。更有甚者，他力图展示的是，激进集体行动如何成为经由一系列步骤而发生的过程。在这方面，他对马克思和韦伯的观点进行了重要补充，以更多的历史细节展示出，什么样的具体事件必须采取激进动员的方式进行。沿着这样的思路，在他的帮助下，一整套全新且重要的概念得以构建。

也许，对蒂利来说最重要的概念——也是常常引起他注意的概念——就是**集体行动的方式**（repertoire of collective action）这一概念。方式这一概念指的是某一历史时期在普通民众中出现的抗议活动和不满的具体类型。因此，在某些时期，街头的示威活动就是一种典型的集体行动，而在其他时期，特别是在20世纪中期的美国，集体行动还包括诸如静坐示威、涉水示威等方式。例如，在针对法国的不满和抗议所进行的重要分析中，蒂利就指出，方式的变化是一个关键因素。在1650—1850年间，集体行动往往采取**区域性的**（parochial）、**得到某种资助的**（patronized）方式，诸如夺取谷物，来反对地方或村落当局。然而，在1850—1980年间，集体行动的方式变成**全国性的**（national）、**自治式的**（autonomous），包括罢工和示威游行，常常波及全国，目标直指整个法国政治当局。① 换言之，集体行动能够展示多种变化的形式，这取决于它所赖以发生的时期。

或许最为重要的是，蒂利像马克思和韦伯那样，从巨大的历史迷雾中提取了革命和抗议等概念，并且使它们更加接近当代、更经得起当代的检验。对他来说，集体行动不再是马克思著作中所说的那种主要社会阶级的重大革命事件，也不再是他解读韦伯时所阐述的那种魅力或意识形态激励的运动。恰恰相反，集体行动能包容大量不同群体、且能使每一群体都参与不同形式的斗争。因此，在这一点上，蒂利既坚持了马克思的观点，也与韦伯保持了一致。他曾经写道，抱怨是始终存在的；关键是理解在挑战者和权威之间总是持续发生争执的条件下，挑战者必须设法营造一种能使其挑战产生成效的环境。这种成功取决于多种因素，如社会开放提供的机会，以及行动者进行革命动员的战略目标等。它是由潜在的革命者出于结构性原因和特殊的战略选择而创造的一幅图景。

蒂利关于集体行动的最伟大贡献，是他所创造的能够使人们在不同历史条件下考察集体行动的某些关键概念。尽管他自己的主要关注点——农村的抗议活动、农民与贵族之间的冲突——与马克思和韦伯所关注的基本问题是一致的，但是，他所提出的概念却适用于多种不同的可能性和历史条件。这些概念已经被当代绝大多数研究者所使用。而且，他的研究已经对当今研究集体行动的一批更为杰出的年轻学者产生了直接影响，其中包括道格·麦克亚当（Doug McAdam）和阿尔顿·莫里斯（Aldon Morris）。

西达·斯科波尔

与蒂利一样，斯科波尔师从执教于哈佛大学的著名社会历史学家小巴林顿·莫尔（Barrington Moore，Jr.）。莫尔的著作，特别是有关独裁和民主的著述，提供了一种深深根植于历史与比较分析的社会学研究视角（见第十章）。在过去的 20 年时间里，斯科波尔撰写了大量重要著作，极大地推进了对这一问题的研究。

斯科波尔研究的主要目的，就是使韦伯和历史学家奥托·辛泽（Otto Hintze）所解释的**国家**（state）概念恢复生机，并说明如何能够证明它对于理解不同历史问题的作用。②

① *The Contentious French*，392-393.

② Otto Hintze，"The State in Historical Perspective，" in Reinhard Bendix，ed.，*State and Society*，154-169.

现代国家和社会阶级的概念，最早出现在德国哲学家格奥尔格·黑格尔的著作当中。正是黑格尔一方面论述了公民社会和社会阶级的特征，另一方面也阐释了国家的本质。[①] 黑格尔的世界观——后来曾对马克思产生深刻的影响——即历史正在朝着人类解放的方向前进，而现代世界的最高成就，就是产生善于思考的伟大哲学家——如他本人一样——以及国家制度。尽管马克思注意到了这些相同的主题，但正如通常所论及的那样，却彻底颠覆了它们。对于马克思而言，哲学是一种假象，抑或一种虚假意识形态；物质力量而不是思想，才是推动历史发展的发动机；历史的终极目标，是社会阶级以及阶级的解放，而不是建立国家。

斯科波尔从韦伯、辛泽和马克思那里汲取了很多营养成分。她接受了韦伯关于现代国家不仅仅是统治阶级意志的反映的观点。她认为，现代国家代表了一种自治制度，它拥有完全属于自己的武力和能量。它由众多特殊的组织和行为体组成，包括议会和议员、政府的行政机构，而且，在某种历史条件下，它还拥有王权。由于受到韦伯观点的深刻影响，她开始意识到，与其他机构一样，国家拥有自己的生命力，还能在现实中引领社会的力量和走向。事实上，她的研究工作更多地聚焦于国家对社会本身实施强有力控制的程度和条件这一问题。

她运用多种方式来阐释这些主题，包括对富兰克林·D. 罗斯福（Franklin Delano Roosevelt）所实施的新政的起源和发展的研究。与一些将新政起源归咎于美国经济的灾难性崩溃的理论家不同，她指出，许多政策在新政之前就已经开始实施了，而且，国家各部门的管理人员和机构，拥有充分的自主权来采取各种行动，这才是导致经济复苏的原因。在随后的讨论中，我将用两个重要实例来说明，斯科波尔的观点不仅拓展了我们对国家的理解，而且拓展了我们对两个更宽泛问题的理解：社会革命的本质以及美国福利国家的起源。

国家与社会革命　迄今为止，斯科波尔最著名、最有影响的研究，是对国家和其他政治力量在过去两个世纪里发生的重大革命事件——法国革命、俄国革命和中国革命——中所发挥的作用的探讨。[②] 在这里，她借用了其导师莫尔的观点，后者曾试图

---

① *Hegel's Philosophy of Right*, translated by T. M. Knox (New York: Oxford University Press, 1942)；也见 Charles Taylor 在其 *Hegel* (Cambridge, MA: Cambridge University Press, 1975), Chapter XVI 中精彩的评论。

② Theda Skocpol, *States and Social Revolutions: A Comparative Analysis of France, Russia and China* (Cambridge, MA: Cambridge University Press, 1979).

解释：为什么有些国家如日本在其社会和政治发展史上产生过独裁制度，而其他国家如英国则建立了民主政权。[①] 此外，斯科波尔还指出，莫尔忽视了一些重大因素的影响，其中一个主要因素就是，国家或雏形国家（proto-state）的各种力量，在这些国家发展中所发挥的作用。

斯科波尔断言，要对这些革命的起源进行解释，需要考虑以下三个重要观点：(1) 革命的原因取决于社会的结构性条件或客观条件，而不是取决于革命者的意图或愿望；(2) 国际条件和环境，在推动革命进程中发挥了重大作用，对统治当局管理和控制一个特殊社会的能力，产生了显著的影响；(3) 国家——通过其代理人和机构——是革命取得成功的一个关键因素，而且，与马克思主义的解释相反的是，国家有可能采取独立于社会阶级或其他经济力量的方式，阻碍或推动一场社会革命的成功。[②] 这几点主张，使得她的观点与其他众多关于改革或革命运动起源的观点区别开来，同时也使得她的著述至今仍具有独特性和新颖性。

促使脆弱型社会和国家进行革命的条件，与事实上对现存制度进行变革的条件是不同的，斯科波尔对此进行了仔细而重要的甄别。就本身的便利条件而言，她对革命爆发之前法国、中国和俄国所具备的系列条件进行了严密考察，发现三个国家面临着大体上相似的革命情势。三个国家的官僚机构都相对强大，对于农民和其他集团的控制都很有效，战争和其他外部压力最终使得官僚机构易于遭受攻击。事实上，在每一个实例中，战争都持续了很长时间，并从根本上加重了国家统治者的统治负担。而且，斯科波尔进一步指出，在那些有可能因为一些大致相似的条件而爆发革命的国家——如普鲁士——国际环境是极不相同的，而来自外部的对政府执政能力的压力也远没有那么强大。[③] 同样，她还阐述了每一个社会的经济和社会条件，是如何充分鼓励并促使农民组织转变为有效革命力量的。此外，在那些避免了革命的国家，如日本或普鲁士，农民在发展和维持团结方面是不成功的——正如在普鲁士一样，有时候是因为土地贵族牢牢地掌握着土地所有权。[④] 最终，她指出，正是这种特殊的历史性结合，即孱弱的、元气大伤的国家政权，伴随着强大而富有成效的农民组织的成功建

---

① Barrington Moore, Jr., *Social Origins of Dictatorship and Democracy: Lord and Peasant in the Making of the Modern World* (Boston: Beacon Press, 1966).

② Skocpol, *States and Social Revolutions*, 14-33.

③ Ibid., 104-112, 155-157.

④ Ibid., 140-147.

立，共同创造了革命即将来临的可能性。

但是，斯科波尔正确地指出，这只是革命在诸如此类条件下得以发生的可能性。这种根本变化对于革命的爆发是否如此重要，取决于反叛势力成功参与国家社会和政治变革的能力。在这里，斯科波尔再一次寄希望于对国家建立方式的直接关注，而不是关注模棱两可的无明确目标的变革。实际上，根据斯科波尔的观点，在革命爆发后继而出现的完全不同的情势下，正是因为成功地创建更为强大的国家官僚机构和行政机关这一事实的存在，使得人们给中国、法国和俄国的变革贴上了革命的标签。① 在法国，拿破仑实施了一整套新举措，包括制定法典，建立更复杂的行政力量以及一支纪律更为严明、训练有素的军队——简言之，政治权威更为集中，堪称开创性的国家建设。在俄国，大致相同的事件发生了，却主要是在共产党的活动和发展的帮助下，以一种更为系统的、更强有力的方式进行的。斯科波尔指出，更强硬的官僚机构、更集中的权威、更统一的法典和全国范围内的一致行动，同样也是中国共产党取得胜利后的产物。

事实上，斯科波尔的分析是非常引人入胜甚至精彩纷呈的。然而，她的崇拜者人数虽多，却并不普遍。她的观点遭到人们的批评，有几个方面的原因，其中包括她为意识形态或信仰的重要性的分析留的空间过于狭小、为分析人类主体活动留下的空间甚至更小。也许有人会对她提出诘问：如果不是人类主体来完成各种活动，革命运动，更不用说实际的社会变化了，究竟如何才能成为可能？

美国福利国家的起源 斯科波尔对于研究现代国家及其对社会的影响的其他主要贡献，是她对美国福利国家政策的起源与发展所做的修正性解释。与诸如德国、斯堪的纳维亚国家甚或英国等其他西方工业化民主国家不同，美国福利国家及其在医保、养老金和失业救济等方面多样化的相关福利的发展，差异很大且多少有点滞后。直到1930年代的大萧条中期，穷人才得到政府的实质性救助。根据1935年出台的《社会保障法》的规定，美国为其每个公民提供一份退休保障金。美国和其他西方福利国家的发展历史，已然使得学者们对福利国家的不同起源进行了系统阐释。从沃纳·桑巴特（Werner Sombart）开始，一些学者将美国没有成为强大福利国家的根源，追溯至其社会主义的缺乏。② 其他学者则将美国没有成为强大福利国家的根源归结为一套独

---

① Skocpol, *States and Social Revolutions*, *Chapter* 5-7.

② Werner Sombart, *Why is There No Socialism in the United States*? (White Plains, NY: International Arts and Sciences Press, 1976).

特的美国价值观的存在，例如，在反对集体主义的同时，注重的是个人主义，有学者指出，对个人主义的注重，只能导致美国沿着一个完全不同的历史轨迹发展。①

斯科波尔以她惯用的风格，在其所著《保护士兵和母亲》一书中吸纳了这些观点，为美国的各种福利措施以及对美国福利国家发展的不同解释，提供了新的佐证。②她赞成其他学者的观点，认为美国从来都不会简单地变成与西欧民主国家一样强大的福利国家。但她对两者差异的解释，却采用了一种不同的方法。

她的论证是相当复杂的，但正如她的所有研究一样，根植于对美国历史和制度环境的理解。事实上，这种论证始于她的一项发现。她发现，美国政府在19世纪末就拥有建设一个强大福利国家——采用了向内战老兵提供养老金和福利的形式——的重要基础。联邦政府在1930年代新政福利政策实施之前，就已经开始向贫困群体提供救助，这是一个不争的事实。斯科波尔提出的问题是：如果这项政策在19世纪末有效的话，为什么美国没有像瑞典和丹麦两国一样，为发展成为完备的福利国家——由政府提供各种福利和救助——提供一次“机会”?

斯科波尔指出，内战养老金的发放，没有成为向穷苦贫困者提供救助的大型社会项目的载体，这取决于几个特殊的历史因素。首要的一个就是，美国缺少能够充当实施这一项目工具的高度集中的自治国家机器。相反，美国在整个19世纪形成了这样一种体制，即由法院和各政党而不是联邦和各州政府的官员来行使重大权力。因此，正如欧洲一样，各项决策来自底层而不是顶层。政党的重要性不是体现在作为整合国家的力量方面，而是体现在它们在各地——城市和各州——为穷人提供的各种项目方面。此外，在19世纪晚期和20世纪早期，美国的精英和中产阶级并未给各种社会项目提供必要的支持，反而将其怨气和愤怒转向外来移民和穷人。商人只是略尽了微薄之力，并没有为政府组织和实施的广泛社会福利项目提供足够的支持，这样，就使国家失去了在内战养老金基础上建设福利国家的机会。换言之，正是这一系列特殊的因素，阻止了类似欧洲国家实施的那种福利政策在美国的推行。

斯科波尔论点的另一个关键之处在于，美国独一无二的历史和制度背景，阻止了

---

① Louis Hartz, *The Liberal Tradition in America: An Interpretation of American Political Thought Since the Revolution* (New York: Harcourt Brace Jovanovich, Inc., 1955).

② Theda Skocpol, *Protecting Soldiers and Mothers: The Political Origins of Social Policy in the United States* (Cambridge, MA: The Belknap Press of Harvard University Press, 1992).

强大的父权制统治的国家——一种由男人统治并有利于男性工人成为家庭负担承担者的社会——的发展，实际上为强大的“母权制”国家的发展打开了方便之门。然而，美国在 19 世纪赋予男性选举权，而女性却未被赋予这项权利。就女性而言，这有助于激起一种超政治的行为，迫使她们对于她们所认定的重要议题，做出特殊的努力。在这一点上，斯科波尔也披露了一些证据。它们表明，美国社会广泛存在着大量活跃的女性志愿者社团和团体，这些组织不仅对她们 1919 年成功获得选举权是至关重要的，而且也确保了惠及作为母亲的她们及其子女的福利政策的通过。

根据这种分析，国家就是斯科波尔所说的由各种组织和社团组成的“联邦政体”，这些由女性组成的团体，有能力代表母亲和其他需要援助的女性的利益，从事各种动员活动。实际上，根据斯科波尔的解释，美国政治与欧洲政治不同，它很少是在阶级和工会的基础上组织起来的，而更多的是以性别为基础组织的。而且，由于这种团体如此具有组织性，由于女性有如此强有力的表现，那些原本有利于工人和劳工的措施以失败告终，而那些惠及家庭主妇和母亲的政策却得以成功实施。究其原因，部分在于男性议员对这些措施显示出更多的同情，而对那些将会惠及男性工人及其家庭的、建立在阶级基础上的措施则表现出较少的同情。因而，至少到 1930 年代，美国所呈现出来的仍然是一种“母权制”而不是“父权制”的福利政策。

斯科波尔关于美国未能从内战养老金制度发展成完备福利国家的观点，还是很新颖的，尽管她关于女权主义福利国家的论述吸收了美国历史学家的一些近期研究成果。它是不同证据和洞见的新型融合和汇总，尽管最终使得国家看起来远不如她在早期有关社会革命的著作中描述的那样具有活力和自主性。在这部早期的著作中，她指出，国家指的是“由彼此不尽相同的团体所构成的一个集合体，它宣称对于一定疆域及其人口拥有主权并实施强制性控制，在与其他国家的竞争中捍卫、也许还拓展了这种主张”，而美国“始终就是这样一个国家”①。但是，很显然，在她有关美国福利国家的著述中，国家所呈现的方式与众多实行中央集权的强大的欧洲国家，是有很大区别的。事实上，她对自治社团和性别的强调，的确混淆了国家与公民社会两个概念；而且，她所理解的国家，与托克维尔著作中的那种国家并无太大差异。

---

① Theda Skocpol, *Protecting Soldiers and Mothers: The Political Origins of Social Policy in the United States* (Cambridge, MA: The Belknap Press of Harvard University Press, 1992), 43.

不管怎样，斯科波尔凭借始于19世纪韦伯的一项学术传统，对社会学家和政治学家从事有关国家和政治制度的研究，产生了极大的激励作用。

结　论

韦伯开启了社会学家关于现代国家的复杂性和本质的研究之路，而且，几位当代学者的著述业已帮助我们更好地理解了这些制度的运行。

国家对于现代世界的至关重要性，是不言而喻的。此外，它们保持着强大的武力，掌握着合法控制暴力武器的行使权。而且，人民正是通过国家，获得了这样的机会：表达他们有关社会发展方向的意愿，除此之外，就全体公民作为一个整体如何满足穷人和贫困者的需要发表意见。目前，摆在我们面前的一个重大问题已隐约可见：国家还能继续行使多少权威以及它如何规制公司和资本的权力？总有那么一些人认为，全球化的力量在于，使得国家最终可以成为类似在金钱和政治舞台上发挥作用的那种角色。但是，果真如此的话，国家就不得不在征得其服务对象——公民——同意的前提下去那样做了。

我们认为，在当代政治社会学领域，无论考察哪些问题，都不能与思考国家和现代资本主义的相对力量这些问题等同视之。与马克思早期所勾勒的粗略轮廓不同，国家不仅仅是大公司的侍女。正如最近在卢旺达和科索沃发生的事情，特别是当国家站在本国公民的对立面采取行动时，它们经常采取与资本家阶级和工商阶层利益背道而驰的行动。在以往大约50年的发展过程中，现代国家也为最贫困的公民提供了重要的福利和其他救助形式。当全球资本主义实现增长，当越来越多的公共企业沦为私人资源时，谁还会在乎那些最贫困的群体或穷人？谁还顾得上去体贴那些最需要照顾的老年人呢？

第四章

公民社会与政治：涂尔干与托克维尔

我用以表达思维的符号系统、用以结算债务的货币制度、用以商业往来的信贷手段，以及从事职业活动的规范……都是独立运行的，并不在乎我是否使用它们……因此，这就是一些社会现象，它们具有特别的性质。它们是存在于人们身体之外的行为方式、思维方式和感觉方式，同时通过一种强制力，施以每个个人……它们形成了……一种新现象；“社会的”这一术语，是专门适用于这种现象的。①

自1950年代晚期以来，学者们对社会学所做出的主要区分之一，就是将社会学分成了“冲突”和“共识”学派。② 尽管这种区分强调的只是其中一个方面，它还是有助于凸显那些在社会和政治理论界的领军人物之间存在的重大差异。据说，冲突学派肇始于马克思和韦伯的著述。它所强调的是社会所具有的分歧和冲突性质。当然，对于马克思而言，基本的历史概念就是一种持续的冲突，直到工人阶级实现其伟大而持久的革命目标。

共识学派看待世界的方式，则是完全不同的。它假定，社会具有某种潜在的一致性或信念，而不是分歧。持久性和稳定性是通过社会制度的日常运行，更多的是通过学校、家庭和宗教来获得的。当谈到政治时，不是指冲突和剥削，而是指通过对重要日期、活动和象征的庆祝，来创建和再造重要的社会制度。让人感到荒谬的是，政治——在日常生活中被我们视为集团间相互竞争的战场——却被共识学派的理论家们视为制造团结和基本和谐的舞台，而不是导致根本对立和紧张关系的场所。

19世纪的两位法国学者，为我们提供了描述社会和政治共识的社会学基础。一个是涂尔干，通常被看作与马克思和韦伯齐名的最伟大的社会学理论家之一——当然，是在20世纪以前。涂尔干整个职业生涯所关注的主要问题是，社会团结的性质以及如何在社会中实现它。另一个是托克维尔，19世纪法国伟大的政治家和思想家。托克维尔对于政治研究的最突出贡献，就是《论美国的民主》这部著作，多数评论家一致认为，这部著作对于美国政治的分析，始终是最具洞察力的。

本章我们将考察两位学者的重要思想，介绍他们将世界理解为有共同社会基础和

---

① Emile Durkheim, *The Rules of Sociological Method*, 8th ed., translated by Sarah A. Solovay and John H. Mueller and edited by George E. G. Catlin (New York: the Free Press of Glencoe), 2-3.（中文译文参见［法］埃米尔·迪尔凯姆：《社会学方法的规则》，胡伟译，4～5页，北京，华夏出版社，1998。——译者注）

② Ralf Dahrendorf, *Class and Class Conflict in Industrial Society Society* (Stanford, CA: Stanford University Press, 1959).

契约的社会政治观念。涂尔干和托克维尔强调**公民社会**（civil society）在政治建构中的作用，而马克思强调的是经济，韦伯偏重的却是国家。[①] 对于公民社会的强调，近年来已经占据上风，是由包括社会学家罗伯特·贝拉（Robert Bellah）、詹姆斯·科尔曼（James Coleman）和政治学家罗伯特·帕特南（Robert Putnam）等在内的学者们的富有建树的研究成果所带来的。

涂尔干论公民社会和政治

涂尔干的生平和思想

涂尔干 1858 年出生于法国的阿尔萨斯—洛林地区，第一次世界大战期间，这一地区成为一个有争议的地区。他是一名模范教师，时间观念极强、演讲优雅、致力于改革法国的教育体制等。他并未将自己看作一个革命者，甚至也未把自己看成一个政治家，而是将自己看成一个通过教化力量和研究发现来改造社会的人。

他所坚守的法国学者的立场，可以追溯至让·雅克·卢梭（Jean-Jacques Rousseau）的著述，他所关注的问题是“公意”（general will）的本质，或者说他所关注的是文明社会人类相互约束的那套契约。如果说涂尔干一生所从事的研究有一条共同主线的话，那就是他努力使用科学的方法，来揭示这种公意的本质以及人类思想和信念如何对它进行感知。

涂尔干自我定位为一名科学家和一名教育者。作为一名科学家，他响应的是法国思想界先驱奥古斯特·孔德（Auguste Comte）的召唤。孔德坚持认为，一定存在着一种关于社会现象的科学，它同有关生物现象或物理现象的科学一样，具有同等的持久性和影响。社会学就是孔德赋予这一科学的名称。涂尔干主动承担起继续孔德事业的任务。像孔德一样，他坚持认为社会学是研究社会事实的，即世界上存在超越个体心理和作为一个物种的人的生物原则的“集体共享的思维、感觉和行为方式”[②]。如心

---

① 关于这种区别的起源，参见黑格尔的 *Philosophy of Right*，translated with note by T. M. Knox (London: Oxford University Press，1952；1967)，特别是关于公民社会和国家的第二和第三两个小节。

② Durkheim，*Rules of Sociological Method*，1vi.

理事实和生物事实一样，社会事实对人类产生了同样的影响。

涂尔干毕生大部分研究都在试图为这种重要方法提供理论支撑。在《自杀论》这部早期名著中，他煞费苦心地试图说明，自杀并非生物学原因的产物①，也不是一种单纯的精神现象，不同的社会在不同的发展阶段和不同地区，自杀率是有变化的。在最后一部鸿篇巨制中，除其他学者外，他还接受了德国伟大哲学家康德的思想。事实上，康德曾主张，物质世界的本质在于它是“人类想象力和智力”的产物，从而将哲学研究的重点，从外部世界的本质转向人类或主体的本质。② 随后，涂尔干试图超越康德。他坚持认为，关于物质世界（如武力）以及社会秩序（如超自然力量）的思想源泉，是社会所掌握的控制人的思想的权力所导致的结果。涂尔干声称，总的看来，正是社会尤其是社会制度，创造了人类智力，并描绘出有关宇宙和道德秩序的图景。③

马克思认为，现行资本主义秩序存在着固有的险恶性，因而必须推翻它。涂尔干的观点与此不同，他认为，现代社会的冲突和失序，是由道德秩序的混乱所引起的。他指出，要揭示这种道德秩序混乱的原因，只需对现行制度进行改革即可，大可不必去推翻它。在《社会中的劳动分工》这部名著中，他得出结论：“我们的社会结构竟然发生了如此深刻的变化……（而且由于）我们的某些责任已经丧失了自己的现实基础，崩溃已然发生……［因此，］我们的首要任务就是要为我们自己确立一套道德准则。”④ 对于涂尔干而言，这意味着需要花费更多的研究精力来揭示道德秩序的基本特征、它如何逐渐削弱、社会有可能朝着哪个方向发展。

涂尔干对于混乱和冲突本质的理解，与马克思和韦伯是根本不同的。马克思将19世纪的工人冲突，看成资本家恶毒盘剥的产物，涂尔干则将其理解为社会基本制度没有能够正确地灌输社会规范和价值观的产物。在涂尔干看来，社会制度需要一种道德活力；而对于马克思来说，则需要彻底摧毁它们，并从底层进行彻底重建。一个是抱残守缺，试图修复社会秩序；另一个则是站在激进立场上，试图颠覆整个社会秩序并

---

① Emile Durkheim, *Suicide: A Study in Sociology*, translated by John A. Spaulding and George Simpson; edited with an introduction by George Simpson (Glencoe, IL: The Free Press, 1951).

② Immanuel Kant, *The Critique of Pure Reason*, translated by Norman Kemp Smith (New York: St. Martin's Press, 1929; 1965).

③ Emile Durkheim, *The Elementary Forms of the Religious Life*, Joseph Ward Swain, trans. (New York: Collier Books, 1961).

④ Emile Durkheim, *The Division of Labor in Society*, translated by George Simpson (New York: Free Press, 1964), 408-409.

最终对其进行彻底重建。

涂尔干将其精力集中于探索道德秩序的本质，尤其是对于法国的道德秩序，他倾注了更多的研究精力。他认为，正是某种基本的规范和价值观，将人们团结在一起。社会变迁，或者称之为我们现在所说的**现代化**（modernization），侵蚀着人们所坚守的共同规范，在集团之间制造了更大的裂隙，与此同时，也导致了用安东尼·吉登斯（Anthony Giddens）的睿智术语所描述的那种人类更大的**个性化**（individuation）。涂尔干认为，既然那些基本的规范和价值观可以通过经验研究获得，那么，社会学家有责任制定教育计划，将它们传授给年轻一代。他在《道德教育》一书中指出，学校是社会改革的核心。[1] 对于学校来说，简单地讲授“阅读、写作和算术”是缺乏意义的，更为重要的是传授作为公民应遵守的基本规则和行为准则。卢梭理论中的“公意”，变成了社会的“集体良知”，而这正是涂尔干试图通过教育制度来揭示和恢复的。

社 会

正如马克思的核心焦点在于社会阶级的本质和阶级冲突一样，对于涂尔干而言，核心焦点在于社会的本质。社会是社会学研究和试图解释的客体。一般来说，它包括几个主要部分：规范和法律、制度、符号和仪式以及劳动分工。涂尔干对其中每一个元素都进行了详细讨论和考察。

社会规范和法律 社会规范和法律是社会的基本元素。这类元素发挥着指导社会成员行为和思想的规则作用。它们是最基本的社会事实，涂尔干对它们给予了更多的关注。为了实现社会的良性运转，必须制定相应的规范和法律来约束社会成员的行为。在规模较小的原始社会中，这样的规范和法律较少，社会只能通过强制执行使所有人被迫地服从。然而，在大型社会体，这样的法律变得更碎片化了，它们对所有社会成员的约束也变得越来越脆弱。

在两种形式的社会中，惩罚或制裁的性质也是不同的。在较小的原始社会中，法律代表社会来实施惩罚。而在更为复杂的大型社会，法律则寻求对个别当事人的补

① Emile Durkheim, *Moral Education: A Study in the theory and Application of the Sociology of Education*, Everett K. Wilson and Herman Schnurer, trans. (New York: the Free Press of Glencoe, 1961).

偿。在现代社会中，更为有限的惩罚，是与这种社会日益增长的复杂性和差异性相对应的，而且，也会出现日趋明显的“个人主义”。差异是明显的，既表现在刑法方面，也表现在民法和公司法方面。刑法是小型更具包容性的社会所具有的特征，它利用强制力来对违法者实施严厉惩罚。民法则简单地寻求对受害者的补偿，正如涂尔干所主张的，恢复“事物的原状”①。

制度 教育、宗教和经济是主要社会制度的体现。制度为一个社会提供了指导性的规范和法则，由于它们所承担的任务或提供的功能的差异而有所不同。教育制度处于核心地位，因为它为一个特定社会指导孩子们的行为方式和规范提供了基础。从某种意义上看，如果一个社会不能正常运转，如高犯罪率这种失败表现，按照涂尔干的观点，其根源就在于学校教育的薄弱。他坚持认为，在这种制度中，教育必须是坚定果断而严格的，必须覆盖社会的基本规范。②

宗教制度具有同等的重要性。按照涂尔干的观点，宗教为社会秩序提供了基本的黏合剂。宗教制度为社会提供了核心法则和价值观。涂尔干引入了大量重要概念，来帮助阐释宗教的本质及其重要性。其中最为重要和著名的是**神圣**（the sacred）与**凡俗**（the profane）这两个概念。③ 所谓神圣，是指独特而圣洁的品质，为特殊对象或实践所拥有，且得到了宗教制度的确认。它们不仅包括特殊的节假日，也包括特殊的人物和物质实体，如基督徒的十字架，或犹太教逾越节（Passover）供奉的羊腿。凡俗所代表的与神圣完全相反：它所涉及的都是日常行为和实践，如家务或工作完成的方式等。

在涂尔干最后一部名著《宗教生活的基本形式》中，他探讨了宗教的中心地位和重要性。④ 他声称，宗教为所有社会提供了核心价值观，因而为社会成员之间的团结提供了物质要素。涂尔干不仅为康德所提出的问题提供了一种社会学解答，还为宗教制度之于社会运行的至关重要性提供了一种解释。在这一点上，他对宗教的强调，与马克思对经济因素的强调是大相径庭的。

文化、符号和仪式 规范和法律对于社会的运行是至关重要的。有时候，其能够明确地被告知，如在学校教育中。但在更多情况下，人们是用更为微妙的方式对其进

---

①② Durkheim，*The Division of Labor in Society*.

③④ *Elementary Forms of the Religious Life*，Book 1.

行传授的。

涂尔干坚持认为，社会成员围绕着共同的符号团结在一起，这些符号对于维系社会的持久存在是至关重要的。这类符号既包括更为普遍的象征，如国旗或国歌，也包括更为重要的象征，例如对特殊人物——如社会的奠基人——的尊重和崇拜。在特殊的政权或国家中，符号有可能是一面旗帜，甚或是一些特殊的政要，如乔治·华盛顿(George Washington)。由于对他们典范作用的反复宣传，国家乞灵于这些形象来服务于提醒其成员牢记他们属于同一个国家。

在激发和提醒人们的符号意识方面，仪式发挥着至关重要的作用。涂尔干认为，"仪式是手段，社会群体通过它定期地进行自我的再确认"①。事实上，仪式是定期的有规律的重大活动，在这种活动中，人们聚集在一起庆祝他们组成一个国家或成为一个社会整体。例如，投票行为，从提醒人们在民主制度下享有自由的意义上来看，就可以视为这样一种仪式。涂尔干所列举的最有洞察力的例子，涉及在更原始的群体中所观察到的仪式，如那些庆祝上帝起源和生活的事例：

> 没有神，人就不能生存，不过另一方面，如果人不进行膜拜，神也会死去。……膜拜存在的真正原因，甚至是那些在表面上最具有物质色彩的原因，也并不存在于膜拜所规定的各种行为之中，而应该存在于借助这些行为产生出来的内在的和精神的更新过程之中。崇拜者奉献给神的真实事物，并不是他摆放在祭坛上的食物，也不是从他的血管里流出的血，而是他的思想。②

这些群体通过定期的有规律的集会，庆祝收获或某一特殊动物的诞生，不仅是在纪念某些特殊的事件，也在不经意间使得他们自己作为一种社会秩序而获得重生。

这些精彩的洞见，已经对社会人类学者和社会学家产生了深刻的影响。正如我们很快将会获悉的，例如，它们被宗教社会学家贝拉用来阐释美国的**公民宗教**(civil religion)。

劳动分工　涂尔干关于社会本质的最后一个关键元素，在于他的劳动分工概念。马克思和韦伯笔下曾经描述的社会阶级，在涂尔干这里，却成为被他称为劳动分工的

---

① *Elementary Forms of the Religious Life*, Book 1., 432.

② Ibid., 388.（中文译文参见［法］爱弥尔·涂尔干：《宗教生活的基本形式》，渠东、汲喆译，474页，北京，商务印书馆，2011。——译者注）

东西。他之所以选择这一主题，部分原因来自赫伯特·斯宾塞（Herbert Spencer）。后者认为，社会的劳动分工，随着社会本身的演化而不断变化，并且变得越来越复杂。

劳动分工本质上是由社会维系其成员物质生存的各种任务和功能所构成的。在原始部落中，这样的任务包括部落成员的狩猎和采集过程，而在更为现代的社会中，则由各种任务和实践——当今我们称之为具体的工作和职业——构成。与马克思所论及的社会阶级概念将人们分割开来不同，劳动分工这一概念，对于涂尔干来说，事实上发挥着与规范和法律相同的一体化功能：为维系社会秩序提供基础。如果每个人在社会秩序的运行中都拥有一个特殊的位置，而且所有主要任务的实现都是为了保持社会的持续发展，那么，社会就将得以生存。因此，通过一种与“看不见的手”作用类似的过程，各种社会都设法对人们进行分类，使其承担不同的工作和任务，社会要持久发展，就必须完成这些工作和任务。而且，当社会在数量和复杂性方面得到发展的时候，劳动分工同时也会得到发展。涂尔干另一个更为深刻但又颇具争议的观点在于，当社会或群体的人口密度提高时，就会不可避免地出现要求更加复杂的劳动分工的压力，因而会将人们安排到新的不同的岗位上。“所有社会大众的聚合，特别是当它伴随着人口的增长时，”他写道，“必然决定了劳动分工的进步”①。

国家、政治与社会

涂尔干的国家和政治观，是其社会观的彻底反映。国家或政府，仅仅是另一种类型的社会制度。国家并不代表某些非法或暂时占优势地位的阶级或集团来进行统治，它所代表的是整个社会的利益，试图达成全面的一致和共识。从某种意义上看，它们体现的是卢梭式的**“公意”**（volonte generale）。国家所代表的是基本社会秩序的完整而明确的规范和法则。因此，反对国家，就是反对社会秩序或社会本身。于是，按照这种观点，权力和权威不再非法行使，或仅代表任何阶级或其他集团的利益；社会成为**权威的基础**（the basis of authority），而国家则必须被视为社会基本运转和操作的体现。

① *The Division of Labor in Society*, 268.

在涂尔干看来，持有不同政见，并不是站到了代表社会未来发展的集团、抑或某种全面的或更高的善的对立面。事实上，反对派的行为偏离了社会的一般规范。[①] 国家因而被迫使用武力来强加其意志，并压制任何形式的反对派。对于涂尔干来说，国家在其本质上就成为一种警察机关，其职责是确保社会规范和规则得到事实上的遵守。而且，从来就不存在对其非法或不合法性的任何质疑——其权威就根植于社会自身的性质之中。

然而，涂尔干也充分认识到，随着社会的现代化，国家对个人生活的控制，如同社会一样，在弱化。以自杀或杀人等形式表现出来的异常行为，随着现代化的发展呈明显增长趋势，其原因在于，使个人受制于社会的共同纽带的影响力和权力减弱了。因此，如同国家一样，现代社会的完整性较少建立在社会联系的综合力量和绝对权力的基础之上，而更多的是基于为实现完整性和一体化制造新的基础。像其他社会制度一样，国家必须在社会变得越来越复杂的时候，致力于维系自身的发展。

尽管涂尔干从未充分解释或清晰阐释有关现代政体的这种观点，但他仍然在《自杀论》一书的结尾部分，最为清晰地阐释了现代政体的运行原则。通过强调现代社会中劳动分工变得越来越复杂，他指出，劳动分工作为社会的核心元素之一，能够为国家有效地联系现代社会和个人生活提供基础：

> 解决这种矛盾［国家滥用武力和过度疏忽］的唯一办法是建立国家之外的集体力量，这种力量尽管要受国家的影响，但能更多样化地发挥它的调节作用……就［此类行会］而言……它适宜于管理保险基金、互助基金和退休金，许多好心人感到需要有这些基金，那些需要帮助的人，对此抱有如此多的善意，但是，如果要把它交到如此强大而笨拙的国家手中，我们理所当然地会犹豫不决；行会也适宜于解决同一行业不同部门之间持续发生的冲突，确定……公正的合同必须遵守的条件，以共同利益的名义来防止强者对弱者的过度盘剥，等等。[②]

换言之，新的现代社会，是在劳动者职业激增的过程中被发现的，个人的生活正是在这里得到展现。当社会变迁发生并给人们的生活打上烙印时，接近这种体验的社

① 例见 *Suicide*。

② *Suicide*，380.（中文译文参见［法］埃米尔·迪尔凯姆：《自杀论》，冯韵文译，417 页，北京，商务印书馆，2001。——译者注）

会群体，将成为最贴近个人体验的群体。国家将竭尽全力为代表诸如此类职业的各种组织，提供一种表达劳动者利益的途径。

颇为引人瞩目的是，涂尔干这段话与他的法国同胞托克维尔几十年前提出的一个观点，竟是如此巧合地吻合了。社会的核心和灵魂，在于个人生活借以形成的各种组织的形式和运行，而此类组织必定与国家这一社会最高层次的权威的运行有着完整的联系。涂尔干没有真正充分意识到的是——尽管他可能有所理解——国家有可能拥有自己的强大目标，而此类目标常常蓄意背离绝大多数公民的需要和利益。

托克维尔论公民社会与政治

托克维尔的生平与著作

托克维尔（1805—1859），出生在一个法国贵族家庭，已经成为对美国民主做出精辟分析的最著名的学者。在 54 年的人生旅程中，他至少创作了两部关于历史和比较分析的名著。他一生的大部分时间都在从事政治活动和写作；他有关民主和法国大革命的著作，为他赢得了名望和财富。尽管他与涂尔干有很多共同之处——二人均强调政治秩序和保持社会基本连续性的公民基础——但他们也有明显的分歧。事实上，在很多人看来，托克维尔是一个更令人信服的思想家，因为他想方设法将历史和社会学的想象力完美地编织在一起。在这一过程中，他还提供了一些最早的但仍然是最好的历史和社会比较分析。

托克维尔的主要著作阐明了两个重大历史事件。其中一部著作涉及 1789 年的法国大革命以及**旧制度**（ancien regime）的崩溃。[①] 他提出了这样的问题：旧制度为什么崩溃？在提出这一问题时，他比他的许多后继者们更早地对革命与变革问题进行了分析。他指出，从本质上看，旧制度之所以崩溃，原因在于贵族本身的失败以及在整个 18 世纪的法国社会所造成的变化。法国旧制度的崩溃源于法国社会早已成熟的一

---

① Alexis de Tocqueville, *The Old Regime and the Revolution*, edited and with an introduction and critical appraisal by Francois Furet and Francoise Melonio; translated by Alan S. Kahan (Chicago: University of Chicago Press, 1998).

系列因素，而不是1789年以及此后不久发生的几次简单行动就导致了革命性的颠覆。旧制度崩溃之时，它基本上已经耗尽了所有资源。而且，其失败恰恰发生在争取社会和政治平等运动席卷世界的过程当中，这一运动在19世纪的美国更为突出。发生于1789年的暴力和恐怖，究其原因，是因为公民们认为，他们有必要彻底清除和骤然终结不平等的封建历史；肃清所有旧社会的残余，则意味着彻底而猛烈地铲除那种社会。

托克维尔提出的另一个相关问题是：美国社会为何以及如何以自己的方式得到发展？它如何能够创建一套新型的社会和政治制度，以其独特的方式来强调平等和民主，而所有旧社会——原本它们是占据某种优势的——却无力做到这一点？托克维尔采用历史比较分析方法，对这一问题进行了充分细致的回答。其语言文体典雅、内容丰富，堪与韦伯的著作相媲美。[①] 托克维尔力图展示，我们何以能将国家作为完整的实体进行思考，以及我们如何能根据国家的差异对其做出比较。他的论证如此敏锐并富有活力，时至今日依然堪称典范。

美国的平等

托克维尔声称，美国民主代表了一种非常特殊而又独一无二的成就。通过对19世纪各国的观察，托克维尔得以发现，没有任何其他社会拥有像美国那样的引人注目的政治制度。美国民主的主要特征，就是对公民平等的强调。他在《论美国的民主》上卷的引言中写道，在逗留美国期间，“最引我注意的，莫过于身份平等。……它赋予舆论一定的方向，法律以一定的方针，执政者以新的箴言，被治者以特有的习惯”[②]。他观察到，所有人在法律面前都是平等的，都通过法律享有平等的尊重和待遇。正是美国共和制度的特征，为这种平等奠定了基础。

总体的政治制度为美国的政治平等提供了框架。所有人——但是，彼时彼刻自然意味着所有白人——被赋予选举权以及影响政治进程结果的平等资格。托克维尔将选举权视为美国民主的一个核心要素。另一个核心要素是，有关长子继承权以及财产和

① Louis Hartz, *The Liberal Tradition in America: An Interpretation of American Political Thought Since the Revolution* (New York: Harcourt Brace Jovanovich, Inc., 1955).

② Alexis de Tocqueville, *Democracy in America*, the Henry Reeve text with notes and bibliographies by Phillips Bradley (New York: Vintage Books), volume Ⅰ, 4. [中文译文参见［法］托克维尔：《论美国的民主》（上卷），董果良译，“绪论”第4页，北京，商务印书馆，1997。——译者注]

特权的代际继承权相关法律的废除。上述制度，曾经是那个时代欧洲各个国家的典型特征，它从根本上削弱了人们实现良好意愿和渴望平等的能力。司法体系和法律的其他特征，也对平等的条件起了支撑作用，它们要求所有人在法律制度内享有尊严和尊重。联邦政府制度为各州和人们之间的平等提供了制度框架。宪法则确保了基本原则，包括集会的权利，还包括允许人们平等而自由地结社和表达意见的权利。

平等的条件（原因）

在托克维尔看来，问题的关键在于找到促进这种平等的条件。在所有国家中，为什么美国得以创造了这种独一无二的条件？对于美国人以及美国这个国家来说，何以能够使得这种平等实现？

从根本意义上说，这一问题的基本答案很简单：在所有其他社会中，人们遭受着来自贵族或财富日益增多的工厂主阶级的压迫，但在美国，人们事实上却生而自由。“美国人的社会情况是非常民主的。自各殖民地建立之初就具有了这个特点，而在今天表现得尤为明显”，他曾这样写道。① 一群观念相对新颖且没有思想负担的人们，其中大多数人是为了逃避欧洲的压迫而移民美国，抵达这一大陆寻找自由。正如路易斯·哈茨（Louis Hartz）几十年后所指出的，卢梭的重要理念——人人生而自由，但却无所不在枷锁之中——在托克维尔看来，并不完全是美国的真实写照。在美国，人们是生而自由的，因为他们已经摆脱了先前身处欧洲时的生存枷锁。19 世纪的美国与同时代的欧洲不同，不存在世袭权威和财富与所有权的继承，因此，人们能够摆脱债务和封建历史的锁链，去追求财富和物质上的满足。

于是，自由成为美国民主和平等的**必要条件**（sine qua non）。但自由本身并不足以确保这种平等。毕竟，人有可能是自由的——但自由是为了什么？在托克维尔看来，美国人不仅是自由的，他们还积极投身于不断维护和重申这种自由的活动中。这种活动有两个重要组成部分。首要的也是迄今最突出的是，人们持续不断地发展、支持和投身于民间社团的活动中。人们志愿行动起来捍卫他们的自由：他们在追求政治

---

① Alexis de Tocqueville, *Democracy in America*, the Henry Reeve text with notes and bibliographies by Phillips Bradley (New York: Vintage Books), 48. [中文译文参见［法］托克维尔：《论美国的民主》（上卷），董果良译，52 页。——译者注]

目的的新组织中携手奋斗；事实上，这类组织对于美国革命者的成功是至关重要的。托克维尔观察到，“使美国人逐日形成不问地位、思想和年龄而结社的普遍爱好和养成利用结社习惯的，正是政治结社”①。

因此，美国各种类型的民间社团——政治团体、社会团体、烹饪俱乐部、支持革命活动的妇女组织等——逐渐具备了强大的社会基础。在托克维尔看来，组织和社团的这种巨型结构，确保了民主的持续发展，因为所有这类组织都平等地对待其成员，都成为人们借以向统治当局表达担忧和意见的工具。人们对这种行动和表达意见的自由的珍爱，与珍视自己的财富和物质福利的方式几乎完全相同。托克维尔写道，“人们把自己的力量同自己的同志的力量联合起来共同活动的自由，是仅次于自己活动自由的最自然的自由。因此，我认为，结社权在性质上几乎与个人自由一样是不能转让的”②。

在托克维尔看来，出版自由和言论自由对于确保美国的民主和平等，具有同样重要的意义。言论自由是美国政府得以建立和发展的首要原则。而托克维尔发现，在现实中，言论自由在美国报业所从事的各种大量活动中得到了体现。与欧洲不同，在美国，人们可以获悉和目睹美国人所表达的自由观点，这些观点，是可以在美国人当中共享的，也便于被统治者获悉和理解。对于托克维尔来说，为数众多的各种出版物，强调了庄严载入美国宪法第一条修正案的言论自由和出版自由的重要性。

托克维尔指出，如果缺少民间社团和出版自由，自由和民主将无从维系。他坚持认为，正是因为欧洲各国缺少民间社团和出版自由，才导致美国与诸如法国和英国等欧洲国家之间政治上的差异。

美国民主面临的威胁

正如美国展示出世界其他国家可以仿效的通向民主之路，它同样也暴露出有可能对民主造成威胁的重大挑战。托克维尔最关注的是以下三种威胁。

第一个是种族因素。尽管托克维尔论及了美国制度中存在的广泛平等和平等性基

---

① Tocqueville, *Democracy in America*, Ⅱ, 127. ［中文译文参见［法］托克维尔：《论美国的民主》（下卷），董果良译，649页，北京，商务印书馆，1997。——译者注］

② Op. cit., *Democracy in America*, Ⅰ, 203. ［中文译文参见［法］托克维尔：《论美国的民主》（上卷），董果良译，218页。——译者注］

础，但是，他不会如此天真地以为：平等无处不在。平等的确不是无处不在的。事实上，他指出了美国的三个种族，它们之间的差异揭示了美国存在的深刻的社会经济不平等。这三个种族是印第安人或称土著美洲人、美国黑人以及美国白人。正是在黑人身上，托克维尔发现了广泛平等所面临的最大威胁。他指出，黑人生活在奴隶制条件下，其境况比其他美国人要糟糕得多。如同北方一样，那种受奴役的状况可能有所缓解，但是，美国黑人与白人之间仍然存在着深刻而不可调和的矛盾。“在美国的黑人已经不再是奴隶的地区，他们是不是与白人更接近了呢？凡是在美国待过的人都会看到，情况适得其反。种族偏见在已经废除蓄奴制的州，反而比在尚保存蓄奴制的州更强烈”①。具有如此影响力和先见之明的观察家，正是托克维尔，他对种族问题的论述，如昨日写就，使人记忆犹新。一个世纪之后，冈纳·缪达尔（Gunnar Myrdal）和他的同事在其有关 20 世纪中期美国种族和不平等的杰作中②，对托克维尔有关平等的论述进行了再思考。

而且，虽然美国并未展示出欧洲那种深刻的社会和经济不平等，托克维尔仍然认为，如果美国也存在不平等，那么工业和制造业就是罪魁祸首。他指出，制造业导致人们在财富上出现了分化。而且，当商业得到发展和扩张时，就有可能导致新的不平等的出现。他写道，“民主的朋友还是以不安的心情把视线转向这一方面，因为贵族制度和身份的永久不平等一旦再侵入这个世界，那么可以预言，它们一定是由这扇大门溜进来的”③。

然而，在托克维尔看来，美国平等所面临的最大威胁，是由普遍的平等本身所带来的威胁：

> 我最挑剔于美国所建立的民主政府的，并不像大多数欧洲人所指责的那样在于它的软弱无力，而是恰恰相反，在于它拥有不可抗拒的力量。我最担心于美国的，并不在于它推行极端的民主，而在于它反对暴政的措施太少。④

---

① Op. cit., *Democracy in America*, Ⅱ, 373.［中文译文参见［法］托克维尔：《论美国的民主》（上卷），董果良译，399 页。——译者注］

② Gunnar Myrdal, with the assistance of Richard Sterner and Arnold Rose, *An American Dilemma: the Negro Problem and Modern Democracy* (New York: Harper, 1944).

③ Tocqueville, *Democracy in America*, Ⅱ, 171.［中文译文参见［法］托克维尔：《论美国的民主》（下卷），董果良译，697 页。——译者注］

④ Op. cit., *Democracy in America*, Ⅰ, 270-271.［中文译文参见［法］托克维尔：《论美国的民主》（上卷），董果良译，289～290 页。——译者注］

如果所有人都是平等的，那么，就不应该有人比其他人更为平等。这意味着，每个人的观点和思想都将发挥同等的作用。在这样的条件下，国家的政策和人们的行为准则将通过多数决定原则——在任何关键问题上——得以贯彻落实，这样才能实现多数的统治。但是，托克维尔想知道的是，少数的观点和思想是如何形成的？他继而推断，在社会治理过程中，平等所遭遇的最大威胁，在于**多数的暴政**（the tyranny of the majority）。既然所有人都是平等的，其中的绝大多数能够处于支配地位，这就与欧洲国家依靠财富和所有权的继承获得特权而取得优势地位区别开来。美国人应该警惕和防范的，正是存在于政治制度发展过程中以及社会全体成员的日常行为方式中的这种暴政。

小　结

总之，托克维尔不仅为美国的未来提供了一种愿景，也绘制出一张路线图。它依赖于平等和自由原则，以一般社会特征的价值为基础。而且，当托克维尔对美国进行审视时，他并未感觉到美国是一个被阶级所分裂的社会，也不像马克思或韦伯把美国社会看成一个由国家所统治的社会。相反，他认为，美国社会拥有明确而独特的文化，通过大量社团和组织支撑与维系，美国人正是通过这些社团和组织来吐露心迹、表达其平等的愿望。从本质上看，美国社会是一个彻头彻尾的公民社会——不但其性质体现出公民性，其公民关系上也体现出公民性。尽管它有可能通过种族之间的分裂以及肆无忌惮的资本主义所导致的赫然耸现的危险而带来伤害，但它仍然不失为一种独一无二的社会，是与欧洲各国截然不同的一种类型。

新共识主义者

西摩·马丁·李普塞特

20 世纪最引人关注并且颇有争议——其著述被广泛引证——的社会科学家之一，就是西摩·马丁·李普塞特（Seymour Martin Lipset）。他同时还是政治社会学学科的主要创建者之一。李普塞特是一位具有惊人创造力的学者，撰写了 20 余部著作和无以计数的文章。正是李普塞特《政治人》这本名著的问世[①]，使得政治社会学首次形成了完整的学术框架。在这本书中，他将马克思、韦伯以及托克维尔等人视为政治社会学的主要思想奠基人。

与托克维尔一样，李普塞特的主要学术兴趣始终是对美国的研究，特别是对美国民主性质的研究。他同时将这一兴趣作为一种思想指针，用以探索其他社会及其政治制度的性质。因此，在一项具有前瞻性的比较分析中，他考察了大量社会民主政府的特征，并得出这样的结论，即形成民主的主要条件是拥有一个强大的中产阶级和经济的繁荣。同时，他还将研究焦点集中于美国，倾其一生精力来探究“为什么美国没有社会主义”这一问题。为了回答这一问题，他在分析加拿大萨斯喀彻温省联邦合作联合会形成的基础上，对加拿大农业社会主义的起源进行了考察。他指出，该省不同寻常的政治兴趣和高比例的政治参与，有助于为联邦的形成奠定基础。若干年之后，他还对这种分析进行了补充，他指出，与美国的胜者通吃制度相比，加拿大的比例代表制非常有利于加拿大社会主义联邦的兴起。[②]

尽管李普塞特始终深受马克思和韦伯著述的影响，但是，正是托克维尔的敏锐和激情似乎才使得他的思想和著述显得更为清晰。李普塞特与科尔曼、马丁·特罗（Martin Trow）三人合作的著作，对设在纽约市的国际活版印刷联合会（I. T. U.）所做的分析，极具影响力。[③] 以此为例，他们提出这样的问题：为什么国际活版印刷联合会能够以一种民主的方式进行治理和管理，而大多数其他工会却做不到这一点？李普塞特对此问题的答案，实际上直接来自托克维尔的记述。大多数其他工会并不鼓励会员积极参与工会活动，而对于国际活版印刷联合会的工人来说，由于受教育水平高，从事的是高技术含量的工作，这种参与就成为他们的一种生活方式。作者指出，“‘印刷工人’对（自己的）职业有着强烈的认同……这意味着，他们比从事其他职业的工人更有可能参与自己组织的事务……（而且，）他们的职业共性（进一步）激发了他们参与工会的愿望”[④]。因此，国际活版印刷联合会所具有的这种独一无二的民主，是建立在工会会员牢固的

---

① Seymour Martin Lipset，*Political Man*：*The Social Bases of Politics*（Garden City：NY：Doubleday & Company，1959).

② Seymour Martin Lipset，*Agrarian Socialism*，updated edition（Garden City，NY：Doubleday，1968).

③ Seymour Martin Lipset，Martin A. Trow，and James S. Coleman，*Union Democracy*：*The Internal Politics of the International Typographical Union*（Garden City，NY：Doubleday Anchor，1962).

④ Ibid.，p. 442.

责任意识和参与意识的基础之上的。

李普塞特在《工会民主》一书中所做的分析，是对某一社会的各种民间社团——或这一案例中的组织——运行方式的一种重要阐释，为政治尤其是民主政治提供了表达方法和存在基础。对于李普塞特而言，就像之前的托克维尔一样，诸如此类的社团以自愿的组织和非正式网络以及人们所沿袭的习俗和价值观形式存在着。这种社团内部的活动，既为理解大型社会集团的性质提供了一种方式，也为人们之间的相互信任提供了一种沟通和保障途径。

李普塞特的民主观——这种观点曾一度通过约瑟夫·熊彼特（Joseph Schumpeter）关于民主是“精英之间为争夺统治权而展开的自由竞争”的观点来加以阐释——是他不懈追求并力求理解的一种观点。他的许多著述，只有当我们理解了他对研究民主政府基础的激情和追求时，才显得更有意义。在他看来，他所发现的核心要素——高水平的教育、发达的经济、庞大而成熟的中产阶级——所代表的是维系民主政府所必需的那些要素。① 将这三大要素综合起来，则有助于考察公民社会对于巩固民主制度的重要作用。

而且，他的民主观认为，类似美国等国家的民主政府本身及其运行都是良性的，这些民主政府不会将权力作为终极追求目标，抑或仅仅代表一小撮非法的资本家阶级来进行统治。民主政府能够有效地处理社会中各种多变舆情。一旦我们认识到重要的变化和转换业已发生，就应当对首先由托克维尔提出的问题和他的想象力心存感激。也正是这种观点，曾竭力地试图淡化马克思的思想对现代社会学的影响。②

李普塞特的经验研究知识和专长，毫无疑问是出类拔萃的。他对于国际活版印刷联合会的研究有助于表明，单一的案例研究对于政治世界中存在的社会现象的研究是多么有用。他的大多数著述都是有关抽样调查的，而且他还充分利用了现代行为科学对问卷设计、调查以及公共舆论等的强调。尽管他曾精心撰写了独具匠心的历史著作，但在某种程度上，现代社会学以及其他科学，在对现代社会的制度和历史基础的

---

① Seymour Martin Lipset，“Some Social Requisites of Democracy，” *American Political Science Review*，vol. 53（March 1959），69-105.

② *Class*，*States and Power*，Seymour Martin Lipset and Reinhard Bendix，eds.（New York：Free Press，1966）.

研究方面，都已实现了对他的超越。

罗伯特·贝拉

人们常常将贝拉与宗教社会学而不是政治学的研究联系在一起。但是，作为一名沿袭涂尔干和托克维尔传统从事研究的学者，贝拉对社会学的论述也一定对人们的政治观产生了重要影响。事实上，贝拉的世界观，为探讨公民社会或社会秩序对政治品质的影响，提供了一种与众不同的方式。

公民宗教 贝拉对于社会学的主要贡献之一，就是关于公民宗教本质的论题。[①]贝拉接受了涂尔干的观点，他指出，美国政治已经变成了被他称为公民宗教的东西。涂尔干最初提出的这种有争议的观点如下所述：

> 任何社会都会感到，它有必要按时定期地教化和确认集体情感和集体意识，只有这种情感和意识才能使社会获得其统一性和人格性……当基督教徒集会纪念基督降生的日子的时候，当犹太人集会纪念出埃及或颁布摩西十诫的时候，**当公民们集会纪念颁布新的道德或法律体系的时候，或者当人们集会纪念国民生活中的重大事件的时候，它们之间又有什么本质的区别呢?**[②]

贝拉指出，人们可以不从传统的意义上来思考政治，对于美国公民而言，政治就是一种生活方式抑或宗教。

贝拉声称，美国公民宗教的根基，可以从美国杰出政治人物的某些重大声明和解释中找到。他举出的一个实例，就是1961年约翰·F. 肯尼迪（John F. Kennedy）的就职演说。他指出，肯尼迪在其演说中，曾三次使用了“上帝”一词。但是，按照美国宪法的要求，国家与教会应该是分离的。那么，我们该如何精确地解释肯尼迪在面向全国国民讲话时所使用的祈祷词呢？贝拉坚持认为，“教会与国家的分离，并不否认政治王国中的宗教维度……（存在着）绝大多数美国人共享的某些宗教取向的共同要素（而且）……它们在美国制度发展中发挥着重要作用，仍然为美国人生活的整体构

---

① Robert N. Bellah, *Beyond Belief: Essays on Religion in a Post-Traditional World* (New York: Harper & Row, 1970).

② Emile Durkheim, *The Elementary Forms of the Religious Life*, 475. [中文译文参见［法］爱米尔·涂尔干：《宗教生活的基本形式》，渠东、汲喆译，589页。——译者注]

造提供了一种宗教维度，包括政治领域”①。

美国的公民宗教，一方面通过各种符号以及美国人积极参与国家庆典活动的各种仪式得以体现，另一方面，也通过他们所共同坚守的基本原则体现出来。此外，所存在的各种国家危机，是对美国作为独立国家的地位的考验，同时也为恢复美国人彼此间的友谊提供了机会。美国内战就是这种危机的一个典型案例，当时美国南北双方因蓄奴制问题而发生分裂。这一时期既成为一种道德上分裂的时期，同时也为医治战争创伤提供了机遇。在很多方面，这种康复已经发生了。然而，国家必然继续经受精神创伤，并努力抚平其道德创伤。相当于当代蓄奴制的种族主义，是另一种形式的危机，美国人被迫卷入这一危机，并借此努力医治创伤并实现正常化。种族主义的持续存在，同样也提供了一种持续的危机意识和一种持久的可能性，即这个国家终将有可能支离破碎。② 正是从历史和民族意识等诸如此类的要素中，贝拉找到了他所需要的公民宗教意识。

心灵的习性 贝拉最杰出的名著，是与他的几位同事——社会学家理查德·马德森（Richard Madsen）、斯蒂芬·蒂普顿（Stephen Tipton）、安·斯威德勒（Ann Swidler）和哲学家威廉·沙利文（William Sullivan）——共同撰写的。这部著作是关于美国研究的具有独创性和重要性的著作，也成为一本畅销书，属于由专业社会学家撰写却能获得如此高认可度的少见的一部著作。③

几位作者更像托克维尔那样，致力于探究和理解美国文化的性质。他们通过与美国白人中产阶级群体的一系列访谈来对此进行研究。他们认为，“处于中间阶层的美国人”才是美国习俗和生活方式的代表。他们试图发现被托克维尔称为**“心灵的习性”**（habits of the heart）的东西：

> 我确信，政治社会的创建并不是基于法律，而是基于组成政治社会的人的情感、信念、思想、精神和心灵的习性等要素，是基于天性和教育赋予它们并为其成为政治社会做好准备的那些要素。④

---

① Bellah，op. cit.，171.

② 参见 Robert Bellah，*The Broken Covenant*：*American Civil Religion in a Time of Trial*（New York：Seabury Press，1975）。

③ Robert N. Bellah，Richard Madsen，William M. Sullivan，Ann Swidler，and Steven M. Tipton，*Habits of the Heart*：*Individualism and Commitment in American Life*，Updated Edition with a New Introduction（Berkeley：University of California Press，1996）.

④ Letter from Tocqueville to Corcelle，September 1853；as quoted in Tocqueville，*The Old Regime and the French Revolution*，volume 1，op. cit.，10.

然而，他们的研究，所针对的并非行为抑或政治事件和制度，而是针对美国社会的深厚文化根基。他们指出，正是这些传统，可以用来解释大约 1990 年前后美国的强大和软弱。他们的著作，带有谨慎的道德主义风格：文化并非一套简单的习俗和模式，而是有关如何引领人们生活的一系列道德期望。

贝拉与其同事所揭示的主要模式是**个人主义**（individualism）。虽然存在着不同的变化，但美国人行为中经常出现的个人主义，通常采取利己主义行为和个人倡议两种形式，他们称之为**功利型个人主义**（utilitarian individualism）和**表现型个人主义**（expressive individualism）。还有另外两种形式——**圣经式**（biblical）传统和**公民共和主义**（civic republican）传统，虽然它们逐渐淡出当代经验，但作者却认为，它们是最积极的两种个人主义形式。美国的个人主义传统，作为赋予企业界许多能量与活力的因素，对生活的其他领域同样也会产生影响。贝拉和他的同事描绘了各种不同的个人主义的典范，其中一些人清晰而生动地表明个人主义在他们取得巨大成就和实现远大抱负方面发挥着重要作用，用当前非常流行的话来说，就是要“保持自我”。

美国生活所具有的这些深厚文化基础，与一个多世纪以前托克维尔所指出的一样，在公共生活和政治中产生了重要反响。贝拉及其同事的研究表明，美国人对个人追求有自己的偏好，不愿意参与广泛的公民活动。美国传统的力量，在于培育个人追求的美德，而其弱点则在于消磨了美国人对他人的慈悲和同情意识。在该书考察美国人社会生活和公共交往的相关章节中，作者对在地方政府中发现的政治观和一个公民团体所倡议的观点进行了比较：

> 美国生活存在两种相互对峙的形象：一方是私人成就和私人消费的高效率组织的社会；另一方则是工作的公民天职理想和对用公共生活把个人联结起来的社会的贡献……这一（后者）政治观的基础，是本质上不同于个人功利主义观念的社会生活和公民生活的观念。它试图说服我们：个人的自我，是在通过公共对话组织起来的社会生活中，在与他人的关系中实现的。①

于是，这种强烈的个人主义信念导致了这样的结果：美国人往往根据个人所得和成就来衡量公共事业，而不是在帮助他人时考虑如何促进强烈的社区意识。

---

① *Habits of the Heart*, 218.（中文译文参见［美］贝拉等：《心灵的习性——美国人生活中的个人主义和公共责任》，周穗明等译，288 页，北京，中国社会科学出版社，2011。——译者注）

尽管贝拉及其合作者对个人主义强加于今日美国公共生活的种种限制予以了谴责，但他们还是审慎地指出，那种强调个人之间加强信任和共性的古老的、受到更多压制的传统，总是有可能得以恢复的。这种传统悄然无息地存在着，尽管随处可见，但在功利主义的个人成功面前却总是哑然失语。而且，尽管作者并未将个人主义过多地与公众消沉的迹象联系在一起，但是，依然清晰的是，他们仍坚信，诸如投票率的降低以及美国人对社团活动的日益冷淡等却体现出：当个人主义走向极端之时，就有可能导致“无政府主义”。

詹姆斯·科尔曼和罗伯特·帕特南

在过去的十年时间里，人们对于公民社会之于国家政治和政治制度性质的影响的兴趣，事实上急剧增加了。多数研究工作的理论起源归因于两位学者——一位是社会学家，另一位是政治学家——的理论构想。在这里，我将他们归为一类，因为这项工作的确是协力发展的，即使他们从未直接合作过。但是，双方都同样受到了一种公民社会和公民美德观念的激励，这种观念的根源可以追溯至涂尔干和托克维尔的著述。

这种观点最初是从科尔曼——一位最杰出的社会学家——的著作中发现的。就在去世前不久，科尔曼完成了一部鸿篇巨制——《社会理论的基础》。[①] 在这部著作中，他提出了关于行为的一般社会理论，堪与马克思和韦伯等社会学大师的著作相媲美。尽管这部著作是否具有那种持久性的影响仍有待观察，但其中的一个重要思想，在学者们看来，却是富有成效和令人振奋的。科尔曼指出，人们拥有被他称为**社会资本**（social capital）的东西。他声称，社会资本指的是个人拥有的社会资源，人们在做出重要决策和采取重大行动时，可以对其加以利用。最初提出这一概念的是格伦·劳里（Glenn Loury），他在解释个人所获得的经济成就时，曾在家庭及其关系网络的意义上使用过这一概念。[②] 而在科尔曼看来，这一概念既应包括人们的社会关系，也应包括相互间潜在的信心和信任。

---

① James S. Coleman, *Foundations of Social Theory* (Cambridge, MA: The Belknap Press of Harvard University Press, 1990).

② Glenn Loury, "Why Should We Care About Group Inequality?" *Social Philosophy and Policy*, 1987, 5, 249-271.

科尔曼利用不同的事例来证明他的社会资本概念。例如，他谈到了轮转基金协会（Rotating Credit Association），这是因文化人类学者克利福德·格尔茨（Clifford Geertz）的一篇文章而闻名的一种协会。① 轮转基金是在东南亚各国存在的一种民间风险经济合作形式。通过联合起来共同承担风险，人们得以利用贫乏的资源进行合伙经营，这样，就可以轮流使用由集体联营所创造的共同信贷资金。在没有任何个人拥有足够的资金启动一家企业的环境下，这种方法提供了一种解决途径。一旦一个人使用了集体联营的资金，他就必须从企业盈利中进行偿还。于是，这一过程得以继续下去。而且，人们不仅在格尔茨最初揭示的东南亚各国发现了这种轮转基金，在洛杉矶的韩国裔企业家中，人们同样也发现了这种轮转基金，这常常被用来作为韩国裔企业家与他们的竞争对手非洲裔美国人相比获得经济成功的原因。②

科尔曼坚持认为，在较大的世界范围内，存在着大量诸如此类社会信任和合作的事例。在大家庭和小群体中，都可以发现它们的存在。它们也存在于城市地区，彼此之间存在差异。于是，他举例进行说明：一位移居耶路撒冷的母亲，对于她的孩子可以无拘无束地在此玩耍，远远比在底特律感到更加惬意，这恰恰是因为她对耶路撒冷的居民有更大的信任感。然后，科尔曼总结说，社会资本由个人之间的网络和关系以及在某种语言文化环境下人们所感受到的不同于其他环境的极度信任和舒适感组成。而且，它为人们提供了一种重要资源，人们借此做出一生中的重要决定和选择。

科尔曼去世之前，没有来得及对内涵丰富的社会资本概念的各种含义进行探究。无论对他还是对我们来说，幸运的是，正是这一思想，推动了后来政治科学家帕特南的开创性研究，后者对科尔曼和社会学家马克·格兰诺维特尔（Mark Granovetter）怀着深深的感激。③ 帕特南与他的同事罗伯特·伦纳迪（Robert Leonardi）和拉斐拉·Y. 纳尼迪（Raffaella Nanetti）等人一起，从1970年代早期开始对意大利新的地区政府自诞生起的形成过程进行了研究。④ 意大利政府决定花大力气突破原有国家

---

① Clifford Geertz, "The Rotating Credit Association: A 'Middle Rung' in Development," *Economic Development and Cultural Change*, 1962, 10, 240-263.

② Ivan Light, *Ethnic Enterprise in America: Business and Welfare Among Chinese, Japanese and Blacks* (Berkeley: University of California Press, 1972).

③ Mark Granovetter, "Economic Action and Social Structure: The Problem of Embeddedness," *American Sociological Review*, volume 91 (November 1985), 481-510.

④ Robert D. Putnam, with Robert Leonardi and Raffaella Y. Nanetti, *Making Democracy Work: Civic Traditions in Modern Italy* (Princeton, NJ: Princeton University Press, 1993).

计划的惯性，并创建能够覆盖政策领域且与当地居民保持紧密关系的地区新政府。这是一项具有历史意义的事业，帕特南和他的同事被邀对此进行评估。最终，他们的评估涵盖了25年时间里意大利地区政府发生的重大演变。

帕特南和他的同事，通过对地方官员和当地市民的周期性调查，对地区政府进行了研究。此外，他们还考察了居民对地方政府工作的反应和满意度。帕特南和他的同事还对地区政府的业绩和效率进行了测评。他们对地区政府工作的十二个不同的业绩指标进行了量化，其中包括改革立法、日托中心、住房与城市发展、立法创新、内阁的稳定性、官僚机构的反应能力以及预算的及时性等。其中每一个指标都采用了量化的形式，并且覆盖了地区政府全部任期内不同时段的情况。调查者最终创建了一套衡量制度业绩的综合指标，其结果显示，尽管相关度并不很高，但各个步骤之间都是关联的。

于是，这三位社会学家对数据进行了汇总。他们寻找并发现了十二个地区中每一个地区政府制度绩效的变化。同时，他们也发现了市民对于每个政府绩效的满意度方面的重要变化。其结果是，市民们对于业绩好的地区政府更为满意，这种结果使得意大利当局和调查者都很满意。于是，这项研究变得更加富有趣味。

由于承担着寻找地区政府效率源泉论据的责任，帕特南作为托克维尔提出的那种论据的倡导者，开始着手其理论探索。他假定，人们中间存在着的某种类似公民传统或心灵的习性的东西，大体上能够对民主以及政府效率和公民的满意度之间的联系做出解释。他将自己的主张付诸试验。例如，他证明了地区政府制度绩效的变化，无法通过其富裕程度的变化而得到解释。这既构成了一项试验，同时也成为李普塞特所提出的财富与民主之间关系假设的一个反证。接下来，他转而开始考察一个地区的公民信任和传统究竟是否与制度绩效相关的问题。此外，他还建立了包括当地居民投票率、社团参与等在内的一套指标。对公民社区与制度业绩之间一致性的检验，为他的观点提供了令人信服的证明：在当地公民社区强大的地方，地区政府的制度绩效也是最高的。事实上，相关度达到大约＋0.90——在社会科学研究领域，这一数值呈现出极强的正相关，的确令人感到出乎意料。①

① Robert D. Putnam, with Robert Leonardi and Raffaella Y. Nanetti, *Making Democracy Work: Civic Traditions in Modern Italy* (Princeton, NJ: Princeton University Press, 1993), p. 98.

帕特南并不满足于使其案例研究简单地依赖这一证据，而是思考了各种替代性解释，并找到它们的不足。他还充分阐述了关于公民社区的观点，并将这一观点与托克维尔对于美国民主的研究直接联系起来。他发现，公民社区是某种可以与意大利历史联系起来的东西，尤其是早在中世纪意大利北部的社区就是比较强大的，而与此同时，意大利南部却缺少这方面的传统。意大利南北的这种差异，也类似那些地区政府效率高低不同的地区之间的差异。为了使他的案例更具有说服力，他转而对公民社区理论进行了充分阐述，在明显吸收科尔曼和格兰诺维特尔研究成果的基础上，他强调了社会网络和社会信任的重要性。

帕特南的研究为他赢得了更多的赞誉和多重奖项，而且，对于民主政治的稳固和发展而言，这也是公民传统和公民社会具有持久重要性的最有力证据。更有甚者，正如我们将在第九章看到的，他已经将有关社会资本和民主的命题进一步拓展至现代美国。

结　论

在过去的几年里，公民社会已经成为社会学家以及部分政治学家对从民主到革命等问题做出各种有趣解释而经常涉及的领域。实际上，对于公民社会形式和本质的兴趣已经出现激增趋势，造成这种现象的大部分原因在于诸如帕特南《使民主运转起来》这样的著作的问世。尽管并非所有观察家都认同帕特南的观点——很多人现在正在更仔细地为诸如民间社团和社会网络等寻找证据——然而多数人仍然认为，帕特南已经使这种长期遭到忽视的范式得到复兴。

对于帕特南和公民社会的研究兴趣，代表了人们对一个世纪之前由涂尔干特别是由托克维尔所提供的各种观点和解释的一种回归。这些观点的诉求是非常简单的。当今世界，人们正在寻找既能理解也能构建——如果不是恢复——民主的方式。无论是马克思对于社会阶级和国家权力的错觉，还是韦伯对于富有侵略性的国家行为的关注，都无法为那些愿意建立和创造新民主国家的人们提供更多的希望。而且，许多分析家从公民社会这一概念中，发现了理解像波兰这样的国家的旧制度何以崩溃的方法。蒂莫西·加顿·阿什（Timothy Garton Ash），是最早对东欧共产主义政权崩溃进行评论的评论家之一，他利用公民社会这一概念来描绘团结工会反对共产主义政权并取得胜利的种种努力。阿什指出，团结工会的成功显然在于这样的事实：在它的帮助下，在公民社会中创建了新的社团，一旦共产主义政权崩溃，它们就可以取代原有的各种社团。① 伴随着旧政权的崩溃和为建立新政权做出的种种努力，只要我们的世界还存在着某种动荡，人们就有可能会继续对理解公民社会制度如何运转以及它们如何塑造政府的运行怀有浓厚的兴趣。

---

① Timothy Garton Ash，*The Uses of Adversity*：*Essays on the Fate of Central Europe*（New York：Random House，1989）.

第五章

政治、法律与市场道德：波兰尼

自由主义者自身的行为也证明自由贸易——我们所称的自律性市场——的维持不能排除干涉政策，事实上，正需要这种干涉措施，而且自由主义者经常呼吁政府在工会法与反托拉斯法等方面采取强制性的手段。因此，究竟对这一双重倾向所作的两种不同解释——其一是经济自由主义者认为其政策从未有机会实施，而被短视的工会主义者、马克思主义知识分子、贪婪的企业家，以及反动的地主扼杀了；其二是这种说法的批评者，认为从19世纪后半叶以来，对抗市场经济之扩张的普遍“集体主义式的”反应正是自律性市场之乌托邦的原则会给社会带来内在危难之没有争论余地的证明——哪一种是对的，应该可以从历史的证据上找到答案。①

冷战后，全球化始终是一个核心争论话题。自罗纳德·里根（Ronald Reagan）和玛格丽特·撒切尔（Margaret Thatcher）以来的新自由主义者一直坚持认为，在一个通过国际贸易和金融而建立于自由市场资本主义模式基础之上的单一全球经济体内，一体化是“不可替代的选择”。世界上发生的种种运动，分别从各自不同的角度对这种全球观提出了挑战，其范围从诸如“基地”组织（al-Qaida）这样的奉行恐怖策略的跨国革命运动（transnational revolutionary movement），到试图通过非暴力手段对全球金融制度进行改革的跨国社会运动（transnational social movements）。参与争论的各方，都可以从波兰尼的政治社会学以及他对以往经济全球化失败项目的分析中，学到很多东西。

波兰尼生平和著述

波兰尼1886年出生于维也纳，在布达佩斯长大。在布达佩斯大学，他创建了激进的伽利略俱乐部，并积极吸引其他左派思想家如卢卡奇和卡尔·曼海姆（Karl Mannheim）等人参加。稍后，他与人共同创建了匈牙利激进党。1908年，他获得博士学位，1912年获得律师从业资格。

---

① Karl Polanyi，*The Great Transformation*：*The Political and Economic Origins of Our Time*，2nd Beacon paperback ed.，with a foreword by Joseph E. Stiglitz and new introduction by Fred Block（Boston：Beacon Press，[1944] 2001），157.（中文译文参见［匈］卡尔·波兰尼：《巨变：当代政治与经济的起源》，黄树民译，266～267页，北京，社会科学文献出版社，2013。——译者注）

在大萧条和法西斯主义崛起之前这段时间里，波兰尼回到维也纳，从事记者工作，撰写经济和政治评论文章。随着 1933 年希特勒掌权，波兰尼移居英格兰，成为牛津和伦敦大学的一名讲师。1947—1953 年间，他是纽约哥伦比亚大学的客座教授。

波兰尼的著作《巨变：当代政治与经济的起源》(1944 年) 出版不久即大受赞誉，至今仍被普遍认为是社会学思想的经典之作。它之所以能够保持其影响，原因在于它对市场自由主义或曰“新自由主义”——这是一种相信国家社会和全球经济能够也应该通过市场的自我调节来进行组织的理念——的大力批判。[①] 波兰尼向路德维希·冯·米塞斯 (Ludwig von Mises) 和弗里德里希·哈耶克 (Friedrich Hayek) ——二人的研究工作与奥地利经济学派是有联系的，在二战后的英美两国恢复了市场自由主义的思想遗产——的观点发出了挑战。

通过第二章的分析我们得知，就其宣称社会不平等来源于自然的生产过程而不是人类的本性来说，马克思的“生产方式”概念是如何对市场自由主义构成挑战的。这对仍然广为人们接受的亚当·斯密 (Adam Smith) 对市场的理解构成了挑战。亚当·斯密假定，与之伴随的不平等先于人类具有的自然的产品交换倾向：以物易物、物物交换。波兰尼则认为，无论是市场自由主义还是马克思主义，都没有理解市场的本质——两者都认为市场总体上来说是可以自我调节的，尽管它们对人类活动有着不同的理解。

波兰尼写道，现代经济思想的全部传统，是以一种错误的经济观念为基础的，这种观念将经济看作一种市场连锁体系，它可以通过价格机制自动地调节供需关系。他坚持认为，这一观念与人类社会的现实显然是格格不入的，而人类经济总是且始终保持**嵌入** (embedded) 社会之中，并从属于政治、法律、道德和社会关系。在波兰尼看来，古典经济学家将脱嵌的、完全自律性的市场经济作为目标，显然是一种乌托邦式的设想，除非消灭人类和自然资源，否则这样一种制度就不能存在于任何时期：它会毁灭人类并将其环境变成一片荒芜。

---

① 这里提供的传略参见 John Dale, “Karl Polanyi,” In David S. Clark, ed., *Encyclopedia of Law & Society: American and Global Perspectives* (Thousand Oaks, CA: Sage Publications, 2007)。更详细的传记，请参见 Karl Polanyi-Levitt, ed., *Life and Work of Karl Polanyi* (Montreal: Black Rose Press, 1990)。

虚拟商品：土地、劳动和货币

像之前的马克思一样，波兰尼继续对古典经济学家假定的趋势——他们所确定的经济模式将会万世长存——予以批判。马克思对商品拜物教的分析，对于经济安排的自然观是一种直接打击。他意识到，在资本主义内部，当人们只剩下自己的劳动力或当抽象的市场被认为是决定价格的力量时，人们之间的社会关系便被物化了。他强调，这种趋势使得现存安排的改变更为困难，原因在于，人们对经济制度是可以用不同方式实现再造的社会创造物已经淡忘了。

波兰尼在阐述其**虚拟商品**（fictitious commodities）概念时，提出了一个与此相似的命题。与马克思对总体上的“商品过剩”——一种超过世界市场吸收能力的过剩——的强调相比，波兰尼强调的却是他所提出的特殊商品（土地、劳动和货币）的虚拟性——产品最初生产出来，并不是为了在市场上销售。土地是被细分的自然。劳动是人类的行为。货币的供应和信贷，必然是由政府政策来塑造的。将这些要素当做真实的商品来对待——就像对待任何其他新产品一样——对其能够被商品化的程度不附加任何限制，这对人类社会是有害的，最终将会不可避免地埋下毁灭未来非嵌入式市场的种子。

波兰尼的观点带有某种程度的道德色彩：市场必须被嵌入道德之中。环境退化和奴隶制是不道德的。自然界和人类不应屈从于市场的需要，恰恰相反，市场最终应该服从自然界和人类的需要。

国家行动是市场形成的内在要求

但是，波兰尼的观点也试图展示市场是如何被嵌入政治的。国家在管理土地（如食品供应、土地用途监管）、劳动（如失业、劳动力教育、移民）以及货币（如避免通货膨胀或紧缩）等方面发挥着基础性作用。正如布洛克所解释的：

> 管理各种虚拟商品的角色，将国家置于三个最重要的市场之中；这样，维系市场自由主义关于国家“外在于”经济的观点，就变得完全没有可能了……为了保证这些群体在承担这些日益增长的代价的同时不卷入破坏性的政治行动，国家需要花更大的气力。这就是波兰尼所声称的“自由放任是有计划的”这一论断的部分内容；它要求必须有高超的治国才能和高压措施，才能将市场逻辑及其附带的风险强加于普通人。①

市场通过政治组织的行动，在近代尤其是通过国家行动，才得以形成。简言之，市场既不是自然而然生成的，也不是自发调节的。市场不会从我们“交换和贸易”的自然倾向中自发形成，恰恰相反，它是有意识、有计划的政治行动和选择的结果。对于波兰尼来说，自由市场是一种乌托邦观念。所有的市场调节，都是在其构成要素由国家制度设定的前提下进行的。

然而，与马克思不同，波兰尼认为，资本主义社会并不必然包含其自身毁灭的种子。正如马克思所批判的许多古典经济学家那样，马克思努力确定的资本主义生产方式的基本动力意味着，他创造了一种对其自身的历史局限性没有足够敏感的理论框架。在试图确定资本主义经济“运动定律”——即不管特殊的经济制度安排如何变化，资本主义的永恒本质都将继续存在——的过程中，他拒绝吸收他试图批判的东西。相比之下，波兰尼并未将全球化等同于资本主义或现代性本身，而是将其视为现代资本主义社会的一种可能性，其实现条件既带有偶然性，也具有政治性。②

同样值得比较的是，经济意识形态在马克思和波兰尼的著作中，各自如何扮演了不同的角色。对于马克思而言（正如我们在第二章所看到的），意识形态是资本主义“上层建筑”的核心特征之一，它所代表的是资本主义思想范围内一种“虚假意识”

---

① Fred Block, "Introduction," in Karl Polanyi, *The Great Transformation: The Political and Economic Origins of Our Time*, 2nd Beacon paperback ed., with a foreword by Joseph E. Stiglitz and new introduction by Fred Block (Boston: Beacon Press, [1944] 2001); Fred Block, "Karl Polanyi and the Writing of the Great Transformation," *Theory and Society*, 2003, 32 (3), 275-306; and Kenneth McRobbie and Karl Polanyi-Levitt, eds., *Karl Polanyi in Vienna: The Contemporary Significance of the Great Transformation* (Montreal: Black Rose Press, 2000).

② Fred Block, "Introduction," in Karl Polanyi, *The Great Transformation: The Political and Economic Origins of Our Time*, 2nd Beacon paperback ed., with a foreword by Joseph E. Stiglitz and new introduction by Fred Block (Boston: Beacon Press, [1944] 2001), xxvi and xxvii.

形式，不再服务于工人的最大利益，而服务于资本家和现代资本主义本身的最大利益。但是，对于马克思来说，在一个更深的层次上，它是制度本身自我维系的特征。然而，对于波兰尼而言，正是马克思所坚持的这种信念——自我维系的制度特征——体现了市场自发调节的虚假意识形态，这正是马克思主义者和新自由主义者所维护的东西。

战间期①

战间期（the Interwar Years，1919—1938）是国际社会科学发展的一个非常重要的时期，因为正是在这一时期，提出了一个对于全球化研究者来说最具有挑战性的难题：为什么 1815—1914 年间持久的相对和平和繁荣，却让位于由一场经济崩溃、法西斯主义和社会主义的兴起所带来的战争，并继而导致另一场战争的爆发？这一时期见证了新的国际政治实体的出现、人权框架的形成以及构建**一种自律性全球市场**（a self-regulating global market）的尝试，所有这一切都分崩离析了。波兰尼为至今仍困扰着当代全球化研究者的历史之谜提供了一种解答。

国际主义者对全球和平的追求，借助的是两种机制，尽管它们在短期内夭折了，却对当今的社会、政治和经济体制造成了持久的影响。其一是国际联盟的创建，由于对新形式外交、共同解决全球问题以及人权制度化和人道主义法的承诺，这一国际组织给成千上万的民众带来了期望。另一种机制是在国际货币体制中恢复了固定货币汇率和管制价格的金本位制。在波兰尼看来，正是围绕着后者所展开的斗争，才是理解国际主义者在确保全球和平方面失败的关键所在。

随着威斯特伐利亚均势格局的荡然无存，在美国总统伍德罗·威尔逊（Woodrow Wilson）的推动下，国际联盟成为一种新型国际关系的主要行为体。他希望，在世界各国合作的基础上，美国将通过国际联盟在欧洲和世界政治中发挥核心作用。美国国

① Fred Block and Margaret R. Somers, "Beyond the Economistic Fallacy: The Holistic Social Science of Karl Polanyi," in Theda Skocpol, *Vision and Method in Historical Sociology* (New York: Cambridge University Press, 1984); Alan Scott, "Introduction-Globalization: Social Process or Political Rhetoric," in Alan Scott, ed., *The Limits of Globalization. Cases and Arguments* (New York: Routledge, 1997).

内持反国际主义立场的反对派，破坏了这一美景，致使该制度遭到削弱。国际联盟于1920年11月召开第一次会议，最初代表着42个国家。引人瞩目的是，德国、俄国和美国均未出席。德国最初由于煽动第一次世界大战而被拒绝接纳为成员国（尽管它在1926年被最终承认）。俄国则由于其新近成立的共产主义政府的激进政策而未被邀请（尽管它在1935年被邀请加入）。令威尔逊尴尬的是，美国参议院1919年投票反对美国成为国联的成员国，最终美国也未加入国联。这标志着美国相对孤立主义时期的开始，使得该国在战间期的大多数时间里实际上置身于欧洲政治事务之外。

尽管拒绝参与诸如国联等国际政治实体，但美国仍然保持着对欧洲经济事务的介入。整个1920年代，美国一直坚持要求法国、英国以及其他战时盟国偿还贷款。美国人之所以拒绝重新考虑战争债务，是因为害怕美国公众舆论不支持勾销战争债务——特别是因为许多美国人感到，第一次世界大战与他们无关。相应地，英国和法国坚持要德国支付凡尔赛和约规定的巨额赔款。但是，由于支付赔款而给德国经济带来的负担，却扰乱了德国经济秩序，并威胁着整个欧洲的稳定。

美国的国际主义者开始实施一系列特殊的措施，以使美国保持对欧洲事务的介入。1924年道威斯计划和1929年杨格计划的实施，再次为德国注入国际贷款，以帮助德国支付战争赔款。大量直接投资和证券投资资本从美国涌入德国。但是，到了1929年底，纽约股票市场的繁荣吸纳了大量可用于对外投资的资金，其中多数具有极大的投机性，而且阻止了资本向德国的流动，对于已经严重依赖这种资本流动的德国经济造成了严重压力。除了仍需偿还的沉重赔款负担外，德国又背负上了美国债券持有者的大笔债务。

但是，正如波兰尼所解释的，其他国际主义者则力促向金本位制的回归。这种跨国网络精英的核心组织原则之一就是，如果给予个人和公司最大限度追求自我经济利益的自由，那么，全球市场将会使所有人受益。远远超越这种精英网络预想的是这样一种共同的信念，即纸钞是有价值的，因为它们代表的是黄金。从1870年代开始，直到第一次世界大战爆发，市场自由主义者创造了一种被称为金本位制的金融机制，通过使不同国家持有不同货币的人们具备自由交易的能力，来拓展国际市场的范围。

简言之，这一思想就是，如果每个国家都遵守三个基本规则，全球市场就将形成在全球进行自我调节的机制：第一，将本国货币与固定数量的黄金挂钩，并承诺以此价格来买进和卖出黄金；第二，将本国的货币供应建立在本国拥有的黄金储备的基础之上，而且，本国的货币流通必须得到黄金的支持；第三，尽量给本国居民参与国际经济交易最大限度的自由。①

一些历史学家认为，金本位制最终有利于强化国家作为一个统一整体的重要性，并将令人确实难以忍受的严厉措施强加于人民，这是第一次世界大战爆发的部分原因。此外，波兰尼还观察到，当时的市场自由主义者将货币危机正在导致战争作为进一步的证据，来证明欧洲极其需要对金本位制和固定汇率进行严格规制。恢复金本位制的努力以及第一次世界大战后建立的开放的世界经济，并未成功地再创战前时期的稳定局面。国际经济的开放也仅仅成为 1929 年之后通货紧缩压力从一个国家向其他国家传递的工具，并在 1930 年代早期成为国家复兴计划的障碍。

美国联邦储备委员会拒绝根据金本位制来管理经济，反而采取措施来抵消大规模黄金输入给美国带来的扩张性效果。这虽然防止了价格的攀升，但同时也削弱了美国在国际上的竞争地位，阻遏了黄金的流入。流入美国的大部分黄金，是欧洲动荡条件下所导致的资本外逃的结果。因此，通过人为地保持价格的稳定，美国给已经面临严重经济困难的欧洲经济带来了更大的调整负担。尽管美国为解决两次世界大战之间金本位制的结构性缺陷做出了贡献，但是，直到美国股票市场崩盘以及大萧条来临，国际主义者才放弃了恢复金本位制的尝试：

> 19 世纪之欧洲文明不是被野蛮人之外或内在的攻击所摧毁的；其生机没有因第一次世界大战的破坏而逐渐削弱，也没有因社会主义无产者的革命或法西斯主义之底层中产阶级的反叛而逐渐削弱。其失败也不是一般所谓经济律——如利润率的下降、消费不足或过度生产——的结果。其解体是一全然不同之原因——社会为了避免被自律性市场之行动灭绝而采取的一些措施——的结果。②

---

① 关于战间期的大部分描述来自 John Dale, "The Interwar Years," in William A. Darity, ed., *International Encyclopedia for the Social Sciences*, 2nd ed. (Farmington Hills, MI: Macmillan Reference USA). (Forthcoming, 2008)。

② Fred L. Block, *The Origins of International Economic Disorder: A Study of United States International Monetary Policy from World War II to the Present* (Berkeley: University of California Press, 1977), Chapter 2. （中文译文参见［匈］卡尔·波兰尼：《巨变：当代政治与经济的起源》，黄树民译，411 页。——译者注）

贸易保护主义者的反向运动

波兰尼对战间期的分析，突显了他的另一个关键命题：社会必须容纳市场为实现自我保护而“自由”运行的空间。除非共同体为了阻止市场所带来的具有社会破坏力的影响，而对市场进行预防性的限制和调节，否则它们要么彻底崩溃，要么为了实现抵制市场影响的目标而导致独裁主义倾向。

在审视国内市场的兴起时，波兰尼指出，市场“自发调节”不可持续的社会特征，导致大量社会群体——包括一部分精英——产生一种自然的“贸易保护”反应。不幸的是，按照波兰尼的分析，这种贸易保护反应淹没在盛行于国际层面的同样的贸易保护反应的无能中。①

波兰尼并**不**（not）认为自发调节的市场破坏了和平。恰恰相反，令人感到滑稽的是，正是社会的反向运动——在法西斯主义和纳粹主义的旗帜下——在努力保护自身免遭金本位制破坏性压力的情况下，对公民社会造成了颠覆。波兰尼也不认为，只有破坏公民社会的反向运动，才是构建全球自我调节市场努力的**必然**（necessary）结果。他**的确**（does）假定，作为回应，必然会出现某种贸易保护主义的反向运动，但这种运动同时必须是能够保护并增强公民社会的民主化的反向运动。正如布洛克在为2001年版的《巨变》一书所作序中指出的，波兰尼所考虑的是如何打破国际冲突的循环：

> 关键是推翻社会生活必须服膺于市场机制的信念。一旦我们摆脱这种“陈腐的市场心态”，我们就可将各国经济体与全球经济都置于民主政治之下。波兰尼认为罗斯福总统的新政，即是将来的一个可能模式。罗斯福的改革意指美国经济仍将按市场规律运转，但却建立了一套新的管控机制，使得人与自然免于市场的直接压力。②

---

① Karl Polanyi, *The Great Transformation: The Political and Economic Origins of Our Time*, 2nd Beacon paperback ed., with a foreword by Joseph E. Stiglitz and new introduction by Fred Block (Boston: Beacon Press, [1944] 2001), 257.

② Fred L. Block, *The Origins of International Economic Disorder: A Study of United States International Monetary Policy from World War Ⅱ to the Present* (Berkeley and Los Angeles: University of California Press, 1977); Peter Evans, "Fighting Marginalization with Transnational Networks: Counter-Hegemonic Globalization," *Contemporary Sociology*, 2000, 29 (1), 230-241.（中文译文参见［匈］卡尔·波兰尼：《巨变：当代政治与经济的起源》，黄树民译，41页。——译者注）

因此，与列宁——他反对社会主义不同阵营内部出现的改良主义者的努力（见第二章）——形成鲜明对比的是，波兰尼极力鼓吹改革而不是革命。波兰尼警告说，公民社会为保卫自己，不得不防范过于强大的市场以及权力过度膨胀的国家这对孪生风险。他强调，市场嵌入社会的程度——过于“自由”或过度“计划”的市场，都会给社会带来毁灭性的后果。

全球“自由市场”是不可能的

波兰尼想当然地认为，他这一代人都希望永远彻底摆脱这种失败的政治经济试验。然而，当前围绕跨国公司利益构建的全球规则、话语理论以及网络等，所宣扬的却是不同的东西。尽管如此，对于当代跨国新自由主义的政治联盟及其挑战者，波兰尼的分析似乎还是很有先见之明的：

> 事实上，这是当今经济自由主义的最后遁词。它的辩护者以各种说辞辩称：如果不是那些反自由主义者所提出的保护政策，自由主义会不负众望；并不是竞争性制度和自律性市场要对我们今天的病症负责，该负责的是对这个制度与市场的干涉。他们不但从最近侵犯经济自由的无数例子中去找支持这个说辞的证据，而且还从19世纪后半叶以来持续抗拒自律性市场制度，因而妨碍经济之自由运作的事实中，寻找支持这个说辞的证据。……自由主义的领导人不厌其烦地复述，19世纪的悲剧是人们无法对早期之自由主义者所提出的灼见保持信心；我们祖先之丰富的创造才能被破坏……首先是因工人无视经济自由最终必然有益于全人类，包括他们自己在内。①

波兰尼的研究，为当代有关全球化的辩论做出了贡献，因为他对新自由主义的市场意识形态提出了一种直接的挑战，这种意识形态主张：不受政府干预的完全自发调节的市场，将会使每个人受益。通过强调治理全球经济的法律和规则的核心地

---

① Fred Block, “Introduction,” in Karl Polanyi, *The Great Transformation: The Political and Economic Origins of Our Time*, 2nd Beacon paperback ed., with a foreword by Joseph E. Stiglitz and new introduction by Fred Block (Boston: Beacon Press, [1944] 2001), xxxv.（中文译文参见［匈］卡尔·波兰尼：《巨变：当代政治与经济的起源》，黄树民译，256～258页。根据黄树民译《巨变：当代政治与经济的起源》一书页边标注的原版页码显示，原版注释页码有误，引文出处应为原版第150～151页。——译者注）

位，波兰尼提供了一种方案，来替代占优势地位的“法律和经济”学派，该学派坚持认为，自由市场能够创造最有效的财产分配。波兰尼的研究为法律学者提供了一种模式，这些学者希望阐明的是：经济、法律与全球治理规则无法独立存在于真空之中（与新自由主义的命题形成鲜明对照），而必须保持对一种复杂的社会关系结构的嵌入。

波兰尼的命题，仍然与有可能被称为“第二个自由市场乌托邦”，抑或被当代新自由主义视为单一的全球市场，是相关的。① 这些命题对于分析当代全球化，至少有两个启示：其一，新自由主义是一种使国家有能力（并制约国家）对市场做出反应的文化结构。人类经济活动陷入历史偶然性的制度困境之中，既包括经济的，也包括非经济的。对于波兰尼而言，“制度是人类意义和意图的化身”②。将非经济因素考虑在内是至关重要的。思想，包括形成资源和约束条件的政治结构的文化维度，是全球化的基本源泉。其二，全球化必定依然是一项有争议的、最终无法实现的工程。

在分析“自由贸易”所应具备的条件已经出现时，“自由贸易”论选择了一种中立的立场，而没有采用强势的表达。③ 然而，“自由贸易”论却始终是成功的，因为许多政治家（和选民）已经被说服，经济发展才是导致对解除管制进行政治回应的原因。然而，正如艾伦·斯科特（Alan Scott）极力争辩的：

> 虽然有人否认全球化的影响，但是一些重要的政治首脑和经济人物都相信全球化不可避免。这一观点在政治上发挥了影响。对于社会科学家来说，问题就变

---

① Karl Polanyi, *The Great Transformation : The Political and Economic Origins of Our Time*, 2nd Beacon paperback ed., with a foreword by Joseph E. Stiglitz and new introduction by Fred Block (Boston: Beacon Press, [1944] 2001), 150-151.

② Fred L. Block, *Postindustrial Possibilities. A Critique of Economic Discourse* (Berkeley: University of California Press, 1990); Fred L. Block, *The Vampire State. And Other Myths and Fallacies About the U. S. Economy* (New York: The New Press, 1996); Philip McMichael, *Development and Social Change. A Global Perspective*, 2nd ed. (Thousand Oaks, CA. Pine Forge Press, 2000); Alan Scott, "Introduction-Globalization: Social Process or Political Rhetoric," in Alan Scott, ed., *The Limits of Globalization. Cases and Arguments* (New York: Routledge, 1997); Michael Peter Smith, "Transnationalism and the City: From Global Cities to Transnational Urbanism," in *The Urban Moment*, edited by Sophie Body-Gendrot and Robert A. Beauregard (Thousand Oaks, CA: Sage, 1998); Peter Evans, "Fighting Marginalization with Transnational Networks: Counter-Hegemonic Globalization," *Contemporary Sociology*, 2000, 29 (1), 230-241; Marc Edelman and Angelique Haugerud, eds., *The Anthropology of Development and Globalization : From Classical Political Economy to Contemporary Neoliberalism*. (New York: Wiley, 2004), 1-52.

③ Karl Polanyi, *The Great Transformation : The Political and Economic Origins of Our Time*, 2nd Beacon paperback ed., with a foreword by Joseph E. Stiglitz and new introduction by Fred Block (Boston: Beacon Press, [1944] 2001), 262.

成了这一观点在多大程度上是合乎逻辑的……①

未来前景

随着1980年代以来为市场自由主义喝彩的政策论调的复活，波兰尼的研究也经历了某种复兴。在学术界，迅速出现了经济社会学的研究领域，自19世纪后半期至第一次世界大战期间，正是它开始提醒人们，在对“新自由主义”全球化与历史上早期的全球化进行比较时，一定要关注它与波兰尼的关联性。其目的始终是证明，市场是如何嵌入政治、法律和道德之中的。

不管怎样，研究发展政治学的人类学家已经借助波兰尼的思想，正在从民族志角度对全球金融机构（例如世界贸易组织、国际货币基金组织和世界银行等）进行考察，这些机构受控于未经民主选举产生的行为体，其决策形成了国际贸易和金融的规制和规则。很显然，这些行为体对我们的生活产生了重大影响。但是，有多么明显呢？这些大权在握的制度行为体的决策，在多大程度上是由新自由主义经济思想塑造的，在多大程度上又是由其他思想和原则形成的呢？对于这些形成全球化未来走向的重要角色的政治影响，我们的人类学研究又有可能发现些什么呢？

当代借助于波兰尼的著作而对全球化进行研究的另一个重要领域，是有关跨国社会运动的研究。尽管其中一些运动可以被描述为“反全球化运动”，但是，许多运动事实上正在试图使全球化实现民主化——而不是使其完全脱轨。这些运动的显著特征之一是，其矛头并不总是首先瞄准国家。例如，正如我们将会在第十一章看到的，许多这样的运动将矛头对准了跨国公司或者全球金融机构。其结果是，社会运动研究者的研究方法，正在从以国家为中心的传统方式，转向“去国家中心化”的方式。波兰尼对于国家文化维度的强调，会直接影响国家在为全球市场构筑跨国监管体制方面所做的努力。他的这种国家观与当代政治社会学中出现的“去国家中心化”的观点相得益彰。

---

① Alan Scott, “Introduction-Globalization: Social Process or Political Rhetoric,” in Alan Scott, ed., *The Limits of Globalization. Cases and Arguments* (New York: Routledge, 1997), 2.

第六章

政治权威的基本形式

如果存在一个由上帝组成的民族，则其必定能民主地进行自我管理。这样一种完美的政府是不适合于人类的。

——让-雅克·卢梭：《社会契约论》

因此，一位君主不需要具备所有……优良品质，但是，最为重要的是，他必须显示出具备这些品质。事实上，我甚至应该说，具备这些品质并经常践行它们，是非常有害的，而表面上看来具备这些品质，却是有用的。最好显示出仁慈、守信、人道、虔诚和诚实，并且还要成为这样的人，但要时刻做好思想准备，当出现不能那样做的情境时，你必须乐于应对相反的情况。必须懂得，一位君主，尤其是一位新君主，不能够总是践行所有那些人类认定的美德，保护国家的需要常常迫使他采取有悖忠诚、慈善、人道以及宗教的行动。因此，他必须具有充分的精神准备，顺应命运的风向对他的控制。正如我已经讲过的，只要他有能力，就必须坚持为善之道，但是，如果有必要的话，他应该知道如何理解为恶之道。

——尼科洛·马基雅维利：《君主论》

所有那些为政治社会学打下坚实基础的理论家们——特别是马克思、韦伯、涂尔干以及托克维尔等人——都对如何解释人类社会的本质给予了广泛的关注。除托克维尔对考察现代民主的基础和本质做出了重要思想贡献外，其他人也对理解各种社会力量而不是揭示政治力量的性质，倾注了更多的关注。不管怎样，如今我们已经意识到，现代世界的政府或政治制度形式存在重大变化，而这些差异对于公民的生活有着重要的影响。因此，仅仅思考社会与政治之间的广泛联系，已经远远不够了。我们必须做更多事情，必须进行更深层次的挖掘，还必须力图去理解政府之间存在的重要变化以及导致这些差异的原因。

本章我们将要探讨各种不同的政治制度形式之间存在的重要差异。我们应该将讨论建立在希腊民主思想和寡头政治等传统概念的基础之上。这样，我们应该进一步扩展政府的含义，并更为细致地考察各种制度之间的差异。

应该注意的是，我们在本章所进行的讨论只是提供了有关这些思想的一种大致轮廓。在以后的章节中，我们将对这些概念进一步展开讨论，例如，要展示现代民主是如何依赖于大量不同的决策和基本社会条件的。

政治统治的基本类型：古希腊的概念

亚里士多德（Aristotle）的希腊国家概念，即城邦，基于两个突出特征：居民的品德与城邦统治的性质。[①] 首先，城邦由城市国家中的公民组成；这里的公民，指的是那些受人统治并优先行使管理权的人们。下层阶级，包括技工、工匠和大量奴隶，不属于具有公民资格从而成为城邦成员的人民。其次，城邦的统治由希腊城市国家的法律和传统构成；对于亚里士多德来说，法律是城市国家最重要的特征。在城邦中，公民的管理意味着，“正式订定的法律……只是所有的规约总不能概括世事的万变，个人的权力或若干人联合组成的权力，只应在法律有所不及的时候，方才应用它来发号施令，作为补助”[②]。

亚里士多德进一步思考的是，存在着两种更广泛的政治舞台：一种是人类实现所有主要道德价值——睿智、友善、美与正义的舞台；另一种则是人类生活在一种道德更为败坏的而不是更“真实”的环境中。[③] 在上述两种政治舞台内部，各存在着三种类型的城邦：道德系列的包括君主制、贵族制和共和制；另一系列包括僭主政体、寡头政体和平民政体。三种政体中的每一种政体，都在另一系列中拥有自己的对应政体。因此，君主制与僭主政体对应，贵族制与寡头政体对应，而共和制与平民政体对应。三对政体所拥有的共同的主要元素，在于城邦统治者的数量。在君主制和僭主政体中，只有一个统治者；在贵族制和寡头政体中，存在几个统治者；而在共和制和平民政体中，绝大多数公民成为自己的统治者。尽管几种形式的政体还存在着其他差异，但亚里士多德更多关注的是平民政体、寡头政体和共和制等三种政体。

---

① Aristotle, *The Politics of Aristotle*, trans. Ernest Barker (London: Oxford University Press, 1985), Ⅲ, Ⅳ, and Ⅴ.

② Aristotle, *Politics*, 127.（中文译文参见［古希腊］亚里士多德：《政治学》，吴寿彭译，147页，北京，商务印书馆，1965。——译者注）

③ 读者必定还记得，像其他希腊哲学家一样，亚里士多德并未对实现某种道德目标的理想观和实现某种分析目标的理想观做出区分。换言之，亚里士多德仅仅对理想和现实进行了甄别，直到今天，我们才将作为道德术语的理想和作为分析术语的理想——例如韦伯的新教伦理概念和马克思的资本主义概念——与现实区别开来。因此，在亚里士多德谈到宪政秩序理想状态时，只是表达了一种道德观；而当他描述宪政秩序的堕落状态时，他所谈到的其实是其非正义的、更为现实主义的特征。这也许可以用来解释，为什么亚里士多德在《政治学》一书中要花费那么多笔墨去谈论非理想政体；他只是想承认，它们所代表的是那些更有可能在古希腊得以实现的形式。

寡头政体被认为是贵族制的变种。亚里士多德认为，在寡头统治下，那些拥有财产的个人——人口中的少数——独享治理权并以只为自己谋利益的方式实施统治。平民政体代表的是共和制的变种——在共和制中，人口的大多数享有至高无上的权利，其结果是，少数人即财产所有者的权益遭到践踏。两种政体形式都亵渎了正义感——它应该盛行于理想共同体之中。分配正义原则——对社会福祉做出贡献的个人，应该得到与他所做的贡献相应的报酬——被取代，平民政体和寡头政体对于公民贡献的衡量却是基于他们与共同体的蓬勃发展毫无关系的那些特殊品德。因此，尽管民主制不能确保公民对城邦的福祉做出同等的贡献，却保障了公民的平等；寡头政体强调的是公民的不平等，尽管这种不平等的存在仅仅是由于公民所占有的财产份额的极端不成比例，而不是由于他们对城邦福祉贡献的大小。①

与柏拉图相反，亚里士多德坚持认为，民主制原则上具有某些值得向往的优点。一方面，他认为，人民作为一个整体，拥有比任何少数个人都良好的综合判断能力和品德。他写道，“人民中的每一个人，常常是无善足述；但当他们合而为一个集体时，却往往可能超过少数贤良的智能”②。他进而声称，由人民或由他们选出的治安官来治理城邦是正当的，因为人民是自身利益的最好评判者。

对于亚里士多德来说，似乎共和制和僭主政体分别代表了最优的和最糟糕的政治舞台。尽管初看起来，共和制似乎仅仅是民主政体的一种良善对应物，但进一步的分析表明，它似乎是一种混合的政府形式，兼具平民政体和寡头政体的特征。通过引用斯巴达（Sparta）的例子，亚里士多德指出，一些观察家将共和制解释为寡头政体，而另外一些观察家则将其看做民主政体。他评论道：

> 因为这个政体具有若干民主精神的特征，许多人认为它是民主的。第一，关于儿童的教养，在斯巴达是贫富相同的，他们以同样的文化标准教育富家和贫户的子弟……富人和穷人之间没有任何差别：在公共食桌上每人面前摆着一样的食品，富人所穿的都是穷人也能照样制备的极为朴素的服装……将斯巴达看做民主制的第二个原因在于，人民对于邦内两个最高机构分别享有对长老院中长老的选举权和参加监察院作为监察官的被选举权。另一方面，有一些人认为斯巴达是寡

---

① Aristotle, *Politics*, Ⅱ, Chapter 9.

② Ibid, 123.（中文译文参见［古希腊］亚里士多德：《政治学》，吴寿彭译，143 页。——译者注）

头政体，原因在于它具备许多寡头性质的因素。例如，执政人员的任用完全不经拈阄，一律凭选举决定；又，死刑或放逐罪仅仅少数几个人有权裁定；还有其它许多相似的特征。**一个混合得良好的共和政体看起来似乎应该是兼备平民和寡头因素的，又好像是两者都不具备。**①

而且，如果进行精心设计，将共和制的统治形式建立在多数即中产阶级的基础之上，就可以纠正由多数统治的平民政体和由少数统治的寡头政体的极端做法。出于在所有事务上对中庸偏好的坚持，亚里士多德指出，建立在强大中产阶级基础之上的共和制，有助于消除平民政体和寡头政体中明显的冲突和紧张。然而，他强调，共和制是不可能建立的，原因在于，在大多数希腊城市国家，中产阶级的力量非常弱小，而且，极端富裕阶层和极端贫困阶层之间的争执难以避免。与共和制相比，僭主政体代表的是一种最糟糕的政体。但它却是一种基本的统治形式，因为它使城邦中可能为数最少的那一部分公民受益。它也代表了这样一种政府形式，在这种政体下，人治取代了法治；对于亚里士多德来说，不受法律约束是最邪恶的统治形式。

为了更为完整地描述这种希腊政治观，我们应该提醒自己，在现实的实践中，古希腊的宪政秩序由很多不同的特征组成，包括文官、议会以及不定期召开的全体成员代表大会。民主政体与寡头政体之间的分歧，依旧弥漫着整个城邦。伦纳德·惠布利(Leonard Whibley)，是一位严谨的学者，对亚里士多德的城邦概念和古希腊宪政秩序的实践颇有研究，他对两种城邦之间的差异作了如下简要评论：

> 在成熟的民主政体中，人民想要直接行使他们的权力，他们对国内除代表大会之外的任何机构都心存嫉妒，无论议会还是治安官，在各个方面都成为民众权力的附属机构。政府的职责由大批治安官分担，其权威受到尽可能严格的限制：抽签确保了普通人当选的机会（因此，不可能给他们留下更大的自由处置权），任期短暂，通常情况下禁止再次当选，职位轮流担任，所有行使这种最小权威的人，都必须在对执政机构完全负责的情况下，行使自己的权威。在寡头政体中，几乎每一个上述条件，都是相反的。政府职能并未实现彻底分割，治安官掌握更

① Aristotle, *Politics*, Ⅱ, 178.（中文译文参见［古希腊］亚里士多德：《政治学》，吴寿彭译，201～202页。原注释有误。——译者注）

大的独立权力，他们出自一个小特权集团，并由其任命，同一个人有可能再次当选。①

总之，亚里士多德对民主政体性质——特别是统治集团规模的大小、社会物质基础，其领导者所代表的统治利益等——的分析所揭示的基本原则，经实践证明，最符合希腊城市国家运行的具体情况。

这些思想对分析当代政治秩序又有多大裨益呢？我们能使它们穿越 2 500 年的时空，并利用它们来证明当前政治现实的特征吗？事实上，我们认为，它们对于分离政治秩序的某些基本轮廓以及存在于这种秩序之中的某些基本差异，还是有帮助的。但是，至少有两个方面的原因能够说明，为什么不能不加以改变而将它们从亚里士多德和希腊时代移植到当代世界。其一，亚里士多德的概念主要有助于研究规模不超过古希腊普通城邦的社会集团——人数几万人的典型社会。在 21 世纪，许多国家的人口，即使未达到数亿，也有几千万。仅就人口规模大小的差异而言，亚里士多德的概念与当代环境之间就不是一种完美的组合。② 其二，18 世纪和 19 世纪发生的工业革命和技术革命，为现代世界奠定了经济基础，导致许多巨大政治变化——公民概念的变化、公共利益与私人利益之间法定边界的变化以及统治者用于培养被统治者忠诚感的技术手段的变化。现代世界这一特征的一个直接反映，就是马克思和韦伯二人都谈到的资产阶级或资本主义民主，而不是被简单地称之为的民主；这表明，对他们二人而言，这种形式代表的是某种独一无二的东西。因此，运用亚里士多德的概念来分析与 2 500 年前完全不同的社会经济环境，显然是不充分的。对于分析当前政治秩序的重大特征的本质而言，我们只能将古希腊的概念作为一种宽泛的指南。

现代世界的政治统治类型

近期的历史发展表明，始终存在着两种几近对立的政治统治形式。第一种是**现代**

---

① Leonard Whibley, *Greek Oligarchies: Their Character and Organization* (New York: G. P. Putnam's Sons, 1896), 144.

② 有关政体规模和特征的有趣的观察，参见 Robert A. Dahl and Edward R. Tufte, *Size and Democracy* (Stanford, CA: Stanford University Press, 1973)。

民主制（modern democracy），这种形式保留了古代的名称，因为它与古希腊城邦具有某些共同特征——例如，强调公民对公共生活的广泛而又自愿的参与。第二种是一种新形式，它具有亚里士多德曾经提到的古代僭主政体的某些元素，但同样也具有许多独特之处；这种形式就是**极权主义**（totalitarianism），从纯粹的意义上看，它只存在于前苏联和希特勒统治时期的德国。第三种形式，即**威权主义**（authoritarianism），它既不同于民主制，也不同于极权主义。下面我们将对这三种形式进行探讨，但重点是民主制和极权主义两种形式。

民主：道德观与经验主义现实

关于现代民主，存在着两种不同的思想体系。学者们在谈到差异时，有时候指的是实质民主与形式民主之间的差异。前者意指民主在实际上是如何运行的，后者则指赋予当今世界所谓的民主国家特征的东西。在这里，我们应将两种类型归结为**道德民主观**（moral vision of democracy）和**经验主义民主观**（empirical view of democracy）。第一种与古希腊的理念类似，它以乌托邦式的术语来设想民主统治秩序的形成，并谋求公民赖以生存的最好和最公正的政治统治。关于民主社会的这种观点，其形成方式多少有些不同寻常，是由政治哲学家们如 18—19 世纪的卢梭、约翰·洛克（John Locke）、孟德斯鸠（Montesquieu）以及约翰·斯图加特·穆勒（John Stuart Mill）等人构建，并在 20 世纪早期的约翰·杜威（John Dewey）和罗伯特·麦克埃弗（Robert MacIver）等人著述的帮助下最终得以形成。[①]

道德民主观　从本质上讲，道德民主观声称，个人是其自身利益的最佳评判者。为避免社会为一小撮统治者——换言之，寡头集团——所把持，这种观点强调，个人能够践行保持国家福祉所需要的智慧和正确判断能力。而且，这些思想的创始者相信，个人的政治才能、技巧以及对政治机制的实际理解，能够通过自治得以改善。即使那些不具备正确政治判断能力的个人，也可以通过参与政治过程和政治制度获益。

① 关于阐述这些主题的著作，参见 Jean Jacques Rousseau，"The Social Contract," in *The Essential Rousseau*，trans. Lowell Bair (New York: New American Library，1974)，1-124；and John Stuart Mill，"On Liberty" and "Representative Government," in *Utilitarianism*，*Liberty and Representative Government*（New York：E. P. Dutton and Co.，1951)，81-229，231-532。

对于那些道德民主观的创始者而言，上述观点表明，应该允许所有人拥有平等参与政治生活的机会，并确保他们获得来自政治制度的安全保障。杜威写道，“自然的和心理上的不公平的事实，越发成为建立法律上机会平等的理由，原因在于，如果不这样做，前者就会成为压制天赋欠佳者的一种手段”①。

这种道德民主观还坚持认为，个人对自治过程的介入，是个人自身内心渴望的一种目标。汉娜·阿伦特（Hannah Arendt）在描述 18 世纪末开始的美国民主试验时指出，大众政治参与背后的基本假设在于，“如果一个人没有分享到公共幸福，就不能说他是幸福的；如果一个人没有体验到公共自由，就不能说他是自由的；如果一个人没有参与并分享公共权力，就不能说他是自由或幸福的”②。

对于诸如杜威和阿伦特等理论家所表达的道德民主观，当代理论家们持续不断地进行斟酌和修正。在广为传阅的一本著作中，政治学家本杰明·巴伯（Benjamin Barber）提出了与弱势的、自由的——或浅薄的——民主观相对应的强势民主观。③ 巴伯坚持认为，诸如美国和英国这样的民主国家，其实并不代表真正的民主政体。相反，他认为，真正的民主政体：

> 在参与模式下，在缺乏独立依据的情况下，通过持续不断的参与过程、直接的自我立法，以及创建能够将相互依赖的私人转化为自由公民、并将偏颇的私人利益转化为公共产品的一种政治共同体，来解决冲突。④

强势民主要求，公民在政治过程中必须是积极的，而且，必须与他人建立友好关系，才能处理和解决相互之间的争议。强势民主同时也意味着，即使在像美国这样的大型社会中，公民也还需要具备一些机会和条件，才能继续进行他们的参与。巴伯写

---

① John Dewey, “Democracy as a Way of Life,” in *The Frontiers of Democratic Theory*, ed. Henry Kariel (New York: Random House, Inc., 1970), 15.

② Hannah Arendt, “On Public Happiness,” in *The Frontiers of Democratic Theory*, ed. Kariel, 5. 这一乌托邦观的简短缩写本，除基于卢梭和约翰·穆勒的著作外，还得益于有关这些问题的几个重要的间接分析的帮助。尤其是恳望读者考察以下几项杰出研究：Graeme Duncan and Steven Lukes, “The New Democracy,” *Political Studies*, Ⅱ (1963), 156-177; Lane Davis, “The Cost of Realism: Contemporary Restatements of Democracy,” *Western Political Quarterly*, 17 (1964), 37-46; Kariel, *The Frontiers of Democratic Theory*; Carole Pateman, *Participation and Democratic Theory* (Cambridge, UK: Cambridge University Press, 1970), Chapter 2 especially; and Dennis F. Thompson, *The Democratic Citizen* (Cambridge, UK: Cambridge University Press, 1970)。

③ Benjamin R. Barber, *Strong Democracy: Participatory Politics for a New Age* (Berkeley: University of California Press, 1984).

④ Ibid., 151.

道，“强势民主要求没有中介的自治，这种自治是由参与型的公民群体进行的。强势民主需要一系列在邻里和国家两个层次上涉及到个人进行共同讨论、共同制定决策和政治判断以及共同行动的制度”①。与他之前的阿伦特和杜威一样，巴伯对诸如代议制政府等现代制度安排并不满意，他认为，只有与他人建立了友好关系的个人，才能为自己创造民主行动的最佳形式。

最近，政治哲学家乔舒亚·科恩（Joshua Cohen）已经提出了一种有代表性的观点，他称之为**协商民主**（deliberative democracy）。② 对于科恩来说，民主治理的本质特征在于，存在着一种论坛，个人可以通过它就共同关注的议题进行持续的协商。**协商**（deliberation）是核心概念。它要求参与者保持连续性，要求参与者彼此之间相互信任对方参与讨论议题的能力。它要求，将完全的忠诚和信任作为协商过程的一项原则，而不应该将任何其他理由作为参与者做出共同选择的借口。从本质上看，它回归到民主的最初含义，但又附加了现代关切——特别是归功于像哈贝马斯这样的理论家——公共环境的重要性、参与者对共同议题的探讨和磋商等。③ 最终，正如科恩所指出的，其成员呈现一种多元结构，而不是只具有统一的信仰或性格。他写道，“（社团的）成员，对于他们自身的生活行为，具有各种不同的偏好、信念和理想。在共同承诺依靠协商解决集体选择问题的同时，他们还具有存在诸多差异的目标”④。

关于道德民主观的这些最新版本和修订，反映了当代围绕着民主的词源学意义所展开的更多争论，特别是鉴于东欧旧有的极权主义制度崩溃的事实。许多理论家都力争对民主的本质做出界定，使其本质与大规模的全球经济环境和后工业社会的发展相契合。他们显然也发现，现实是不尽如人意的，即使像美国这样的声称自己是民主政体的国家，事实上也很难接近这种理想或道德观。但是，不管怎样，它们与当今的经验主义民主观依然相去甚远。

---

① Benjamin R. Barber, *Strong Democracy: Participatory Politics for a New Age* (Berkeley: University of California Press, 1984), 261.（中文译文参见［美］本杰明·巴伯：《强势民主》，彭斌、吴润洲译，306页，长春，吉林人民出版社，2006。——译者注）

② Joshua Cohen, “Deliberation and Democratic Legitimacy,” in *Deliberative Democracy: Essays on Reason and Politics*, eds. James Bohman and William Rehg (Cambridge, MA: MIT Press, 1997). 在这本带有原创性和深刻思想的著作中，也可发现很多其他富有启发性的随笔。

③ 例如，可参见 Jürgen Habermas, *Between Facts and Norms: Contributions to a Discourse Theory of Law and Democracy*, trans. W. Rehg (Cambridge, MA: MIT Press, 1996)。

④ Cohen, op. cit., 72.（中文译文参见［美］詹姆斯·博曼、威廉·雷吉主编：《协商民主：论理性与政治》，陈家刚等译，55页，北京，中央编译出版社，2006。——译者注）

经验主义民主观

第二种思想思考的是现代民主社会的本质。它寻求在研究当前政治现实的基础上，归纳性地创建一套民主理论。正是这一学术流派，为本书的讨论提供了大量思想和事实。例如，这一理论对本书有关章节描述的美国权力、共同体权力以及公民政治参与等内容进行了兼收并蓄。经验主义民主观中所体现出来的一整套概念，伯纳德·贝雷尔森（Bernard Berelson）、罗伯特·A. 达尔（Robert A. Dahl）、乔万尼·萨托利（Giovanni Sartori）以及熊彼特等人的一些著述中，都能够找到。[①]

从根本上看，经验主义民主观，将注意力从公民个人的品德和公民自治的基本权利，转向了统治者以及使得统治者上台执政的公开竞争方面。尤其是这种民主观提出这样一个假设，即现代民主制度由提供公职竞争者的各种机构组成，其中典型的但却并非一成不变的，就是政党。而且，经验主义民主观坚持认为，通常存在着要求占据最高公职机会的竞争者。这种理论通过声称这样一种观点，而将公民概念纳入其研究视界，即公民有权在相互竞争的领导人中间选择那些他们认为最能代表其利益的人出任公职。来自熊彼特的一段颇为经典的引证，通过宣称民主方法“就是那种为做出政治决定而实行的制度安排，在这种安排中，某些人通过争取人民选票取得作决定的权力”[②]，简洁地描述了经验主义民主观的上述特征。

经验主义民主观由于将民主社会的重点从公民转向领导人，进一步削弱了公民在其自治中的必要作用。这一理论声称，为了使一个社会贴上“民主”的标签，其领导人只需对大多数公民的意愿做出回应。这一点通过两种方式得以实现：其一是选举媒介——如果公职候选人没有成功地对大多数公民的意愿做出回应，那么，他就不可能当选；其二，通过任职期间政策的制定，这些政策理应对公众的意愿有所预期。换言

---

① Bernard Berelson, “Democratic Practice and Democratic Theory,” in *Voting*, ed. Bernard Berelson, Paul Lazarsfeld, and William McPhee (Chicago: University of Chicago Press, 1954), 305-323; Robert A. Dahl, *Who Governs? Democracy and Power in an American City* (New Haven, CT: Yale University Press, 1971); Robert A. Dahl, *Polyarchy: Participation and Opposition* (New Haven, CT: Yale University Press, 1971), Chapter 1; Giovanni Sartori, *Democratic Theory* (New York: Frederick A. Praeger, 1965); and Joseph Schumpeter, *Capitalism, Socialism and Democracy*, 3rd ed. (New York: Harper & Row Publishers, 1962), 21.

② Schumpeter, *Capitalism, Socialism and Democracy*, 3rd ed., 269.

之，公民不必积极介入政治过程。事实上，在某些经验主义理论家看来，公民对国家建构的广泛、积极而持续的参与，对于民主而言，是弊大于利的——这种主张，是对托克维尔所谓的“多数的暴政”的恐惧的一种回应（见第四章）。例如，贝雷尔森就做出过如下评论：

> 如果民众深度卷入政治，大众民主将如何运行？某些人对政治缺乏兴趣，也是不无益处的。事实上，具有高度兴趣的选民投票越多，对选战了解更多，见多识广，也有更多的参与；然而，他们也不容易被说服，改变主张的可能性较小。极端的兴趣伴随着极端的狂热，如果遍及全社会的话，就有可能毁灭民主进程……［而低度］兴趣却为处于激进变革时期的复杂社会的政治变化提供了必要的操纵空间。①

因此，经验主义民主观实际上使得民主的根本含义发生了转变——无论是按照亚里士多德所确定的多数公民的统治，还是按照现代政治哲学家所确定的民主概念。民主政体不再是以公民参与为必要条件的政体，在这种政体中，积极的公民参与成为多余的，甚至是令人不悦的东西。

既然道德民主观和经验主义民主观对于现代民主社会本质的认识，是以相互对立的形式存在的，那么，为了找到它们之间的相似性以及各自的优缺点，我们就必须对其认真仔细地加以考察和比较。道德民主观建立在古代和现代思想的基础之上，并代表了一套有关民主社会运行必要条件的规范表述。而另一方面，经验主义民主观却是基于社会中按照惯常思维被认为是民主的一系列被发现的事实，形成了一套有关政府真实条件的描述性陈述。轻易地接受道德民主观的一个明显的危险是，由于不留意其现实，人们有可能不能真正地理解民主的实际运行。然而，随意地接纳经验主义民主观，则可能是更为有害的。首先，经验主义民主观过于乐于接受将社会定义为“民主社会”的习惯定义；这一定义某些时候蕴含的虚幻色彩大于现实意义。在对许多事实进行考察之后，仍然有可能得出这样一种结论，即美国更接近于寡头政体而不是民主政体（见第七章）。其次，接受经验主义民主观，有可能导致为现存的政治形式进行意识形态上的辩护。例如，前文引用的贝雷尔森的评述，就是在一种更宽泛的分析框

---

① Berelson, et al., 318-319.

架中表达出来的，这意味着，民主不仅仅在实际中以某种方式运行，而且它应该以这种方式运行。最后，由于抛弃了对公民广泛参与国家生活的乌托邦式理想的承诺，经验主义民主观也许是在不经意间放弃了一笔丰厚的政治思想和传统遗产；更为重要的是，它放弃了在现代世界所能承担的职责——揭示如何能够以最接近民主社会古老理想的方式，重塑现代民主社会。

抛开这种争论——也许它仍然是无解的——我们在这里想提供的是，关于现代民主社会更多的、更为重要的经验主义细节。这些内容提出了有关现代民主社会的本质问题，并提供了与极权主义秩序进行比较的基准。

宪法和程序基础 民主社会总是建立在法律传统的基础之上，并强调公民拥有广泛的民主权利，其中尤其还包括持不同政见的权利。不同政府部门的职能是分立的，有三个权力分立的机构：行政、立法和司法；在不同的民主国家，每一个机构的实际职能是各不相同的。治理过程通过代议制来实现；议员们供职的机构名称有所不同，被称为议会或国会。民众拥有广泛的选举权，经常举行选举。行政部门的任职者，要么通过直接选举产生，如美国实行的总统制民主，要么由间接选举产生，如英国实行的议会制民主。①

20 世纪，这些宪法和程序基础通过庞大官僚机构的持续或新的发展，已经得到进一步加强。最初旨在援助并保护公民宪法权利的这种官僚机构，其运行范围已经开始对诸如美国这样的国家的公民权利造成严重的侵蚀。

意识形态基础 现代民主国家建立在以下信念的基础之上：每个公民的平等、广泛的政治自由以及公民积极参与政治生活的愿望。

社会基础 对于现代民主社会的社会基础而言，最根本的是有广泛存在的多元集团和多元利益。为了公民身份和政治参与，为数庞大的民间组织已经得到发展，它们在公民个人生活与统治者实施的政治控制之间，发挥着基础结构或缓冲带作用。在众多这样的集团中，最主要的就是政党以及政党内部的各个派别，此外，它们还充当着组织和表达公民利益以及获得并行使宪政权利的工具。

---

① 近来，学者们对议会制民主和总统制民主之间的优缺点进行了大量讨论，其中大多数讨论受到胡安·林茨（Juan Linz）一篇文章的影响。在这篇文章中，林茨指出，议会制民主相对于总统制民主具有决定性优势。除此之外，他还观察到，在总统制下，如果总统和国会出自不同的政党，就有可能导致权力的僵持局面；而议会制能够轻而易举地解决分歧，因为获胜的政党的领袖同时也成为首相以及政府首脑。参见 Juan Linz。

经济基础　诸如美国和英国这样的现代民主社会，随着资本主义制度的发展而得到发展，因此，其命运与资本主义制度结下不解之缘。正如美国的情况一样：总体条件比较富裕，似乎始终是最有利于民主政府成长的，而且，政府本身在很多重要方面都发挥着作用，进一步提高了其富裕程度。不管怎样，即使在普遍贫穷的环境下，如印度，也存在着或早就存在着的民主的改良形式。特别是在 20 世纪，国家的各种制度明显承担起为公民谋取广泛福利的责任，这种责任的范围从全面负责型（如瑞典）到适度型（如美国）各不相同。

有关现代民主社会主要特征的这种描述，至少应该能够为我们提供一种有关它们的总体印象。其构成细节，在稍后的章节中将会更加鲜明地加以描述。此外，这种概况式描述，有助于我们辨别现代世界中的民主社会和非民主社会。①

极权主义

极权主义思想，或极权主义独裁，传递的是这样一种思想，即由一个单一政党以及控制该党的那一小撮人，对国家及其人民实施绝对统治。② 极权统治试图消灭民主社会特有的社会关系和团体，例如，基本的家庭关系，并试图用新形式的社会关系来取而代之，而这种新形式的社会关系意图彻底将个人吸纳为社会的成员之一。在政党及其领袖之间，不允许任何集团和个人介入并取代政党成为个人效忠的唯一目标。这一概念首先被用于描述 20 世纪历史上出现的两个不同的政权：前苏联（尤其是约瑟夫・斯大林统治时期）和纳粹德国。在一个单一标题下结合起来的这两种历史形式，使得它们两者之间的差异——特别是共产主义和纳粹主义的本质差异——黯然失色。

---

① 对民主社会的这种描述，是以大量广泛的文献为基础的——太多了，事实上无法在这里进行引证。出现在这一陈述中的较为深入的探讨包括：Robert A. Dahl (ed.)，*Political Oppositions in Western Democracies* (New Haven，CT：Yale University Press，1966)；Robert A. Dahl，*Polyarchy：Participation and Opposition*；Leon D. Epstein，*Political Parties in Western Democracies* (New York：Frederick A. Praeger，Publishers，1967)，Chapters 1-4；and Edward Shils，*Political Development in New States* (The Hague：Mouton，1962)。

② 关于这一概念的某些不同的定义，请比较以下著作：Hannah Arendt，*The Origins of Totalitarianism* (Cleveland，OH：World Publishing Co.，1958)；Benjamin R. Barber，"Conceptual Foundations of Totalitarianism，" in *Totalitarianism in Perspective：Three Views*，ed. Carl J. Friedrich，Michael Curtis，and Benjamin R. Barber (New York：Praeger Publishers，1969)，3-39；and Carl J. Friedrich and Zbigniew K. Brzezinski，*Totalitarian Dictatorship and Autocracy*，2nd ed. rev.，by Carl J. Friedrich (Cambridge，MA：Harvard University Press，1965)，Chapter 1 especially。

不管怎样，尽管两者之间有一些共同特征，但是，一些观察家还是更看重两者之间的差异。[1]

卡尔·J. 弗里德里希（Carl J. Friedrich）和兹比格涅夫·K. 布热津斯基（Zbigniew K. Brzezinski）两位学者，为我们理解极权主义社会做出了很大贡献。他们认为，可以通过六个与众不同的特征来对这种社会进行识别：（1）一套精心设计的意识形态，覆盖了个人生活的全部阶段；（2）只有一个政党，通常由某个人即“独裁者”来领导；（3）一种普遍的恐怖体制，由国家和政党的各种机构加以引导，用同样的方式来对付该制度的内外敌人；（4）对大众交往工具的近乎彻底的控制，这种控制由于技术上的精密性和复杂性而变得独一无二；（5）对与军队相关的武器和人员的垄断性控制；（6）由国家官僚机构控制整个经济，或至少是控制最重要的部门。[2] 不管怎样，仅仅是极权主义社会的这六个特征还不足以表现这种制度的真正本质。因此，前文对现代民主社会进行了概况式描述，下面将对作为其对应物的极权主义的特征作简要分析。我们尤其要对纳粹德国进行专门讨论，但是，前苏联也同样具有其中许多特征。

宪法和程序基础 希特勒和国家社会主义党统治时期，德国的主要特征之一，就是宪法和法律基础的缺失；唯一的程序基础，就是在纳粹党支持下确立的那些东西。不管怎样，从表面上来看，纳粹德国所组建的政府，似乎是 1918 年建立的魏玛共和国的延伸。事实上，纳粹党曾经掀起过一场法律革命，利用魏玛宪法的条款颠覆了魏玛宪法。在实现这一最终目的的众多手段中，正是 1933 年和 1934 年通过的一系列法令和授权法案，最终将权力交到了作为总理稍后又成为元首的希特勒手中。而且，这种制度体现出职位与统治之间的一种实际困境；希特勒缔造了一种体制，在这种体制中，纳粹党和国家的官僚机构表面上看享有平等的权力——尽管该党和希特勒最终是居于支配地位的——而且，国家官僚机构中的每一个职位，在纳粹党中都存在一个与之平行的竞争性职位。当然，在希特勒看来，这种困境的结果就是通过分而治之来建立秩序。平行官职的任职者之间的竞争，确保了其领导效率。除了希特勒之外，只有

---

① 关于发现这种重大差异的一位观察家，参见 Barrington Moore，Jr.，*Social Origins of Dictatorship and Democracy：Lord and Peasant in the Making of the Modern World*（Boston：Beacon Press，1975），Chapters 7–9 especially。

② Friedrich and Brzezinski，*Totalitarian Dictatorship and Autocracy*，Chapter 2.

他的小圈子中最亲密的成员——最臭名昭著的有马丁·博尔曼（Martin Bormann）、约瑟夫·戈培尔（Joseph Goebbels）以及海因里希·希姆莱（Heinrich Himmler）——能够行使适度的自由权和毫无约束的统治权；然而，即使他们本人也不享有完全的自由，因为他们无疑仍然处于不折不扣地服从希特勒命令的位置上。在第三帝国的早期，表面上看，也曾明显地表现出与魏玛宪法条款一致的民主程序。例如，也曾举行过几次全国范围的选举，但是，尽管选民的投票率很高，纳粹党也曾获得了具有压倒性优势的支持率，不过，希特勒及其团队还是通过对电台和多数报纸的绝对控制，以及有能力迅速组织支持者集会，彻底地操控了这些选举。

德国纳粹政权的一个重要组成部分，就是旨在打击内部敌人的各种党和国家的机构，包括盖世太保或秘密警察，以及海因里希·希姆莱掌管的纳粹党卫军。这两个机构都是打击持不同政见者和消灭“国家的敌人”尤其是犹太人的工具。特别是纳粹党卫军，负责管理死亡集中营。

意识形态基础 希特勒极权独裁的最明显的重要特征之一，就是其意识形态，这种意识形态是从希特勒早年自传《我的奋斗》一书中相关内容移植而来的一套神秘信仰。希特勒和纳粹党奉行种族主义和民族主义原则，意欲建立使雅利安人成为世界救世主的神话，并使犹太人成为地球的人渣；而且，他们寻求民众对这一教条的广泛接受，并获得了成功。1938 年之后，这些原则变成纳粹政权的实践，最初是通过针对国内犹太人的随意的恐怖犯罪——例如“水晶之夜”* ——随后，利用集中营对犹太人实施有组织的恐怖活动，并针对许多国家展开战时敌对行动。

社会基础 在为确保人民的忠诚和服从而努力的过程中，极权主义政权确实能够公开面对民众。然而，一旦纳粹党的领袖们攫取了德国政府的领导权，他们就会试图通过其恐怖实践，来消灭魏玛共和国时期业已存在的众多社会组织。例如，作为其中之一的工会，就被取缔了，而代之以“劳工阵线”，该组织成为纳粹党操控工人利益和生活的一种组织工具。除了少数例外，独立的新闻媒体要么遭到破坏，要么被纳粹党接管。教会或多或少仍然保持了机构上的完整，但教士却成为纳粹政权成员持续频繁袭击的目标。在纳粹党的控制之下，成立了许多新的组织，取代了原来的组织。例

---

* 又称“帝国水晶之夜”“碎玻璃之夜”“十一月大迫害”，指 1938 年 11 月 9 日至 10 日凌晨，希特勒青年团、盖世太保和党卫军袭击德国和奥地利的犹太人事件，标志着纳粹对犹太人有组织的屠杀的开始。——译者注

如，旨在以新的官方思想体系来教化德国年轻人的纳粹青年团，得到了大规模发展。有关德国新社会构想的这一庞大计划的标志，就是发生在第三帝国早期的群众集会。例如，在纽伦堡举行的那些集会上，列队通行的成千上万的人们——激情高昂、恭顺有加，并为希特勒的魅力所折服。

经济基础 许多分析家认为，指令性经济是极权主义经济的特征，这种经济在其发展的定期规划方面——苏联的五年计划、纳粹德国的四年计划——非常具体，涉及内容包括劳动力的严格控制、工业厂房的专门安排、对预算和工业产值的集中规划等。像其他特征一样，这些特征在苏联发展得比在德国更为充分和完善；而且，由于纳粹在统治六年以后的1939年即发动了战争，因而很难确切地得知德国经济在持续和平的环境下是如何运行的。不管怎样，在短暂的纳粹统治期间，德国经济实际上由两个不同的部分组成：一是纳粹党和国家行政机构控制的指令性经济；二是由制造业和其他工业中的卡特尔构成的庞大私营经济。①

对于不同极权主义社会特征的广度和深度的分析，仅靠这种简短的描述，当然是不完全公正的，因而需要读者查阅有关纳粹德国的其他文献，以及本书以后的章节中有关诸如前苏联这样的国家的相关内容。但是，这一概述有助于我们了解极权主义制度的两个最突出的特征：取缔公民社会所有自治组织，从而使得公共领域和私人领域的区分变得毫无意义；政党——其领袖和意识形态——相对于所有社会组织的实际支配地位。特别是后者，似乎使得马克思主义对于纳粹德国的解释出现了根本动摇。希特勒的独裁，更多地通过由民族主义和种族主义而不是经济教条驱动的行政管理，有效地取代了资本主义经济的所有传统特征和过程。民族主义和种族主义则代表了第三帝国得以建立并维系其短暂统治的原动力。

当今世界，与我们所界定的这些极权主义政权的特征最为吻合的国家只有一个，

① 对极权主义的这种描述，带着对第三帝国的特殊关注，建立在以下资料的基础之上：Hannah Arendt，*The Origins of Totalitarianism*，part 3 especially；Lucy S. Dawidowicz，*The War Against the Jews：1933—1945*（New York：Holt，Rinehart and Winston，1975），part 1；Joachim C. Fest，*Hitler*，trans. Richard and Clara Winston（New York：Avon Books，1971），parts 5－8 especially；Carl J. Friedrich and Zbigniew K. Brzezinski，*Totalitarian Dictatorship and Autocracy*. Adolf Hitler，*Mein Kampf*，trans. Ralph Manheim（Boston：Houghton Mifflin Company，1971），vol. 1，Chapter 11 especially；Helmut Krausnick et al.，*Anatomy of the SS State*，trans. Richard Barry et al.（London：Collins，1968），especially Chapters 2－3；Franz Neumann，*Behemoth*（New York：Oxford University Press，1952）；and Albert Speer，*Inside the Third Reich*，trans. Richard and Clara Winston（New York：Avon Books，1971），parts 2－3 especially。

那就是中华人民共和国。中国显然符合与这一概念相关的大多数特征——例如，共产党对国家的绝对控制，包括从教育到宗教等大多数机构。然而，与此同时，当今中国正掀起一场大规模试验，试图通过这场试验来揭示一个由其领袖自上而下牢牢控制的国家，能否从底层开始推行重大经济领域的改革开放。在过去的30年里，经济领域已经发生了这样的重大改革，并引入许多外国公司。而且，政府积极努力向包括香港在内的经济特区——东南沿海地带——投入大量资金。这些经济改革是否以及如何影响党的领导，仍然有待观察。不管怎样，到目前为止，中共似乎已经在其各项改革措施——放松了它对工业甚或地方的控制——与主要来自国外的更多的民主要求和国内公民自身对更多自由的要求之间，有效地实现了平衡。

威权主义

如今，政治统治分析家们所面临的一个难题就是，如何对既不是典型意义上的苏联或纳粹德国极权主义政权，也不是美国或英国意义上的民主国家进行描述。当今确实存在很多诸如此类的政治统治形式，其中许多看起来与绝对的独裁统治没有任何相像之处。这样的例子很容易找到，如利比亚的穆阿迈尔·卡扎菲（Muammar Khadaffi）——他使用铁腕政策来统治国家，他控制着一支忠于他的军队，并得到大多数国民的拥戴。当然，伊拉克的萨达姆·侯赛因（Saddam Hussein）则更是臭名昭著。显然，他所统治的并不是一个民主社会，他牢牢地控制着军队，似乎也在某种程度上确保了国内许多民众的忠诚。在上述两个例子中，统治者像真正的独裁者一样行使权力，但他们的制度仍然缺少极权主义统治的关键特征，如针对其敌人的持续恐怖统治、一个拥有实际权威和权力的单一政党。还有无以计数的其他例子——政府很明显不是极权主义的，却缺少民主政权的特征，如定期选举和广泛的公民自由。

很多年来，学者们一直为这些不同的统治形式所困扰，并试图捕捉它们的最重要特征，尤其是当把它们与民主政权和极权主义政权相比较之时。多年以前，社会学家爱德华·希尔斯（Edward Shils）就利用古希腊的区分，对不同的寡头政治类型进行了探讨。[①] 他指出，在世界上许多发展中国家，出现了一种领导者以威权主义方式进

---

① Edward Shils, *Political Development in New States*, op. cit.

行统治的趋势，部分原因在于，这样的国家如果要发展经济，几乎都要求其领导人拥有绝对的政治控制权。希尔斯通过将诸如此类的形式确定为寡头政治，从而对不同的统治类型进行了区分。包括“监护式民主”（tutelary democracy），其中既有领袖权力的集中，也有实行代议制的议会，还有作为许多非洲国家特征的传统寡头制——通过部落会议来实施领导，却很少具有发达民主国家或极权主义国家的元素。

希尔斯的分类，使得当今世界发展中国家政权的两个典型特征引起了人们的关注：(1) 领袖以一种近乎独裁的方式进行统治的趋势；(2) 这些领袖人物致力于推动国家的经济发展。正是这两个特征，促使当今学者对第三种统治形式进行了设想，他们认为，这种形式存在于民主政权和极权主义政权之间的某个位置，此即威权主义。按照发明这一概念的胡安·林茨的原意，威权主义指的是：

> ……有限而无责任的政治多元主义——无详尽的指导思想（但却有独特的思路），无广泛而深入的政治动员（除了发展中的某个阶段外）；在这种制度下，领袖（抑或偶尔是一个小集团）在一种形式上不确定但事实上可预计的范围内行使其权力。①

林茨特别将这一概念用于分析弗朗西斯科·佛朗哥（Francisco Franco）将军统治时期的西班牙政权，因为在他看来，这一政权确实是不民主的，但它所展示的东西并未超过希特勒或斯大林的极权主义政府。

自林茨做出初步界定以来，威权主义这一概念已经得到进一步的完善。例如，分析家指出，存在着更为平民主义的威权主义政权：它们培育公民大众的情感并深受大众仰慕。一个典型事例就是阿根廷的胡安·庇隆（Juan Perón）政权——或许萨达姆政权也符合这种描述。在近期一项有关资本主义与不同类型政权发展之间关系的研究中，迪特里希·吕舍迈尔（Dietrich Rueschemeyer）、埃弗利娜·斯蒂芬斯（Evelyne Stephens）和约翰·斯蒂芬斯（John Stephens）对威权主义这一概念进行了再提炼。通常，他们用这一概念所指称的政体，缺乏具有广泛和平等选举权的代表的定期、自由和公平的选举，缺少对民选议会负责的国家机器。②

---

① Juan J. Linz, "An Authoritarian Regime: Spain," in *Cleavages, Ideologies and Party Systems: Contributions to Comparative Political Sociology*, ed. Erik Allardt and Yrjo Littunen (Helsinki: the Academic Bookstore, 1964), 297.

② Dietrich Rueschemeyer, Evelyne Huber Stephens, and John D. Stephens, *Capitalist Development & Democracy* (Chicago: University of Chicago Press, 1992), 43-44.

在过去的20年时间里，最广泛使用威权主义政权概念的当属吉耶尔莫·奥唐奈(Guillermo O'Donnell)，他提出了“官僚威权主义政权”概念。[1] 他指出，这一概念包括以下组成部分：(1) 由领袖组成的小集团实施政治统治，通常得到军方的支持；(2) 政治统治者依赖的是大批技术人员（技术官僚），由他们来对社会运转实施日常控制；(3) 努力推动经济的增长，其中部分是出自对一段时期内经济停滞的一种反应；(4) 对社会各阶级，尤其是对不断上升和膨胀的中产阶级实施广泛压制。奥唐奈发明这一概念，主要用于描述1960—1970年代他在阿根廷和巴西亲身经历的一种情况。上述两个国家都经历了急剧的经济增长，但其政治领导不但没有推进和发展公民社会，反而试图推行压制政策。

官僚威权主义概念，一方面对于描述拉丁美洲大量发达国家政府的不稳定是非常有用的，另一方面也适用于拉丁美洲之外的国家。一些人已经从“亚洲四小龙”[2] ——中国台湾地区、韩国、新加坡和中国香港地区——取得的巨大经济成就中感受到了某种相似的趋势。正如巴西和阿根廷一样，这些国家和地区已经获得了巨大的经济成功，但在公民自由和自由权的行使方面也付出了惨重代价。事实上，只要这些国家和地区整体上的经济命运发生了巨大改善，就会伴随着巨大的经济不平等的存在，在富人聚敛大多数财富的同时，底层阶级和穷人却遭受着巨大痛苦的折磨。[3]

尽管人们使用的这一术语是很精确的，但当今许多国家的政府显然都控制在试图对政府政策导向和公民的舆论表达实施严密管控的领导人手中。在很多事例中，这种管控都被那些声称要改善国家命运的领导人证明具有正当性，而实现这一点的唯一途径就是要有绝对的权力，这种权力不受爱管闲事的议会或公民的干预。仍然有待观察的是，这种政权是否能够持续存在。正如权威所具有的超凡魅力一样，威权主义政权的成功几乎依赖于领袖个人及其同盟者的成功。例如，在佛朗哥死后，西班牙的政治制度更加开放、更具有活力。自1980年代晚期以来，韩国权威的行使也变得更为民主。

---

① Guillermo O' Donnell, *Modernization and Bureaucratic-Authoritarianism: Studies in South American Politics* (Berkeley: Institute of International Studies, University of California, 1973; 1979). 也可参阅他最近出版的优秀文集：*Counterpoints: Selected Essays on Authoritarianism and Democratization* (Notre Dame, IN: University of Notre Dame Press, 1999)。

② Ezra F. Vogel, *The Four Little Dragons: the Spread of Industrialization in East Asia* (Cambridge, MA: Harvard University Press, 1991).

③ Frederic C. Deyo, *Beneath the Miracle: Labor Subordination in the New Asian Industrialism* (Berkeley: University of California Press, 1989).

另一个同样紧迫的问题在于，这种政权是否有可能像西班牙或韩国那样，转向更为民主的统治形式，抑或逆转至完全相反的方向，变得更为极权？这是东欧国家和前苏联政权所面临的一个难题。最终有可能起决定作用的，是其经济的成功和健康发展——这始终是一个决定性因素。如果东欧国家能够实现经济增长和繁荣，就会减缓返回半个多世纪之前的极权主义政府的趋势，从而推动更加开放和民主的政府的建立。然而，阿根廷和巴西的例子都证明，这种成功事实上要求高层对民众和经济施加更为严厉的控制，而这种控制距离极权主义只有一步之遥。

结　论

在未来几十年内，世界上许多国家都将面临这样一个议题——是从威权主义政权成功地转向民主政体，还是转向极权主义。很显然，威权主义制度既是一种中间形式，也是一种过渡形式。从长远来看，它不会趋向于稳定。即使在像阿根廷这样的单一政权范围内，威权主义也有可能转向无情的大清洗和搜寻现政权的敌人。在最近的记忆中，最使人惊骇的例子，就是 1970 年代波尔·布特（Pol Pot）政权统治下的柬埔寨，因变成“屠宰场”而臭名昭著。

正如我们已经指出的，世界上的发展中国家面临许多陷阱和困惑。多数政权试图实现经济上的跳跃式发展，除非国家领导权实现高度集中，否则这样的目标是不可能实现的。然而，一旦权力集中起来，就会出现一种趋势：掌权的人试图保持其权力。尽管权力并不总是必然地导致腐败，但对许多官员来说，它毕竟是一种极具诱惑力的力量。随着全球经济的扩展，解决这些问题变得更为困难。公司希望能以最盈利的方式来配置其资金，而且许多公司都寻求在发展中国家的市场中投资。但是，如果这些国家的政权不稳定，那么，市场本身的波动就有可能进一步破坏政权的稳定性。

弗朗西斯·福山（Francis Fukayama）在其著名的“历史的终结”命题中指出，随着共产主义的崩溃，资本主义将作为在世界上占支配地位的经济体制，踏上实现其霸权之途。① 福山也许是幼稚的。共产主义的崩溃是一回事，而它被一种稳定的民主

① Francis Fukuyama, *The End of History and the Last Man* (New York: Harper Perennial, 1993).

制所取代则完全是另一回事。事实上，对于发展中的经济体来说，摇摆回到某种形式的威权主义政权——威权的或极权的——的可能性，在不远的将来还是非常大的。俄罗斯以及其他东欧国家最近发生的骚乱，提供了面临这种压力的证据。在东南亚和许多拉美国家，也有可能出现类似的压力。

第七章

美国的权力与权威

美国的生意就是生意。

——卡尔文·柯立芝（Calvin Coolidge）

马克思在19世纪的相关著述中，首次为我们提供了有关权力在一个处于上升时期的大型工业社会中如何运行的观点。他坚持认为，资本主义是现代社会成长和发展的基础，资本主义国家的军队主要服务于促进资本家即工商业的利益。资本家已经成为统治阶级；他们不仅控制着经济的运行，而且控制了国家。因此，资本家或其代理人所制定的政策和做出的决策，从长远来看，将服务于他们自身的利益，并确保他们相对于社会其他阶级的优势。

即使在今天，马克思的观点听起来似乎也是很有道理的。一个半世纪以后，许多人仍然相信，这就是世界上权力和政治运作的方式。但是，并非每个人都持有相同的观点。而政治学研究者必须要做的就是慎之又慎地思考有关权力的征兆，并借此判断马克思或其他人的观点是否正确。政治社会学的目标，无论何时何地，都必须是发展以经验为基础的理论，并使之经受细致彻底的实证检验。

本章将要考察的是我们今日所掌握的关于美国权力本质和运行的证据。30年前，在本书第一版问世之时，这一章所述内容与现在你即将看到的内容是大为不同的。至少有一点非常清楚，即政治社会学家在这一富有争议的知识领域的研究和艰辛劳动，已经取得了长足而显著的进步。本章将对如下主题做出考察：(1) 政府抑或我们称之为国家的性质，以及国家所发生的一些重要变化；(2) 现代经济的性质，特别是现代公司及其权力；(3) 当代美国的经济不平等和政治平等问题。

最后，我们希望，你能问自己这样的问题：在美国，对于谁执掌和行使权力是否有现成的答案？我们认为，答案是有的，但是，与所有类似问题一样，情况稍微有一点复杂。我们希望向你展示的是，美国显然占据了上一章我们详细讨论的民主国家的一种形式，但其运行方式，却是与我们对一种理想民主的一般认知背道而驰的。

序　言

冒着使有关美国权力的流畅叙述复杂化的风险，我们不妨在开始的时候多费点笔墨。特别是，我们想对围绕着美国权力研究的核心争议和问题的历史作一简短回顾。我们将向你展示：这一领域来自哪里，又如何发展到现在。而且，这种说明对于理解政治社会学家如何研究当今美国权力，同样是极为重要的。尤其重要的是，对于他们而言，哪些问题依然存在，哪些问题已经没有任何关联。你将会看到，他们对一些问题的关注，借鉴吸收了马克思、韦伯以及托克维尔等人的大量著述和思想。

美国人对权力的思考和论述有多长时间，关于权力是什么以及它如何运行的争论就存在了多长时间。许多学者和普通民众，都喜欢从字面上来理解美国式民主。他们强调美国民主的基本价值，强调政治过程和争论如何有利于民主政府的运行。他们指出，民主根植于分权制衡体制的性质，这种政体设计是由美国的制宪者们创造的。这种体制包含三个不同的部门——行政、立法和司法——每一部门履行一种独立的治理职能：制定政策、政策辩论以及对政策的实施做出裁决。

当然，也有许多人始终对有关美国民主的主流观点持有异议。有些人并不喜欢从字面上来理解这种体制，他们认为存在着某些幕后力量左右着这种体制的运行。例如，有些持异议者就明确或含蓄地吸收了马克思的观点。其中就包括著名的经济史学家查尔斯·比尔德（Charles Beard）。他就认为，美国社会的经济基础，事实上决定着政府的运行。比尔德运用多种方式来论证这一主题，其中包括他的一本名著，在这本著作中，他坚持认为，美国宪法显然是一份有缺陷并带有偏见的文件，因为制宪者多数是富裕的种植园主和商人。[①] 因此，他问道，他们怎么可能创建一种公正地对待他们自身利益的政府呢？

在比尔德之后，围绕着美国民主性质的争论还在持续，但主流观点或多或少始终保持着其完整性。民主政治因其表面价值而被人们所接受。它事关给予和索取、谈判磋商以及政府不同部门各自完成自己的任务，最终，直到这一过程产生符合大多数美国人利益的政策和行动。

大约在20世纪中期，辩论升温并日趋激烈。在二战中战胜德国、日本和意大利之后，美国人返回家乡，开始努力工作，谋求自身发展。工作缠绕心头，政治也挥之不去。尽管美国及其盟国赢得了这场战争，但是，新的重要的政治联盟和分裂也随之

---

① Charles A. Beard, *An Economic Interpretation of the Constitution of the United States* (New York: Free Press, 1935; 1965)［查尔斯·比尔德（1874—1948），美国历史学家、政治学教授，著有《美国宪法的经济解释》（1913）等著作。——译者注］

产生。最重要的发展，就是苏联的崛起以及共产主义中国成为世界政治中的新成员。“铁幕”已经落下并将世界一分为二，温斯顿·丘吉尔在其著名演说中传递了这一信号，它不仅使世界上的民族国家发生分裂，而且使美国人分道扬镳。在美国，20 世纪 40 年代末期，一场新的运动——由威斯康星州参议员乔·麦卡锡（Joe McCarthy）领导的麦卡锡主义运动——揭开了帷幕，试图根除美国的共产主义及其追随者。这场运动致使美国人相互分裂敌视，并给许多极为成功的人士带来了悲惨结局，使他们的事业过早夭折。其影响是，不仅使许多美国人的事业遭受毁灭性打击，而且扼杀了美国国内的不同声音。

除压制不同声音外，其他方面，麦卡锡主义运动都做到了。关于美国民主的性质，在社会科学家中盛行着两种不同的观点。一种观点是以罗伯特·A. 达尔为代表的，他坚持认为，美国民主的性质在于，每一个优势集团都在政治游戏中扮演着某种角色，游戏规则允许并维系着所有角色的平等参与。达尔的观点，以主张美国政治多元主义而闻名，明确表达出美国人占支配地位的主流政治解读。作为达尔及其助手的研究结果之一，这种观点是以一种优雅的方式表达出来的，此外还有不断出现的证据的支持，在不同的政治议题上，不同政党都参与到游戏中来，没有任何政党可以凌驾于其他政党之上。①

大约在同一时期，有人提出了另外一种有关美国政治性质的完全不同的观点。尽管自比尔德以来，甚至早在他之前，就存在着有关美国民主的多种形式的马克思主义分析，但是，这种新观点代表了与以往观点的彻底决裂。这种观点是由 C. 怀特·米尔斯（C. Wright Mills）提出的，他是来自得克萨斯州的一位年轻的社会学家，于 1961 年 46 岁时英年早逝。他认为，美国民主实际上带有虚伪性。② 政治并不允许每个人都拥有平等的参与机会。有一些人拥有并行使着比其他人更多的权力；他们实际上成为控制和指引其他美国人生活的决策者。但是，只有少数美国人能够做到这一点，这在很大程度上是因为掌权者的身份和地位。在这种新的权力联盟中，存在着以下三个关键轴心：（1）“权力精英”——大企业或大公司；（2）军方高层官员，特别是军方的参谋长联席会议；（3）政府行政部门的官员。美国人只能对“权力精英”中

---

① Robert A. Dahl, *Who Governs? Democracy and Power in an American City* (New Haven, CT: Yale University Press, 1961).

② C. Wright Mills, *The Power Elite* (New York: Oxford University Press, 1959).

的一部分——入主白宫的人物——做出选择。当然，他们既不可能决定由谁来掌控公司，也不能选择军方的高级官员。

米尔斯的观点即使没有广为流传，至少也在年轻人中流行，特别是在那些即将步入大学的年轻人中。米尔斯的观点同达尔的观点一样，都蕴含着**显而易见的**（prima-facie）真理元素。美国总统德怀特·D. 艾森豪威尔（Dwight D. Eisenhower）毕竟是一位伟大的军事英雄，二战期间，正是他领导了美国军队。他的内阁中的许多成员，在入阁之前都曾经是企业和公司领导层的成员。而且，正如米尔斯所指出的，权力已经从平民街（Main Street）* 转向华尔街和宾夕法尼亚大街 1600 号，这似乎同样也是事实——而且，特别需要强调的是，无论是在罗斯福新政时期还是之后的艾森豪威尔时期，正是联邦政府做出了影响美国人生活的重大决策。对于很多美国人而言，这些都是很重要的议题。但对绝大多数美国人来说，鉴于他们为支撑年轻家庭并布置他们的郊区新居而不得不努力工作，这些议题就显得并不那么重要了。

就社会学家而言，达尔或多元主义美国政治观的支持者，与米尔斯或精英主义美国政治观的支持者之间的争论，愈演愈烈。每一阵营都能够搜集到大量证据，来证明自己的观点。在 1950 年代末到 1960 年代初这段时间，达尔阵营所搜集到的证据，展示出不同集团何以开始在城市政治中扮演重要角色。多元主义者利用在纽黑文（New Haven）、纽约、芝加哥以及其他城市的研究，逐渐积累了大量支持其观点的证据。① 米尔斯观点的追随者，同样也搜集了大量证据。此外，许多年轻的社会学家，就越南战争问题同政府展开了激烈的争论，他们完全接受米尔斯的观点。

到 1970 年代早期，这场争论多少已陷入僵局，每一方都声称自己获得了思想上的胜利。但是，争论的基础开始发生转移，有关美国权力研究的新视角开始浮现出来。米尔斯观点的一种新版本开始流传，它认为，美国不仅是由权力精英统治，更是由一个统治阶级在掌管着。社会学家米利班德则进一步提出（见第二章），在美国，那些身居高位的人，事实上就是统治阶级或资本家阶级的代理人。因此，可以预见的是，他们的观点和决策，最终将有利于美国的商业——正如从 1950 年代、1960 年代

---

* Main Street 出自美国小说家、美国第一位诺贝尔文学奖获得者辛克莱·刘易斯 1920 年的同名小说，指的是持有传统价值观的小城镇，20 世纪中期进入美国政治舞台，共和党用 Wall Street 来描述自由派，以 Main Street 来指代保守派。关于其译法有多种，本书译为“平民街”以与华尔街对应。——译者注

① Edward Banfield, *Political Influence* (New York: Free Press, 1961); Wallace S. Sayre and Herbert Kaufman, *Governing New York City* (New York: Russell Sage Foundation, 1961).

和 1970 年代不同政府时期的政策中所看到的一样：他们要做什么，显然是很清楚的。同一时期，另一种新马克思主义观的代表人物是经济学家保罗·巴兰（Paul Baran）和保罗·斯威齐（Paul Sweezy）。[1] 他们认为，美国已经发展到了一个新阶段，即"垄断资本主义"阶段。此外，这还意味着，国家结构的设计，就是为了偏袒居于优势地位的垄断企业的利益，并通过介入海外战争来促进和扩大这些公司的经济实力。

另外一种观点也已经出现，它代表了对政治本质理解的一种不同的转向，这正是法国社会学家普兰查斯的观点（见第二章）。他认为，国家结构事实上确实呈现出自己的生命力，因而从统治阶级或资本家的控制中获得了"相对自主性"。国家促进了资本家或商人的利益，在美国，这以一种不需要资本家持续甚或周期性监管的方式来进行。换言之，谁掌管宾夕法尼亚大街的办公室已经无关紧要，因为官职而不是其占有者，才是至关重要的。普兰查斯的观点与社会学这一学科的深层次要求是一致的，这使得他的观点对于社会学家具有了特殊的吸引力——正是机构和官职，而**不是官职的个人占有者**（not the individual occupant），影响着所有制度的长期运行，无论它们是政治的、商业的抑或其他种类的制度。

由此我们具备了观察当今美国权力的平台。多元主义者与精英主义者之间的争论，在很多方面已经发生了转移。尽管多元主义观点中仍然包含着许多真理成分，例如，美国政治中存在不同的参与者，但时至今日，仍没有足够的证据来证明多元主义的主要原则。即便从宽泛的法律领域和历史轮廓来看，美国也仍然是民主的，但是，几乎所有政治社会学家似乎都一致认为，在政治博弈中，一些政治参与者显然拥有比其他参与者更多的权力，尽管他们在有关参与者获得权力的确切原因这一点上观点并不一致。许多人都认为，如果仅从能够掌控的资源来看，联邦政府仍是美国权力结构中的主要角色之一。而且，大公司仍然是美国政治的主要参与者，原因也是由于它们能够控制的资源。总之，这里同样也存在着一种转移，即从将个人确立为权力行使的中心，转向将组织和更广泛的机构视为权力的中心。这一转移与社会学家与日俱增的对社会网络和机构概念重要性的强调是协调一致的。

在当今有关美国权力的研究中，有三种特殊的观点发挥着主导作用：一是我们称

---

① Paul Baran and Paul Sweezy, *Monopoly Capitalism*: *An Essay on the American Economic and Social Order* (New York: Monthly Review Press, 1968).

之为居于**支配**（dominant）或**统治**（ruling）**阶级**（class）的观点，是马克思原创概念的一种变体。[①] 它声称，美国的重大决策，或多或少是由服务于大公司董事会的上层阶级的成员——他们彼此联姻、具有同学关系以及诸如此类的关系等——做出或主导的。二是被称为**"制度精英"**（institutional elite）模式的观点，由社会学家 G. 威廉·多姆霍夫（G. William Domhoff）创立。这种观点认为，那些占据美国主要机构重大权威职位的人们，掌握着社会的主要决策权，而诸如此类的机构，既包括联邦政府中的机构，也包括大公司中的机构。三是美国政治的**国家中心**（state-centered）观，起源于社会学家斯科波尔的重要研究（见第三章）。这种观点认为，实际上国家才是权力的中心所在，占据国家主要职位的个人，如总统及其顾问，以果断而深思熟虑的方式采取行动，来增进国家而不是资本家本身的利益。[②] 斯科波尔认为，在美国的政治博弈中，在事关权力的问题上，在处理与其他国家关系时，决策正是由那些身居政府要职的人员做出的，而不是由上层阶级的成员做出的。斯科波尔似乎想表明，诸如此类的决策，不是来自阶级或政府中的其他幕后利益，而是直接来自组织规定和国家自身的一般政策。

那么，我们关于当今美国权力的讨论，将以这三种观点以及由其支持者所搜集的相当精细的证据所提供的总体焦点为指导。至于哪一种观点更为正确，已经是另一个问题所要讨论的内容了。但是，首先让我们对有关下列各种论据主线的证据进行回顾，然后返回来，再在本章不同的部分对现代美国权力和民主的主要问题重新做出评价。

美国的国家权力

与其他国家相比，美国的体制通常被视为一种虚弱的体制（weak system）。[③] 通

---

① 在《谁统治美国》一书中，G. 威廉·多姆霍夫坚持认为，美国的统治阶级和居支配地位的阶级（他的观点）两者之间是有区别的。正如我所理解的，主要的差异在于，他坚持认为阶级观的各个要素之间应该存在一种更为自由的协调关系。即在阶级利益和统治与领袖行动之间，不存在紧密一致的联系。但差异只是程度问题；就全部意图和目的而言，他的观点与 19 世纪马克思提出的观点极为相似。

② 例如，参见 Peter Evans，Dietrich Rueschemeyer，and Theda Skocpol (eds.)，*Bringing the State Back In* (Cambridge，MA：Cambridge University Press，1985)。

③ Bertrand Badie and Pierre Birnbaum，*The Sociology of the State* (Chicago：University of Chicago Press，1983).

过这一点，分析家们试图表明，美国政府的权威和决策缺少欧洲民主国家所具有的那种集中程度。例如，英国政府的权威，就集中在威斯敏斯特中央政府的手中，中央政府对税收和财政收支、教育和公共建筑等重大事项做出决策，而地方政府仅在涉及诸如当地公共住房等事项的资金预算和支付等方面拥有有限的权威。法国也是如此，权威集中于中央政府手中，而各省政府仅对公众关心的议题行使有限的权威。其他欧洲国家也是一样，权威集中于中央政府，其悠久的历史可以追溯至 17 世纪。

通过比较可以看到，根据宪法规定，从立国之日起，美国就已经成为一个决策权被分割并分布于不同机构和部门的国家。首先，三个不同的政府部门形成了权力制衡体制。而且，同样重要的是，权力分散于不同的政府层面——华盛顿的联邦政府、50个州的州政府以及许多市区的地方政府。这种联邦政府体制，已经在某种程度上弱化了中央权力，在其大部分历史上，有意地限制了联邦政府对美国公民生活行使权威的能力。例如，在教育资金问题上，都是由州和地方当局做出重大决策。有关公园、警务以及消防部门的公共支出，同样也是州和地方当局具有最终的决定权。这种分权思想被写入美国宪法，并成为美国宪法的典型特征，这样就对联邦政府能够做什么以及不能做什么进行了限定。

然而，尽管这些规则和规制导致了不同机构和不同层次政府之间的显著分权，联邦政府手中的权力**实际上**（de facto）终究还是得到了扩张。地方政府是作为美国真正的核心权威出现的，创造出一种被称为**“自下而上”**（bottom-up）而不是**“自上而下”**（top-down）的民主体制。政府所取得的业绩和成就，特别是在 19 世纪的美国，通常就是地方政府或州政府的成就。诸如教育、铁路以及其他交通方式等事务的重大决策，常常是地方政府和州政府官员做出的，且具有强制性约束力。但是，随着 19 世纪的发展，权力的特征和中心开始发生转移，从地方层面转向州政府，然后又转向联邦政府。

政治学家斯蒂芬·斯科夫罗内克（Stephen Skowronek）在一本非常精彩的著作中，并未将这一时期美国的发展看作体制虚弱的表现，而是将“法院和政党”行使强有力控制的特征赋予这一时期。① 他发现，这种状况始于 19 世纪，当时，无论司法部

---

① Stephen Skowronek, *Building a New American State: The Expansion of National Administrative Capacities 1877－1920* (Cambridge, UK: Cambridge University Press, 1982).

门还是政党，在联邦政府立法和决策过程中都居于支配地位。例如，即使在 1883 年的《彭德尔顿法案》（Pendleton Act）* ——该法案有益于确立文官任命的基本资格——颁布之后，政党仍继续在决定“谁将成为这些职位的潜在拥有者”这一过程中发挥着核心作用。法院同样对联邦政策的制定方式发挥着极大的影响，其作用不仅仅限于解释法律，在确立法律自身本质属性的过程中，还充当着积极的仲裁者角色。按照斯科夫罗内克的观点，美国的发展最终呈现出一种特殊历史或文化趋势：一方面，美国政府受到宪法的制约；另一方面，日益扩张的社会需要美国政府在更广泛的议题和更广阔的疆域内做出决定。在他看来，美国不是一个如此虚弱的国家，还不至于虚弱到被代表着法院和政党的力量渗透到其内部的核心运行而束缚住手脚。而且，当美国遭受要求集权的工业化浪潮的冲击时，国家开始发生变化，这种变化是以各种方式持续揭示法院和两大主流政党的权力所留下的深刻烙印来进行的。

权威在联邦政府（斯科夫罗内克所说的民族国家）手中集中和集聚的最富有戏剧性的时期，出现在 1933—1945 年罗斯福执政时期。由于大萧条时期经济衰退的巨大影响，以及随后介入第二次世界大战，罗斯福政府得以获得了其他任何总统执政时期都无与伦比的权威。在这里，我们将考察有关罗斯福和美国政府行政部门权力的一些细节。此外，我们也将考察联邦政府其他几个主要机构：军队、中央情报局（CIA）以及联邦调查局（FBI）。这一考察将使我们了解有关联邦政府权力扩张的一些最新的关键情节。而且，将介绍联邦政府的一项核心职能（如果不是最核心职能的话）——作为战争发动者的国家。

作为战争发动者的美国

行政部门　罗斯福是一个魅力十足又野心勃勃的人物。他在就任美国总统期间，与其内阁一起想方设法实施了大批联邦计划，这些计划最终有利于重塑联邦政府、工商界与广大公众之间的联系。例如，在其任职期间，1935 年出台《社会保障计划》、1933 年建立田纳西河流域管理局，以及实施大量旨在使美国从大萧条深渊中摆脱出来

---

* 全称为《彭德尔顿文官改革法》(The Pendleton Civil Service Act)，该法案旨在终结政党分赃制，实行功绩制。其实施奠定了西方官僚政治的法律基础。——译者注

的普遍福利计划。在罗斯福领导下，同样也是由于大萧条环境和第二次世界大战的爆发，在联邦政府的运行中，国会成为平等伙伴的机会似乎越来越少。由于罗斯福在沟通交流方面的特殊天赋，其影响已远远超出了宾夕法尼亚大街 1600 号的范围。因此，他在 1930 年代想方设法塑造了一种美国党派忠诚和认同的结构，至少在此后的 30 年间，这种结构仍然发挥着影响。

当然，罗斯福只是成功扩大总统权力和影响的几位总统中的一个，尽管他的确是其中最高明的。二战期间以及二战之后，美国在世界事务中谋求更为积极的角色，部分是由于这一原因，现任总统都明显开始做出在世界范围内具有重要意义的——更不用说具有历史意义的决策。哈里·杜鲁门（Harry Truman）曾决定向日本的广岛和长崎投放原子弹，这些行动导致对战争和人类暴力行为含义的彻底而全新的理解。艾森豪威尔总统的国务卿约翰·福斯特·杜勒斯（John Foster Dulles）做出决定，重塑中东地区均势的特征以及随之而来的美苏关系。

在肯尼迪、约翰逊（Lyndon Baines Johnson）和尼克松（Richard Milhous Nixon）三位总统任职期间，总统权力才真正实现独立。始于 1961 年肯尼迪就任总统的这一时期，美国政府在亚洲、非洲和拉丁美洲建立新的联盟，试图扩大其海外影响。例如，在肯尼迪政府的倡议下，1960 年建立了美洲国家组织（OAS）*。表面上来看，成立这一组织的目的，是向拉丁美洲国家提供援助并巩固美国与南北方国家的联盟，但是，许多观察家却认为，OAS 不过是美国为扩大和保护其在拉丁美洲政治经济利益的一个工具而已。① 美国和平队（the Peace Corps）也是肯尼迪政府的一个创新，表面上看，是为了向其他国家的公民提供无条件援助，然而，观察家们再次从另外的角度出发，仅仅将其视为美国扩大其海外政治霸权的一种手段。而且，1961 年以失败告终的臭名昭著的猪湾入侵事件，就是肯尼迪政府一手策划的。这一事件是与中央情报局共同策划实施的，也暴露出一位美国总统及其顾问们越过本国海岸线扩大美国影响的企图。

对于美国总统及其顾问影响的扩大和权力的膨胀以及小亚瑟·施莱辛格（Arthur

---

* 美洲国家组织（OAS），前身是“美洲共和国国际联盟”（1890 年成立），后于 1948 年第 9 次泛美大会上改称现名，并非在肯尼迪政府倡议下于 1960 年建立，但英文原文如此，不知何故。——译者注

① 参阅 Julio Cotler and Richard R. Fagen，eds.，*Latin America and the United States：The Changing Political Realities*（Stanford，CA：Stanford University Press，1974）。

Schlesinger Jr.）所言“帝王式总统”（Imperial Presidency）的发展具有决定性贡献的事件，就是越南战争。① 从表面上看，美国政府在越南的利益，如果说还有的话，也是极小的。毕竟，越南当时正处于内部冲突之中，仅仅在10年前发生的一场战争，导致了法国的蒙羞惨败。越南距离美国数千英里之遥，然而，由于某些后来才阐明的原因，总统及其顾问们认为，美国军队介入这场战争是必要的。因此，美国从1963年开始增加对摇摇欲坠的南越吴庭艳政权的援助。肯尼迪总统遇刺后，约翰逊赢得大选胜利——其选举纲领中就包含着谴责其竞选对手在越南战争中表现出来的好战倾向——美国在他的主导下，将越南战争进一步升级。而且，他通过采取诸如北部湾事件等行动那样去做了，从策略上看，此类行动的目的似乎就是迫使美国深度介入，更重要的是，他是在未经国会授权和同意的情况下采取行动的。

为什么美国要卷入一场这样的战争？总统和他的顾问们，特别是沃尔特·罗斯托（Walt Rostow）和麦乔治·邦迪（McGeorge Bundy）领导下的国家安全委员会的成员们，为什么要在世界上如此遥远的地区，试图维护美国的影响呢？那些研究带有这些官员印记文件的人们指出，美国的顾问们相信，国家利益危如累卵，事实上，共产主义国家对美国民主构成了巨大威胁。因此，他们推断说，对于美国而言，采取进攻态势——用理查德·巴尼特（Richard Barnet）的话来说，就是展示出“男子气概和激进风格”——来作为保护美国国家利益的手段，显然是非常重要的。如果越南倒下了，按照所谓的多米诺理论（domino theory）的预设，那么，将会在该地区其他国家产生连锁反应，并导致共产主义在该地区占据优势，从而改变共产主义国家和非共产主义国家之间的均势。② 肯尼迪政府和约翰逊政府都认为，应该避免出现这样的结果，因此，它们都不计后果、不惜任何代价来动用军队和武力。

随着尼克松总统因“水门事件”而辞职，越南战争也于1975年宣告结束，这场战争的结束，有助于通过削弱总统的权力而恢复国会在联邦政府运行中一种更强势的角色的扮演。不过，里根总统执政时期是值得称道的，在一定程度上助推了苏联及其整个东欧共产主义盟国的崩溃。尽管里根处事果敢而简单，但他确实是苏联的强大对手，他坚持认为，必须彻底根除共产主义威胁。例如，在他执政期间，美国政府持续

---

① Arthur M. Schlesinger, Jr., *The Imperial Presidency* (New York: Popular Library, 1974).

② Richard J. Barnett, *Roots of War* (Baltimore, MD: Penguin Books, 1972).

对苏联施加压力。尽管有大量内部问题和麻烦导致了共产主义的崩溃，但是，许多观察家仍然认为，里根总统的政策发挥了助推作用。

苏式共产主义的终结，为世界政治和经济创造了一个带有不确定性的巨大而全新的领域。威廉·杰斐逊·克林顿（William Jefferson Clinton）总统在任期内，试图推行一系列重要的国内政策，特别是在重新设计福利国家政策方面进行了种种尝试，他在这方面获得的声望，远远超出了他对建立苏联共产主义解体后世界新秩序的重视所获得的声望。克林顿政府时期，除了北约针对科索沃的行动外，美国没有卷入任何大战。而且，无论克林顿的敌人，还是他自己的失策，都限制了他作为总统原本应该行使的权力。事实上，创建国民保健计划原本是一项对于帮助千百万美国人具有革命性意义的举措，但却以失败告终，回想起来，这一失败有可能是克林顿政府具有决定意义的转折点。此外，1994 年选举，共和党在国会中占据多数，对于克林顿总统来说，则意味着更大的厄运，也注定使克林顿丧失了采取新的关键措施来重塑美国的能力。

总统权力的另一个转折点，发生在乔治·W. 布什（George W. Bush）2001—2008 年总统任期内。当然，这一历史性时刻发生在 2001 年 9 月 11 日，一个恐怖组织摧毁了纽约的世界贸易中心，并对华盛顿特区的五角大楼造成较大损毁。此后，布什总统就披上了“战时总统”的外衣，将其任职期间的使命定位为根除恐怖主义对世界的威胁，尤其是奥萨马·本·拉登（Osama bin Laden）和“基地”组织。布什任期内采取了两次特殊行动：在阿富汗发动消灭塔利班（Taliban）的军事行动；在伊拉克发动推翻所谓拥有“大规模杀伤性武器”的萨达姆政权的战争。两次行动再次提升了“帝王式总统”的地位，这种情况自越南战争以来在美国还不曾出现过。

阿富汗战争和伊拉克战争都拖延了很多年时间。许多美国人最初对美国在伊拉克所做的努力是持坚定支持态度的，绝大多数美国人支持总统推翻萨达姆政权并建立一个新的民主政府的计划。但是，布什使用了错误情报，提出美国必须根除侯赛因，原因是他拥有大规模杀伤性武器。其结果是，不但没有发现此类武器，事实上，正如稍后媒体所报道的，2003 年根本也不存在此类武器。然而，布什要发动伊拉克战争的可能性依然很大，因为他的许多高级顾问，包括副总统迪克·切尼（Dick Cheney）、国防部长唐纳德·拉姆斯菲尔德（Donald Rumsfeld）、国防部副部长保罗·沃尔福威茨

(Paul Wolfowitz) 等人都深信，伊拉克政权的更迭，将会彻底推动中东地区的民主进程。①

事实上，到目前为止没有发生任何变化。在今后一段时期内，也不可能发生任何变化。实际情况是，美国军队在伊拉克的存在，招致了广泛的反美叛乱，其诱因不仅来自伊拉克，而且是来自整个中东地区。美国同样遭受世界公众舆论的严厉谴责，而且，当布什总统任期结束时，那些试图创造“帝王式总统”的人们，已然无计可施。他们已经使美国在伊拉克陷入类似曾经在越南遭遇的那种泥潭了。找到一种解决这种纠纷的有效方法，深入思考并设法解决美国在 21 世纪全球新秩序中的角色，将会成为美国下一任总统的使命。

军队、中央情报局和联邦调查局　米尔斯坚持认为，联邦政府拥有的多数权威，体现在军队的作用及其控制资源的能力方面。米尔斯指出，二战结束以后，政府中的军事首脑已经对公共政策的制定产生了巨大影响。事实上，在过去的 50 年间，具有美国军队履历的人们，已经开始占据政府要职。在米尔斯看来，最典型的例子就是艾森豪威尔，他从欧洲盟军司令转而成为美国总统，自 1952 年起担任了两届。自二战结束以来，对美国外交政策和国内政策产生重要影响的其他军方人物，还包括马克斯韦尔·泰勒 (Maxwell Taylor) 将军，他曾在越战期间为肯尼迪政府和约翰逊政府提供了关键性的建议。

在最近的几十年间，尽管军方对美国政策的影响力有所下降，但是，即便是在 1980 年代，军方人物仍然在联邦政府中担任要职。我们以亚历山大·黑格 (Alexander Haig) 将军为例来加以说明。黑格最初升迁至军队参谋长联席会议主席，稍后成为尼克松总统的私人顾问，是颇有争议的人物，而且，据说他在尼克松总统任期的最后那段时间里，扮演了一个非常重要的角色。② 在里根总统任职期间，作为一名军人的黑格，就任国务卿，成为或许是除总统之外的第二号人物。毫无疑问，里根政府在

---

① 最近历史上美国总统作为战争机器的相关论述，主要基于以下文献：Peter W. Galbraith, *The End of Iraq: How American Incompetence Created a War Without End* (New York: Simon & Schuster Paperbacks, 2006); Michael Isikoff and David Corn, *Hubris: The Inside Story of Spin, Scandal, and the Selling of the Iraq War* (New York: Three Rivers Press, 2006, 2007); Kenneth M. Pollack, *The Threatening Storm: The United States and Iraq: The Crisis, the Strategy, and the Prospects After Saddam* (New York: Random House, 2002); and Thomas E. Ricks, *Fiasco: The American Military Adventure in Iraq* (New York: Penquin Books, 2006, 2007)。尽管所有上述著作都极富有启迪性，但最富有思想性和智慧的还是希克斯的著作。

② Bob Woodward and Carl Bernstein, *The Final Days* (New York: Simon & Schuster, 1976).

外交上采取高度强硬立场的部分原因，就是因为受他的影响，更不用去说他建议增加国防开支了。而且，黑格参加了1988年的总统大选，亲自竞争最高职位。其他杰出的军方官员，继续在联邦政府决策中发挥作用，其中包括科林·鲍威尔（Colin Powell），他在布什总统任职期间担任参谋长联席会议主席。

同一时期，国防预算支出同样揭示了美国在政策和目标上对军队以及国防的依赖程度。例如，在1970年，美国仍处于越南战争之中，联邦国防预算就达到了787亿美元，占同期整个联邦预算的40%强。① 1980年，1 304亿美元拨给了国防部，约占全国财政预算的1/4。到1999年时，联邦预算中的军费支出比例有所上升，达到32%，仍然略低于1970年代。

自二战结束以来，除军队外，联邦政府其他机构也对美国的内外政策产生着重大影响。中央情报局和联邦调查局是其中两个最重要的机构。中央情报局是1947年《美国国家安全法》的产物，这一法案同时还创建了国防部和国家安全委员会。② 创建者的初衷是将中央情报局置于国家安全委员会的控制之下，并明确其职责是负责收集海外情报。但自从成立之后，特别是在艾伦·杜勒斯（Allen Dulles）——艾森豪威尔的国务卿的兄弟——的领导之下，中央情报局的作用明显扩大。它资助了大量海外秘密行动，其中包括推翻那些对美国国家利益无动于衷的政府的种种努力。自从在杜勒斯领导之下其职能实现扩张以来，中央情报局在很多重要方面塑造并指导着美国的对外政策。

中央情报局以某种方式卷入外交冲突和事件的案例数不胜数，其中自然包括那次重大失败——猪湾事件，在这一事件中，实际上是中央情报局资助了试图罢黜菲德尔·卡斯特罗（Fidel Castro）及其政权的行动。还有1960年发生的著名的U-2间谍机事件，当时，弗朗西斯·加里·鲍尔斯（Francis Gary Powers）在飞越苏联时被击落。稍后即发现，他肩负着中央情报局的使命。1954年，中央情报局还参与了推翻危地马拉政权——另一个声称对美国怀有敌意的政权——的行动。而且，它在1973年提供资金和人员，帮助颠覆了萨尔瓦多·阿连德（Salvador Allende）总统的马克思主

① *Statistical Abstract of the United States*, 1980, Tables 432 and 436.

② David Wise and Thomas B. Ross, *The Invisible Government* (New York: Random House, 1974); Bob Woodward, *Veil: The Secret Wars of the CIA, 1981－1987* (New York: Simon &Schuster, 1987); Scott D. Breckinridge, *CIA and the Cold War* (Westport, CT: Praeger Publishers, 1993).

义政府。里根政府本身被涉及中央情报局的丑闻所牵连。正如1987年夏举行的伊朗门（Iran-Contra）事件听证会所揭示的，这里存在着政府官员牵涉其中的深层内幕和阴谋，从中央情报局的威廉·凯西（William Casey）到国家安全委员会的雇员奥利佛·诺思（Oliver North），甚至牵涉到了副总统乔治·布什——尽管他否认任何实质性的卷入。这一计划较为复杂，涉及以人员和物资来换取美国在黎巴嫩的人质的获释，以及秘密而非法地运送援助物资支持尼加拉瓜的反政府武装等。而这一阴谋的主谋就是中央情报局及其前任局长威廉·凯西。

由于许多人的反感，包括官员和公众，中央情报局从未逾越在外国领土上专享的国家主权的应有界限。例如，在1970年代早期，据悉在一段时间内，中央情报局一直在为全国学生联合会的某些成员提供巨额资助，作为这些成员帮助中央情报局搜集所谓的激进学生信息的回报。据报道，在美国的大学校园和研究实验室里，中央情报局同样也为那些愿意报告其同事和朋友活动的人们提供资助。所有此类行动，加之许多其他海外活动，都是在完全秘密的状态下，由中央情报局一个以“特别行动组”闻名的内部委员会来筹划和实施的。而且，据报道，虽经巧妙伪装躲过了机智的国会议员的挑剔，中央情报局的预算规模仍堪比其苏联对手克格勃。正如戴维·怀斯（David Wise）和托马斯·罗斯（Thomas Ross）在其重要分析中简明扼要地指出的，中央情报局在其存在的这些年里，就像美国的“隐形政府”一样在运行。

然而，中央情报局在其成立至今的这些日子里，功过毁誉是参半的。那些了解中央情报局的人——包括前任局长们——都声称，它在收集和整理情报从事间谍活动方面是胜任的，但在分析并与联邦政府其他部门分享这些数据方面却是失职的。其最为臭名昭著的失败就发生在准备发动伊拉克战争的过程中。当时，正是中央情报局及其局长乔治·特内（George Tenet）宣称，萨达姆拥有大规模杀伤性武器，然而，经仔细核查，这类情报的来源也是可疑的。事实上，中央情报局在情报工作上的失误，致使布什总统对联邦政府的安全和情报机构进行了重组，有效地降低了曾经权势熏天的中央情报局的地位。①

① 蒂姆·韦纳（Tim Weiner）在其著作 *Legacy of Ashes: The History of the CIA*（New York: Doubleday, 2007）中，对CIA的历史进行了最为深入而广泛的考察。韦纳对CIA从1940年代创建到最近的活动进行了详细解释。书中披露了CIA许多秘密活动的所有细节，证据来自大量CIA的内部报告以及其他仅仅在过去几年间才解密的政府文件。

随着 1970 年 J. 埃德加·胡佛（J. Edgar Hoover）的离世，联邦调查局的重要性有所下降，这在很大程度上是由于国会对其行为的深入调查。然而，在胡佛统治时期，联邦调查局所代表的是联邦政府非常强势的一个机构；总统自己有时会颠倒宪法所规定的总统与其幕僚之间的关系，表现出对胡佛极大的尊重和顺从。多年来，尽管联邦调查局将其情报工作限制在美国本土，但在搜集所谓的持不同政见者的情报方面，它却无孔不入。1940 年代晚期至 1950 年代，在搜集美国所谓的共产主义间谍或同情者的信息方面，联邦调查局发挥了重要作用，助长了那一时期美国的政治偏执狂。[①] 联邦调查局开始越过单一的搜集情报的限制，制造信息来诽谤其他知名的受尊重的美国人。[②] 例如，据报道，1960 年代中期，联邦调查局编织了牧师小马丁·路德·金（Martin Luther King，Jr.）性丑闻的故事，企图降低他作为民权运动代言人的影响。而且，更富有争议的是联邦调查局 1980 年实施的"阿布斯堪姆计划"（ABSCAM），在此次行动中，一名冒充阿拉伯石油大亨的联邦调查局特工，试图贿赂多名国会议员。被指控接受这一贿赂的几名国会议员的辩护律师极力表明，联邦调查局并未按照政府的要求，仅仅发挥"搜集"情报的职能，而是在想方设法制造情报。

作为福利国家的美国

政府行政部门做出有关战争的重大决定，以及军队、中央情报局和联邦调查局的权威等，所有这些都只代表了国家运行的一个方面——国家**发动战争**（war-making）抑或社会控制的政策。但是，在联邦政府权力的行使过程中，还有另一个同样重要的方面，即制定国家的福利政策。正是在罗斯福总统任职期间，促进美国人福祉的各项重要措施才得以实施，其中包括 1935 年的《社会保障法》。正是国家的这一侧面，日益成为一个重大特征——可以促进其公民的福祉。

---

① 例如，参见 Gary T. Marx，"Thoughts on a Neglected Category of Social Movement Participants：The Agent Provocateur and the Informant，" *American Journal of Sociology*，80（September 1974），402－421；and James Rule，Douglas McAdam，Linda Stearns，and David Uglow，*The Politics of Privacy*（New York：New American Library，1980）。

② Gary Marx，"The Agent Provocateur and the Informant"，更为一般的论述，可参见 Gary T. Marx，*Undercover：Police Surveillance in America*（Berkeley，CA：University of California Press，1988）。

笼统地说，福利国家形成于20世纪。① 许多西欧国家出台了大量旨在提高其公民福利的政策和措施。这些措施包括提供一般的医疗保险、养老金、救助孤儿寡母等支出以及诸如此类的各项福利。一些国家成为为其公民提供广泛福利的典范。斯堪的纳维亚国家，包括瑞典和挪威等国，所提供的福利标准在所有西方国家中是最突出的。

与其他国家相比，美国为其公民所提供的福利要少得多，它所创建的“安全网”（safety nets）缺少安全性和广泛性。尽管美国根据《社会保障法》也提供了养老金，但是，此类福利的广泛性与其他国家相比却相差甚远。而且，尽管美国提供的资助涵盖了单亲家庭年轻子女的支出，但那些资助却显得微不足道。丹麦著名经济学家格斯塔·艾斯平-安德森（Gosta Esping-Andersen）对三种不同的福利体制进行了探讨。第一种是斯堪的纳维亚国家的福利制度，他所指的是社会民主福利制度：这些国家为最大多数公民提供最广泛的福利。第二种是诸如德国这样的国家的福利制度，他称之为法团主义福利制度：它们为工人提供失业救济和补助，但其规定是与工人以往的收入挂钩，不像斯堪的纳维亚国家那样慷慨。最后一种是艾斯平-安德森所说的“有限型”福利国家。此类国家提供的各种福利是有限的，而且仅仅覆盖特殊领域。美国就是这类有限福利国家的一个样板（见表7-1）。

表7-1　所选国家公共社会保障和医疗支出占GDP的比例（1980—1990）（%）

OECD国家[a]	1980	1990
加拿大[b]	17.3	18.8
丹麦	26.0	27.8
法国	23.9	26.5
德国	25.4	23.5
荷兰	27.2	28.8
挪威	21.4	28.7
瑞典	32.4	33.1
英国	21.3	22.3
美国	14.1	14.6
其他国家[c]	1975	1986
捷克斯洛伐克	17.2	21.5

① 关于最近的一些讨论，参见Rodney Lowe，*The Welfare State in Britain Since 1945*（London：Macmillan，1993）；John Brown，*The British Welfare State：A Critical History*（Oxford：Basil Blackwell，1995）；Gosta Esping-Andersen（ed.），*Welfare State in Transition：National Adaptations in Global Economics*（London：Sage Publishers，1996）。

续前表

其他国家[c]	1975	1986
匈牙利	14.9	16.2
乌克兰	13.8	17.3
苏联	13.6	15.5
澳大利亚	10.3	9.2
新西兰	14.5	17.9
日本	8.9	12.2
阿根廷	6.8	6.1
巴西	5.2	5.0
智利	11.0	13.1
哥斯达黎加	5.1	7.3

注：

a 这些数字基于经济合作与发展组织的定义，与国际劳工组织（ILO）的数字没有可比性。

b 加拿大的数据指的是 1982 年和 1990 年的数据。

c 基于国际劳工组织的数据。对于前共产主义国家，支出是按照净物质产出计算的。

资料来源：OECD，*Employment Outlook*，Paris，1994，Table 4.7；ILO，*The Cost of Social Security*，Geneva，1991. Reprinted by permission of Sage Publications Ltd. From Gosta Esping-Anderson，*Welfare States in Transition：National Adaptations in Global Economies*（London：Sage Publishers，1996），11。

自 1970 年代中期以来，福利国家的性质总体上发生了很大的变化。多数国家被迫重新考虑它们为本国公民提供福利所支付的大笔费用，主要原因就在于 1973—1974 年全球石油危机之后它们所经历的金融危机。正如英国威廉·贝弗里奇（William Beveridge）* 等重量级人物所指出的，福利国家形成之初，只要失业率仍然很低，国家就能够承担起为公民所提供的巨额费用。由于失业率较低，就会有大量的现金储备——由已就业公民的税收作保障——以便为失业的少数人以及其他项目如老年人养老金以及医疗保障等提供福利。但是，到 1970 年代早期，全球范围内的失业率普遍上升，寻找这一难题解决方法的压力开始出现。

对于许多国家来说，特别是对于欧洲国家而言，解决方法不在于提高就业率，而在于减少福利项目的支出。① 英国首相撒切尔夫人发挥了引领作用，她提出了一种激进观点，即国家不应再提供它曾经提供过的巨额福利支出。她坚持认为，二战后英国实施的各种福利项目，是一项糟糕的计划，人们必须对自己的生活承担更多的责任。撒切尔革命，正如被称呼的那样，引发了人们态度的变化，并最终导致英国的政策转

---

* 威廉·贝弗里奇（1879—1963），英国经济学家，二战期间曾制定英国战后福利国家蓝图，提出包括医疗、失业、老年和死亡的社会保险计划。——译者注

① Gosta Esping-Andersen，"After the Golden Age? Welfare State Dilemmas in a Global Economics，" in Esping-Andersen（ed.），*Welfare State in Transition：National Adaptations in Global Economics*（London：Sage Publishers，1996），1-31.

向，同样也预示着其他国家即将发生的变化。例如，在英国，作为几十年来一直提供给贫困家庭的一种福利保障的公共住房政策，也发生了变化，地方当局提供的简易住宅开始被出售和租赁。这仅仅是众多旨在改变福利国家进程的措施之一。

尽管其他国家尚未对其福利政策进行大幅度调整，但是，所有国家都被迫重新审视福利的性质。在缺少充分就业的情况下，为先前向所有公民保证的各项措施和福利提供政府资助是一件困难的事情。例如，即使是在比较慷慨的斯堪的纳维亚福利国家，也不得不对业已提供的福利性质再次进行重大思考。[①] 在美国，缺少斯堪的纳维亚国家的那种慷慨福利，“安全网”规模的缩小不仅仅是由于各项福利的削减，还缘于1990年代前所未有的经济扩张程度。事实上，在1991—1999年间，经济持续保持高速增长，但失业率也升至30多年来未曾有过的水平。其后果是为美国这种有限型福利国家的突变提供了基础，创造了新工作福利计划，为许多人特别是先前列在福利名单上的单身母亲们提供工作。截止到2008年，有关美国福利性质的这场革命，其良好效果似乎超出了想象，即使最苛刻的批评家也深信，成千上万的美国人，是依靠工作而不是诸如失业保险或为有儿童的家庭提供资助的各项福利来生活。但是，经济繁荣是否真的有助于美国最穷困潦倒的家庭，仍然是没有定论的。

当今国家权力的社会学透视

近些年来，政治社会学家之间的多数争论，始终围绕着国家的性质展开，即国家不应是战争的制造者，而应是福利的提供者。尽管所有的观察家都赞成，与其他福利国家相比，美国福利国家是以一种并不慷慨的方式运行的，但是，对造成这种不同特征的原因，人们仍心存诸多疑问。例如，斯科波尔就曾指出，美国的福利政策是“政体开创型决策”的结果，实际上，在罗斯福政府制定政策并实施之前，有许多福利措施就已经付诸实施了（见第三章）。[②] 她坚持认为，美国曾一度走上制定强有力的福利措施的道路，诸如为寡妇和内战老兵提供养老金，但由于20世纪早期政治上的反对，

---

① John P. Stephens, “The Scandanavian Welfare States: Achievements, Crisis and Prospects,” in Esping-Andersen, ibid., 32-65.

② Theda Skocpol, *Protecting Soldiers and Mothers: The Political Origins of Social Policy in the United States* (Cambridge, MA: The Belknap Press of Harvard University Press, 1992).

这种决策最终无果而终。对于斯科波尔来说，无论美国福利国家多么有限，其根源都在于政治社团和国家管理者为实现政策的连贯性而做出的努力。她的核心观点在于，早在大萧条以及许多美国人遭遇物质上的匮乏之前，诸如此类的政策就已经得到很好实施了。因此，她得出结论：正是国家官员以及一个更为广泛的政治精英群体，最终应该为1930年代所采纳的各项福利措施负责。按照她的观点，采纳各项福利措施并实施的时机，是问题的关键所在。

多姆霍夫对她的观点提出了反驳，他坚持认为，美国福利政策的起源和局限性，可以直接从工商集团和企业共同体（corporate community）而不是国家及其管理者的行动中追根溯源。[①] 例如，多姆霍夫指出，1935年的《社会保障法》并非罗斯福政府本身的产物，而是由美国政府和工商组织中自私自利的商人倡导推出的。关于养老金，他这样写道：

> 起草这一法案的专家，都是当时权势最为显赫的上层阶级家庭——洛克菲勒家族——的直接雇员；……几个高层执行官支持该计划；……福利的标准与工资水平挂钩，从而维持在劳动力市场中确立的价值观；养老金不应从政府总税收中拨出，因为商界领袖们排斥这一做法；（以及）雇主和雇员都应为养老金买单，这也是商界领袖所坚持的。[②]

社会学家吉尔·奎达冈诺（Jill Quadagno）提出了一个不同的观点，他坚持认为，正是与阶级相关的问题，导致了美国政府福利政策的局限性。奎达冈诺指出，“（美国）为争取养老金而进行的斗争，是更加广泛的阶级斗争进程的组成部分之一，它首先在市场内部形成，随后在代议制政治体制中得到体现”[③]。

这是在现有证据的基础上难以解决的重大争论之一，原因是每一种观点都使用了多少有些不同的证据，来为其观点提供支撑。多姆霍夫强调，那些帮助起草养老金计划并将其纳入《社会保障法》的国家官员们，都拥有直接的工商业背景；斯科波尔则强调，有关养老金的政策和思想，在罗斯福总统就职之前就已经得到了很好的发展。

---

① G. William Domhoff, *Who Rules America? Power and Politics in the Year 2000*, 3rd ed. (Mountain View, CA: Mayfield Publishing Company, 1998).

② Ibid., p. 272.

③ Jill Quadagno, *The Transformation of Old Age Security: Class and Politics in the American Welfare State* (Chicago: University of Chicago Press, 1988), 189.

斯科波尔还指出，美国福利政策的有限性特征，不是来自工商业的权势，而是由 20 世纪早期的政治竞争造成的。这些竞争的获胜者是政党和各种组织，由于各种各样的原因，它们反对诸如工人的养老金等各种福利。

在这场争论中，我们有自己的偏好——国家中心主义观。原因非常简单和基本，却也非常重要。那些占据政府要职的人们，由于他们所占据的职位的性质，必然要促进政府或国家的利益。他们的任期，事实上是他们的成功，依赖于他们促进政府利益的能力。诚然，许多这样的官员来自工商界，如给人留下深刻印象的前财长罗伯特·鲁宾（Robert Rubin），就曾经是华尔街的一位银行家。这些官员不得不将国家视为世界政治和世界经济中的参与者。事实上，他们的行动是为了增进国家利益。如果他们不这么做，他们本人连同他们的同僚很快就会下野。

然而，我们仍然认为，美国的国家权力及其官员们，事实上是受到约束和限制的，受制于美国自己的历史和竞争性的权力结构。美国的国家机构，并不行使世界上各种威权政体接近的那种国家权力。在美国，工商界的权势比其他许多国家都大得多。然而，工商界在限制国家所作所为的同时，却不能着手贯彻和实施新的政策和行动，那些东西仍然是国家的特权。

而且，与商界的权势相比，国家的权力在不同时期会有不同的变化。很显然，在 1930 年代，美国行使了极大的国家权力；在很大程度上，正是它承担着将这个国家拖离大萧条死亡边缘的责任。而在 1990 年代的经济繁荣期间，在美国政治中，商业共同体变得比以往任何时候都强劲有力和突出——远远超出了冷战时期国家官员所拥有的权威。商业共同体何以始终都很重要，将来会怎样，是下一步我们要探讨的问题。

商业和股份公司的权力

当托克维尔谈论美国平等的特征时，他确定了有可能对这种平等构成威胁的三个主要社会特征（见第四章）。当然，其中一个就是种族因素。尽管美国白人，尤其是白人男子，享有空前的自由，特别是与欧洲各国的白人相比，但是，美国黑人和土著人却备受白人的蹂躏。另一个可能的威胁就是**多数的暴政**（tyranny of the majority），这种威胁在于这样一个事实，即在一个崇尚人人平等的社会中，各项决定将依赖于多数人的意见，根据定义，多数人的意见是最重要的。但是，在托克维尔看来，多数威胁以商业形式潜伏着。商业和大工业对平等构成了潜在的威胁，正如欧洲的社会阶级一样，原因在于，它们拥有通过不平等的物质财富的分配来破坏民主的潜力。托克维尔也许是一位伟大的民主信仰者，但他也是一位足够实用的思想家，他意识到，没有任何真正的障碍能够阻止财富施加其对政治的影响。

许多观察家也开始意识到，巨额财富能够并且已经对美国政治进程产生了影响。例如，历史学家戴维·波特（David Potter）承认，在过去的200年时间里，美国政治体制得以良性运转并跨越了许多障碍，其特征之一就是所拥有的财富以及富足的历史。[①] 美国拥有可资利用的丰富的自然资源，包括广袤的土地和疆域，它总是能够像成功地开拓海外市场一样，如鱼得水地依赖其国内市场。即使在今天，美国也由于其繁荣而广受瞩目，当其他国家在海外苦苦挣扎之时，美国能够经得起全球经济困难的考验。

但是，财富和繁荣并不是平均分配给每个美国人的，这样的事情从来也没有发生过。到了20世纪早期，越来越明显的是，大型商业组织指引着美国经济的发展方向，而且，它们之所以这样做，是以其积聚和投资金融资源的能力为基础的。确认这一趋势的开创性工作，是小阿道夫·伯利（Adolf Berle，Jr.）和加德纳·C. 米恩斯（Gardiner C. Means）共同撰写的一部名著——《现代公司与私有财产》。[②] 伯利和米恩斯注意到一个惊人的事实——在当时，美国市场中的多数商业行为都是由巨型公司来完成的。事实上，他们观察到，为数相对较少的这类公司，在每个领域都控制着为数庞大的资产。例如，就在1929年大萧条导致的华尔街崩盘之前不久，纽约证券交易所从事交易活动的573家公司中的130家公司，可以归为股份公司。而且，这130家公司控制着市场80%以上的资产。事实上，社会学家威廉·罗伊（William Roy）的研究显示，股份公司成为美国经济中的真正玩家这一趋势，在几十年之前就已经开始了，当时，许多股份公司开始积聚了大量资源，而致使其他商业财富相形见绌。[③]

---

① David M. Potter, *People of Plenty: Economic Abundance and the American Character* (Chicago: University of Chicago Press, 1954).

② Adolph A. Berle and Gardiner C. Means, *The Modern Corporation and Private Property*, revised edition (New York: Harcourt Brace Jovanovich, 1968).

③ William Roy, *Socializing Capital: The Rise of the Large Industrial Corporation in America* (Princeton, NJ: Princeton University Press, 1997).

时至今日，所有社会学家都理所当然地认为，现代经济中居于优势地位的参与者并非个人，而是巨型股份公司，其中就包括那些控制着最大多数资产的股份公司。

伯利和米恩斯在1920年代所揭示的资源分配的不平衡，始终是美国经济的一个突出问题。例如，在1980年代早期，美国大约有26万家制造业公司。其中为数不多的657家公司，事实上控制着所有制造业公司80%的资产。同样，当时大约有15 000家商业银行，其中478家银行控制着所有银行63%的资产。而且，在过去的几十年间，资源日趋集中：1950年代，200家最大的制造业公司拥有所有制造业公司48%的资产，但是，到了1980年代初，200家最大的制造业公司所占有的资产，达到所有制造业公司总资产的61%。[①] 在1990年代的繁荣时期，发展趋势是相同的：尽管经济繁荣、就业充分，大公司仍然继续控制着最大多数的资产和资源。

人们一致认为，只有具备控制此类资源能力的大型股份公司，才能够对美国市场施加最大的影响。但是，即使它们的确对资产和财富实施了控制，仍然有人会认为，这些公司之间的竞争，正是市场本质特征的反映。在揭露了少数大型公司占有巨大财富这一事实之后，伯利和米恩斯提出了另一个令人吃惊的观点——公司的控制权已经从诸如杜邦、洛克菲勒等少数富裕家族转到了经理人和股东手中。伯利和米恩斯指出，正是公司的经理人成为美国公司财富命运的实际控制人。

然而，真的是在工作上或多或少相互竞争的、彼此孤立的经理人，正在掌控着大公司的命运吗？最近这些年，对于这一问题和相关问题，社会学家已经有了一些最重要的发现。

企业共同体

当今美国最大的公司，不仅控制着为数巨大的财富和资源，还是被多姆霍夫称为“企业共同体”的一个组成部分。[②] 由于将大型公司相互联结起来的社会网络的存在，这种共同体才得以形成。有时候，这类网络是大型公司成员就读学校和参加的俱乐部之间的友谊的一种产物。但这类网络在通常情况下出现在公司的最高决策层——董事

---

① *Statistical Abstract of the United States*, 1986, Tables 821 and 893.

② Domhoff, *Who Rules America?*, Chapter 2.

会。在过去的20年间，社会学家所从事的各项研究，证明了这种网络的存在，抑或可以称之为“连锁董事会”(interlocking directorate)。①

在有关美国权力和权威的一部著作的最近版本中，多姆霍夫依据资产标准对美国1 029家顶级公司的连锁情况进行了研究。通过对包括通用汽车、可口可乐和凯马特*在内的拥有巨额财富的公司的研究，多姆霍夫发现，在这些公司中，令人吃惊地存在着大量个人成员身份重叠的情况。例如，美国大通曼哈顿银行董事会的那些人，在顶级公司中拥有48个相似的位置。总共大约有20%的顶级公司，通过董事会成员的交叉，而与其他公司建立了广泛的联系。②

即使在企业共同体内部，对于市场活动来说，有些玩家也比其他参与者显得更为重要。这是一个可以追溯至鲁道夫·希法亭著作的老观点，这种观点认为，随着现代资本主义的成长和发展，金融资本的重要性与日俱增（见第十章）。③ 希法亭指出，金融资本有助于为国内公司开拓新的海外市场，即使在国内市场中，它也对促进新公司的发展发挥着重要作用。多姆霍夫的研究表明，许多银行与公司保持着最为密切的关系，其中包括美国大通曼哈顿银行、美国银行以及富国银行等。

在众多社会学家中，理查德·拉特克利夫(Richard Ratcliff)首次通过对圣路易斯地区公司的一系列重要研究，证明了希法亭的“一般命题”。例如，拉特克利夫发现，1970年代和1980年代，在许多当地的制造业公司开始衰落的时候，金融公司却实现了持续繁荣，这在很大程度上是因为这些公司在圣路易斯之外的地区进行了投

① 关于早期的重要著述，参见 Michael Patrick Allen，“The Structure of Interorganizational Elite Co-optation：Interlocking Corporate Directorates，” *American Sociological Review*，39 (June 1974)，393－406；Michael Patrick Allen，“Management Control in the Large Corporation：Comment on Zeitlin，” *American Journal of Sociology*，81 (June 1976)，885－894；Maurice Zeitlin，“Corporate Ownership and Control：The Large Corporation and the Capitalist Class，” *American Journal of Sociology*，79 (March 1974)，1073－1119；and Maurice Zeitlin，“On Class Theory of the Large Corporation：Response to Allen，” *American Journal of Sociology*，81 (January 1976)，894－903。稍晚的一些著作，参见 Michael Schwartz (ed.)，*The Structure of Power in America：The Corporate Elite As a Ruling Class* (New York：Holmes and Meier，1987)，Part I；and Mark S. Mizruchi and Michael Schwartz (eds.)，*Intercorporate Relations：The Structural Analysis of Business* (Cambridge，MA：Cambridge University Press，1987)。有关公司领域网络连锁的细致评估，参见 Mark S. Mizruchi，“What Do Interlocks Do? An Analysis，Critique and Assessment of Research on Interlocking Directorates，” *Annual Review of Sociology* (1996)，Volume 22，271－298。（连锁董事会，指的是一公司董事会中的某些董事同时兼任其他公司的董事，从而在某种程度上将这些公司置于同一些人的集中控制之下。参见陆谷孙：《英汉大辞典》，2版，990页，上海，上海译文出版社，2008。——译者注）

* 美国一家大众化廉价超市。——译者注

② Domhoff，*Who Rules America?*，36ff.

③ Rudolf Hilferding，*Das Finanzkapital* (Vienna：I，Brand，1910).

资。他指出，

> 有证据表明，圣路易斯尽管是以一个没落的老工业都市的形象出现的，但它实际上却实现了净资本盈余，这些资金储存在银行中，然后输出到其他地方进行投资，可能投入到阳光地带或其他高增长地区。①

社会学家迈克尔·施瓦茨（Michael Schwartz）和贝思·明茨（Beth Mintz）也以相似的证据，揭示了金融机构在美国公司中发挥的重要作用。他们发现，尽管银行、储蓄贷款协会的权力受到市场力量和各种自治行业的制约，但它们在各公司之间的连锁董事中，似乎处于中心地位。因而，他们得出的结论是，"所浮现出来的是这样一种真实写照：一种结构松散的体制，它遵循市场的指令，但却处于金融市场商业银行的领导之下"②。

企业的核心集团

社会学家迈克尔·尤西姆（Michael Useem）对美国企业共同体的重要性及其活动给予了最为深刻和持续的关注。通过对英美两国企业及其领袖的研究，尤西姆发现了几种不同形式的企业共同体存在的证据。他的研究所依据的是1979年和1980年所进行的与董事会不同成员的访谈，以及最大公司的有关数据。③

尤西姆的主要发现，就是董事会成员之间存在着一个**"核心集团"**（inner circle）——一种核心团队或精英核心。核心集团的成员是那些处于社会和商业网络中心的人们。与同一时代的人相比，这些人还具有明显不同的商业观和政治观。他们所考虑和关注的不是自身特殊的企业或商业利益，而是更加广阔的世界，用尤西姆的话来说，他们有**"开阔的视野"**（classwide scan）。这意味着，与其他董事会成员相比，他们将使用更为广泛和更具有一般意义的术语来思考政治。而且，尤西姆补充说，在现

---

① Richard Ratcliff, "The Inner Circle and Bank Lending Policy," in Schwartz (ed.), *The Structure of Power in America*, 154.

② Beth Mintz and Michael Schwartz, "Corporate Interlocks, Financial Hegemony, and Intercorporate Coordination," in Schwartz, ibid., 34-47.

③ Michael Useem, *The Inner Circle: Large Corporations and the Rise of Business Political Activity in the U.S. and U.K.* (New York: Oxford University Press, 1984).

代资本主义的发展过程中，核心集团的发展是一个令人欢呼的时刻。19世纪末，像洛克菲勒这样的家族控制着各种公司。随后出现了伯利和米恩斯所说的“经理革命”和经理资本主义（managerial capitalism）。在20世纪行将结束之际，尤西姆看到了“**机构资本主义**”（institutional capitalism）的出现，在这种形式内部，商业机构已经占据主导地位，而其董事会成员则成为一种统一的、具有开阔视野的领导力量。

多国公司与全球经济的增长

1960年代早期，早在全球经济对话之前，存在着其他某种形式的对话——跨国公司，其权力已越出了民族国家的边界。

这些公司有各种各样的称法：跨国公司、多国公司甚或全球公司，特别具有代表性的是埃克森石油公司、通用汽车公司、国际电报电话公司以及国际商用机器公司等，带来了一种更为新潮的现象，但这种现象却与伯利和米恩斯的预言完全吻合。由于不只是在一国内部从事经营活动，它们所拥有的经济资源堪比一些民族国家，而且，它们似乎还能够免遭民族国家本身任何有针对性的制裁或惩罚。巴尼特和罗纳德·米勒（Ronald Müller）两人合作，对这些组织进行了明确探讨，他们引用了IBM世界贸易公司总裁的一段话：

> 出于商业目的，这些使民族国家相互隔离的边界，都不比赤道更为真实。它们不过是种族、语言和文化实体的一种便捷划分。它们并未界定商业需求和消费趋势。一旦管理层理解并接受了这种世界经济，其市场观——及其计划——必然是扩张性的。

作者还得出这样的结论，即“本土以外的世界，不再被视为其产品的一系列毫不相干的消费者和希望，而被视为一个单一市场的扩展”①。

随着苏联的解体以及诸如南非等新民主国家的开放，如今，大型多国公司对世界产生了巨大影响。此类公司包括IBM、麦当劳以及大量试图在世界市场谋求利润的公司。这类公司充当着资本主义的先锋，轻而易举地渗透到新市场之中。而且，这类公

① Richard J. Barnet and Ronald E. Müller, *Global Reach and the Power of the Multinational Corporations* (New York: Simon & Schuster, 1974), 14-15.

司中有许多是投资于海外新兴市场的金融公司。事实上，正是它们的投资或撤出，也许有助于我们对过去十年间大量亚洲经济体爆发金融危机的原因做出解释。①

美国拥有统治阶级——抑或支配阶级吗?

让我们回忆一下马克思有关统治阶级的观点。这是一个由资本家组成的阶级，它不仅对市场行使权力，而且左右着国家的运行。国家代表它来实施统治。国家制定各种政策，来增进资本家的利益。这种政策包括最低的资本收益税，相对于最富裕阶层人们的收入而言，这仅仅是微不足道的一小部分。可能还包括这样的政策，即对公司的商业往来实施有限控制。

但是，在试图确定实际上操纵国家机器的统治阶级的存在时，却引发了各种各样的问题。统治阶级如何进行操作？当然不能像早期"强盗式资本家"（robber barons）那样随心所欲，当时，美国富有的显要人物似乎掌控着公民的命运。如果企业共同体处于统治阶级的核心，那么，如何使人们感觉到其影响？而且，如果真的有一个统治阶级在发挥作用，为什么大公司的大佬们，如微软公司的老板比尔·盖茨（Bill Gates），被召唤至华盛顿为针对他们公司的垄断指控进行辩护？所有这些，都是必须予以回答的问题，而且，为了回答这些问题，必须找到证据，来证明美国是一个由统治阶级操控的国家。

人们已经使用多种探究方法，试图搞明白是否存在这样一个统治阶级。其中之一就是多姆霍夫依据的方法，即找到某种将企业大佬与国家统治者两者联系起来的社会网络的证据。② 如果这种网络与在巨型公司最高层发现的是同一种网络，这就提供了有关共同体利益的**初步**（prima facie）证据，它甚至能告诉我们影响是如何传递的——无论是从企业领袖传递到国家领导人，还是从其他方向传递。社会学家格温·穆尔（Gwen Moore）为我们提供了沿着这些思路所进行的最佳研究。③ 在1971—1972年间，穆尔和她的助手进行了一项调查，对象是包括联邦政府在内的不同机构部

① James Bearden, "Financial Hegemony, Social Capital and Bank Boards of Directors," in Schwartz (ed.), *The Structure of Power in America*, 48-59.

② G. William Domhoff, *Who Rules America?*, Chapter 2.

③ Gwen Moore, "The Structure of a National Elite Network," *American Sociological Review*, 44 (October 1979), 673-692.

门的许多领导者。调查结果揭示了各部门领导者社交活动以及由227名男女组成的30多个社交圈子存在的证据，他们当中的所有人彼此之间都保持着联系，也与其他社交圈子保持着重要联系。穆尔发现，这一内部集团，在很大程度上是由国会议员、政治任命官员以及商界人士组成，不仅彼此间拥有共同的社会纽带，在某些情况下，它的某些成员还归属于相同的社会俱乐部，从而进一步强化了共同的目标感。

另一种方法就是探究企业共同体在有关国家政治事务上，是否也能够采取一致行动。这种方法是社会学家马克·米兹鲁奇（Mark Mizruchi）在其对美国企业权力结构的深刻分析中所使用的方法。[①] 通过对大量顶级企业的考察，米兹鲁奇对连锁董事会的性质以及企业在政治事务上的联合进行了系列研究。他发现了明显的证据，即巨型公司不仅控制着连锁董事会，还共同为政治竞选提供大规模的捐助，为国会提供有关商业问题的证据，在政治上发出一致的声音。他指出，他的研究倾向于支持尤西姆关于美国企业中存在一种核心集团的观点，这种核心集团在政治上的行动是一致的。

还有另外一种更具间接性和偶然性的证据，其存在表明，企业共同体能够对国家行为施加巨大影响。例如，政治行动委员会（Political Action Committee，PAC）一直是社会学家研究的主题之一。[②] 这一研究表明，诸如此类的委员会，对于他们支付给候选人的竞选资金是非常谨慎的，这种资金能够对大选过程产生重大影响。事实上，企业共同体给予政治竞选中不同候选人的财政资助，能够在决定谁竞选和谁获胜方面导致重大差异——这种差异的影响，似乎正在与日俱增而不是逐渐削弱。

这些零碎而多样化的证据表明，通过社会网络以及诸如竞选捐助等关键因素，企业共同体得以在美国政治设计中施加能够被感知到的极大影响。但是，它能够充当一个协调一致而又具有凝聚力的统治阶级吗？在这一点上，证据虽带有偶然性，却富有启发性。尤西姆从他对英美两国顶级商业组织董事的研究中，得出了如下结论：

> 英美两国机构资本主义的崛起，导致了1980年代早期更为保守的政治气候的形成。尽管新企业的政治行为并不具有决定意义，但其重要性不应被低估。大西洋两岸商务政治动员的核心目标之一，就是恢复十年前公司的利润水平……撤

---

① Mark S. Mizruchi, *The Structure of Corporate Political Action: Interfirm Relations and Their Consequences* (Cambridge: MA: Harvard University Press, 1992).

② Dan Clawson, Alan Neustadtl, and Denise Scott, *Money Talks: Corporate PACs and Political Influence* (New York: Basic Books, 1992).

> 切尔和里根政府的选举成功和政治目标，在很大程度上就是政治中这种商业冒险的产物……作为保守党和共和党政府支柱的新保守势力的兴起，就是联结大西洋两岸最大的公司的正式和非正式组织网络得以形成的一种产物。①

换言之，即使是在 1980 年代政府政策的形成过程中，工商企业也是一种重要力量。

现将我们对这一问题的观点总结如下：大型工商企业的确在美国政治中扮演着某种角色，但这种角色绝不是国家这艘航船上的船长。一种更恰如其分的比喻是这样的：大企业的利益犹如国家航船起航的风帆。国家官员为航行在大海上的这艘船掌舵，但企业共同体可以影响其航行。无论如何，最终是水手即国家官员的技巧以及航船即国家的耐久性而不是风，决定着国家之船驶向何方、又将在哪里登陆。

现代美国的平等与不平等

对于现代美国权力的性质和结构的任何评价，都必须认真对待社会中普遍存在的个人不平等现象。正如我们在有关公司权力的例子中所看到的，财富并不是平等分配的，而且也从未平等分配过。在过去大约十年的时间里，一个和平年代高就业率的时期，富裕家庭与最贫困家庭之间的差距，不是在缩小而是始终在扩大。

经济不平等

在资本主义占据经济优势的社会中，就有可能出现经济上的不平等。在美国现代工业资本主义发展的早期，不平等问题既尖锐又严重。某些家族，诸如标准石油公司等大型公司的创建者，或者像安德鲁·卡内基（Andrew Carnegie）和 J. 皮尔庞特·摩根（J. Pierpont Morgan）等财阀，都拥有惊人的巨额财富。这种财富赋予它们对经济和国家机构施加影响的能力，而这种能力并不是每个美国人都具备的。大多数美国人作为工人阶级的一员从事工作，其中许多人受雇于工厂或公司，从事着各种形式的

① Michael Useem, *The Inner Circle*, op. cit., 192.

体力劳动。

但是，随着美国的发展，财富的分配似乎已经实现均等了。越来越多的家庭现在有能力提升财富之梯，即使不能加入上层阶级之列，也确定无疑地能够成为中产阶级的一员。20 世纪中期，许多观察家欢呼，美国不仅是一个充满机会的国度，而且成为中产阶级占据优势地位的国家，因此能够使政治民主变成现实。[①] 托克维尔所设想的这种景象——美国是一个所有人都享有自由和平等的国度——似乎在二战刚刚结束就已经成为现实。现在，美国人都有能力移居郊区并确保梦想般家园的安全。然而，并非所有美国人都有能力这么做。特别是美国黑人，即使在奴隶制被废除后，仍然遭受着不平等的折磨。[②] 但是，如果美国黑人的命运得以改善，即便还存在着某些不平等，由于美国已成为一个“丰饶社会”[③]，那么，绝大多数美国人的命运也许仍将大放异彩。

1990 年代企业所拥有的财富，应该使那些标榜美国为平等国家的人们哑口无言了。财富已经集中于越来越少的大公司手中，这也是美国日益增长的经济不平等——最富裕者与最贫困者之间——出现的危险信号。[④] 自 1970 年代起，用著名的社会学家威廉·朱利叶斯·威尔逊（William Julius Wilson）的话来说，美国已经成为一个庞大“下层阶级”的家园。[⑤] 美国的下层阶级，是由生活在美国主要大都市中心区的黑人组成的。这些人，通常是带着孩子的未婚女性，在过去的几十年间，她们成为依赖国家而生存的庞大群体中的一部分。许多人的确是因为没有工作技能，但其中大多数人，尤其是男子却是由于工作机会远离了城市而处于失业状态。这衍生出一个日益增长的失业阶层，被遗留在美国城市内，由于受教育程度或住宅等原因，几乎没有机会获得在美国大都市的边缘地带和边缘城市发展起来的新机遇（另见第八章）。

早期的种种迹象显示，由于就业率较高，下层阶级的许多成员追求的是工作保

---

① 这原本是西蒙·马丁·李普塞特所采用的解释，参见 Seymour Martin Lipset，“Some Social Requisites of Democracy，” *American Political Science Review*，vol. 53（March 1959），69－105。

② 例如，参见 Gunnar Myrdal，*An American Dilemma：The Negro in A White Nation*，Volumes Ⅰ and Ⅱ（New York：McGraw-Hill，1944；1962）。

③ John Kenneth Galbraith，*The Affluent Society*（Boston：Houghton Mifflin 1958）.

④ Edward N. Wolff，*Top Heavy：A Study of the Increasing Inequality of Wealth in America*（New York：Twentieth Century Fund Press，1995）.

⑤ William Julius Wilson，*The Truly Disadvantaged：The Inner City，the Underclass，and Public Policy*（Chicago：University of Chicago Press，1987）.

障，能够以过去不曾拥有的方式来支撑其家庭。威斯康星州和宾夕法尼亚州实施的特殊计划表明，在精心帮助和救助下，先前依赖国家生存的下层阶级的许多人，如今已经加入劳动大军，并能将薪水支票带回家。但是，许多人的工作还只是临时的。在工作给这些人提供了一种新的自尊感的同时，他们的就业期限仍然是一个需要解决的问题。

而且，即使在下层阶级看到了改善的同时，财富仍然日益集中于美国社会的最顶端，这种差距在最富裕的美国人和最贫穷的美国人之间日渐扩大。美国预算与政策优先中心——华盛顿特区的一个非营利组织——1999 年发布的一份报告发现，“贫富差距已经发展成为如此之深的一条经济鸿沟，以至于今年最富裕的 270 万美国人（收入最高的 1%阶层），将与底层的 1 亿人拥有相同的税后可支配收入”①。更为重要的是，正如 20 世纪美国的福利国家一直不如其他福利国家慷慨一样，今日美国的经济不平等也比其他西方国家更为显著。纽约大学经济学教授爱德华·沃尔夫（Edward Wolff）指出，“从收入和财富角度来看，美国是最不平等的工业国家，而且，其不平等增长的速度，要比其他国家快得多”②。

因此，美国不是一个经济平等的社会，在那样的社会中，财富的分配是均衡的。而当不平等增大时，对于整个社会来说，将带来什么影响呢？越来越多的美国人会对这种社会不再抱有幻想吗？抑或他们会简单地满足于忍受各种经济差异吗？这会使你想到马克思的观点，即正是诸如此类的不平等，最终将导致现代资本主义的终结。但是，它们并未导致这样的结果，究其原因，其中之一是因为美国社会还具有另外一种重要特质，这就是拥有行使政治自由权和发言权的机会，不管它多么不完美，与处于其他政权特别是极权主义政权压榨下的人们相比，却有着天壤之别。

政治平等

有关 20 世纪西方民主国家性质的重要事实之一在于：作为民主权利本质的公民

---

① David Cay Johnston, “Gap Between Rich and Poor Found Substantially Wider,” *The New York Times*, Sunday, September 5, 1999, 14Y.

② 正如 *The New York Times*, Monday, April 17, 1995, A1, C4 所引用的。关于美国和其他国家财富不平等的其他最新数据，参见 Denny Braun, *The Rich Get Richer: The Rise of Income Inequality in the U. S. and the World* (Chicago: Nelson Hall, 1997) 和 the United Nations Human Development Report, 1999。

资格，已经扩展至日益庞大的人员和团体。T. H. 马歇尔（T. H. Marshall）沿着这些思路展开研究，提出了一个最著名的观点。[①] 他的观点一直被视为 20 世纪福利国家发展的圭臬和基础。他认为，存在着三种系列的权利：公民权利或曰法律规定的个人权利；经济权利或者个人劳动和工作的权利；社会权利或曰个人作为公民应享有的得到国家支持和享受国家福利的权利。他进一步指出，在过去三个世纪的时间里，这些权利逐渐得到国家的认可，整个 20 世纪出台的有关社会权利的规定使其达到顶峰。尽管有些人对马歇尔的某些观点持有异议，但他的见解的深刻性主要体现在，随着西方民主国家的发展，无论是在个人期望成为公民，还是在公民权利这一术语所涵盖的群体的广泛性方面，公民权利都得以扩大和拓展。社会学家迈克尔·舒德森（Michael Schudson）已经提出了一个类似的观点。与许多社会学家的观点相反，舒德森指出，美国已经日益成为一个权利本位主义的国家，在美国，随着时间的推移，权利一直在向越来越多的群体扩展。[②] 根据我的观点，正是这种权利本位主义的社会，为限制经济不平等对普通美国人生活的影响提供了基础。显著的经济差异对于人们的生活具有重大影响，但是，如果人们仍然相信他们拥有发展的自由，不平等就不会显得如此尖锐或痛苦。

在美国，公民身份从一开始几乎就是平等的同义语。《独立宣言》宣告，人人生而平等，他们天生具有追求自我选择目标的自由。几十年之后，托克维尔声称，美国人似乎都感受到了社会平等，他进而指出，之所以会发生这样的事情，原因在于美国避免了承自封建历史的种种障碍。一个世纪以后，著名的瑞典经济学家缪达尔清晰地表达了相同的思想。他声称，美国社会的核心基础，建立在“人人生而平等”这一基本理念的基础之上。他继而注意到，虽然这在原则上是真的，但实际上美国却存在着巨大的不平等，尤其是在种族之间。[③]

从某种意义上说，缪达尔是最敏锐的观察家。即便是在托克维尔声称发现了美国存在着社会和政治平等的重要证据之时，许多人也并未分享到这一切。19 世纪中期，奴隶制仍然普遍存在，只有男性才能够享有作为公民的主要权利，即选举权。直到 20

---

① T. H. Marshall, “Citizenship and Social Class,” in T. H. Marshall and Tom Bottomore, *Citizenship and Social Class* (London: Pluto Press, 1950; 1992).

② Michael Schudson, *The Good Citizen: A History of American Civic Life* (New York: The Free Press, 1998).

③ Gunnar Myrdal, *An American Dilemma*, Vol. 1, Chapter 1.

世纪，平等思想才开始扩展到绝大多数人，而且，究其原因，是因为他们被宣布为公民，因而有资格行使某些基本的宪政权利。

20 世纪的公民身份，首先是通过某些基本权利的扩大，而逐渐扩展至更广泛和更庞大群体的。例如，1920 年*第 19 条宪法修正案的通过，意味着妇女行使投票权有了保障，在被压迫了近乎 150 年之后，妇女终于取得了与男性同等的投票权。1948 年美国总统下达的一份总统令，取消了军队中的种族隔离政策，在美国历史上第一次使得军队中的黑人与白人具有平等的地位。然而，就公民权利的扩展而言，重要的突破是 1954 年联邦法院对**“布朗诉托皮卡教育委员会案”**（Brown v. Topeka）做出的裁决，这是一项有关废除学校种族隔离政策的著名裁决。在厄尔·沃伦（Earl Warren）大法官的指导下，法院裁决，任何黑人都享有进入与白人同等的学校接受教育的权利，并因此宣布，公立学校要以“审慎的速度”废除种族隔离。

法院的裁决具有多重历史意义，因为它推翻了早期对**“普莱斯诉弗格森案”**（Plessy v. Ferguson）的裁决——法院于 1896 年对该案做出裁决，黑人普莱斯被裁决无资格在旅行中与白人共享公共设施，法院宣称，黑人在法律面前享有平等的权利，**“仅仅”**（simply）而且**“主要”**（primarily）是因为他们是美国公民。这一司法解释以及随后国会于 1964 年和 1965 年通过的《民权法案》，均有助于支持黑人公民权的扩大。与此同时，那些行动的寓意在于，不应基于种族、肤色以及信仰而剥夺任何公民在教育、政治以及诸如住房和公共设施等公共领域内应该享有的平等和公正的权利。于是，诸如西班牙裔美国人和土著人等其他非盎格鲁群体，也被列入这些新法规和新的宪法解释的范围内，因而，他们也像黑人一样，开始享受公民身份扩展至所有人带来的好处。

不久，由这些具有历史意义的法律上的和国会的裁决所激发的运动，有利于美国最大的少数群体——妇女群体。经过长期而艰苦的努力，许多妇女与她们的男性支持者一起，想方设法使国会通过了《平等权利修正案》。这就进一步确保了妇女公民权的扩大更多地沿着与向宗教和种族少数群体扩展相同的路线进行。妇女也不能遭受仅

---

* 英文原书为“1918 年”，此处改为“1920 年”有原因。因为该宪法修正案只是在 1918 年获威尔逊总统支持，后获众议院批准，但随后又被参议院否决。直到 1920 年田纳西州批准，该宪法修正案才正式生效。因此，1918 年的“通过”因只是众议院第一次通过，不能“意味着妇女行使投票权有了保障”，而应该是 1920 年的“通过”才符合上下文语境。——译者注

仅基于性别的任何形式的职业歧视。然而，妇女争取完全和彻底的公民身份的斗争，有可能是长期的和极为困难的。当州议会未达到法定数量来批准《平等权利修正案》从而无法使其成为法律时，这一点变得更为清晰。* 不管怎样，总的说来，包括妇女在内的更广范围的民众，得以享有公民身份所带来的各种益处，以及宪法条款的履行所带来的平等待遇和机会，而这是以往不曾有过的。

20 世纪公民身份的扩展，还实现了另外一个更为深刻的转折。直到 1954 年最高法院做出裁决之前，公民权仅仅包括最小范围的权利。以女权为例，它仅仅意味着投票权；即使就美国黑人而言，1954 年法院裁决之前，公民权利也只是以一种有限的方式涵盖了选举权。因此，1954 年法院裁决更为重要的意义在于，公民身份开始具有了一种全新的意义——被视为美国公民的人们，作为其宪政遗产的一部分，他们的权利得到了进一步的保障，即确保他们享有与其他人同等的接受教育的权利。1896 年得到法律认可的“隔离但平等”哲学，现在已被视作无效。真正的公民身份意味着，在社会领域最广泛而又可能的范围内，平等理念得到全面而彻底的贯彻。根据对公民身份的这种重新阐释和基本扩展，公民身份采取一种更具有实质意义的形式似乎只是一个时间问题。因此，1960 年代国会通过的法案，也只是围绕这一点来服务于确保 1954 年最高法院的裁决。此外，1950 年代和 1960 年代，也见证了对公民身份基本含义进行重新界定的种种努力。因此，随着 1960 年代各种福利措施的出台，约翰逊政府并不像一些批评家声称的那样，只是创造了一个靠政府供养的群体。① 事实上，约翰逊政府是在声明，美国的公民身份不仅仅为个人提供了赖以生活、工作和受教育的机会——通过他们自身权利的惊人扩展——也为那些不论因何原因无力为自己提供保障的人们提供了某种最低标准的生活保障。

将公民权扩大至美国社会越来越庞大群体的努力，仍然在快速进行着。在随后长达 30 年的时间里，旨在保障和保护公民权利的新政策都生效了。诸如此类的措施包括 1991 年的《美国残疾人法案》、保护妇女在工作场所免遭性骚扰的新政策以及大量其他新政策。20 世纪初对公民身份曾经非常简单的解释，已经变得越来越广

---

* 美国《平等权利修正案》（ERA）修订的是美国宪法，旨在保证公民在任何联邦、州或地方法律面前一律平等的权利不能由于性别原因而被拒绝。它虽于 1972 年获国会两院通过，但未能在 1982 年 6 月 30 日最后截止日期之前获得批准。——译者注

① Frances Fox Piven and Richard A. Cloward, *Regulating the Poor* (New York: Pantheon, 1971).

泛了。

但是，美国公民权所展示的并不都是令人乐观的事实。两个初露端倪的不祥征兆牵涉到了旨在反对美国自由民族精神扩展的各种尝试。其中一个就是围绕着“肯定性行动”（affirmative action）而展开的争论。* 1970年代，联邦政府颁布了新的指导方针，旨在保护美国历史上曾经是少数族裔群体的权利。尤其重要的是，这些指导方针是为了使黑人有能力确保其在以往被拒绝的领域获得机会，特别是接受多种形式的高等教育。许多院校和大学采纳了这些指导方针，当黑人申请者的资格与白人申请者大致相当时，开始接受黑人申请者。针对这种挑战宪法原则的“肯定性行动”的指导方针的诉讼已经提出，其中较为著名的就是1978年的阿伦·巴基案（the case of Allan Bakke）。尽管巴基的文凭表明他与那些先于他被录取的许多少数族裔学生一样优秀，但他的入学申请却被加利福尼亚大学医学院戴维斯分校拒绝。在此案的裁决中，最高法院指出，戴维斯医学分校实际上不能通过录取资格不如巴基的少数族裔申请者而对巴基造成歧视，最高法院最后裁定，必须录取巴基。然而，这一案例并未导致明确放弃普遍的“肯定性行动”的指导方针，此后出台的联邦法律甚至想尽办法来证明“肯定性行动”政策目的之正当性。

然而，到1990年代中期，“肯定性行动”还是遭遇了许多挑战。例如，联邦法院裁决，得克萨斯大学法学院在录取中不能为黑人和西班牙裔美国人提供特殊的关照。其结果最初极富戏剧性，申请者和被录取者都大幅减少。在加利福尼亚，大学董事会采取的一项行动也导致了同样令人寒心的结果：来自少数族裔候选人的申请者和被录取者都减少了。不管怎样，争论仍在继续。而且，没有任何结束的迹象。“肯定性行动”是一系列政策的组合，旨在用先前曾否定公民权利的各种方式来扩大公民的权利。对“肯定性行动”的挑战，被视为对整个公民权利扩展的挑战。而且，加利福尼亚近期对新近移民特别是无合法身份移民的福利的限制进一步揭露出，在一个以“公民世纪”而著称——通过福利国家以及其他诸如此类的措施——的世纪，美国所面临的种种挑战。

---

* 即反对歧视少数族裔及妇女等的“维权行动”，起源于1960年代美国的民权运动，凡是以前在美国社会因种族和性别原因遭受歧视的群体（如黑人、印第安人、拉丁语裔人、妇女等），在同等条件下有资格优先享受政府政策的福利。参见王希：《原则与妥协：美国宪法的精神与实践》，555页，北京，北京大学出版社，2000。——译者注

像其他许多西方国家一样，美国现在发现自己正处于一个转折点。例如，当各种各样的移民障碍被清除之时，移民仍将继续甚至有可能增加。自 1965 年以及新的移民法创始以来，千百万移民已经涌入美国。他们在美国的存在，给新世纪带来了一些根本挑战和问题。公民权会出现倒退吗？还是它们将仅仅限于某些移民群体？总体而言，美国将如何处理为数庞大的新移民？在这一过程中，美国黑人——当前美国最大的少数族裔，2050 年将成为仅次于西班牙裔美国人的群体——的境况将会发生什么变化？

新移民的出现，加之美国黑人所遭遇的持续不断的经济困境，将再次检验美国民主的基本原则，即平等的广度和深度。难道正如托克维尔时代一样，平等将仅仅限于某些群体吗？抑或它将扩展至越来越多的人？这是美国的两难选择，而且是一个无法回避的难题。

结　论

在 20 世纪，美国一直被视为充满机遇的大陆，企业巨无霸和有组织的财阀的诞生地。在美国，公民可以自由行使其投票权，享有言论自由以及出于和平目的而举行集会的权利，但美国也是这样一个国家：作为现代国家，它具有对世界事件的过程施加巨大甚至具有决定性影响的权力。

不同的社会学研究者，在考察美国社会和历史的不同特征时，好像美国社会和历史只具有某种唯一特征似的。新马克思主义者，以及诸如多姆霍夫这样的不属于新马克思主义者的人们，都认为存在着一个统治阶级，即一个或多或少操控着国家的企业权势集团。与此形成鲜明对比的是，斯科波尔及其追随者则认为，在现代美国，国家才是最重要的权力中心，才是推动国家发展的重要机构，特别是在遭遇重大危机时期。托克维尔以及包括缪达尔在内的那些已经接受了托克维尔观点的人都指出，美国的本质在于强调平等和人人机会平等。这种机会，即使并不完美，却在整个 20 世纪得到了明显扩大。

就我们所掌握的实际经验证据来看，每一种观点都能从中找到支持，借以自我安慰。也许这正是问题的核心所在。作为 21 世纪初一股强大的国际力量，美国是错综复杂的。美国的法律坚持平等，并防止其他人的权利遭受侵犯，但是，操控美国的各种力量均拥有雄厚的资源，其目标旨在为自身而不是为广大公众谋取利益。在一个并不完美的世界中，即使在号称做得最好的美国，谈论资本主义民主也并非一件令人感到轻松的事情。

第八章

大都市的权力与权威

今天，随着世界日益变小，许多旧机构和组织似乎已丧失了对人类生活的影响。例如，民族国家似乎已不再是一种强大的力量。新联盟已经形成，正在消弭旧有的裂痕，为未来更加广泛的新政策创造基础。我们可以西欧为例来加以说明。西欧国家都是有几个世纪历史的老国家，相互间曾长期分裂和彼此冲突，现在正在进行一项宏大的政治经济试验——构建欧盟。或者再来看看城市的例子。在 15 世纪和 16 世纪，城市曾在世界上掌握着巨大权力。还记得威尼斯和佛罗伦萨等城市国家吧，它们曾经是拥有自己的海军和陆军的中世纪帝国，其行动俨然今日的民族国家。但是，它们昔日的所有影响和辉煌都已消失殆尽，取代它们的是民族国家，如今则是跨国联盟。

本章我们将探讨城市的性质以及它们对我们的生活仍然保持重要影响的种种方式。我们将证明，城市事实上仍然在我们的生活中发挥着重要作用，而且，它们掌握权力——以及我们作为生活于其中的公民行使权力——的方式，仍然是当代世界的重要特征。在某些国家，特别是美国，城市保留了极大的权力，主要是由于美国政府的联邦结构以及地方在解决许多市政问题时拥有的自治权。而在其他国家，地方权力受到更多的限制。例如，在英国，中央政府控制着地方社区的许多资金，而且，政治活动和权力的行使，虽然表面上由地方议会负责，实际上却由下院掌控。但是，情况正在发生变化。例如，在刚刚过去的 20 年间，中国见证了城市控制权的重大转移。经济特区（SEZs）已经建立，地方官员和商人发挥了比以往更大的作用。在诸如上海这样的城市中，地方官员的作用变得比以往更加重要，与 1978 年以前毛泽东治下的中国相比，变化是惊人的。

本章将探讨以下突出问题：（1）城市在美国历史上的性质，以及历史变迁如何在城市政治的性质中得到体现；（2）有关城市和政治的相互竞争的各种理论观点；（3）当全球经济的影响使得城市对城市居民、特别是世界上最大城市的居民的生活产生更为明显的影响时，各个城市的命运是如何变迁的。

美国历史上的大都市

在对城市理论进行讨论和分析之前，我们为大家提供一些历史事实，以对美国历史和城市做一简短历史回顾。当然，美国城市起初并不全是一个样子。随着美国社会的结构和各种制度的变化，城市本身也发生了变化。城市的变化，部分反映了美国环境的变迁。例如，19 世纪的工业革命发生并横扫美国，自然影响到城市及其居民。但是，城市中也发生了其他变化，特别是有关权力的运用和滥用，它们已不再是广阔历史变化的简单反映。在对美国历史上的城市进行考察的过程中，我们将重点强调这些因素和其他一些因素。

工业大都市的兴衰

在美国历史上，始终存在着几种不同的城市类型。18 世纪是**重商主义城市**（mercantilist city）。在这种类型的城市中，贸易和地方商业扮演着重要角色。当时的经济哲学是重商主义，它强调政府作用的有限性，注重贸易对于城市命运的核心意义。这种城市的规模是有限的，甚至其发展也是有限的。对于当地居民而言，其命运与地方政府休戚相关。历史学家小萨姆·巴斯·沃纳（Sam Bass Warner，Jr.）将这种城市称为“步行城市”[①]。相对于旅行来说，距离是没有意义的。这种城市，特别是其中心部分，是很小的。居民步行就能到任何地方，相互间可以经常互访。他们成为邻居，相互熟知。这种类型的社会，正是 19 世纪的社会学家费迪南德·滕尼斯（Ferdinand Toennies）和 20 世纪的城市问题专家路易斯·沃思（Louis Wirth）因其所具备的**礼俗社会**（gemeinschaft）或共同体品质而大加褒扬的城市：规模小、友善、重商贸、爱社交。[②] 早期的波士顿和费城就是这种城市的典型代表。

然而，到 19 世纪中期，美国许多城市的性质开始发生变化。它们是在工业革命的压力下发生变化的，这场伟大的变革，引发了美国商业和贸易尤其是城市商业和贸易方式的根本变化。在随后一个世纪的时间里，美国城市实际上将变成工业城市。而产业所具有的特征和兴衰沉浮将会给这种城市留下深刻的印记。[③]

我们可以根据一系列发展阶段来追寻工业城市的成长和发展之路。出现了四个明

---

① Sam Bass Warner，Jr.，*The Private City：Philadelphia in Three Periods of Its Growth*（Philadelphia：University of Pennsylvania Press，1968）.

② Louis Wirth，“Urbanism as a Way of Life，” *American Journal of Sociology*，44（July 1938），1–24.

③ Raymond Mohl，Jr.，*The Making of Urban America*，2nd ed.（Wilmington，DE：Scholarly Resources，1997）；Raymond A. Mohl and Neil Betten，eds.，*Urban America in Historical Perspective*（New York：Weybright and Talley，1970）；Dennis R. Judd and Todd Swanstrom，*Private Power and Public Policy*（New York：HarperCollins，1994），Chapters 2–7；Bayrd Still，“Patterns of Mil-Nineteenth Century Urbanization in the Middle West，” *Mississippi Valley Historical Review*，28（September 1941），187–206；and Charles N. Glaab and A. Theodore Brown，*A History of Urban America*（New York：The Macmillan Company，1967）.

显的阶段：（1）**前工业化阶段**（preindustrial stage），是诸如此类的城市的早期起源阶段；（2）**早期工业化阶段**（early industrial stage），在这一阶段，城市发生急剧变化；（3）**成熟的工业化阶段**（mature industrial stage），在这一阶段，快速增长有所减缓，城市的性质也开始变化；（4）**初步衰落阶段**（stage of incipient decline），在这一阶段，为了在其他地方获得更多的利润，工业开始搬离城市，而城市及当地居民则开始面对大量危机。每一阶段都与不同的政治治理类型联系起来。事实上，由于各个阶段内部政治形式存在着差异，也有助于解释为什么在同一时期城市之间会产生差异。[①]

地方权贵的统治与普通公民的参与

对于众多的工业城市来说，其发展的第一阶段，就是其起源阶段。这一时期，某一小撮人在城市生活中发挥着主导作用。尤其是那些专门从事城市土地买卖的人，在城市政治商业生活中占据了支配地位。他们属于城市的缔造者群体。他们是城市的早期商人，而且通常是最成功的。出现这种情况的部分原因是因为他们对于城市贸易活动的重要影响，市民们常常选择他们作为城市首批政府官员。例如，在威斯康星州的密尔沃基市，拜伦·基尔伯恩（Byron Kilbourn）和所罗门·朱诺（Solomon Juneau）作为该市的创建者，同时也是最早的一批市长，同样的模式——创建者兼早期市长——也是其他城市在相似发展阶段上的特征。[②] 而且，由于政府的发展仍然是初步的、不发达的——基本上还没有地方政府——许多当地居民开始参加当时的各种活动，展现出对地方社区的真诚的责任感和认同。正是在这一阶段，即 1830 年代和 1840 年代，托克维尔来到美国，他观察到一个明确的特征：美国人对众多形式的社团和政治活动的参与是广泛而积极的。[③]

工业革命与资本家阶级的兴起

几乎在一夜之间，前工业化城市或曰商业城市的特征，就发生了变化。在美国很

① 下面关于一般框架的多数讨论来自我本人的著作，但总体上得到了上述所引用的历史文献的支持。参见 Anthony M. Orum, *City-Building in America* (Boulder, CO: Westview Press, 1995)。

② Ibid., Chapter 3.

③ 另见 Robert A. Dahl, *Who Governs?*。

多老城市中，这种变化发生在1860年代和1870年代。[①] 使得工作更为便捷的蒸汽机和其他发明，带来了工业大繁荣。手工劳动被大机器所取代。新的发明如雨后春笋般出现，其结果是出现了大量新器具和工具，例如各种农具、皮革制造设备和新型皮革加工工艺等。新工业意味着大量新工作和工作机会的出现。这一时期，大量海外移民涌入美国，因为他们在这里发现了种种机会。在城市自身内部，政治的性质也发生了变化。早期专门依靠土地买卖的企业家，现在则被正在创造大量财富的新商人取代。总之，工业取代了早期的商业形式，开始推动城市的整体扩张。[②]

这一阶段同样见证了城市新资本家阶级的崛起，一般来说，这一阶级的财富来自工业部门的利润和成功。尽管有关这一阶级的确切性质仍有待挖掘，然而，在像密尔沃基这样的城市中，有清晰的证据表明，在这一时期，不仅权力掌握在拥有巨额财富的个人手中，而且，这些个人还与其他人一起开始形成一个关系密切的阶层。[③] 与此同时，在美国许多城市出现了一个劳动者阶层，他们本身成为资本家阶级的对立面。而且，他们的组织通常采用工会或激进政治的形式，这使得他们与资本家有了明显的区别。

这一时期，政府仍然保持着较小规模，处于相对初始阶段，仅仅表现出开始突出工商业扩张性和支配地位的细微迹象。如果说当时存在着当代意义上的推动增长的机器，那它绝不是政府，而是工业——是从海外吸引了许多工人并驱动城市发展的强劲的重工业。[④]

成熟的工业城市：政府崛起与政治分歧

到世纪之交，美国许多新工业城市已经发生了戏剧性变化，这种变化也仅仅是从二三十年前开始的。这些新工业城市实际上是比较大的城市，许多城市的人口增长了数十万。如芝加哥市，其人口从1860年的109 260人增至1900年的1 698 575人。但是，这种戏剧性的变化，远远超出了地方人口增长这一范围。

---

① Mohl and Betten，op. cit.，Part IV.

② Dahl，op. cit.

③ Orum，op. cit.，91-95.

④ Ibid.，Chapter 4；Mohl，op. cit.

一种新的力量和结构形态业已形成，它体现了城市命运的特征，也推动着城市的发展。例如，在威斯康星州的密尔沃基市，地方政府在世纪末崛起。包括警察和消防部门在内的许多新部门得以形成。这些部门都由专业人员来管理，已经雇用了大批新雇员。[①] 现在，个人服务都可以领到报酬了，而早期这种服务是公民自愿提供的。到1900年时，地方政府的整体结构出现了无法计量的膨胀——即使无法与地方工业的价值匹敌，至少也是非常接近的。

政府的发展以及地方商业的巩固，产生了这样一种后果，那就是使政府从商业活动的侍女变成了城市权力的竞争者。密尔沃基市再一次为这一切如何发生提供了有力的例证。[②] 在密尔沃基市，当地商人长期以来一直是地方政府的强大支持者。实际上，两个集团之间似乎存在着某种类似联盟的东西：商界支持政府的工作，政府则支持商业活动。但是，随着政府权力的膨胀，新部门的诞生、工作人员的职业化以及地方政治结构的价值体现等，地方政府与当地商业之间的分歧也浮现出来。为了当地公民的需要，政府提出更多的资源要求。商人们开始抵制。在密尔沃基市，由于社会民主党大权在握，矛盾进一步激化。

这一时期，政府机构的权威相对于当地公民的生活呈现大幅提高。正是在这一时期，一些人得以步入仕途，并被他们所执掌的权力腐化。从某种意义上说，这一时期，既是地方政府也是能够动用地方政府权力的当地市长们的全盛历史时期。对于大多数美国的老工业城市来说，这一阶段出现在1900年代早期，当时，地方政府的权力提供了一种平台，使得雄心勃勃的官员得以行使和运用他们对城市地区的支配权。[③]

工业城市的衰落：工业衰败、地方权势与民族/种族冲突的出现

到1930年代，许多地方政府的权力达到顶峰。地方市长们对于城市的成功至关重要。在像费城以及波士顿或芝加哥这样的城市，情况都是相同的。大萧条导致的巨

---

① Orum, op. cit., Chapter 5. 关于类似主题，也可参阅下列著作：Eric Monkonnen, *America Becomes Urban: The Development of U.S. Cities and Towns, 1780－1980*（Berkeley: University of California Press, 1988); and Jon Teaford, *The Unheralded Triumph: City Government in America, 1870－1900*（Baltimore, MD: The Johns Hopkins University Press, 1984）。

② Orum, op. cit., Chapter 5.

③ Judd and Swanstrom, op. cit., Chapter 3.

大金融危机，瞬间改变了城市和地方官员的命运。[①] 许多城市再一次被迫转型，但这一次却是由繁华的当地商业帝国，转而成为无法再满足其公民需要的破败之地。随着商业的衰败，人们向政府特别是地方政府提出了更多的要求。诸如提供食物和衣物的地方救济工作等早期福利措施得以实施。但主要责任都转嫁给了联邦政府。只有在像密尔沃基市这样的少数城市，地方官员想方设法提高效率，以至于在当年财政年度结束时，他们实际上还实现了财政盈余。而大多数城市实际上已经破产。[②]

肇始于 1930 年代的美国工业城市的衰落，在第二次世界大战期间出现短暂的减缓，但在 1960 年代和 1970 年代却再次加速。这的确是一个工业城市开始经历实质性衰落和厄运的时期。几个事件的发生，再次改变了城市的命运。许多商业开始撤离中心城市，迁往南部和西南部甚至海外。它们被所处的新环境所引诱，原因只在于这样一个简单事实：获取更大的利润。在南部，它们期望发现较少的税种（如果有的话）；而在海外，劳动力工资要比美国低得多。然而，其最终结果却是，留下了许多深陷财政窘境的工业城市。[③] 由于缺少来自当地商业的资金支持——通过地方税收、城市中的资源消耗，如今的地方政府真可谓一贫如洗了。[④]

因此，破败的美国工业城市似乎就只剩下一个躯壳了。诸如克利夫兰、匹兹堡和底特律等城市，都处于极大的物质破败之中。老式的制造业工厂矗立在那里，俨然是富裕和繁华的历史遗迹。底特律的部分城区，那时更像是一座城市集中营：老式建筑被栅栏板阻断，用带刺的铁丝网围住，以防止人们进出。商业的衰落和地方政府无力维系自己的生存，对某些社会群体造成了伤害。老龄居民受到伤害——那些年龄在五六十岁的居民被撤离的企业解雇。很多雇员不仅失去了工作，也失去了用以安享晚年的养老金。少数族裔特别是非洲裔和拉丁裔美国人，沦为美国城市中的下层阶级，由于工业衰落而遭受更为沉重的打击。[⑤]

尤为悲惨的是，工业城市的衰落加剧了不同民族和种族集团之间的紧张。黑人和

---

① Judd and Swanstrom，op. cit.，Chapters 5－7.

② Orum，op. cit.，Chapter 5. 也可参见 Mohl，Jr.，*The Making of Urban America*。

③ 例如，可参见 Todd Swanstrom，*The Crisis of Growth Politics*：*Cleveland*，*Kucinich and the Challenge of Urban Populism*（Philadelphia：Temple University Press，1985）。

④ Peterson，*City Limits*，Chapter 10；Orum，op. cit.，Chapters 6 and 7；Judd and Swanstrom，*Private Power and Public Policy*，Chapter 7.

⑤ William Julius Wilson，*The Truly Disadvantaged*：*Public Policy and the Making of an Underclass*（Chicago：University of Chicago Press，1987）.

西班牙裔遭受这种衰落的打击特别严重。[①] 黑人人口在某些城市开始膨胀，而此时他们所寻找的工作却不复存在，其中许多人还成为地方工商业阴谋的牺牲品。城市中的黑人居住区，成为地方银行、储贷机构拒绝提供普通住房消费贷款的区域。[②] 二战后开始发展的郊区，情况也变得倍加艰难，原因在于，即使它们并未积极阻挠少数族裔居民的到来，但也并未表示出足够的善意。

这是美国工业城市发展的最后阶段，现在美国的许多城市正是由这一阶段发展起来的。这一阶段，由于受到全国性乃至全球性突发事件的影响，地方工业和地方政府都显示出令人难以置信的脆弱性。这一阶段，联邦政府开始承担起帮助老年人和社会底层黑人的大量职责，但是，在最近这些年，这种责任已经转回给州政府。

小　结

在过去两个世纪的时间里，美国城市发生了天翻地覆的变化，由最初较小的人口定居点，已经发展成为横跨美国广袤大地的庞大机构和结构。在城市发展史上，城市及其居民曾面临大量危机，但在过去几十年时间里所遭受的危机比其他任何时期都更为严重。当工业撤离城市另谋出路，成千上万的雇员被它们遗弃，其中很多人是老年人，还有许多人是少数族裔。其结果不仅仅是城市被抛弃了，人民也被抛弃了。而当地的各种机构，尤其是地方政府，只剩下挽救城市的责任。然而，如今全美国都在致力于城市复苏和振兴。环顾四周，到处可以看到这样的努力：闹市区的新公园和旅游景点、居民搬回城市的新民居——所有这些加之其他创新正在使许多城市恢复其本来面貌，并使之踏上通向未来的新征程。虽然工业城市已经凋零，但新型城市的出现正在取而代之。地方政府仍然必须有足够的岁入来为其居民提供各种服务，它们也必须寻求不同的方式来取代搬离城市的各种工业。例如，今日的许多城市，转而将发展旅游业作为自我复兴的方式。因此，克利夫兰建造了摇滚名人堂；密尔沃基市则雇用了一名世界知名设计师，为其美术馆添加了令人惊艳的一只新羽翼；而芝加哥，则以最

---

① William Julius Wilson, *The Truly Disadvantaged: Public Policy and the Making of an Underclass* (Chicago: University of Chicago Press, 1987); and Orum, op. cit., Chapter 7.

② Gregory D. Squires, *Capital and Communities in Black and White* (Albany, NY: State University of New York Press, 1994).

奢华和最宏伟的姿态建造了千禧公园，这虽然是一个花费了数亿美元的公共公园，却在极短的时间内为该市吸引了成千上万的游客。

美国城市和欧洲城市，尤其是那些老工业城市，诸如西班牙的巴塞罗那，或者英格兰的曼彻斯特等，都不得不在极短的时间里进行自我改造。它们诉诸各种策略，旨在为其居民提供一种繁荣而全新的未来。无论怎样，它们的生存已不再简单地依赖于它们自身吸引能够提供工作机会的大工业的能力。那是 19 世纪和 20 世纪的解决方案。今日之城市，必须有更大的作为。它们的使命不仅仅是提供工作，还必须为其居民提供一种富有魅力的舒适生活方式。正如一位城市社会学家所言，生活福利设施而不是工业，已经成为吸引和留住新城市居民的方式。①

当代美国的城市政治

美国大都市的抗争性政治：中心城区、郊区和边缘城市

美国城市以及与工业城市大致同一时期出现的较大都市的主要特征之一，就是在中心城区及其郊区之间存在着日益加深的裂痕。② 历史学家肯尼斯·杰克逊（Kenneth Jackson）对美国郊区的历史进行了细致的跟踪研究，他指出，许多郊区始于 19 世纪美国人因迷恋以往的田园生活而做的努力。③ 城市中许多富有的居民，有能力迁至城郊，尤其是有了便利的交通工具时，情况更是如此。不久之后，城市的景象看起来就有点像其日益加剧的阶级分裂——穷人，即劳动阶级居住在靠近工作场所的中心城区，而较富裕的居民，无论是在休闲型住宅方面还是常年的生活中，都能够充分利用城郊而获得好处。④

随着时光的流逝，其影响越来越显著。到 20 世纪早期，许多郊区与中心城区隔

① 城市社会学家特里·克拉克（Terry Clark）一再强调这种观点。

② 尤其可参见 Jon Teaford, *City and Suburb: the Political Fragmentation of Metropolitan America, 1850–1970* (Baltimore, MD: The Johns Hopkins University Press, 1979)。

③ Kenneth Jackson, *Crabgrass Frontier: The Suburbanization of the United States* (New York: Oxford University Press, 1985).

④ Orum, op. cit., Chapter 4.

离而独成一体。[①] 之所以造成这样的结果，部分原因是由于居民之间日益增长的阶级差异所刺激，部分原因则在于美国小型自治城市具有吸纳它们的能力。因此，美国大都市中心城区与郊区之间的深刻的、持续的分离就这样开始了。经法院裁决，如1875年圣路易斯案的裁决，这种分离或多或少成为合法的存在。1875年的这项裁决宣称，居民点是由各州建造的，因此，各州对这些居民点具有管辖权。这些裁决还允许规模较小的地方区域，如村庄、生机勃勃的郊区等，从中心城区分离出来。例如，像圣路易斯这样的城市，不久就被大量小村庄和郊区所环绕，原本是一个边缘区域，却逐渐成为城市富有居民的安全岛。[②]

在类似密尔沃基的一些都市地区，空间上的分离因郊外工业区（industrial suburbs）试图保持相对于城市的完全自治而日趋恶化。例如，西艾利斯是一个郊区，是艾利斯—查莫斯制造公司的所在地，它之所以拒绝与密尔沃基市合并，在很大程度上就是因为它希望能控制属于自己的资源。在克利夫兰，新开发的住宅就建在郊区，而且，出于自身考虑，它们也试图确保在法律和政治上独立于克利夫兰市。当城市试图兼并郊区，并加强管辖时，一般来说，郊区都能得到法院和以农村主导的州议会的支持，从而成功地粉碎诸如此类的企图。[③]

在1960年代和1970年代，当许多老工业城市的发展步入下滑阶段时，中心城区与郊区的分离再次使它们苦不堪言。曾经在一开始作为郊区居民保护自己丰富生活方式的种种努力，如今则变成进一步加剧许多中心城区经济灾难的手段。第二次世界大战后，高速公路和快速干道的修建加速了郊区化进程。1960年代初，郊区人口占美国大都市人口的比例不断上升。郊区掠夺的不仅是中心城区的居民，而且是中心城区较为富裕的居民。而且，由于地方税需要当地居民加以保障，因此，中心城区与郊区之间财政资源的裂隙进一步扩大。诸如纽约和克利夫兰等城市，开始出现拖欠债务现象，在很大程度上就是由于它们没有留住那些有能力为其预算支付税金的居民。[④]

不管怎样，这些事实都有其历史和文化根源，为理解过去几十年间美国城市的成败和城市政治提供了一个框架。新墨西哥州阿尔伯克基前任市长戴维·拉斯克（Da-

---

① Teaford, *City and Suburb*, Chapter 2.

② Teaford, op. cit., *infra*.

③ Ibid., Chapters 2 and 3.

④ Swanstrom, op. cit.; Peterson, op. cit.

vid Rusk）指出，一般而言，那些有能力实现扩张并将郊区吸纳进来的大都市，抵抗工业衰败的能力都要强于那些没有做到这些的大都市。[①] 这些可扩张的或富有灵活性的城市，都以某种方式竭尽全力避免其他许多工业城市所经历的深度分裂和财政困难。明尼苏达州议员迈伦·奥菲尔德（Myron Orfield）已经证明，在一些大都市，内城的衰退和难题已经开始向最靠近市区的近郊区域蔓延，如明尼阿波利斯市。在这些发现的基础上，奥菲尔德指出，大都市地区必须想方设法找到解决自身都市问题的方案，才能克服城市与郊区之间的历史性分离。奥菲尔德也与其他人一起，成为"地区主义运动"的支持者，这一运动促使美国大都市的城市和郊区之间进行更多的合作。[②] 这一运动以及这种合作，有可能在不远的将来成为美国城市政治的一个更为显著的特色。

为了美国城市利益而发展起来的地区主义运动，其必然结果之一，就是近期出现的**边缘城市**（edge cities）。[③] 在美国大都市的边缘地区能够看到这种城市，其发展常常是由州际高速公路系统拉动起来的。一般来说，这种城市由商业购物中心以及附近的住宅区构成。最近这些年，这种边缘城市得到蓬勃发展，在美国各地如雨后春笋般涌现。如同早期的郊区，它们与大都市的中心城区分离并实现自治，用乔尔·加罗（Joel Garreau）的话来说，它们是由对其公司和居民的生活行使极大控制权并进行规制的小"影子政府"（shadow governments）统治的。而且，它们现在还是美国城市中许多新工作的诞生地，因此，当内城区下层阶级的成员试图寻找新的工作机会时，边缘城市的存在只能使得他们所面临的境遇雪上加霜。[④]

随着边缘城市数量的增长，当郊区开始容纳越来越多的美国居民——超过中心城区——时，美国城市政治的支点也开始发生转移。以往，郊区是城市共和党力量的核心地带，但最近的种种迹象却表明，共和党再也不能想当然地拥有郊区了。然而，与内城区相比，郊区的社会构成和政治倾向有着极大的差异，这使得长期的分裂日趋严重。政治家以及地区主义如何处理这些差异，所反映的是美国城市在不久的将来要面临的一些关键政治议题。

---

① David Rusk, *Cities Without Suburbs* (Baltimore, MD: The Johns Hopkins University Press, 1993).

② Myron Orfield, *Metropolitics: A Regional Agenda for Community and Stability* (Washington, DC: The Brookings Institution, 1997).

③ Joel Garreau, *Edge City: Life on the New Frontier* (New York: Doubleday, 1991).

④ 有关这些空间变化的优秀文章，参见 *Interwoven Destinies: Cities and Nation*, Henry G. Cisneros, ed. (New York: W. W. Norton, 1993)。

阳光地带城市与大都市的碎裂

正像州际高速公路系统加速了美国人向郊区的流动一样，它同样也有助于超越美国工业化范围的城市发展。事实上，所有美国的工业城市，如波士顿、纽约、匹兹堡以及底特律等，都是在东北部和中西部发展起来的。但是，随着这些工业城市的衰落，许多企业和公司开始迁移到那些免税地区——如亚特兰大、达拉斯以及凤凰城等地。同样是由于二战期间国防工业发展的刺激，在所谓的阳光地带也出现了城市大繁荣景象，首次出现这种迹象是在 1960 年代。①

在城市形态和政治形式上，阳光地带或曰后工业化城市，似乎与老工业城市有着极大的不同，尽管二者的发展模式极为相似。② 其中大多数新城市避免了明显存在于中心城区和郊区之间的深刻政治裂痕。一些新城市之所以能够费尽周折地避免它们，只是因为吸取了老工业城市的教训；其他新城市之所以得以幸免，则是由于地处拥有地方自治权的州。与中西部或东北部老工业地区相比，这些州的许多地区对本地区事务拥有更多的控制权。其结果是，阳光地带的居民人数和空间范围都得到了极大的扩展。像亚利桑那州的凤凰城或图森，城市规模在过去的几十年间得到了迅猛扩张，远远超过了匹兹堡和密尔沃基等老工业城市。许多地方已经成为老年人的安全岛，他们正从北方迁移到阳光地带。当然，这种扩张还有一个结果，那就是使美国的政治重心多少开始从北方转向南方。

由于阳光地带城市的迅速发展，也由于它们被视为地处美国的边缘地带，这些城市已经成为围绕着“自由增长和扩展”理论而展开的深度冲突和对抗的主战场。正是在诸如此类迅速发展的城市中，与其说是在实质性的经济问题上存有分歧，或者用更陈旧的观点来说，是在共和党与民主党之间存有分歧，倒不如说是赞成增长与反对增长的力量之间存有分歧。③ 在类似佛罗里达或佐治亚这样的州，这些问题是通过城市

---

① Carl Abbott，*the New Urban America：Growth and Politics in Sunbelt Cities*（Chapel Hill：University of North Carolina Press，1987）；and *Sunbelt Cities：Politics and Growth Since World War* Ⅱ，Richard M. Bernard and Bradley M. Rice，eds.（Austin，TX：University of Texas Press，1983）.

② Orum，*City-Building in America*.

③ Mark Baldassare，*The Growth Dilemma*（Berkley：University of California Press，1981）；*The Politics of San Antonio：Community，Progress and Power*（Lincoln，NE：University of Nebraska Press，1983）；and Orum，*Power，Money and the People*.

斗争得到解决的。

诸如此类的一些阳光地带城市，也提供了政府对于城市扩张地区不加控制的实际证据。盲目扩张一词已经成为如今人们反对这种扩张的时髦别称，在许多大都市地区，包括达拉斯、亚特兰大以及图森等，这种盲目扩张都很明显。得克萨斯州的休斯敦，就是盲目扩张的典型。休斯敦实际上对其发展根本没有实行分区控制。正是由于这一原因，在休斯敦，房地产开发得以发挥主导作用。社会学家乔·费根（Joe Feagin）将休斯敦说成"自由企业城市"，在这里，企业共同体可以随心所欲地滥用其权力。[①] 房地产开发商几乎可以免于地区规制而开发大片住宅区。费根还指出，这种失控已经带来了致命的危害，包括更为严重的大气污染和大都市发展的不平衡。

阳光地带的其他许多城市，也呈现出一种相似的特征。最早的例子是洛杉矶，被城市史学家罗伯特·福格尔森（Robert Fogelson）描述为"碎裂的大都市"[②]。与北方城市不同，洛杉矶不曾拥有一个庞大的工业帝国来驱动其发展和扩张。其结果是，它缺少许多北方城市的空间特征：市中心没有核心工业区，无法发挥吸引外来新移民的磁铁作用。相反，该市却成为数不胜数的新住宅区的所在地，其中每一个都是为了实现所谓的"郊区梦"而在边缘地带寻找新的区域。在这一过程中，小亨利·亨廷顿（Henry Huntington，Jr.）等主要开发商扮演了重要角色，他们掌握着相当大的城市权力，部分原因在于市政当局相对弱势，而开发商则有能力推动城市由中心向外围发展。新工业没有落户市中心，而是建在了市郊和边缘地带。最终，由于所发展的铁路非常有限，难以促进旅游和住宅开发的发展，不能开发出一套综合有效的铁路市政系统，因而刺激了公交系统和汽车业的发展。洛杉矶开始成为阳光地带新城市的缩影——分散化，由密集而重叠交错的高速公路、数不清的地方政府和市政机构点缀其中。

解读城市

正如人们所预料的，政治社会学家用以研究城市的理论是各不相同的。这些理论

---

① Joe R. Feagin，*Free Enterprise City*：*Houston in Political and Economic Perspective*（New Brunswick，NJ：Rutgers University Press，1988）.

② Robert M. Fogelson，*The Fragmented Metropolis*：*Los Angeles*，*1850－1930*（Berkeley：University of California Press，1967；1993 reissued）.

的出现应归功于政治社会学所提供的广泛理论平台——特别是应归功于马克思、韦伯以及托克维尔等人的理论著作。其中一种理论强调，当城市的社会结构和组织试图确保自身利益和权力时，对它们加以改变具有重要意义。这种观点就是多元主义观点，它像韦伯那样假定，现代社会是由大量相互竞争的不同社会集团组成的。这种理论还吸收了托克维尔的理论洞见，即各个集团即使相互间发生冲突，也仍然受相同民主原则和价值观的束缚。从这一意义上说，这种理论强调的是美国民主的共识特征。

第二种观点将美国城市视为一种增长机器（growth machine），其部分灵感应归功于马克思的各种思想。与多元主义的城市观显然不同，它认为，城市中社会集团和组织所拥有的权力是不平等的。一些集团——尤其是政府官员、房地产投资商以及地方媒体从业者之间的联盟——有能力控制和操纵涉及他们利益的地方政治议程。上述各方，因在发展和自身利益上的共同兴趣而结盟，在当地通常都能如鱼得水、游刃有余，其中部分原因在于他们操控媒体和当地政治以推动城市发展的那种高效率。

这里我们还应考虑第三种观点——依据城市创造力和资源而产生的城市观——这种观点与政治社会学任何主流观点都没有直接联系，却使当地官员和城市问题专家深信不疑。事实上，其创建者理查德·弗洛里达（Richard Florida）花费了大量时间游说美国和欧洲的地方官员，向他们提出城市创造力和未来复兴之路。

城市中的政治多元主义：公民社会与权力分散

在美国政治思想中，多元主义虽然拥有悠久而丰富的历史，但是，只有在政治学家达尔的著作和理论问世之后，它才从一种不精确的范式发展成为一种成熟的城市政治理论。[①] 达尔的观点视野很广阔，尽管他谈论的是城市政体，但他的真实意图却是使其一般观点更广泛地适用于现代民主国家的构建。他的观点源自这样一种普通理念，即一个社会或地方的公民社会制度，对于其政治发展是至关重要的。

达尔的观点建立在对 1960 年代初康涅狄格州纽黑文城市政治进行分析和解读的

---

① Robert A. Dahl, *Who Governs? Democracy and Power in an American City* (New Haven, CT: Yale University Press, 1961).

基础之上。他首先坚持主张，像美国的其他地方一样，纽黑文的生活，可以从占支配地位的机构部门——经济的、政治的、艺术的以及宗教的——中得到很好的体现。在每一个主要机构部门内部，特殊组织和集团既需要也培养具备特殊才能的公众。随后他声称，每一个机构部门——当然，也包括其内部的组织——特征的不断变化，是通过基本资源的投入和积累来实现的。而且，每一领域的运行，都试图获取特殊形式的资源；经济领域希望获得物质财富的投入和积累，上流社会希望获得名望的投资和积累，政治领域则希冀获得政治权力的投入和积累。当然，在这里，他实际上沿用了韦伯对于阶级、社会地位以及政党三者之间重大差异的详细阐释（见第三章）。

此外，他认为，大多数人对政治并不是很关心。的确有一些人，主要是政府官员，也包括一部分百姓，对政治事务是非常积极的，经常关心政治。但是，大多数公民受惰性影响，对于政治世界所发生的事情是漠然的。然而，在达尔的多元主义体系中，世界的运转依然是良性的，其主要原因就在于，领导人总是试图**预测**（anticipate）公众的愿望和期待——当然，这是民主选举过程的本质——还在于，所有公民，不论是领导人还是普通公民，分享着共同的价值观和目标。最终，达尔实际上对其理论进行了检验，在几个主要研究助理的帮助下，他花费了一年时间对决策过程进行了严密考察。他或多或少证实了自己的预期：权力广泛分散于公众；在不同的事务上，如学校事务或党派问题上，不同的集团交替发挥着作用，而城市中最有权力或影响的人物，就是市长理查德·李（Richard Lee）。

总的来说，1960年代的一系列重要研究，包括华莱士·塞尔（Wallace Sayre）和赫伯特·考夫曼（Herbert Kaufman）研究纽约市的重要著作①，都证实并支持了达尔的多元主义城市观。事实上，多元主义观曾在一段时间内成为有关美国城市和社区政治运行方式的最为流行的观点。即使在今天，这种理念仍然有许多可取之处，即不同的集团都能够在城市政治的本质中贯彻自己的意志，这取决于要付诸讨论的问题的特殊性。但是，对于多元主义观，还存在一些重要的保留意见。它们来自不同的阵营，或是更为集中于新马克思主义的城市观，或是基于有关城市的政治经济学主张。

---

① Wallace S. Sayre and Herbert Kaufman, *Governing New York City* (New York: The Russell Sage Foundation, 1960); Edward Banfield, *Political Influence* (New York: Free Press, 1961).

作为增长机器的城市：城市政治经济学

1970年代早期，有关城市政体的多元主义观遭受激烈批评。其中的部分批评意见认为，多元主义并未坚持客观的政治观，只不过是美国意识形态下的一种根深蒂固的观点。[①] 另一部分批评意见来自城市社会学的其他学派，即精英主义者的批评，他们认为，多元主义者对于众多美国社区中富人和穷人行使多少权力的理解是失败的。但是，针对多元主义观的主要批评却来自一位社会学家——哈维·莫洛奇（Harvey Molotch），他在不经意间为我们提供了有关城市政治的一种全新解释。

多元主义认为，从本质上来看，所有政策和集团在城市政体中都是平等的。每个人都有发言权；每一个集团都能够行使权力；似乎只有政府官员行使更多的权力。曾在芝加哥大学接受过教育的莫洛奇指出，多元主义观点是错误的。并非所有人都会关注相同的议题；并非每个人都有同等的发言权。事实上，莫洛奇坚持认为，对于城市和社区来说，重要的是增长。增长才是城市发展的驱动力；所有其他议题和原则都应从属于它。[②]

莫洛奇写道，城市就像一部增长机器。它大量炮制支持和推动增长的政策。事实上，这才是城市得以**存在的理由**（raison d'être）：

> 事实上，在当今美国的现实条件下，任何给定地区的政治经济本质，就是**增长**（growth）……对增长的渴望，为接受过政治动员的地方精英成员达成共识提供了关键而有效的动机。对于地方在社会和经济改革领域可能的自主选择而言，增长的需要是最为重要的约束力量……因此，地方的本质特征就是作为一部增长机器进行运转。[③]

美国城市的性质就是扩张和增长。房地产经纪人和企业家，是增长的主要支持者。在将城市的土地和空间转化为商品的过程中，他们发挥了巨大的作用。但是，城

---

① Theodore J. Lowi, *The End of Liberalism: The Second Republic of the United States* (New York: W. W. Norton, 1969; 1979).

② Harvey Molotch, "The City as a Growth Machine," *American Journal of Sociology*, 82 (September 1976), 309-332.

③ Ibid., 310.

市的其他参与者也是增长的获益者。莫洛奇指出，政府官员也做好了从增长中获益的准备，因为他们统治的居民人数越多、辖区越大，他们所拥有的权力就越大。最终，城市中出现了一种邪恶联盟——地产商、银行家、政府官员，甚至媒体掮客之间的联盟——由于能够从中获益，不论其中哪一个群体，都会赞成并支持这种增长。

在随后的另外一篇文章中，莫洛奇与约翰·洛根（John Logan）进一步扩展了城市政治理论。① 在吸收其他重要观点——如地理学家戴维·哈维（David Harvey）的观点——的基础上，他们指出，与资本主义制度下其他形式的财产一样，城市也常常受两种价值的影响。② 一是基于市场的评估，即所谓的**交换价值**（exchange value）；二是基于居民对其财产使用的评估，也被称为**使用价值**（use value）。马克思在解释现代资本主义条件下**商品**（commodities）的属性和产生时，首次对两种价值进行了区分。洛根和莫洛奇接着指出，城市的土地和空间本身，也成为起伏跌宕的**商品化**（commodification）历史的主题。

城市中的政治斗争和紧张关系，是围绕着如何以及是否将土地和空间变成商品展开的。他们写道："一直以来，法律的制定和地方监管主要受制于交换价值收益的诉求，尽管有时候不得不面对使用价值的相反要求。"③ 公民对土地有自己的偏好，特别是对于他们自己的土地和他们所处社区的土地。正如洛根和莫洛奇所观察到的，财产所有者和他们的邻居之间存在着几种明显不同的使用价值，包括居民所在社区的"日常事务"、对某地的认同感以及社会支持网络的存在。④ 当地产经纪人和企业家的目标与当地区民发生冲突时，尤其是围绕着土地和空间价值的属性展开时，重大政治斗争就会爆发，常常能从市政厅的政治对抗中看到。

在有关阳光地带城市的一项研究中，奥勒姆（Anthony M. Orum）指出，在那些将土地视为他们可以从中获取利润的人们与将土地视为自己的主要价值所在的人们之间，可能存在着深刻的文化差异。在得克萨斯州的奥斯汀以及阳光地带的其他城市，主要的使用价值在于更为广泛的环境意义：土地是以人为本的。奥勒姆写道：

---

① John Logan and Harvey Molotch, *Urban Fortunes : The Political Economy of Place* (Berkeley: University of California Press, 1987).

② David Harvey, *Social Justice and the City* (Oxford: Basil Blackwell, 1973; 1988).

③ Logan and Molotch, *Urban Fortunes*, op. cit., 37.

④ Ibid., 103-110.

> 一方面，有这样一些人，他们今天纯粹简单地根据当代资本主义的发展来界定土地，即将其视为商品。对于他们来说，奥斯汀本身及其周围的土地，只有在能够被售出之时，才具有意义，而且，这能够为其带来利润，也许是巨额利润……另一方面，还有另外一群人，他们对土地持有完全不同的理念。对于他们而言，人类和自然之间存在着一种特殊的关系，一种平衡关系，一种不能建立在无知滥用土地基础上的和谐。对这一群体而言，土地应该尽可能地保持自然和原始状态，同样也应该更多地用于广大民众的享受，而不是简单地为了大土地开发商或土地私有者的利益。①

事实上，认为大自然兼具内外价值的观念，已经开始成为当今美国许多屈从于发展和增长要求的城市地区的特征，这是在美国植入环保主义作为一种全新而重要的价值观的广泛努力中的一部分。

另外一项研究也强调了地产商和开发商在城市这一舞台上所发挥的作用。社会学家费根和马克·戈特迪纳（Mark Gottdiener）指出，地产商在塑造城市的过程中发挥了重要作用，他们常常以令人难以察觉的方式施加影响，来左右城市的选择。② 其他一些研究城市问题的学者，如苏珊·费恩斯坦（Susan Fainstein），也持有相似的观点。③

将城市和城市政治视为增长机器的观点，在过去的 20 年间已经颇为流行——从某种程度上说，是引证最为广泛的城市政治理论。虽然我们能够听到很多不同声音，也的确听到了很多不同声音，但有一点是非常清楚的，即在 21 世纪初期的美国，城市增长依然是核心议题，而那些鼓吹城市增长的人们，所代表的却常常是那些为自身利益而结成邪恶联盟的行动者的利益。

城市与创意阶层：当今大都市的复兴

很显然，对于今天大多数美国城市来说——如果不是所有美国城市的话——最为

---

① Anthony M. Orum, *Power, Money and the People: The Making of Modern Austin* (Austin, TX: Texas Monthly Press, 1987), 309.

② Mark Gottdiener and Joe R. Feagin, "The Paradigm Shift in Urban Sociology," *Urban Affairs Quarterly*, 24 (December 1988), 163-187.

③ Susan S. Fainstein, *The City Builders: Property, Politics, and Planning in London and New York* (Oxford: Basil Blackwell, 1994).

迫切的问题就是搞清楚如何恢复其昔日的活力。例如，像密尔沃基、克利夫兰以及圣路易斯这样的城市，曾一度是令人引以为荣和蓬勃发展的城市帝国，这些地方曾吸引了成千上万的来自海外和美国乡村地区的居民。如今，这些城市与其他许多城市一样，都在寻求摆脱工业低迷的方法，而且，它们的确那样去做了，它们将目光投向了当今实现巨大增长的中心，如亚利桑那州的凤凰城或图森、加利福尼亚州的圣弗朗西斯科抑或得克萨斯州的奥斯汀等。老城市的官员们一直心存疑问，到底是什么使得这些城市对新居民产生如此大的吸引力？它们何以变得如此具有活力？为了扭转我们的命运，我们必须做点什么？

就在几年前，区域经济学家弗洛里达就上述问题进行了解答。[①] 弗洛里达以帕特南——我们在本书较早部分已经对他的社会资本和政治思想进行了考察——的著作和理论作为出发点。他指出，帕特南是错误的：导致美国在 21 世纪初繁荣和活力的根源，并不是社会资本，而是“创意资本”（creative capital）。创意资本由那些使得个人具有创造性的资源和种种属性构成。它不仅包括诸如一个人受教育的水平，还包括个人兴趣以及对社会多样性的包容度。而且，创意资本集中的地方，也是即将实现巨大增长和充满活力的地方。富有创意的人们惺惺相惜，彼此喜欢在一起。因此，以那些有能力吸引音乐家或艺术家的城市为例，它们也最有可能成为吸引经济实业家——他们有兴趣启动并开展新的商业冒险——的城市。

那么，哪里才能发现这种创意资本的集中地呢？类似圣弗朗西斯科、西雅图以及奥斯汀等城市，都是富有创意的人们高度集中的典型城市。众所周知，这些城市正是过去 30 年间经济实现显著创新和增长的所在地——例如，回想一下科技巨头惠普公司，就是靠当年靠近斯坦福大学的一个车库起家的——通常也是巨大创造力的诞生地。例如，奥斯汀已经成为美国乡村音乐的引领中心，西雅图则成就了库尔特·柯本（Kurt Cobain）的一世英名。* 弗洛里达认为，这种地方的关键因素在于，在城市多种创意类型之间存在着一种协同，正是这种协同推动了进一步的增长。而且，一旦这些城市的故事为人所知，这些城市就成为其他富有创意的人特别是年轻人向往的

---

① Richard Florida，*Cities and the Creative Class*（New York：Routledge，2005）.

* 库尔特·柯本（1967—1994），美国已故著名摇滚歌手，成名于西雅图，组建了震惊世界的涅槃乐队（Nirvana），代表作有 *Smells Like Teen Spirit*，*Come As You Are*，*Lithium*，*About A Girl* 等。1994 年 4 月 5 日，柯本因不堪忍受病痛和各种压力，在西雅图家中开枪自杀。——译者注

地方。

弗洛里达有关城市和创意资本的理论，在很短的时间内即广为流行。正如人们有可能想象到的，它对于美国正处于衰退中的老工业城市的地方官员，具有很大的吸引力。弗洛里达经常接受那些老工业城市的邀请，并在商会演说。但是，他也经常走访许多欧洲城市，向英国和法国的官员们提出如何恢复老城市活力的建议。

小 结

本部分我们讨论的这三种理论，每一种都曾经包含着一个引人入胜的美国城市故事。达尔将城市视为多元和平等权力的舞台的城市观，在 20 世纪中期曾经是最为流行的。但其声望已经降低，尤其是在代表城市增长的力量开始盛行于许多城市的时候。达尔认为，城市中存在着多样化的不同利益，而洛根—莫洛奇将城市视为增长机器的观点，也只是简单地使人们对 20 世纪最后几十年的政治和冲突有了更多的理解。尽管这一观点至今仍然很重要，但它并未提供解决处于衰落中的城市如何复兴这一问题的答案。而这正是弗洛里达在其城市和创意阶级（creative class）的新理论中所阐述的问题。弗洛里达并未纠缠于围绕权力展开的原有争论之中，相反，他为试图超越旧争论的各种城市力量——不仅包括居于主导地位的官员和其他权势显赫的代理人，也包括那些对改善穷人状况有兴趣的人们——提供了一个答案。

重建美国城市

值得注意的是，在最近一段时期，美国的一些老工业城市，在摆脱困境方面，比其他城市更加迅速也更为成功。它们想方设法做出了有助于自身免遭衰落灾难的各种决定，包括引进新兴产业。一些城市甚至做出决定，为其绝大多数居民提供全部福利。尤其是像明尼阿波利斯—圣保罗这样的城市，成功地避免了底特律经历的那种严重衰落，而匹兹堡比密尔沃基做得更好，它将自己从一个世界著名的钢铁工业城市，重建为一个开始以教育机构和高科技产业著称的城市。

那么，为什么一些老工业城市能够更加迅速摆脱衰落？奥勒姆和詹姆斯·格拉姆利克（James Gramlich）认为，所有城市都具有一种被他们称为**“公民资本”**（civic capital）的共同特征。[①] 他们进一步指出，公民资本有四个基本组成部分：一是**愿景**（vision），或城市的总体规划和方向，为城市未来的发展提供蓝图；二是对城市或某地的**郑重承诺**（strong commitment），一般来说，是由大多数居民共同做出的，尤其是发挥主导作用的人物和阶级；三是**联盟**（alliances），即城市政界和经济领域领袖之间的联合，有助于在高层形成集中的权力；四是**桥梁**（bridges），这也是最重要的一个组成部分。它通过诸如“邻里组织”、地方自治组织甚至工会等中介，将城市联盟与公民联结起来。所有上述四种因素，共同构成了一个城市的公民资本。但是，城市的公民资本似乎是各不相同的，反过来，这导致城市在做出有利于大多数居民的决策方面出现能力上的差别。

下面，我们就来详细考察三个不同城市近期的发展情况，这三个城市都曾在 20 世纪初经历过工业增长阶段。明尼苏达州的双子城为推动自身发展，曾想方设法出台各种重要政策。其中最重要的一项决策是，1967 年创建了大都市委员会。创建这一委员会的目的，就是为整个大都市地区的居民提供救助进行决策。它有助于为解决诸如供水和污水处理等地区资源共享问题提供一种决策方式；同样还为帮助解决更多的基本问题，如地方犯罪和当地学校问题，提供了一般框架。

匹兹堡市同样因其所取得的一些成就而闻名。尽管曾遭受 1960 年代和 1970 年代衰退的沉重打击，尽管遭遇了数万居民的流失，匹兹堡还是比其他城市更快地实现了反弹。它竭尽全力创建了一批包括卡内基-梅隆大学在内的一流大学，并具备了吸引新产业的能力。该市还致力于重建城市的中心区域，在黄金三角地建造了一座美丽的公园和居民休闲区。

与双子城和匹兹堡相比，在超越工业化方面，密尔沃基市的努力是非常滞后的。直到最近，密尔沃基市在吸引新产业方面依然束手无策，已经开始迁往该地区的产业也只能落户于边缘地带。在有关当地棒球俱乐部——密尔沃基酿酒人队——未来的发展问题上，对于如何决策，该市依然面临重重困难。而且，该市依然是一个存在严重种族隔离问题的城市——1990 年代种族问题仍然是当地报纸报道的一个主要问题。

---

① Anthony M. Orum and James Gramlich, “Civic Capital and the Construction (and Reconstruction) of Cities,” *Colloqui: Cornell Journal of Planning and Urban Issues*, XIV, 1999, 45-54.

上述三个明显不同的城市，在超越工业化方面有着各自独特的成功经历。奥勒姆和格拉姆利克认为，这些差异可以通过三个城市可用的公民资本数量上的差异来加以解释。在为其居民利益做出种种决策方面，很显然，双子城比匹兹堡和密尔沃基更为成功，它拥有的公民资本似乎是最多的。它拥有许多社区领导培植的强烈愿景；它为了当地居民而做出了郑重承诺，这同样是由商界精英通过当地慈善事业培育起来的；它拥有政治领导人与商界精英结成强大联盟的历史，这一点在1950年代早期他们推动城市中心区复兴的工作中体现得最为明显；它还拥有联结上述联盟与当地公民团体之间的桥梁。匹兹堡拥有几乎与双子城同样多的公民资本：事实上，值得注意的是，1940年代发展起来的联盟和愿景，是诸如H. J. 海因茨（H. J. Heinz）和戴维·劳伦斯（David Lawrence）等政界和商界主要精英为了城市的未来而发动的。它有可能缺失的是将城市联盟和公民团体联结起来的稳固桥梁。密尔沃基在公民资本方面是最薄弱的，人们不必为此感到惊讶。事实上，根据我的研究，至少直到最近，似乎密尔沃基所具备的最明显元素，就是联盟。至于承诺、愿景以及桥梁等元素，密尔沃基显然一直是缺乏的。

因此，简而言之，三个城市之间的比较表明，拥有公民资本越多的城市，就越有能力出台有利于大多数公民的各种政策。尽管这一结论还有待检验，却是极具启发性的。

城市与全球新经济

当今时代最伟大的变化之一，就是全球新经济的发展。在大量新的信息技术的推动下，如今人们与公司相互之间比以往任何时候都更加紧密地联系和交织在一起。到处都能感受到这种影响的存在，包括大都市地区及其居民中间。尽管这些影响未来将以何种方式呈现出来仍然是个未知数，但是，我们可以根据几年前所做出的有趣猜测来加以判断。①

---

① H. V. Savitch, *Post-Industrial Cities: Politics and Planning in New York, Paris and London* (Princeton, NJ: Princeton University Press, 1988); *Preparing for the Urban Future: Global Pressures and Local Forces*, Michael A. Cohen, Blair A. Ruble, Joseph S. Tulchin, and Allison M. Garland, eds. (Washington, DC: Woodrow Wilson Center Press, 1996).

全球城市

社会学家兼城市规划师萨斯基娅·萨森（Saskia Sassen）提出了一个有关全球力量的最引人瞩目的观点。① 她认为，特别是东京、伦敦和纽约这三个城市，已经成为全球城市。她指出，在这些城市中，经济已经实现了由重工业占据主导地位向新兴部门——金融、地产和信息技术——占据主导地位的转变。在这些部门内部，就业已经有了巨大增长，巨额财富业已形成。纽约市像唐纳德·特朗普（Donald Trump）这样的地产大亨，已经蹿升至富豪榜的首位；而华尔街的金融部门，在过去的十年间，已经攫取了巨额利润和财富。信息技术公司也有不俗表现，始终保持着快速增长的势头——当然，不仅限于纽约，尽管它已经成为这些新型公司的一个家园。

在世界经济发展的这种后工业化阶段，其他重要趋势也明显地表现出来。萨森认为，存在着一种基于新型企业和大都市本身性质的财富日益不均衡的趋势。实际上，极端富裕阶层和赤贫阶层的人数均日趋增长。富人在新产业中占据着专业岗位和管理岗位；穷人则位居职业之梯的最低端，在服务业中从事薪水微薄的工作。而且，随着这些岗位的开放，它们同样也成为众多涌入这些大都市的新移民的选择，尽管只有微薄的工资，却为他们提供了就业。萨森指出，这些趋势最终将对城市政治产生实际影响，例如加剧贫困，随着贫困的加剧，有必要制定旨在救助城市新贫民的明确政策。②

萨森还指出，新的全球城市已经成为一个自成体系的世界。其经济政治行为体之间相互保持着行动上的一致，而不是与其所在国家保持一致的步调。例如，与本国其他地方的同行相比，伦敦的财务经理更善于留意东京或纽约财务经理的行动。事实上，超越民族国家疆域和边界的新商业帝国正在建立。这种观点是早期观点的一种扩展，巴尼特和米勒两人在论述多国公司的产生和发展时曾提出过类似观点（见第七章）。事实上，萨森将这一观点拓展用于考察上述三个大都市的性质及重要后果，如

---

① Saskia Sassen, *The Global City: New York, London, Tokyo* (Princeton, NJ: Princeton University Press, 1991); Saskia Sassen, *Cities in a World Economy* (Thousand Oaks, CA: Pine Forge Press, 1994).

② 也可参见 *Dual City: Restructuring New York*, John H. Mollenkopf and Manuel Castells, eds. (New York: The Russell Sage Foundation, 1991)。

收入和财富的两极分化。

萨森有关三个现代化大都市的观点，将诸如美国、日本以及英国的其他城市的优势等级降到了较低的层次。很早以前，生态学家就主张，城市的生存所依据的是建立在商品流通和交通基础上的优势等级，而萨森现在却提出一种建立在全球经济发展基础上的新优势。尽管萨森的观点不失典雅和吸引力，但在这一点上，终究也不过只是一种推测。经济学家认为，我们所看到的财富两极分化，也许应归因于其他力量和因素。此外，其他大都市地区是自然而然地被推向新的全球城市，还是将继续受到本国文化和政治的塑造和改造，仍然是有待观察的。

其他后工业化城市

萨森的分析以及世界经济性质的变化所引发的现实问题之一，就是城市间相互趋同的程度，抑或城市仍然受到本国独特文化束缚的程度。一些分析家站在趋同论的立场上宣称，世界上的城市正变得越来越相似。迈克尔·A. 科恩（Michael A. Cohen）就是这样进行分析的，他坚持认为：

> 导致（南北半球）城市失业的原因当然是不一样的，但其表现形式和后果，即使并不完全相同，至少也是相似的。在服务行业就业的低收入工薪阶层的人数日益增长，对于许多人来说，要面对获得必需的城市服务和满足基本需求的日益上涨的成本。无家可归、年轻人失业、穷人日益严重的社会问题——包括犯罪和毒品——无论在北方城市还是南方城市，都明显存在着。①

不过，这种分析存在的问题在于，它通过对相似结果的不同原因的忽略，彻底忽视了单个国家及其地区的历史和文化因素的影响，因而无法提供一以贯之的对策。

有一点是清晰的，那就是世界上许多老工业城市，正在采取政治行动改善自我，并试图改变趋于相似的宿命。在一项富有洞见的深刻分析中，弗吉尼亚联邦大学城市研究和规划学者吴卫萍（Weiping Wu）教授发现，分布于迥然相异的世界各地的几个

---

① Cohen, "The Hypothesis of Urban Convergence," in *Preparing for the Urban Future*, op. cit., 29.

城市——纽约、巴塞罗那以及圣地亚哥，在其后工业发展阶段，既存在着重要的相似之处，也存在着重大差异。[①] 借助萨森的研究，吴卫萍着重强调了纽约所发生的重大变化，特别是制造业工作的减少，以及最富有阶层与赤贫阶层之间日益扩大的收入差距。她指出，这种不平等最终有可能导致严重的政治后果。但同时她也注意到了城市想方设法消除这种不平等的努力，以及城市正在采取何种措施改善穷人的生活。[②]

巴塞罗那这座城市，曾经拥有重要的制造业基地，具备消除工业损失和其他原因造成的衰败的能力，原因就在于它“通过确立城市愿景、培育公众共识以及鼓励公私合作来刺激竞争性经济的发展”[③]。而且，巴塞罗那的政府官员采取重要措施来改善其境遇，还设立市政基金以使其从众多制造业岗位的损失中恢复元气。相比之下，圣地亚哥却有着完全不同的经历。与许多其他拉美城市一样，圣地亚哥市内居住着许多已失业多年的贫民。该市还存在着严重的污染和交通拥堵问题，以及更为严重的自然衰退。但是，智利政府在 1970 年代中期将很多资源转移到圣地亚哥，而该市本身也试图吸引更多的新产业。因此，与世界上其他许多更古老的工业城市不同，圣地亚哥再次遭遇种种挑战并试图克服它们。简言之，吴卫萍发现，虽然城市各不相同，而且许多城市面临着工作减少和贫困增长的挑战，但是，像纽约、巴塞罗那以及圣地亚哥等城市，有能力通过中央和地方政府合作发展的模式，尤其是通过向城市移交更多自主权和转移资源的途径，来化解这些挑战。

主要发展中国家和地区的试验：中国、韩国

当今时代最重要的试验之一就是中华人民共和国正在进行的试验。自“文化大革命”结束以后的 1978 年以来，在邓小平领导的改革过程中，中国政府一直致力于将两种明显不同的力量——由一个占主导地位的政党及其领袖控制——与实施新经济改革相结合。关于中国城市地区的发展，特别是像上海这样的城市，一些最富有想象力的措施事实上已经开始实施。中国政府已经授权这些新区域——实际上是整个地

---

① Weiping Wu, “Economic Competition and Resource Mobilization,” in *Preparing for the Urban Future*, ibid., 123-154.

② Roger A. Waldinger, *Still the Promised City: African-Americans and New Immigrants in Postindustrial New York* (Cambridge, MA: Harvard University Press, 1996).

③ Wu, op. cit., 134.

区——一种以往不曾拥有的自主权，希望借此来刺激和发展当地经济，并最终推动整个地区经济的发展。

几个不同的发展中国家和地区，正在尝试建立新的地区经济区。在中国大陆，这种经济区已经以“经济特区”而著名，而在中国台湾地区和韩国，是以“自由经济区”而为人所知。建立这种经济区的目的，就是通过向外国投资者提供特殊的优惠措施，来推动当地乃至全国的经济发展。特殊优惠措施包括诸如较低的所得税率以及较少的贸易限制等方面。在台湾地区，这种经济区最早于 1960 年代中期建立，韩国是 1970 年代；而中国大陆是 1979 年，就在“文化大革命”结束以后不久。迄今为止，它所产生的结果，符合官员们的预期。① 在每个国家和地区，这些经济区的建立都对外国企业的投资产生了巨大的刺激作用：日本在台湾地区和韩国投资巨大，而澳门和香港直到 1990 年仍然是中国深圳的主要投资者。每个经济区的人口也实现了快速增长。中国的试验也许是所有经济区中最有希望的。在 1979—1990 年间，深圳的公司数量从 224 家增长至 2 470 家。劳动力也实现巨大增长——深圳现在已经成为最富有吸引力和最现代化的中国城市之一。深圳的投资速度不仅为当地人的富裕做出了贡献，而且似乎已创造出跨越地区界限的财富——这正是设立经济特区的初衷。

这种经济区体现了发展中国家和地区的新型经济试验。希望在于，由它们所带来的经济发展，既为国家和地区带来了直接利益，也充当了其他城市和企业有可能实现的一种模式。中国的试验是最不同寻常的，原因在于，尽管城市代表了意在鼓励外国投资的一种自由经济区，但整个试验都是在国务院的管控之下进行的。因此，深圳所代表的是中国努力将社会主义政府与自由市场经济结合的一种模式。除了经济特区这种创新以外，中国政府也允许诸如上海等地的地方城市官员，对当地事务行使更大的自主权②，既包括当地政治管理领域的自主权，也包括经济领域的自主权。在上海，也出现了像浦东这样的新经济区，在这些新经济区中，政府所做的努力就是在国外企业和金融部门中培育新生力量。

---

① Xiangming Chen, “The Changing Roles of Free Economic Zones in Development: A Comparative Analysis of Capitalist and Socialist Cases in East Asia,” *Studies in Comparative International Development*, 29 (Fall 1994), 3-25.

② Xiangming Chen, “Urban History as Contemporary City (Re) Building: Shenzhen's Rise and Shanghai's Renaissance in Post-Mao China.” Paper presented to 55th Annual Meeting of the Midwest Political Science Association, Chicago, April 10-12, 1997.

中国政府现在允许地方拥有较大的自主权引发了这样的问题，即所获得的经济上的回报是否能够抵消所有负面影响？尤其重要的是，如果经济特区抑或上海出现了财富和收入上的两极分化，那么，有可能会导致什么样的政治后果？尤其是对这种两极分化的抵制升级时，政府能有多少回旋余地？这些都是有趣而重要的问题，而且，有可能对中国新的试验——一个强大的社会主义政府，试图在经济领域进行深度改革——构成严重威胁。

结　论

在过去的30年间，世界经济以及民族国家的性质和结构都发生了巨大变化。民族国家本身已经在多方面感受到了这种变化。本章我们考察了美国大都市政府的地方结构，也考察了世界形势对美国地方发展的影响。此外，我们还讨论了在全球新经济语境下城市所具有的属性，并对其中一些新出现的城市形态，例如全球化城市形态，进行了探讨。

美国以及世界其他地方的大都市的生活和政治，在相当短的时间内已经发生了戏剧性变化。在一个正在经历深刻而急剧变化的世界，城市及其市民创造一种体面而成功的生活的努力依旧是相同的。尽管老工业城市所面临的问题似乎最具有挑战性，但是，世界上那些处于迅速发展阶段的城市，尤其是亚洲城市，同样面临着令人烦恼的问题。

第九章

政　党

在2004年美国大选中，出现了大量有关美国地缘政治的讨论。观察家们热衷于谈论“蓝州”和“红州”，前者指的是那些主要分布于沿海地带且支持民主党的各州，后者则指基本占据中心地带且支持共和党的各州。这种政治分歧使得一些权威政治人士从政党的角度来分析造成当今美国分歧的深层原因：共和党及其支持者在美国占据优势地位，代表的是最保守的理念；民主党及其支持者则被视为自由、激进的代表，尤其是对布什政府及其发动的伊拉克战争抱有深深的怀疑。如果所有这些讨论都是可信的，美国就不再是一个因笃信自由和民主理念而凝聚在一起的国家。事实上，当共和党人几乎全体一致地对国家的发展方向深感满意之时，民主党人却似乎充满愤怒，而且几乎全体一致地表现出对总统及其政府引领方向的极度不满。

不管这种分裂最终会导致什么样的后果，显而易见的事实是，在当今美利坚合众国的运转过程中，政党发挥着非常重要的作用。政党官员们对美国未来的看法差异很大，而且，他们殚精竭虑想尽各种办法来唤起其支持者的激情。[①] 纵然多数人只是在选举期间对政党体制的运行持积极态度，但是，政党本身依然在美国人的日常生活中扮演着重要角色——特别是在今天，在一个新的恐怖主义行动、美国在伊拉克和阿富汗失败以及诸如朝鲜和伊朗等国家时隐时现的麻烦等新闻报道每日不绝于耳的世界中。

本章我们将从政治社会学的角度考察政党的性质。我们试图提出以下一系列关键问题：政党何以产生？政党要服务于其他组织无力实现的特殊目标吗？政党怎样力图避免试图阻挠它们攫取权力的政治家的努力？在本章中，上述问题以及其他一些问题将服从于同一主要议程的需要。我们尤其要思考下列话题：现代政党的特征与起源、现代政党与老政党的组织结构的变化、政党组织的内部政治、政党的性质和发展以及当代美国政治中的政党认同。

现代政党的特征

现代政党发轫于19世纪。在其诞生地美国，各种党派在1800年总统大选前渐渐

① 一些敏锐的分析家指出，当前民主党与共和党之间刻薄的争论，主要是政党官员与政治家之间的争论，而不是政党官员与广大公众之间的争论。参见 Morris P. Fiorina with Samuel J. Abrams and Jeremy C. Pope, *Culture War? The Myth of a Polarized America* (New York: Pearson, 2005)。

为人所知，但是，真正现代政党的标志——强大的组织和公众的参与——直到 1820 年代和 1830 年代才出现。在英国，尽管政党俱乐部和各种派系在 19 世纪政治来临之前就已经存在了，但只有在 1832 年选举改革之后特别是 1867 年之后，政党才发展成类似当代美国这种组织形式。在欧洲其他地方，现代政党的发展比较缓慢；例如，在斯堪的纳维亚国家，现代政党直到 20 世纪初才出现。[①]

在英美两国政党的发展演化过程中，它们逐渐具备了与现代政党相联系的许多特征。威廉·尼斯比特·钱伯斯（William Nisbet Chambers）在对美国早期政党——汉密尔顿和华盛顿的联邦党与杰斐逊的共和党——的权威分析中，通过对政党前身各种小集团和派系的比较分析，确定了现代政党的几大特征。[②] 首先，钱伯斯注意到，现代政党拥有一个积极的领导集团，承诺致力于政党而不是个体人格的发展。相比之下，俱乐部或小圈子则是一种典型的个人之间的联盟。它不是靠特殊的政党标签来实现认同的，而且，其成员对个人发展的关注远远超出对他们所隶属的集团的关注。其次，钱伯斯指出，为推动自身发展以及实现在政府中发挥作用的目标，现代政党已经进行了特殊的筹划，包括积极参加竞选的实践、公职候选人提名的技巧以及保持高级政治职位所需要的特殊妥协艺术等。对于政治家的俱乐部和小集团来说，这些东西似乎都是很陌生的。再次，政党还包含大量广泛的利益相关者和支持者，其中每一个都试图左右政党领袖的观点。相比之下，俱乐部则只是基于范围狭窄的关注者。有凝聚力的纲领或意识形态，产生于现代政党的结构和行为，在某种程度上不过是进一步确保政党在政府内外延续性的一种手段。俱乐部或派系则几乎从未提出过原则性的纲领或声明。最后，钱伯斯指出，现代政党过于依赖公众的支持来保持其执政地位，因而试图征集并塑造公众舆论；而宗派或小圈子属于高度独立的组织，对于广泛的公众支持显示出较少的关注或需要。

这就是现代政党的主要特征。我们应将其视为韦伯理想模型的一种典型代表，是对世界各地大量现代政党相似特征的一种抽象。[③] 不管怎样，正如我们不久将要看到

---

① 对于不同国家政党历史的全面而深刻的分析，参见 Sigmund Neumann，*Modern Political Parties：Approaches to Comparative Politics*（Chicago：University of Chicago Press，1956）。

② William Nisbet Chambers，*Political Parties in a New Nation：The American Experience 1776－1809*（New York：Oxford University Press，1963），Chapters 1 and 2，especially 45－49.

③ Max Weber，*The Methodology of the Social Sciences*，translated and edited by Edward A. Shils and Henry A. Finch，with a Foreword by Edward A. Shils（New York：The Free Press，1949），80.

的，现代政党之间存在着相当大的差别。下面，我们首先来考察现代政党的起源问题。

现代政党的起源

关于现代政党的起源，有许多相当出色的理论和解释。[①] 有些人采用特殊的历史视角，试图在特殊环境和民族国家背景下，对政党的起源进行定位。[②] 其他人则采用广泛的比较方法，根据众多国家政党的共同特征来确定现代政党的起源。[③]

其中一个最吸引人、最使人感兴趣的关于现代政党起源的解释，来自政治科学家约翰·奥尔德里奇（John Aldrich）。[④] 前文我们曾探讨了有关政治行为的理性行为理论或理性选择理论（rational choice）。目前，这些理论在政治科学家中非常流行，而且正在吸引政治社会学家越来越多的注意力。[⑤] 这些理论假定，人们选择参与政治的动机和理由是极其自私的。也就是说，如果你选择投票支持或参与某一特殊的政治组织，其原因是你相信你将从这种行为中获得某种特殊利益。奥尔德里奇由此发展出一种关于政党起源的理论，这种理论建立在理性选择理论的基础之上。

让我们举例来说明这种理论如何发挥作用，以及当我们运用这种理论时会遇到哪些问题。假定你对所居住社区街道上的垃圾非常关注。为了改善当地环境，你所在群体和你的邻居决定让你负责清理街道垃圾。于是，你决定成立一个组织，将邻居们组织起来，并要求当地政府处理好社区街道的垃圾。从理性选择理论的角度看，你所组

---

① 例如，参见 Hans Daalder, “Parties, Elites, and Political Development in Western Europe,” in *Mass Politics in Industrial Societies: A Reader in Comparative Politics*, ed. Giuseppe Di Palma (Chicago: Markham Publishing Company, 1972), 4-36; Maurice Duverger, *Political Parties: Their Organization and Activity in the Modern State*, rev. ed., trans. Barbara and Robert North (New York: John Wiley & Sons, Inc., 1959)。

② 例如，有关这方面的情况，参见 Neumann, *Modern Political Parties*。

③ 关于这种形式的最常见的解释是，将美国和西欧政党的起源追溯至 19 世纪选举权的扩大。例如，参见 Leon D. Epstein, *Political Parties in Western Democracies* (New York: Frederick A. Praeger, 1967), 19-26。

④ John H. Aldrich, *Why Parties? The Origin and Transformation of Political Parties in America* (Chicago: University of Chicago Press, 1995). 也可参见 John H. Aldrich, “Rational Choice and Turnout,” *American Journal of Political Science*, Vol. 37, No. 1 (February 1993), 246-278。

⑤ 在《政治社会学手册》中，有一批描述政治社会学现状的文章，编者们指出，理性选择理论是挑战当今世界政治社会学一些重要原理的两大理论之一。参见 Thomas Janoski, Robert R. Alford, Alexandere M. Hicks, and Mildred A. Schwartz, eds., *Handbook of Political Sociology* (Cambridge, UK: Cambridge University Press, 2005)。

成的邻里组织是对你们所遇到的难题的一种理性回应。你们所有人都明显地看到了其中的获益，而且你们认定获益将大于所付出的成本，包括时间甚至是金钱等，这些成本是你们为了组织起来并到市政厅提出解决问题的要求而不得不付出的。

奥尔德里奇运用相似逻辑来分析美国政党的形成。他指出，政党应该被视为这样的组织，即由旨在寻求官职和权力的野心勃勃的政治家和政党官员所发明并加以利用的组织。它们不是某种短暂的历史环境的简单产物，它们的应运而生源自它们有助于政治家以一种理性的方式解决不断复发的难题。例如，谋求官职者必须动员并劝说人们投票支持自己。政党于是成为这种谋求官职者有效争取选民支持的工具。政党拥有组织工具和财政资源，可以助谋求官职者一臂之力，政党还掌握着惯常的利用和说服人们如何投票的手段。总的看来，政党不仅被利用于实现诸如政党官员这样的重要人物利益的最大化，还被用于实现参与成本的最小化。此外，它们还以不同的方式发挥作用，这取决于政党是在政府内运作还是为了确保获得选民的选票。

现在，你也许会认为，对政党起源的这种考察方式过于简单了。例如，它似乎忽略了历史因素以及外部力量和机构如何对政党的生存产生影响。但是，奥尔德里奇坚持认为，我们仍然可以根据理性选择理论来思考政党，其前提是：一方面，我们需将政党看作一种为了应对政府或选区变化而进行变革的机构；另一方面，我们需将谋求官职者看作为了回应这种变化而改变自私行为的人。例如，当现代政党——定期大会、集会、游行以及忠诚的专业队伍——在 1830 年代开始出现时，它的确是为了赢得选民的广泛支持。谋求官职者和政党官员意识到，为了赢得职位，政党不得不发动选战并行之有效地将触角伸向日益庞大的选民队伍。因此，为了赢得大量选民的支持并说服他们投票支持政党，就必须改变政党的组织元素。奥尔德里奇还指出，当今的政党组织在许多重要方面已经发生了变化，部分原因是官职候选人现在可以利用诸如电视等其他工具来争取选民。尽管在某些方面政党组织依然与以往一样强大，但他却坚持认为，试图谋求官职并攫取政府权力的自私的政治家和政党官员们，正在以不同的方式对政党加以利用。

奥尔德里奇的理论，特别是在对美国政党的起源和运行的解释上，是极其有趣和令人信服的。他用理性选择理论的几个基本原则，对政党官员和选民的大量行为进行了解释。尽管他的观点与政治社会学奠基人物的观点有着极大的不同，但在某些方面却是相通的。与曾经探讨过政党问题的韦伯一样，奥尔德里奇非常严肃地将政党视为现代社会中能够塑造政治行动的一个行为体。而与韦伯不同的是，奥尔德里奇并未将注意力过多地集中于历史或比较环境，而是明确地将注意力集中于政党的终极目标，以及在现代世界中，自私自利的行为者如何利用政党来确保权力。

现代政党的变化：当前和以往模式的独特之处

在本章开始我们所介绍的现代政党这一概念，对于帮助我们理出头绪从而更好地理解真实世界，应该能够发挥一种指导作用。不管怎样，正如所有抽象概念一样，这一概念所代表的是许多共性的一种复合形式，当然也存在一些细微差别。它通过向我们展示迥然不同的集团之间的共性，加深了我们的理解；然而，由于对重要差异的漠视，也妨碍了更深层次的探讨。在本部分，我们将通过审视当代以及早期的一些变化，来对其中一些差异进行考察。

当前模式

对当前政党的差异最富有启发性的探讨，也许能够在莫里斯·迪韦尔热（Maurice Duverger)《政党：在现代国家的组织和行为》一书中找到。迪韦尔热对政党结构进行了详细分类，他用来区分政党的两个标准——它们的结构单元和党员构成——引发了特殊的关注。①

结构单元 在迪韦尔热看来，现代政党的结构单元包括三种形式：核心会议、基层组织和支部。迪韦尔热指出，通过对这些单元的结构和行为进行严谨的考察，能够更好地理解政党的性质和相对效能。

例如，核心会议是美国民主党和共和党的一个典型特征，它作为一种组织却有相当大的局限性。它的专职党员为数较少，而且，在发展党员方面，它仅仅在公众中谋求最低限度的扩展。它很少为了在更广泛的范围内激发更多的热情和支持而付诸努力，原因在于，它希望成为一个严密的以及在更大程度上精挑细选的组织。此外，它

① Duverger, *Political Parties*, rev. ed.

还是一个囊括广阔地理范围的组织；美国政党的核心会议覆盖了诸如县市等大型单元。与其有限的扩展目标相一致，核心会议的运行建立在周期性的活动基础之上，只有在选举期间才会活跃。

在较低的组织层面，核心会议的领袖就是典型的选区领导人和其他代理人，其职责是在选举期间监督选民是否投票支持本党的候选人。选区领导人还负有为政党提名大会的召开而在党员中传递信息和鼓动热情的责任，这种提名大会是党的追随者为了推举公职竞选人员而组织的为数不多的场合。不管怎样，党员在候选人选拔过程中很少发挥重要作用；选择候选人的重任是由党内主要人物来承担的。①

尤其是在与基层组织和支部两种形式进行比较时，迪韦尔热对于核心会议的作用是持鄙视态度的。例如，他指出，在欧洲各国，核心会议日渐式微，通常为基层组织或支部所取代。迪韦尔热观察到，核心会议在美国仍然是一种有活力的组织形式，这在很大程度上是因为它似乎更能融于美国独特的历史背景，尤其是个人主义的影响和阶级意识的淡薄。② 此外，他注意到，“核心会议是政党结构的一种陈旧形式（原文如此）……在其构成和结构中（软弱的集体组织、优先的个人考虑），它们所代表的是中产阶级上层和下层的影响……直接适宜于大众的更为有效的征募技巧（如支部制度），常常导致核心会议的衰落”③。

而作为大多数欧洲社会党特征的支部，则在很多方面根本不同于作为政党一种组织形式的核心会议。总体上看，支部代表了一种高度集中的组织形式，在其内部，党员被一种复杂的劳动分工紧紧束缚着，强调的是一种显而易见的自上而下的控制。它吸收了为数众多的党员，新的支部成立后，党员队伍继续扩大，并试图在公众中建立自己的广泛基础。它通常对更广泛的社会采取开放的立场，希望由此将自己建成一个永久性的广泛的参照标准，并能够动员人们实现各种目标。

支部的明显特征之一就是，它存在的目的已经不再仅仅限于为候选人竞争高级官职争取选票。例如，这有助于对支部何以在公众中采取扩张主义的方式进行解释。这同样也说明了支部活动的规律性和强度；支部的领导人试图与其成员保持经常交往，

---

① Epstein，*Political Parties in Western Democracies*，Chapter 8.

② Duverger，*Political Parties*，22-23. 当然，迪韦尔热不是唯一指出美国制度具有这些显著特征的美国历史观察家。

③ Ibid.，20-21.

并鼓励成员之间建立非正式的联系。例如，社会党的支部一般每月举行两次会议，除了更多的与选举相关的日常信息外，这种会议还提供了一种广泛的政治教育形式。

很显然，支部与核心会议相比，迪韦尔热更喜欢前者，其中部分原因在于，他相信，支部能够使所有人在党内事务中发挥更为突出的作用，因此，从根本上说，它是更民主的："毫无疑问，核心会议是不民主的……这种由半指定性的名人组成的小型秘密团体，显然带有寡头特征。另一方面，向所有人开放的、而且领导人由成员选举（至少理论上如此）的支部，符合政治民主的要求。"①

现代政党结构单元的第三个也是最后一个主要形式，是在很多方面与支部相似的基层组织。例如，像支部一样，基层组织总是试图在公众中扩大其党员基础，并通过定期会议和广泛宣传积极寻求新成员。作为欧洲共产党的一项发明，基层组织也具有两种使得它比支部更为紧密地团结起来、更具有凝聚力的特征。其一，基层组织建立在个人职业场所而不是居住地基础之上——它不像支部那样以社区或行政区为单位，而是以工厂的工作间为单位。这自然而然地使基层组织在其成员中具有了异同寻常的牢固基础和生机，并由此确保了其成员在心理上的忠诚。其二，基层组织的规模要小于支部的规模；支部所拥有的党员人数一般要超过 100 人，基层组织则很少能达到这种规模。相对较少的党员人数，为基层组织提供了一种保证其成员紧密团结和忠诚的特殊基础。

迪韦尔热进一步指出，基层组织代表了政党概念的一种深刻变化。组织核心会议主要是为了获取选举的胜利；建立支部的目的，除了赢得选举胜利外，还旨在在公众中建立追随者的广泛基础；基层组织的成立则是推翻现存政府秩序的手段之一。而且，他观察到，"政党（在基层组织领导下）不再是一个意在赢得选票、组织代表以及保持与选举人之间联系的机构，而变成一种鼓动、宣传和惩罚的工具，如果有必要，甚至可以成为一种秘密行动的工具，对于它们而言，选举或议会辩论仅仅是几种行动方式中的一种，而且是一种次要方式。决不能过分强调这种变化的重要性。这标志着政治制度与它所产生的确保其运行的组织之间的一种决裂"②。

党员构成 迪韦尔热认为，解释现代政党的差异并就此阐明它们的相对优缺点的

---

① Duverger, *Political Parties*, 26.

② Ibid., 35-36.

第二种方式，就是在党员构成基础上进行分类。基于这一标准，主要分为两大类政党：**干部党**（the cadre party）和**大众党**（the mass party）。与美国政党最为相似的干部党，是一个党员名额有限的组织，其党员资格只限定于少数人，而且试图吸引重要而令人熟悉的面孔——他们能够为党提供一流的形象。这种政党的组织较为松散，很少对其社会中的组织基础保持高度控制。而且，干部党似乎只是为了自己的选举斗争在做准备。因此，其领袖所感兴趣的主要是：保持与候选人之间的联系、鼓动公众（党员和非党员）参与选战、赢得选民的忠诚而不是公民本身等。迪韦尔热进一步断言，干部党普遍处于衰落之中——至少在西方国家——在19世纪末20世纪初，在大多数地方，干部党已经被大众党所取代。

大众党本质上是现代选举权普遍扩大的一个产物，带有以支部—基层组织为基础的欧洲社会党和共产党的典型特征，它所感兴趣的除了在选举中获得选票外，还包括热衷于为本党的事业争取追随者。因此，它试图获得大众广泛而热烈的支持。由于它的主要兴趣在于吸引追随者，因此，它创建了一套征募和登记大批交费党员的复杂机构。而且，清晰地辨别大众党内党员的层次或等级，是非常有必要的。这样的层次和等级包括三种类别：支持者，他们只是交费而不经常出席党的会议；激进分子，他们是党内的积极分子，是党的事业成功的依靠；核心集团或核心层，它彻底控制着政党结构的所有方面。

迪韦尔热所使用的这些或其他分类方法，尽管饱受诟病，但仍然富有启发性，仍然是很有用的。① 例如，迪韦尔热注意到这样一个事实：像美国政党一样，干部党——以核心会议为基础的政党，从历史上看，倾向于在议会内部产生；按照他的观点，这或许可以解释为什么它们也保留了对在大众中吸收党员的限制以及对精英品质的强调。相比之下，以支部或基层组织为基础的大众党，如欧洲的共产党和社会党，则产生于议会之外；这也许能够说明大众党为什么会对民众的参与产生较为强烈的回应，以及为什么它们频繁地尝试将更多的基层党员提拔到领导岗位。

候选人竞选组织 近年来，政党结构已经发生了令人瞩目的变化，特别是在美国，情况更是如此。其中最重要的是候选人竞选组织（candidate campaign organiza-

---

① 例如，关于这些批评，参见 Aaron Wildavsky，“A Methodological Critique of Duverger's Political Parties,” *Journal of Politics*，21 (May 1959)，303-318；Epstein，*Political Parties in Western Democracies*，Chapter 2 and 4。

tions）的发展，尤其是主要政治职位候选人的竞选组织的发展。这些竞选组织高度依赖特定候选人的感召力，并负责为严酷的竞选本身筹集巨额选战基金。它们甚至已经成为巨额资金汇集到候选人的工具，这些资金常常在真正的选战开始之前就已经准备就绪。例如，1999年秋，布什甚至在离选举还有一年多的时间时，就已经筹集了5 000万美元的竞选基金，这是美国历史上所有总统候选人曾经筹集到的最大数额的竞选基金。而且，在2004年总统大选中，布什和约翰·克里（John Kerry）两位总统候选人的竞选开支超过了2.5亿美元。

这些新产生的候选人竞选组织，本质上是独立于政党而运行的，其结果是已经限制了政党的影响，即使在美国，也导致对政治候选人个人实力的过分强调。但是，此前很多年V.O.基（V.O.Key）在有关美国政党本质的重要分析中就已经指出，这是美国政党政治性质的一种长期发展趋势。欧洲的情况与此不同，政党依然是任何政治竞选活动的重要组成部分，它使得政治竞争和对抗具备了一种重要的结构上和意识形态上的完整性，而这些常常是美国所缺少的。

选举规则 政治和政治组织的历史，为我们提供了理解政党一般性质和欧美政党之间差别的一把钥匙。另一把钥匙甚至更为重要，那就是选举规则本身的性质。①

长期以来，大多数欧洲大陆国家的选举制度，一直是以所谓的**比例代表制**（proportional representation）或它的一些变种为基础的。这种选举制度，是根据候选人在选举竞争中所获得的选票比例来分配议会中席位的一种方式。例如，假设有100个可供选举的席位，这些席位将根据政党所获得的选票比例进行分配。政党A获得35%的选票，那么它将在竞争中获得35个议会席位；同样，政党C获得了10%的选票，那么，它将获得10个议会席位。这种方法是整个民主国家最常见的一种方法，通过这种方法，许多政党都有可能在国家议会中获得代表权。②

美国的选举方法与此大相径庭。它实行的是一种多数选举制度，即**胜者通吃**（winner-take-all）。在一次选举或一个选区中，谁获得了多数选票，谁就将成为赢家。

① 有关选举法及其对政党政治影响的两部优秀著作，参见Douglas W. Rae，*The Political Consequences of Electoral Laws*（New Haven，CT：Yale University Press，1967）；Arend Lijphart，*Electoral Systems and Party Systems：A Study of Twenty-Seven Democracies 1945—1990*（Oxford，UK：Oxford University Press，1998）。

② 事实上，代议制方法远比这种简单解释提供的内容复杂得多。可以通过不同的方法来确定政党实际获得的代表席位。黑尔体制（Hare system）与我所提供的这种解释更为接近；其他方法对于选举结果的影响有些细微差别。参见Lijphart，ibid.，Appendix A。

这种长期影响已经导致两大主要政党——共和党和民主党——之间的竞争。其他政党则由于所得全部选票份额无法获得任何形式的代表权，只能被迫出局。

由于选举规则形式上存在的差异，导致几种明显和并不十分明显的不同后果。其一，美国的选举制度使得第三党不可能在联邦和州议会中获得任何形式的连续代表权。在美国历史上，曾有大量第三党候选人参加公职竞选，其中包括西奥多・罗斯福（Theodore Roosevelt），他在 1912 年大选中以进步党候选人身份赢得大选。斯特罗姆・瑟蒙德（Strom Thurmond）在 1948 年以微不足道的南部民主党候选人身份参加总统大选；而最近的例子，就是罗斯・佩罗（Ross Perot）在 1992 年和 1996 年两次大选中，打着独立党的旗号竞选总统。作为一个第三党的候选人，佩罗的表现比最近的记忆中任何其他候选人都要好，他获得了几乎 20%的选票。由于佩罗的参选，使得克林顿在总统大选中仅以简单多数而不是绝对多数普选票赢得了总统职位，这使得佩罗名声大噪。总统候选人资格，也使佩罗付出了巨大代价——他个人为大选支付了数以百万美元计的费用——而在 1996 年大选时，他却没有获得同等数量的普选票。1998 年，摔跤明星杰西・文图拉（Jesse Ventura）以独立党候选人身份成功当选明尼苏达州州长，这是自罗伯特・拉福莱特（Robert LaFollette）在威斯康星州以进步党名义参选并获胜以来，此类第三党首次在州长竞选中获胜。

在欧洲和美国，选举规则形式上的差异所产生的另一个重要后果就是，与美国政党相比，欧洲政党始终更为严重地依赖带有强烈意识形态色彩的纲领和诉求。当政党试图获得一定份额的选票时，比例代表制允许政党在特定意识形态纲领和诉求的基础上参加竞选。一般而言，它有利于少数派代表。① 显然，当欧洲绿党企图基于重要的环境问题展开竞选时，这种方式对于其崛起是极为有益的。总体上来看，比例代表制有助于鼓励小党的发展并获得成功。相比之下，美国的“胜者通吃”制度则迫使政党求助于广大中间选民的同情，他们一般对任何问题都不持强硬的意识形态立场，但他们的支持对选举的胜利却是至关重要的。正是公民的投票，决定着一场特定竞争的胜败。观察家指出，当美国政党试图获得广大中间选民的支持时，其结果必然是减弱两大政党意识形态特征的差异。

---

① Lijphart, *Electoral Systems and Party Systems: A Study of Twenty-Seven Democracies 1945－1990* (Oxford, UK: Oxford University Press, 1998), Chapter 7.

早期模式：美国城市的政治机器

多年来，政党机器控制着美国许多大城市的政治生活。[①] 政党机器的崛起，在时间上大致与欧洲人涌入美国城市的移民潮相吻合；在纽约市，大量移民涌入是在1840年代和1850年代，而在大致同一时期，政治机器的力量也开始增强。在大多数城市，政治机器由民主党控制，但在少数城市，如费城，则由共和党控制。很显然，政治机器控制在特殊的种族集团手中。例如，在波士顿，一个爱尔兰人——著名的博斯·柯利（Boss Curley）——找到了控制政治机器的方法；而在纽约，先是爱尔兰人、稍后是意大利人控制着政党机器。正如纽约市的例子所证明的，不仅权力控制在特殊的种族集团手中，而且，随着时间的推移，控制权还会从一个集团转移至另一个集团。[②]

政党机器看起来像什么？它如何驾驭权力？政党机器似乎拥有军队那样的结构和内部纪律，而且，通常很有效率。尤其是在其顶端，是独一无二的领导人，即政治老板，他对政党机器的运行及其内部结构行使着主要控制权。[③] 屈居其下的是其同僚或副手，老板依靠他们来获得信息并使其命令得以成功地贯彻实施。老板与其副手之间的社会联系，通常始于孩童时代，正如迈克·罗伊科（Mike Royko）在对理查德·戴利（Richard Daley）所领导的芝加哥民主党机器的精辟分析中所揭示的；这些社会联系由于多年的共同对敌政治斗争而得以巩固。[④] 在政党机器的结构中，在这一高层梯队的下面，还有更多的等级，包括各级政党官员。

政党机器的主要目标，包括获得选举的胜利，并通过这一胜利来攫取城市特权和各种公职。就赢得政治官职而言，政党机器的力量根植于组织的最深处——存在于强调城市行政区域和选区的巨大网络中。在每一个选区，都有一个首领，其下是其副

---

① 有关美国政党机器早期攫取权力的开创性著作，仍然是奥斯特罗果尔斯基的那本著作。参见 M. Ostrogorski，*Democracy and the Organization of Political Parties*，vol. Ⅱ，trans. Frederick Clarke（New York：Macmillan & Co.，Ltd.，1902）。

② 关于这一现象的一个有趣分析，参见 Robert Dahl，*Who Governs?*（New Haven，CT：Yale University Press，1961），Chapter 4。

③ 下列分析主要基于 Mike Royko，*Boss：Richard J. Daley of Chicago*（New York：New American Library，1971）。

④ Ibid.，Chapter 2 especially.

手，接下来是其他各级官员；正是这些官员，润滑着政党机器的车轮，政党候选人在民意测验中的命运，正是取决于他们。他们对选区的成员了如指掌，知道何时动员他们参加投票，这些人已经精心地为政党机器获得较大胜利、有时候甚至是决定性胜利，奠定了牢固的基础。乔治·华盛顿·普伦基特（George Washington Plunkitt）在有关现实政治的演讲中，揭示了政党机器的地方成员是如何完成其任务的。普伦基特是纽约市坦慕尼协会（Tammany Machine）的成员之一，19 世纪末 20 世纪初，正是该协会发展的巅峰时期。我们来看看普伦基特实用政治智慧的一部分精华：

> 掌控你的选区的最好办法，就是直接深入贫困家庭，以他们所需要的不同方式来帮助他们。在这方面，我总结出一套办法。例如，不论晚上还是白天，如果在第九街、第十街或第十一街发生了火灾，我通常带着一些选区负责人迅速赶往现场。如果某一家遭遇火灾，我通常并不询问他们是共和党人还是民主党人，也不会交由慈善组织协会——这种协会通常会用一个月或两个月的时间来进行调查，然后在他们快要饿死的时候才决定是否值得帮助——来处理。我会向他们提供住所，衣服烧光了，我就为他们购置衣服，并将他们安顿下来，直到他们能够开始正常生活。这就是慈善，但也是政治——非凡的善治。谁能说出一场这样的火灾能给我带来多少选票？穷人是世界上最懂感恩的群体，而我告诉你，就邻里之间而言，他们比富人拥有更多的朋友。
>
> 如果在我的选区有一户人家需要帮助，而我先于慈善协会得知这一消息，那么，我会和我的同事们第一时间到达现场。我有一个特殊的团队负责查找此类事件。其结果是，穷人们将普伦基特视为保护神，当他们遇到麻烦时会向他求助——当然也就不会在选举时忘记他。
>
> 此外，我总能帮人找到工作。我特别注意追踪各种工作信息，很少发生我为此没有做准备的事情。在这方面，我认识选区甚至整个城市的每一个大雇主，当我要求他们提供工作机会时，他们还没有习惯对我说“不”。
>
> 孩子们——选区的小玫瑰。我会忘记他们吗？哦，不！他们每个人都认识我，对他们来说，瘦小的乔治叔叔和糖果是一样的。其中一些孩子是最好的选票争取者。在这里，我告诉你们一件小事。第十一街有位妙龄少女，她的父亲是一位共和党人，就在去年选举日，她揪着父亲的胡须说，如果他不承诺投票支持

我，就不让他走。而她果真没有松手。①

在相当长的时间里，政党机器总体上牢牢地控制着许多城市的市政府和政治舞台。究其原因，是因为它们能够为穷人和无所依靠的移民提供其他地方无法提供的物质诱惑。② 政党机器为新来的有可能找不到工作的移民提供工作机会。政党机器还为那些有可能得不到基本生活必需品的人提供一般福利，包括金钱和衣服。所有这些加上其他恩惠，都充当了诱惑工具，并使政党机器能够确保选民在选举日的顺从——最终只是相当少的一部分要求得到承诺和兑现。

现代政党的权力和政治

尽管现代政党因其具有大量明确而富有创新的特征而得到确认，但是，其组织能量和活力——简单而界限分明的等级、庞大的交往网络以及领袖对组织目标和发展做出的重要承诺——仍然是现代政党的具有独特历史意义的特征。许多学者都对这些特征给予了极大的关注。③ 其中最使人信服的，就是莫伊兹·奥斯特罗果尔斯基（Moise Ostrogorski），他是第一个，可能也是截至目前最杰出的现代政党分析家。④ 在 19 世纪末的著作中，奥斯特罗果尔斯基对由美国杰克逊民主党以及英国自由党伯明翰核心会议所形成的政治组织给予了特殊的关注。奥斯特罗果尔斯基的分析带有大量愤世嫉俗和道德谴责的色彩，他所强调的是，美国民主党和英国自由党的组织力量如何使得其领袖有能力控制选民的情绪。而且，令奥斯特罗果尔斯基担忧的是，这些政党的组织力量发展如此迅猛，致使公民有可能被剥夺不受政党干预而自由选择政治代表的权

---

① William L. Riordon，*Plunkitt of Tammany Hall：A Series of Plain Talks on Very Practical Politics*（New York：E. P. Dutton and Co.，Inc.，1963），27-28.

② 本段中的分析，参见 Fred I. Greenstein，"The Changing Pattern of Urban Politics，" *Annals of the American Academy of Political and Social Science*，353（May 1964），1-13。也可参见 Fred I. Greenstein，*The American Party System and the American People*，2nd ed.（Englewood Cliffs，NJ：Prentice-Hall，Inc.，1970），Chapter 4。关于权力与诱因之间的关系，见本书第六章开头部分有关权力概念的讨论。对于政治机器性质的富有洞见的分析和最新资料，参见 Thomas M. Guterbock，*Machine Politics in Transition：Party and Community in Chicago*（Chicago：University of Chicago Press，1980）。

③ 例如，参见 Duverger，*Political Parties*；Philip Selznick，*The Organizational Weapon：The Study of Bolshevik Strategies and Tactics*（Glencoe，IL：The Free Press，1960）。

④ M. Ostrogorski，*Democracy and the Organization of Political Parties*，Ⅰ and Ⅱ.

利，使得议会中的公众代表有可能受政党领袖的支配。[1]

罗伯特·米歇尔斯的寡头政治铁律

在众多政治社会学家中，德裔意大利学者罗伯特·米歇尔斯（Robert Michels）对现代政党的组织特征和内部过程做出了重要分析。[2] 米歇尔斯的分析主要针对的是20世纪初的德国社会民主党，但也涉及了工会以及欧洲和美国的其他政党。他所思考的是，为什么像政党这样表面上看来灵活的民主组织，会变成高度僵化的组织，其成员被剥夺了参与决策的权利，其领袖则被授予不受节制的权力。他的研究——主要因其对“寡头政治铁律”（iron law of oligarchy）的证明而广为人知——是如此重要，值得我们花费更多的篇幅详细介绍。

米歇尔斯一开始就声称，工人阶级的成员，暗示着也包括劳苦大众的成员，只有加入组织才能实现自身的特权。米歇尔斯大致接受了列宁的立场——尽管他并不理解列宁的分析——他坚持认为，“组织原则是大众政治斗争的一个绝对必要条件”[3]。然而，他声称，一旦大众创建了政党组织，控制权就会不可避免地落入寡头手中。心理因素的影响致使大众无力保持对组织的控制，通常包括易受雄辩家和宣传的影响以及服从领袖指令的意愿。[4] 除此之外，还有技术因素的影响，这些技术因素致使大众不具备组织能力。例如，米歇尔斯断言，一旦组织成员的代表当选，他们就具备了专业知识水平，并在一定程度上实现了对交往方式的控制，而这些东西是来自基层的成员不可能奢望得到的。

不管怎样，显赫的领袖地位，也强化了政党组织内部寡头倾向的出现。领袖荣膺为专家，也使他们产生错觉，误以为自己在党的生活中是不可替代的。与组织内部职

---

① 首先，奥斯特罗果尔斯基的担忧是有根据的，尽管他有点言过其实；其次，正如后来有关英国政党的学术研究成果所揭示的，奥斯特罗果尔斯基的担忧理由并不充足。参见 R. T. McKenzie, *British Political Parties: The Distribution of Power Within the Conservative and Labour Parties*, 2nd ed.（New York: Frederick A. Praeger, Publishers, 1964），642-649。

② Robert Michels, *Political Parties: A Sociological Study of the Oligarchical Tendencies of Modern Democracy*（New York: Collier Books, 1962）.

③ Ibid., p. 61.

④ 米歇尔斯认为，假使希特勒和纳粹政权晚几十年再出现的话，屈从于领袖意志的需要也可能是德国人所特有的一种情况，或者说是如近代俾斯麦式领导的德国传统的一种残余现象。这种观点多少带有预言的味道。

位相应的经济待遇则为领袖提供了保持其职位的动力，尤其是在他们先前在组织内与那些来自基层的成员处于同样窘困潦倒境地的时候。米歇尔斯写道：

> 当领袖并不富裕，而且又没有其他收入来源时，他们就会因经济上的原因而牢牢地坚守自己的职位，并将他们所履行的职能视为不可剥夺的权利。特别是对于体力劳动者而言，自他们成为领袖之后，就失去了从事先前职业的能力。领袖职位的丧失，对他们而言不啻为一场经济灾难，在大多数情况下，他们不可能再回归到以往的生活方式。①

最终，那些担任领袖的人们开始迷恋其试图永久保持的职位所带来的权力和特权。此外，他们极力从普通党员中指定未来领袖，以此来避免党员在选拔未来领袖的过程中做出自由选择。他们还在领导层内创设了更多的职位，增加任职期间的福利，与此同时，还进一步使自己与普通党员隔离，以免遭他们的影响。

米歇尔斯充分认识到，即使使用这种指定策略，领袖也不可能实现对政党组织成员的永久支配。为了对政党组织领导层所发生的变化进行解释，他采用了维弗雷多·帕累托（Vilfredo Pareto）在解释社会统治阶级构成变化时所使用的相似方式。② 米歇尔斯指出，新老领导集团之间从来就不存在一种明显的断裂。代替**精英循环**（circulation des elites）的，是**精英重组**（reunion des elites），即来自新旧领导集团的各种元素的混合。米歇尔斯进一步观察到，通过混合而带来的领导层的变化，伴随着权力分散的变化，越来越小的寡头集团从最初的大型领袖集团中不断分离出来。然而，集团混合和权力分散都不能贬低每一个政党组织内部出现的这样一个基本事实——寡头集团的形成——抑或权力在政党组织高层的集中以及由此而带来的基层党员权力的丧失。

米歇尔斯关于政党高层权力积聚和集中的观点，极有可能非常容易地被称为“具有讽刺意味的寡头铁律”。这对于社会民主党来说，如德国社会民主党，无异于一个巨大的嘲讽：该党宣扬结束阶级统治，主张权力和特权平等地分散于社会中的所有人，但在其内部权力和财富的分配上却显示出极大的不平等。这一具有讽刺意味的发现使得米歇尔斯深信，他已经揭示了有关政党组织的一个永恒真理，尤其重要的是，

---

① Michels，*Political Parties*，207.

② Vilfredo Pareto，*The Mind and Society* (London：Jonathan Cape，1935) Ⅲ，1427-1431.

这或许也适用于一般意义上的大众组织。

其他研究者仍然继续采用米歇尔斯的研究思路。例如，迪韦尔热就发现了许多不同的政党内部——尤其是引入系统方法来征募和训练新领导人的欧洲共产党——寡头政治结构的证据。[①] 他观察到，即使实行民主方式进行治理的政党，似乎也会出现寡头政治的领导："在理论上，选举原则应该能够避免寡头政治的形成；但事实上，它却似乎更有助于形成寡头政治。大众天生就是保守的；他们对老领导人怀有依恋，而对新面孔则充满了怀疑。"[②]

雷娜特·迈因茨（Renate Mayntz）和塞缪尔·埃尔德斯威尔德（Samuel Eldersveld）发现了修正米歇尔斯寡头铁律的理由。迈因茨在一项有关西柏林基督教民主联盟基层组织的研究中，揭示了寡头政治的一些迹象。尤其她发现，新的领导人常常是借助领导集团老成员的影响来获得其职位的，而基层党员在新领袖的选拔中根本无法行使更大的权力。[③] 但是，领导层并非米歇尔斯所描述的那种意义上的寡头政治；领袖们也并未通过米歇尔斯所说的那种手段——例如，控制交流工具、垄断组织技巧——刻意地竭尽全力保持其地位。相反，政党组织的某些特征致使领导层享有高度的自主权。这种自主权包括：避免普通党员行使过多选择领导人权利的选举过程，组织内部防止普通党员随意评估领导人业绩的严格等级，以及缺乏允许普通党员参与政党政策形成的正常渠道。迈因茨得出结论：不管怎样，尽管此类政党组织没有严格地遵从米歇尔斯所论及的寡头政治模式和起源，但是，它同领导人及其追随者之间能够自由地相互影响和作用的民主过程所带来的成就还有很大差距。埃尔德斯威尔德在对密歇根州地方政党组织进行观察所得出的结论的基础上指出，最好将现在的政党视为一种特殊类型的组织。它是这样一种组织，在其内部，命令不是自上而下下达的，而是广泛地扩散到各级组织中，最终形成一种松散的协调结构。[④] 埃尔德斯威尔德进一步声称，政党组织高层精英集团的凝聚力，只是一种貌似真实的东西；他认为，代替那单一寡头统治集团的是，存在着几种不同的亚寡头统治集团，它们相互之间只有松

---

① Duverger, *Political Parties*, 116-168.

② Ibid., 135.

③ Renate Mayntz, "Oligarchic Problems in a German Party District," in *Political Decision Makers*, ed. Dwaine Marvick (Glencoe, IL: The Free Press, 1961), 138-192.

④ Samuel J. Eldersveld, *Political Parties: A Behavioral Analysis* (Chicago: Rand McNally & Company, 1964), 1-13.

散的协调和并不经常的联系。

在对米歇尔斯的观点进行重新审视的各种努力中，没有一种解释能够比李普塞特、特罗和科尔曼的分析更富有想象力、更为透彻。[1] 由于认识到米歇尔斯寡头政治铁律蕴含相当大的真实性，李普塞特及其同事开始着手寻找大型组织中寡头统治难以形成的条件。尽管他们研究的落脚点是工会，而不是政党，但这种选择还是相当合适的，因为类似政党的工会，通常在面对寡头领导的时候表现出其脆弱性（如果不是过于脆弱的话）的一面。而且，他们的考察对象是国际活版印刷联合会（ITU）这一特殊工会，它具有悠久的民主政治历史，在美国很有代表性。两大政党定期竞争工会职位，并轮流控制着这一职位。由于其他工会都由寡头统治，对于李普塞特、特罗和科尔曼等人来说，这一特殊问题就变成了：为什么国际活版印刷联合会得以用民主竞争的规则来代替寡头的控制?

正如李普塞特及其同事所发现的，国际活版印刷联合会内部民主的存在，抑或寡头的缺失，既有历史原因，也有结构上的原因。第一，在国际活版印刷联合会创建之时，印刷工人就对他们的行业表现出强烈的认同感和责任感，这种忠诚逐渐变成对联合会的兴趣和关心。其结果是，他们陷入米歇尔斯所指有助于寡头统治出现的成员消极默认困境的可能性是较小的。第二，在众多的工会中，国际活版印刷联合会在某种程度上是以其地方分会拥有自主权而著名的；它创建的时候就没有采取自上而下的结构，而是各自治单位之间结成了联盟。这一事实对其以后的政治活动产生了重要影响，促成并保持其内部对已有实践和政策所提出的不同意见。第三，在蓝领工人（blue-collar workers）当中，印刷业享有较高威望，收入也颇为丰厚。这些特征也许有助于强化印刷工人对其行业的责任感，而且，工会领袖的工作与普通工人的工作并不存在明显的差异。因此，在国际活版印刷联合会内部，领导人出于特殊的需求而保留其职位的动机是根本不存在的。第四，印刷工人普遍关心并参与工会的活动，其结果是，作为一个群体的印刷工人，似乎具备了从事正式和非正式政治活动的各种特殊技能。普通成员所表现出来的这种技能，则进一步鼓励人们参与工会的政治活动，甚至致使某些普通会员获得了工会中的高级职位。这些素质也是米歇尔斯在其所考察的

---

① Seymour Martin Lipset, Martin Trow, and James Coleman, *Union Democracy: The Internal Politics of the International Typographers Union* (Garden City, NY: Anchor Books, 1962).

实行寡头统治的政党和工会的成员身上不曾发现的。

简言之，有关国际活版印刷联合会的研究，对于它有可能向希望避免寡头统治的政党——以及其他组织——提供教训，是极具启发性的。尤其是下列能力对于实现党内民主是极为重要的：激发对党的责任感、培育普通党员的参与精神、创造一种容纳不同意见和创新的氛围以及培养普通党员的社交和政治技能。

只要政党仍然是重要的机构，政党内部结构的性质就仍将是能够激发人兴趣的研究对象。米歇尔斯的分析提供了有关这些组织基本特征的一种重要洞见；自米歇尔斯提出这一观点至今，已经有几十年时间了，它的基本真实性似乎很难证伪。而且，他的见解引发了有关具有寡头倾向的政党相对于具有民主倾向的政党的优势和劣势的一系列有趣的难题。一个真正的民主党人也许会认为，任何形式的寡头统治都应遭受谴责，都应不惜任何代价加以避免。然而，允许各派之间竞争并持有不同见解的组织，常常由于内部的冲突而变得疲惫不堪，以致无力在一个大型社会中实现自己的目标。相比之下，那些坚持内部团结和显示有凝聚力的领导（甚或是实行寡头统治）的组织，却常常能够成功地在更广范围内实现自己的目标。[①] 人们更应该偏爱哪一个——组织内部的民主还是组织外部的胜利？这是我们所有人都应谨慎权衡的问题。

美国的党派忠诚：当代模式与趋势

人们受政党及其领袖行动激励的实际程度到底有多大？有没有实例来说明人们对政党的认同程度？这种认同能够长期保持吗？在这里，我们将对这些问题进行考察。为简洁起见，我们将分析限定在国家政治层面，限定在总统选举或国会选举，以及在这一层面与此相关的现象。

党派忠诚的广泛性

我们可以用不同的方法来研究党派忠诚。其中之一就是，思考人们是如何认同政

---

① 关于这一问题的相关证据，参见 William A. Gamson，*The Strategy of Social Protest*，2nd ed.（Belmont，CA：Wadsworth Press，1990）。

党的，如果他们的确认同政党的话。结果表明，政党认同（party identification）是衡量人们进行政治思考和从事政治活动的一个非常重要的维度。① 一般而言，认同某一特殊政党的人们，在大选中会投票支持该党。但是，在过去的几十年时间里，美国选民的政党认同的性质和影响，已经发生了深刻的变化。

在 1950 年代开始研究投票行为和政党认同时，存在着一些相当清晰的经验主义模式。大约 1/2 的美国人认同民主党，另外 3/10 的美国人认同共和党，而剩余的 20%则声称是无党派选民，在政党认同上毫无规律可循。② 那些认同民主党的人，在大选中会投票支持民主党，而那些认同共和党的人，则倾向于投票支持共和党。如你所预料的，无党派选民则是一种自由流动的选民，他们在每次选举中对候选人的选择都会发生变化。

在此后大约 15 年的时间里，这种政党认同和投票模式，或多或少都是美国选民特征的现实写照。这种状况一致维持到 1960 年代晚些时候，随后这种模式开始消失，一些新的重要变化开始显现。尤为重要的是，在政党认同者中，无党派选民的数量日益增长，而认同民主党的人数却日渐萎缩。这些变化就出现在 1968 年共和党人尼克松当选总统之后。当 1972 年尼克松再次当选时，转向无党派选民的趋势更加明显。③

表 9－1 和表 9－2 为研究这些模式提供了一种近距离的考察。数据来自《美国全国选举研究》。这些数据是每两年进行一次的有关美国选民的调查样本，提供了有关人们如何投票以及对两大主流政党认同的大致情况。如果仔细审视表 9－1 中的数据，你就会看到 1952—2004 年间美国选民特征发生的显著变化。此外，需要注意全部人口中自称为无党派选民的人口比例的增长，主要包括三行数据：从 1952 年的 23%增至 2004 年的 39%。另一种方式是大致可以从表 9－2 中看到的相似情形。需要注意的是具有党派倾向的选民，包括具有强烈和微弱党派意识的选民，从 1952 年的 74%降至 2004 年的 61%。

---

① Angus Campbell et al., *The American Voter* (New York: John Wiley & Sons, Inc. 1960), and, more recently, Paul R. Abramson, John H. Aldrich, and David W. Rohde, *Change and Continuity in the 1996 Elections* (Washington, DC: CQ Press, 1998).

② Campbell et al., ibid.

③ 例如，参见 Norval D. Glenn, "Sources of the Shift to Political Independence: Some Evidence from A Cohort Analysis," *Social Science Quarterly*, 53 (December 1972), 494-519。

表 9-1　7 分制政党认同表（1952—2004）（%）

问题：

“一般而言，你通常认为自己是一个共和党人、民主党人、无党派选民，抑或其他?”（如果是共和党人或民主党人）“你认为自己具有强烈的（共和党人/民主党人）倾向，还是并不十分强烈?”（如果是无党派选民，其他［1966 年及以后：抑或无偏好］:）“你认为自己更接近共和党还是民主党?”

年份	1952	1954	1956	1958	1960	1962	1964	1966	1968	1970	1972	1974	1976	1978	1980	1982	1984	1986	1988	1990	1992	1994	1996	1998	2000	2002	2004
强民主党人倾向	22	22	21	27	20	23	27	18	20	20	15	17	15	15	18	20	17	18	17	20	18	15	18	19	19	17	17
弱民主党人倾向	25	25	23	22	25	23	25	28	25	24	26	21	25	24	23	24	20	22	18	19	18	19	19	18	15	17	16
无党派的民主党人倾向	10	9	6	7	6	7	9	9	10	10	11	13	12	14	11	11	11	10	12	12	14	13	14	14	15	15	17
独立无党派	6	7	9	7	10	8	8	12	11	13	13	15	15	14	13	11	11	12	11	10	12	11	9	11	12	8	10
无党派的共和党人倾向	7	6	8	5	7	6	6	7	9	8	10	9	10	10	10	8	12	11	13	12	12	12	12	11	13	13	12
弱共和党人倾向	14	14	14	16	14	16	14	15	15	15	13	14	14	13	14	14	15	15	14	15	14	15	15	16	12	16	12
强共和党人倾向	14	13	15	11	16	12	11	10	10	9	10	8	9	8	9	10	12	10	14	10	11	15	12	10	12	14	16
政治冷淡	3	4	4	4	2	4	1	1	1	1	1	3	1	3	2	2	2	2	2	2	1	1	1	2	1	1	0
人数（人）	1 784	1 130	1 757	1 808	1 911	1 287	1 550	1 278	1 553	1 501	2 694	2 505	2 850	2 283	1 612	1 411	2 236	2 166	2 032	1 966	2 474	1 787	1 710	1 276	1 797	1 488	1 197

资料来源：The American National Election Studies，University of Michigan，Ann Arbor。

表 9-2　党派忠诚的力量（1952—2004）（%）

问题：

“一般而言，你通常认为自己是一个共和党人、民主党人、无党派选民，抑或其他?”（如果是共和党人或民主党人）“你认为自己具有强烈的（共和党人/民主党人）倾向，还是并不那么强烈?”（如果是无党派选民，其他［1966 年及以后：抑或无偏好］:）“你认为自己更接近共和党还是民主党?”

年份	1952	1954	1956	1958	1960	1962	1964	1966	1968	1970	1972	1974	1976	1978	1980	1982	1984	1986	1988	1990	1992	1994	1996	1998	2000	2002	2004
无党派选民或无政治兴趣	9	11	13	11	12	12	9	13	12	14	15	18	15	16	15	13	13	14	12	12	13	12	10	12	13	9	10
倾向于无党派	17	15	15	12	13	13	15	16	19	18	22	22	22	24	22	19	23	21	25	24	27	25	26	24	28	28	29
弱党派意识	39	40	37	39	39	40	38	43	40	39	39	35	39	37	37	38	35	37	32	34	32	33	34	34	27	33	28
强党派意识	35	35	36	38	36	35	38	28	30	29	25	26	24	23	26	30	29	28	31	30	29	30	30	29	31	31	33
人数（人）	1 784	1 130	1 757	1 808	1 911	1 287	1 550	1 278	1 553	1 501	2 694	2 505	2 850	2 283	1 612	1 411	2 236	2 166	2 032	1 966	2 474	1 787	1 710	1 276	1 797	1 488	1 197

资料来源：The American National Election Studies，University of Michigan，Ann Arbor。

在全部有关美国选民的模式中，最为明显的是创建于罗斯福当政时期的早期民主党新政联盟（New Deal Democratic coalition），到1970年代早期已经分崩离析。1950年代另一个共和党总统候选人艾森豪威尔的当选，则是民主党联盟解体的最早预兆；尼克松的两次胜利巩固了这种变化。到1988年里根赢得总统连任时，只有35%的美国人认同民主党，而在1960年肯尼迪当选总统时，这一认同比例为45%。

重组理论 选民中越来越多的无党派选民的出现，加之共和党人尼克松和里根的当选，迫使美国政治观察家们重新思考美国选民的结构问题。多年以来，民主党一直是美国的多数党，但是，现在共和党人正在对其优势地位发起挑战。难道这种变化预示着某种更为复杂的东西？

在众多试图对这种处于变化中的党派忠诚模式进行深度分析的学者当中，有一种理论引发了更多的关注：杰出的政治学家小V. O. 基（V. O. Key，Jr.）提出的选民“重组”理论。① 小V. O. 基指出，美国的选举史已经见证了一系列几乎完全不同的政党体制，其中每一种都拥有自己的优势政党，还拥有它自己的支持多数党和少数党的选民结盟模式。一种重要的体制形成于1896年总统选举之时。在民主党的杰出演说家威廉·詹宁斯·布赖恩（William Jennings Bryan）与共和党人威廉·麦金利（William McKinley）的这场竞争中，共和党赢得了胜利。在随后整整一代人的时间里，共和党在全国层面保持着优势地位，常常赢得大选的胜利。但是，小V. O. 基发现了一些更为重要的问题。同一时期，两党的社会联盟或多或少维持着原来的样子：民主党选民常常来自农村地区，而共和党选民常常来自富裕的城市地区。

随着1932年大选的举行，一种新的多数派力量和一个新的选民联盟开始发挥作用。由于1932—1968年间连续赢得总统大选（其中只有1952—1956年间败给艾森豪威尔），民主党在此期间成为全国的多数党。而且，罗斯福在1932年取得的胜利导致选民联盟的重大重组；如今，民主党成为城市党，共和党则成为农村党。民主党选民来自美国各种族的工人阶级，共和党选民则来自乡村或小城镇的白人居民。

小V. O. 基指出，美国选民的这种重组，是候选人的感召力和选民共鸣的代际转换的一个产物。一旦形成忠诚感，选民就会在其投票生涯中保持对一个特殊政党的归

---

① V. O. Key，Jr.，“A Theory of Critical Elections，” *Journal of Politics*，17 (February 1955)：3-18.

属感。随着他们的年龄的增长以及世道沧桑变幻，某种重大转变发生了，这种转变导致了一个新的多数党以及多数党和少数党背后新的社会组织结构的形成。

如果小 V. O. 基的理论正确的话，那么，1968 年或多或少就意味着民主党优势地位的终结。尼克松的胜利，加之具有独立党派忠诚感的选民人数的增长，似乎就成为美国发生重大党派忠诚变化的首个真正信号。果真如此吗?

党派忠诚的重构——抑或分化? 在当今研究投票行为的学者中，存在着一个重大争论，那就是，美国是否实际上已经历了小 V. O. 基的理论所预测的那种重大重组的形成，抑或有着某种完全不同的经历? 从某种意义上说，似乎存在着某种类似重新结盟的东西。自 1968 年开始至今的十届大选中，共和党赢得了其中 7 届大选的胜利。而在 1968 年之前的十届大选中，共和党仅赢得了其中两届大选的胜利。而且，克林顿 1992 年仅以相对多数票获胜——43%的选票——不是绝对多数，就是由于相当一部分选民投票支持了独立候选人佩罗。

但是，表象可能具有欺骗性，尤其在这一例子中。根据小 V. O. 基的理论，重大重组时期的主要特征之一，就是具有特殊社会和经济地位的选民的情感发生重大转变。因此，在 1932 年，当城市选民开始向民主党靠拢，取代美国农村地区而成为支持民主党的主要力量时，这种转变就发生了。而在过去的 20 年间，我们似乎并未看到这种转变的发生，即使在 1968 年，也未像我们预料的那样发生这种转变。相反，观察家们所看到的是，越来越多的人认为自己既不是民主党选民，也不是共和党选民，而将自己视为无党派选民。

美国选民中无党派选民比例的增长，始于 1960 年代晚期。在整个这一时期，自我认同为无党派选民的比例为 12%～15%。[①] 如果将倾向于民主党和共和党的无党派选民包括在内，无党派选民的比例最高竟达到 1/3。1952 年，在新政联盟仍然发挥作用时，只有 1/4 的选民自我认同为无党派选民。到 1980 年代中期，向无党派选民转变的趋势趋于平稳。但是，到 1996 年时，自我认同为纯粹无党派选民的人口比例，已经缩小至仅有全部选民的 8%了。[②]

诸如政治学家小埃弗里特·卡尔·拉德（Everett Carll Ladd，Jr.）等一些分析家

---

① Abramson，et al.，op. cit.，Chapter 8.

② Ibid.，167.

指出，我们正处于一个选民**分化**（dealignment）而不是重组的时期。[①] 正如选民一贯拒绝简单地认同两大主要政党中的任何一个一样，他们也没有定期地从民主党转向共和党。在某种程度上，这一新时代也许是两种不同的人口变化趋势的一个产物。一种变化是选民教育程度的提高，标志着选民正在将越来越多的知识用于投票选择上。另一种变化在于，许多新的无党派选民都是年轻选民，因而他们很少分享其父辈所具有的那种根深蒂固的政治忠诚。[②]

当然，并非每一个人都赞成这种特殊的评价。一些证据表明，确实发生了某种局部的重组。社会学家克莱姆·布鲁克斯（Clem Brooks）和杰夫·曼札（Jeff Manza）认为，有证据显示，与以往相比，现如今诸如律师和医生等更多的专业化人士，都被民主党所吸引了。[③] 他们指出，民主党力量在职业分布上的失衡，代表的是一种实际重组的信号。不管怎样，布鲁克斯和曼札两人毕竟只是社会学家，他们对这种趋势的考察也只能就此止步了。

价值观与党派认同

还有另外一种思考选民党派观的方法——根据人们所持有的价值观来进行判断。尽管有大量证据表明，尤其在美国，选民从意识形态角度思考问题的程度是有限的，但是，选民持有摆脱通常的党派忠诚和认同的价值观的可能性还是存在的。这就是政治学家罗纳德·英格哈特（Ronald Inglehart）始终追求的分析路径。[④]

英格哈特认为，在过去的30年时间里，西方工业国家选民持有的价值观始终处于不断变化之中。他指出，我们能够根据人们是否表现出对安全和防务问题的关注、是否关注环境以及和平等问题，来对他们的价值观进行思考。他将第一个取向称为**物质主义**

---

① 例如，参见 Everett Carll Ladd, Jr.，“The Shifting Party Coalitions—From the 1930s to the 1970s，” in Seymour Martin Lipset, ed.，*Party Coalitions in the 1980s*（San Francisco：Institute for Contemporary Studies，1981），127-149。

② Paul R. Abramson，“Generational Change in American Electoral Behavior，” *American Political Science Review*，68（March 1974），93-105.

③ Clem Brooks and Jeff Manza，“The Social and Ideological Bases of Middle-Class Political Realignment in the United States，1972-1992，” *American Sociological Review*，62（April 1997），191-208.

④ 例如，参见 Ronald Inglehart，*Culture Shift in Advanced Industrial Society*（Princeton，NJ：Princeton University Press，1990）。

(materialist) 世界观，而将第二个取向称为**后物质主义** (postmaterialist) 世界观。他对此进行了理论上的说明，他指出，自 1960 年代晚期以来，公民的价值取向已经实现了由物质主义向后物质主义的转变。尽管那些持有物质主义价值观的选民仍然保持着多数，但是，持有后物质主义观的选民占总人口的比例越来越大。这种变化与西方工业国家经济的其他结构性变化，包括主要制造业向高科技领域的转变，是相伴而生的。①

英格哈特和他的同事们做了大量调查，来确认和区分物质主义观和后物质主义观的不同维度。正如图 9-1 所揭示的，在 1970—1994 年间，持有后物质主义价值取向的人口比例出现了激增。

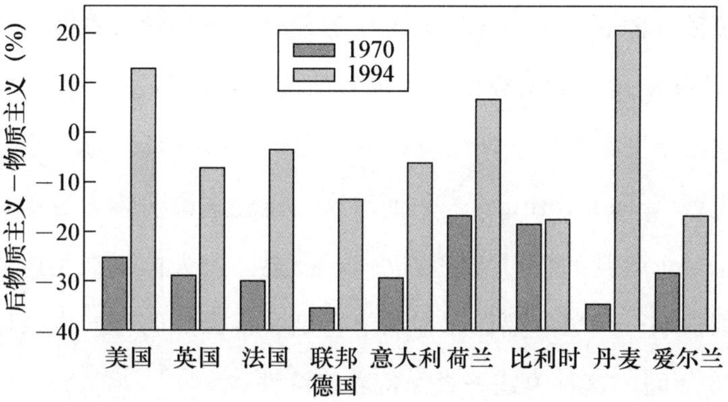

图 9-1　西方九国公众价值观向后物质主义的转变 (1970—1994)

资料来源：Terry Clark and Michael Rempel, eds., *Citizen Politics in Post-Industrial Societies* [Boulder, CO: Westview Press, 1997], 65。

这项研究的重要寓意之一，就是物质主义与后物质主义之间的差异，影响着选民在投票过程中的党派隶属与偏好。在一项有关四个国家公民价值取向的研究中，政治学家拉塞尔·多尔顿 (Russell Dalton) 证明，后物质主义者显然更支持左翼政党，而物质主义者更偏好右翼政党。在 1990 年代早期，67%的后物质主义者支持民主党，而相比之下，在持物质主义价值观的选民中，只有 50%支持民主党。在英国，价值取向与政党偏好 (party preferences) 之间的联系则更为显著。70%的后物质主义者支持左翼的工党，而 70%的物质主义者却支持右翼的保守党。②

人们能够推测，如果工业化国家继续朝着技术进步和扩张的方向飞速发展，那

① Ronald Inglehart, "The Trend Toward Postmaterialist Values Continues," in Terry Nichols Clark and Michael Rempel, eds., *Citizen Politics in Post-Industrial Societies* (Boulder, CO: Westview Press, 1997), 57-66.

② Russell J. Dalton, *Citizen Politics: Public Opinion and Political Parties in Advanced Industrial Democracies* (Chatham, NJ: Chatham House Publishers, 1996), 189.

么，公民中持有后物质主义价值观的人口的比例将会出现相应的增长。

党派认同的社会基础

社会阶级 早期有关政党的研究，特别是在美国，揭示了一种非常一致的结果。① 上层阶级的选民，倾向于支持共和党；而下层阶级和工人阶级选民，则倾向于支持民主党。研究发现，这些差异是非常明显的，在沿政党线而发生分裂的人们当中，可以找到这种变化的主要根源。对于这一问题的最重要也是最有趣的研究，可见社会学家罗伯特·奥尔福德（Robert Alford）所著有关社会阶层和党派忠诚的经典之作。②

在1960年代初所进行的研究中，奥尔福德按照职业划分，对澳大利亚、加拿大、英国以及美国这四个国家的社会阶级支持左右翼政党的投票行为，进行了比较研究。③ 他发现，阶级投票（class voting）——他借这一概念来说明体力劳动者和非体力劳动者所提供的对每一个政党的相对支持程度——在美国大大低于在英国或澳大利亚。即使是英国的阶级投票——奥尔福德原本期望它是非常强烈的——也表现出很大的脆弱性。1940—1965年间，这种模式一直保持着连续性。

然而，近年来的大选却表明，投票行为中的阶级差异模式，已经变得缺少显著性了。大量的工人阶级选民不再支持民主党，上层阶级的选民通常也不再支持共和党。例如，正如前文所述，布鲁克斯和曼札两位社会学家发现，1972—1992年间，大量美国职业工人转而支持民主党。④ 其他研究也揭示了美国阶级投票的一种相似的衰微。例如，社会学家诺弗尔·格伦（Norval Glenn）发现，在美国南方以外的其他地区，不同阶级的成员对共和党总统候选人的支持率呈下降趋势。在1936年大选中，蓝领工人和白领工人对于共和党候选人阿尔夫·兰登（Alf Landon）的支持率相差23%，而1968年他们对总统候选人尼克松的支持率仅相差11%。⑤ 在对近些年来美国总统

① Paul F. Lazarsfeld, Bernald Berelson, and Hazel Gaudet, *The People's Choice* (New York: Duell, Sloan and Pearce, 1944); also Campbell et al., op. cit.

② Robert Alford, *Party and Society* (Chicago: Rand McNally, 1963).

③ Alford, *Party and Society*, and Alford, "Class Voting in the Anglo-American Democracies," in *Mass Politics in Industrial Societies*, Di Palma, 166-199.

④ Brooks and Manza, op. cit.

⑤ Norval Glenn, "Class and Party Support in the United States: Recent and Emerging Trends," *Public Opinion Quarterly*, 37 (Spring 1973), 1-20.

大选政党投票模式的分析中，政治学家保罗·艾布拉姆森（Paul Abramson）发现了某些相似的结果。而且，他还观察到，阶级投票水平的下降，可以归因于民主党的支持者在二战后中产阶级中所占比重比二战前有了较大的提高。①

在最近的几次美国总统大选中，与阶级相关的投票行为继续保持颓势。艾布拉姆森和他的同事们发现，在 1996 年大选中，克林顿的支持者更有可能来自中产阶级，而不是工人阶级和下层阶级，民主党与共和党在阶级背景上存在的传统差异持续遭到削弱。②

更为有趣的是，左翼政党（如民主党和英国的工党）与右翼政党（如共和党和英国的保守党）之间的社会阶级背景的差异，在其他工业民主国家同样也日渐缩小。对于各国的大量政党而言，其中的一个改变好像就是增加对中产阶级的吸引力，这很像美国民主党在 1990 年代的所作所为，恐怕也是它们实现总体转换的组成部分之一。③

社会网络 早期有关普通选民党派忠诚的一些研究，尤其是贝雷尔森、保罗·F. 拉扎斯菲尔德（Paul F. Lazarsfeld）及其同事所做的工作，所反映的是对初级群体影响力的集中关注。由于早期政党偏好的发展，评估初级群体对成人投票行为产生影响的方式多少变得有些困难；也就是说，到底是初级群体塑造了舆论还是人们凭借自己的意愿来进行选举，这些问题都是不确定的。然而，这一早期的两个特别有趣的发现却是非常引人瞩目的：第一，贝雷尔森、拉扎斯菲尔德和威廉·麦克菲（William McPhee）指出，某个人所在的初级群体——家庭和朋友圈——成员的观点的同质性越大，他对特殊的政治候选人的支持度就越高。尤为特殊的是，如果一个人的朋友和家庭成员所有人，都倾向于投票支持或偏好共和党总统候选人，那么，与那些观点相异的人相比，他就越有可能更加信任共和党候选人。这项早期研究的第二个主要发现，是第一个发现的一个推论：那些常常遭受来自初级群体成员相互冲突观点影响的人们，其行为常带有勉强色彩和不确定性。例如，他们既有可能推迟投票，直到竞选即将结束时才决定投票支持谁，也有可能干脆就放弃投票。这种模式，带有交

① Paul R. Abramson, "Generational Change in American Electoral Behavior," *American Political Science Review*, 68 (March 1974), 93-105.

② Abramson et al., op. cit., Chapter 5.

③ Dalton, op. cit., 175.

叉压力的特征，并且以各种不同的形式表现出来，成为后来大量理论和经验研究的基础。①

近期的研究始终强调社会网络和社会背景的重要性。政治学家罗伯特·赫克费尔特（Robert Huckfeldt）和约翰·斯普拉格（John Sprague）发现，人们在选举期间，会构建能够强化其政治偏好的社会网络。而且，这些相同的网络可以为人们提供持续不断的政治信息流，其中一些信息是错误的并且有可能被其接收者误读。赫克费尔特和斯普拉格指出，总体上看，诸如此类的社会背景，在当今政治信息的传递和接收过程中发挥着非常重要的作用。②

现代政党的历史与未来：以美国为例

19 世纪最后 25 年时间，是美国政党发展的黄金时期。政党组织有效运转、纪律严明，表现出前所未有的激情；正如理查德·詹森（Richard Jensen）所指出的，这一时期的政治竞选焕发出军事行动的活力和明确性。③ 被激发出来的选民情感，也远比近些年所表现出来的更为高涨；奥斯特罗果尔斯基对当时的政党情感进行了极为生动的描述：

> 在数百万选民的心目中，政党的名称就证明了其正当性。他们对一位著名的政治家、前纽约州参议员说“我是一个民主党人”（或“我是一个共和党人”，根据具体情况而定），就像一位信徒为了解释并证明他的忠诚而说“我是一个基督徒!”读者都知道，全世界的政治情感如何以及通过什么途径在美国得到强化并

---

① 有关投票结果的精确考察表明，作者们都认为，交叉压力显示出社会地位在相互冲突的条件下所具有的特征；因此，他们的研究可直接以某种方式与大规模的有关社会地位变化的研究联系起来。而且，他们的研究也以相当显著的方式体现在心理学家利昂·费斯廷格（Leon Festinger）提出的认知矛盾理论的发展之中。

② Robert Huckfeldt and John Sprague，“Newworks in Context：The Social Flow of Political Information，” *American Political Science Review*，Volume 81 (December 1987)，1197-1216. 近期关于这些问题的精彩阐释，参见 Alan S. Zuckerman，ed.，*The Social Logics of Politics*：*Personal Networks as Contexts for Political Behavior* (Philadelphia：Temple University Press，2005)。

③ Richard Jenson，“American Election Campaigns：A Theoretical and Historical Typology，” in Walter Dean Burnham，*Critical Elections and the Mainsprings of American Politics* (New York：W. W. Norton and Company，Inc.，1970)，72.

上升至教条层面——“正式的”教条，即坚持党的信仰就要求只投票支持本党候选人，否则就是对党不忠。[①]

当时各种选举（包括总统选举、州和地方选举）的选民投票率远远高于近期的选举，平均达到近 80%，而在过去的几次总统选举中，投票率却处于稳定下降之中，从 1960 年的 63%降至 1996 年的 50%强。[②] 政党之间围绕着公选官职而展开的竞争，比现在要激烈得多。总之，19 世纪末的美国政党组织异乎寻常地充满活力，在某些方面比现在的政党组织更为强大。鉴于这种变化似乎体现出或多或少的持续下降（只是偶尔有所中断），那么，到底是什么原因导致这种结果呢？

观察家们提供了很多解释。也许其中最为重要的，就是 1890 年代发展起来的、由中产阶级白人新教徒——他们将政党组织及其拥护者视为其价值观和生活方式的威胁——组织并发动的进步运动。进步派人士与其反对者之间的紧张关系，起源于众多不同利益和信仰的碰撞：有教养而冷漠的本土美国人与粗俗而带有个人取向的少数族裔之间的对立；本土美国人的新教与少数族裔天主教之间的冲突；富有的中产阶级与贫穷的少数族裔之间的对立，等等。[③] 表面上看，进步运动旨在促进公众的政治参与，但它所造成的特殊后果却是剥夺了种族群体对政党组织的实际控制，而这原本是他们所享有的美国式生活幸福的依靠和源泉。正如改革者所希望的，种族群体最终失去了对政党组织的控制权，但这种丧失对政党组织的生命力造成严重后果，致使其长期处于瘫痪状态。

进步运动所产生的几个后果，削弱了政党组织的力量；其中一个最显著的后果就是建立了候选人直接预选制度，这项制度取消了政党及其领袖提名候选人的权利，而将它交由公众选举。由于丧失了提名候选人的权利，政党逐渐失去了围绕候选人提名建立并坚定贯彻政党路线的能力。与政党之间的争斗相比，党内个人宗派之间的争斗越来越盛行。人们竞选公职的实际候选人资格，较少依赖于他们对党的信仰和对领导阶层的忠诚，而更多依赖于他们为政治竞选募集资金的能力。简言之，直接预选剥夺了政党确认和提名公职候选人的一项重要职能；因此，它加快了美国政党组织衰微的

---

① Ostrogorski，ibid.，353-354.

② William Nisbet Chambers，“Party Development and the American Mainstream，” in William Nisbet Chambers and Walter Dean Burnham，eds.，*The American Party System*（New York：Oxford University Press，1967），14.

③ Richard Hofstadter，*The Age of Reform*（New York：Vintage Books，1960），Chapter 6.

进程。（人们或许会认为，政党所失恰恰是公众所得，但是，公众显然不会这样看待问题，原因在于，公众在预选中的所得即使在数量上也少于举行换届选举的所得。）

19 世纪末首次出现的另外两种情况，也加速了政党组织生命力的衰退。第一种情况是作为政党支柱之一的任免权的丧失。1883 年《彭德尔顿法案》的通过，使行政部门职位的公开竞争建立在功绩的基础之上；最初，它只是覆盖了 10%的行政部门职位，而如今，已经覆盖了 90%。任免权的丧失意味着，政党无力再为确保庞大而忠诚的雇员队伍提供富有吸引力的诱惑；其他富有吸引力的替代物的缺乏，是对政党组织的另一个沉重打击。第二种情况就是 20 世纪初一种新的竞选/广告形式的采用。部分原因是政党组织力量萎缩的结果，部分原因也是使其进一步衰落的理由，广告作为一种竞选方式，被候选人用来作为与选民沟通交流的一种简便而有效的方法。按照詹森的说法，早期的竞选带有明显的军事色彩，主要依赖选区的工作人员和党的其他各种工作人员来为候选人拉选票。广告则是依赖媒体吸引选民。最近这些年，对于广告的越来越严重的依赖，是以牺牲党的工作人员的利益为代价的；如今电视则起到了对选民逐家逐户进行宣传的作用。当然，这种新的竞选形式的效果，就是使政党丧失了另外一个主要功能，并进一步加速了组织的衰落。

不利于政党组织发展的最后一个重要历史事实，就是前文所述有关美国的一种趋势——财政资源逐渐集中到联邦政府，联邦政府利用这些资源来为贫困者和残疾人提供福利资金。城市地区的政党组织，曾依赖于它们提供的资金，来保障为选区贫困移民提供服务——只要支付一小笔钱，就能很容易地在选区中争取更多的选民。罗斯福执政时期，联邦政府开始以失业救济以及数不胜数的其他项目的形式，来提供这些资金，政党组织则失去了其绝无仅有的吸引力。如今穷人可以向联邦政府伸手要钱，而政党本身的吸引力却荡然无存。

未来的政党组织将会变成什么样？它们对于美国民主的存续依然重要且不可替代吗？抑或它们事实上将会变成这样的组织：已经不再重要，而只是散落于政治史上的各种灰烬？非常清楚的是，这样的组织与其在 19 世纪——甚至包括 20 世纪中期——的发展，事实上已经有了很大的不同。政党不再是其城市地区的大佬们的权力工具，其领袖也不再行使他们一度曾拥有的权力。政党虽然在竭力为选民提供表达偏好的媒介，但显然离完美还有很大差距。1990 年代独立党的异军突起表明，即使在一些特殊的地区环境中，众多的第三党也为选民提供了一种选择，尽管如此，考虑到美国选举法的性质，独立党不可能成为一种占优势地位的力量。

虽然如此，美国人似乎是容忍政党的，尽管他们从事政治活动时，常常是通过其他论坛——地方团体、公民组织以及相似的机构——来进行。美国是否能够维系公众对政党甚至自治组织活动的有限参与，仍然是一个问题。正如我们所看到的，这一问题近期已经引起了包括诸如帕特南在内的许多学者的广泛思考。只要美国经济继续保持繁荣，诸如此类的问题就会推迟出现。但是，一旦经济形势恶化，又会发生什么事情呢？人们将如何表达他们的心声和不满？如果他们还没有习惯于利用公共事务论坛进行工作和讨论，他们又将如何才能得知怎样才能再次介入此类活动？

诸如此类的难题，依然是政治社会学家和政治学家在不远的将来的议事日程中所要探讨的问题。最大的讽刺莫过于，对于许多新兴的民族国家而言，美国是实行高效民主的榜样。而此时，许多社会学家正在为公民责任水平的下降以及部分美国公民的利益而奔走呼号。在缺乏充满朝气和活力的政党制度的环境下，民主国家是否还能实现持续的有效运转呢？

第十章

社会运动：基本观点

通常情况下，正是政治体制外的各种运动，迫使体制内权威人物意识到新的恐惧和欲望的存在……尽管正规的组织是社会安排中技术变革的主要源泉，但它们却很少成为价值变化的来源之一。①

社会运动在公民社会层面所取得的成功，不应以某种重大目标的实现或运动的恒久性为标准来衡量，而应根据根植于一种政治文化中的民主价值、规范和制度来进行评判。尽管这种发展不能确保某一特定的组织或运动永久存在，但是，它可以确保这种运动成为公民社会自身民主化的一个正式组成部分。②

引 言

人们并不总是通过规范的制度渠道来追求权力或变革。相反，他们有可能采取被称为**集体行动**（collective action）的抗争性政治（contentious politics）形式。人们通常基于许多原因，从现存政治结构之外去谋求各种形式的权力。例如，他们可能会认为，选举过程对于支持那些掌权者具有极其重要的作用。暴力或非暴力的集体行动，是对人民或人民团体与其较强大的对手之间的权力不平衡的一种补偿方式。然而，要找到不受国家或跨国政治网络控制的各种集体行动方式，通常还是很困难的。因此，社会运动就不得不去探寻日常活动和惯常思维中制造瓦解、迫使中断甚至变革的各种途径。而正是这些日常活动和惯常思维，维系并再造着不平等的、带有控制性的社会关系。

集体行动的要求并不必然表现为革命要求。**革命运动**（revolutionary movements）是一种特殊类型的社会运动，这种运动得到组织或网络及其支持者的支持，其目的是实现政治秩序或社会经济秩序的彻底转变——通常是通过推翻一个或多个政府或国家。③ 另一方面，其他社会运动可能具有自我约束的改革导向。它们可能强调单一问

---

① Jeff Goodwin and James M. Jasper, eds., *The Social Movements Reader: Cases and Concepts* (Oxford, UK: Blackwell, 2003), 4.

② Jean L. Cohen and Andrew Arato, *Civil Society and Political Theory* (Cambridge, MA: MIT Press, 1992), 562.

③ 参见 John Foran, *Taking Power: On the Origins of Third World Revolutions* (Cambridge, UK: Cambridge University Press, 2005); Jeff Goodwin and James M. Jasper, eds., *The Social Movements Reader: Cases and Concepts* (Malden, MA: Blackwell, 2003), 3; and Jeff Goodwin, "A Theory of Categorical Terrorism," *Social Forces*, 2006, 84 (4), 2028。

题，以集体身份（诸如种族或性别）来强调人们之间的政治包容，抑或为维护一种已经被剥夺的或从未被赋予的权利而抗争。任何一个这样的目标，都有可能导致接近革命的重大社会变革或改革。

"涌上街头"今天看起来显然是公民表达不满情绪的一个行动过程。然而，研究社会运动的学者警告我们：我们认为公民的抗议或社会的不服从思想是理所应当的这样一个事实，是我们生活于其中的被他们称为"运动社会"（movement society）的写照。曾经依赖于集体行动的抗争性政治，看起来似乎是不可预测的、具有破坏性的，而且是不为社会所接受的。但是，罢工、静坐以及游行如今事实上已经被社会制度化了：它们已经变成不断重复发生的、自我维系的进程。像投票、召集地方教育董事会或游说国会一样，一些形式的集体行动已经成为正常的政治活动。

一些研究社会运动的学者指出，我们正在看到的是社会运动行为本身制度化的增强。[①] 当今大多数社会运动（至少在西方民主国家），都采取了和平有序的程式，既不违法，也不侵犯共享空间。[②] 当政治破坏活动如此常态化、事实上却不再具有破坏性时，又意味着什么呢？

2001 年"9·11"事件之后，这种论调似乎显得极不和谐，所提出的问题似乎也是无关紧要的。恐怖主义策略已经成为国家尚未对其实现制度化或使其呈现出可预测性的破坏性政治手段。在接受了被相互矛盾的报道和涉及"全球反恐战争"等话语支配的出版、广播以及在线媒体的宣传之后，我们需要理性地提出疑问：到底非暴力形式的抗争性集体行动与恐怖主义组织的暴力行为之间，存在着什么关系？要求美国结束其对伊拉克占领的反战抗议者，是在帮助恐怖主义分子吗？"基地"组织的成员能算是社会运动的参与者吗？果真那样的话，我们应该如何理解它与被公众和国家视为积极的甚至是不可避免的各种运动——如 1960 年代美国的民权运动——之间的关系？

正如我们即将看到的，社会运动研究者对这些问题给出了相互矛盾的答案。在这些答案中，对多样性的重视始于对他们最初如何对社会运动进行定义的理解。因此，我们首先要完成对社会运动进行界定这一任务。

---

① Hanspeter Kriesi, Ruud Koopmans, Jan Willem Duyvendak, and Marco G. Giugni, *New Social Movements in Western Europe: A Comparative Analysis* (Minneapolis, MN: University of Minnesota Press, 1995).

② David S. Meyer and Sidney and Tarrow, "A Movement Society: Contentious Politics for a New Century," in David S. Meyer and Sidney Tarrow, eds., *The Social Movement Society: Contentious Politics for a New Century* (Lanham, MD: Rowman & Littlefield, 1998).

社会运动的性质

我们通常将社会运动等同于参加社会运动的团体和组织，例如大赦国际（Amnesty International）和人权观察组织（Human Rights Watch）等各种人权团体，就代表人权运动；抑或诸如绿色和平组织（Greenpeace）和地球之友（Friends of Earth）等环保组织，就代表了环境运动。其中蕴含的逻辑就是，这些组织——为了一项共同的事业而工作——包含着一种追求集体目标的复杂形式，控制自己的偏好，并使自己与其他社会运动、公民社会的其他方面以及政治领域区别开来。

公民社会所指，既包括超出国家直接控制之外的社团和社交的私人领域，也包括公共领域。它包含政治观点借以形成的对话和互动，通过对话和互动，团体构建并协商相互之间及其与国家和其他权威机构之间的关系。例如，公民社会包括自治组织、友情网络、宗教团体以及独立的媒体。从规范的观点来看，正是在这些空间中，我们学会了妥协，“设身处地为他人着想”，重视多样性，理解并重新界定社区认同，自我动员参加集体行动，维护新的权利，并决定什么是我们自己——我们的实践和传统——想要保护和改变的东西。对于市场、资本主义社会抑或国家而言，这是一个不可缩小的空间。在某种程度上，它是由集会、交往以及结社等各种权利构成的。然而，如果它的目的是避免遭受现代国家和市场经济双重威胁，那么，它就是一个应该积极加以保护的空间。简言之，它是我们发动社会运动的一个空间。

对于社会运动研究者来说，按照这种方式来思考社会运动，将会引发一系列问题。首先，通过什么来对社会运动和政党做出区分，除了后者成功并入**政治社会**（political society）——国家及其机构和政党及其组织——之外？① 先前所讨论的米歇尔斯的“寡头政治铁律”是否适用于各种运动？如果适用的话，公民社会中的集体行动者——除了背叛或被同化外——能否对政治社会中的集体行动者产生影响（这种结果恰恰描述了政治社会对公民社会的影响，而不是相反）？换言之，我们所想象的构成当代社会运动主体的公民社会的行为者，是否有能力改变各种政治参与者的话语和

---

① 更多关于“政治社会”的概念，见“政治影响”部分。

行动？还是政治社会对公民社会以政治社会所允许的方式组织起来并采取集体行动限定了条件？只有按照等级制的（即不民主的）方式组织起来的官僚机构，才能够完成任何政治任务——即使其目标是导致民主变革，这是真的吗？

我们将在本章探讨这些问题。我们将从社会运动的一个特殊的基本概念开始。政治社会学家对于如何最准确地理解当代运动并未取得一致意见，但是，绝大多数人开始接受蒂利的建议：应避免将社会运动看作各种组织，相反，应将社会运动视为一种由**一系列持续的互动**（sustained series of interactions）构成的运动。[①] 正如蒂利所解释的：

> 事实上，将社会运动视为任何形式的一种组织是错误的。与此相反，**社会运动**（social movement）这一术语，应该被理解为某种具体的政府部门与向政府部门提出挑战的各种代言人之间的持续的**互动**（interaction）。这种互动就像一场战争或社会运动一样，非常容易察觉。这样的互动自任何形式的政府产生以来时有发生。从广义上来说，"社会运动"这一术语，涵盖所有诸如此类的挑战。[②]

政治社会学家一般认为，一场社会运动并不是某种单一的行为体，尽管其参与者和反对者都力图将其描述成这样的行为体。更准确地说，它是这样一个**过程**（process），即一个由集体发起的、有组织的、持续的、非制度性的挑战，目标指向一个国家、企业、宗教机构、全球金融机构、公民社会，或者是某种混合物，甚或上述所有。事实上，其目标不必是一个有权威的、大权在握的行为体，抑或行为者本身。一场社会运动，其目标指向也可以是法律或文化信念和实践。

政治社会学有关当代社会运动的理论，必须尝试解决如下问题：

1. 社会运动发生的时间、原因以及地点是什么？社会运动将会在哪种社会或社会空间中出现？它们更有可能出现在民主国家而不是独裁国家吗？当今社会运动的出现比以往更为频繁吗？更多地出现在"全球化"社会中吗？更容易出现在"私有化"

---

① Charles Tilly, "Britain Creates the Social Movements," in James Cronin and Jonathan Schneer, *Social Conflict and the Political Order in Modern Britain* (London: Croom-Helm, 1982), 26.

② Charles Tilly, "Social Movements and National Politics," in Charles Bright and Susan Harding, eds., *Statemaking and Social Movements: Essays in History and Theory* (Ann Arbor: University of Michigan Press, 1984), 305.

社会中吗？

2. 当代社会运动在什么程度上代表着与以往社会运动的决裂？当代社会运动的组织与以往有什么不同？它们的目标和行动范围有什么实质差别？如果它们实质上以新的组织形式和范围出现，那么，通过“传统”社会运动确保的诸如历史冲突的集体记忆或公民社会的制度化收益等资源，又将在多大程度上对当代社会运动产生影响呢？

3. 当代社会运动能够对制度产生什么影响以及产生多大影响？国家、市场以及大众传媒将如何对社会运动产生影响？它们与公民社会、法律以及权利（民权和人权）的关系怎样？社会运动将带来什么样的变革？

4. 当代社会运动面临的政治危险是什么？社会运动中暴力的使用（如跨国恐怖主义活动或激进的环保主义者使用的暴力），通常会如何影响当代社会运动的利益？

5. 集体行动者通过参与当今的社会运动，实际上希望得到什么？全球化又如何促进和制约社会运动的政治影响？

上述问题和议题，正是在本章有关社会运动的内容中我们将要阐述并试图做出回答的。

集体行为 vs. 集体行动

生活在西方民主国家的大多数人倾向于认为，社会运动是民主国家司空见惯的、正常而健康的组成部分之一。在我们今日看来，这似乎是一种常识，但这种观点的确是一种新观点。1960 年代以前，多数人对社会运动存有恐惧感，其中就包括西方民主国家那些研究社会运动的学者。在整个 20 世纪，研究社会运动的学者们认为，参加社会运动的是一群缺乏理性的人，或用更难听的话来说，是受别有用心的极端分子煽动的一群非常危险的乌合之众。①

---

① 例如，参见 Gustav LeBon，*The Crowd：A Study of the Popular Mind*（Whitefish，MT：Kessinger Publishing，2004）。

直到1960年代末和1970年代初，芝加哥学派的社会心理学传统，同时也是作为集体行为方法而著名的，仍然是社会运动研究领域的主导理论范式。① 研究社会运动的学者同样也对各种变体——如斯梅尔泽（Neil Smelser）的结构功能主义集体行为模式以及威廉·科恩豪泽（William Kornhauser）的“大众社会”（mass society）理论——给予了严肃关注。② 这些方法都想当然地认为，社会运动正在一个以“自由而公正”选举为特征的政治体制内展开。它们还假定，这种政治体制包括自由竞争的利益集团以及包含少数派的政党。从这一观点出发，根据定义，任何“制度外”的集体行动，显然都是威胁民主共识的信号，而这种民主共识是公民社会的制度基础。笼统而言，集体行为方法并不将集体行动视为民主制度的固有属性。

在处于工业化过程中的西方国家，大众显然要求更好的工作条件和投票权。那时的许多学者——像当今的许多政治家或电视新闻主播一样——都声称，大众或暴民都拥有从众心理，这种心理使得其他理性个体出现短暂的疯狂或非理性。③ 他们对于社会运动中任何集体行动的理解，不是将其看作一种共同的不公正感——源自违反社会规范——有可能引发的某种东西，而将其视为一种自发的离经叛道行为，这种行为是由大众煽动的、在某程度上也在大众中广为散播的情绪所引起的。

1960年代晚期和1970年代早期，人们对于制度外政治行动的这种态度，发生了剧烈变化，美国和欧洲都出现了大规模的社会运动。这一时期，历史上第一次出现了精英群体的成员（即大学生）与缺少特权的有色人种的联盟，提出了在上个世纪其他形式的抗议活动中已经提出的要求：更好的工作条件以及以一种有意义的方式参与选举政治的权利。社会学家麦克亚当描述了数以千计的学生（大多数为北方白人）如何参与其中并在某些情况下甚至冒着生命危险帮助密西西比州黑人登记选票的情况。④

---

① Ralph H. Turner, ed., *Robert E. Park on Social Control and Collective Behavior: Selected Papers* (Chicago: University of Chicago Press, 1967); Helbert Blumer, "Collective Behavior," in Alfred McClung Lee, ed., *New Outline of the Principles of Sociology* (New York: Barnes & Noble, 1957); R. G. Turner and L. M. Killian, *Collective Behavior* (Englewood Cliffs, NJ: Prentice-Hall, 1957). 关于集体行为理论的精彩总结，另见 Gary T. Marx and James L. Wood, "Strands of Theory and Research in Collective Behavior," *Annual Review of Sociology*, 1975, I, 368-428。

② Neil Smelser, *The Theory of Collective Behavior* (New York: Free Press, 1962); and William Kornhauser, *The Politics of Mass Society* (New York: Free Press, 1959).

③ 例如，参见 Eric Hoffer, *The True Believer: Thoughts on the Nature of Mass Movements* (New York: Harper & Row, 1951)。

④ Doug McAdam, *Freedom Summer* (New York: Oxford University Press, 1982).

尽管这些激进人士为争取政治权益而斗争，但他们通常都是在外围发挥作用。

社会学家们发现，他们自己不得不重新思考并重构他们谈论诸如此类的社会运动特别是人们参与其中的动机的方式。将要求公民权利的示威者——抑或女权运动或社会主义"新左派"（New Left）正在发出的声音——视为误入歧途的、不成熟的抑或非理性的而拒绝加以考虑，变得越来越难了。各种参与行动从来都不缺乏道德维度。相反，在追求它们的过程中，体现出来的是清晰表达的可替代规范、特殊目标以及理性的策略。伴随着各种自治组织及公共空间和私人领域的蓬勃发展，这些社会运动出现在民主政体内部。信奉集体行为范式的社会运动研究者，无力找到有关失范或制度崩溃的清晰例证。而集体行为范式也不能说明社会运动出现的时间或对其形成提供解释。事实上，社会运动的复杂程度要远远超出被谣言所煽动或被热切渴望所驱动的非理性暴民的行动。

研究社会运动的新范式

在过去的30年间，社会运动理论经历了重大发展。当今的社会运动理论家，不再将卷入美国公民权利斗争的大学生——此类公民权利斗争表现如卡特里娜飓风之后新奥尔良的重建努力或为争取移民权利而举行的大规模游行示威——描述成自发组织起来的、非理性的甚或危险的群体。但是，保守的新闻评论家或执法机关，由于不理解当代社会运动理论，或许真有可能这样看待他们。

1960年代，在社会运动研究领域出现了两大重要理论范式，填补了集体行为理论无法填补的理论空白。在美国，研究社会运动的学者提出了"资源动员"（resource mobilization）范式。而在西欧，学者们则提出了"新社会运动"（new social movements）范式。接下来我们将详细讨论这两种范式，它们通过强调以下两点，对集体行为范式提出了直接挑战：(1) 先前存在的社会联系和组织；(2) 集体冲突的合理性。简言之，严肃的社会运动观察家不能再假定：制度化的政治渠道是理性的集体行动的唯一抑或主要的政治空间。严肃的、深思熟虑的、富有创造性的以及组织良好的政治活动，通常发生于"街头"。社会运动学术成就不得不去解释这种集体行动如何以及为什么得以成为对感受到的不公正的一种正式而深谋远虑的政治回应。具有讽刺意味的是，当今的“集体行动”一词通常却被专门用于解释制度外的行动。

资源动员范式

集体行动的**资源动员**（resource mobilization）理论所揭示的是一种经济维度，它长期以来一直被理解为一种社会心理现象。表 10-1 对这些理论方法的主要假设进行了比较。

表 10-1　　集体行为 vs. 资源动员：作为每一种理论基础的关键假设之比较

集体行为理论	资源动员理论
两种行动类型： (1) 制度化的（传统的） (2) 非制度化的（集体的）	必须在集体行动冲突理论的框架内理解社会运动
非制度化的集体行动不是为了回应或表达“模糊的”或“非结构化”的条件而由社会规范和社会形态所形成的	制度化与非制度化集体行动之间，不存在根本的差别
它假定，这些条件起因于结构性变化，体现的是公民社会现有社会制度以及/或规范的“崩溃”——究其原因，既是因为无效的社会控制，也在于不恰当的规范整合	两种集体行动都使得利益冲突内置于制度化的权力关系
规范的崩溃导致“极度紧张”（或不满、挫折感以及挑衅），会使个人参与集体行为	集体行动包含团体对于利益的理性追求
在集体行为的理论解释中，大众是最小的分析单元	使用战略和工具理性的理性行动者（个人和集体），取代大众成为集体行动分析的核心参照物
非制度化的集体行为遵循从自发的大众行动到社会运动的形成这样的“盛衰周期”	目标和不满是权力关系的永恒产物，不能用于解释社会运动的形成
在这一周期中，社会运动的出现和发展是通过天然的交流过程（感染、传闻、循环反应、传播等）来实现的	社会运动的形成是由于集体行动的资源、组织以及机会发生变化而导致的
它强调的是对崩溃、天然的交流模式以及不确定目标的心理反应，还有目标的不确定（表现出存在一种内隐的偏见，即认为集体行为是针对变化的一种非理性回应）	动员包含规模较大、具有特殊目标的正式官僚组织。成功的标志是有关群体的政治地位得到承认，或有关群体获得了更多的物质利益

资料来源：Jean Cohen L. and Andrew Arato, *Civil Society and Political Theory* (Cambridge, MA: MIT Press, 1992)。

资源动员理论有两个焦点。第一个焦点是：一场社会运动的持续发展，所需要的远远超出一个非理性的暴民群体所能提供的。它尤其需要资金、人力（即使是志愿者）和空间等资源。当今的社会运动组织者——即使是那些在得到修理厂经理支持的小额资金预算基础上运作的运动组织者——至少也需要电话、互联网接入、计算机、打印机和软件等资源。

依赖于正式组织的大规模社会运动，通常需要稳定的流动资金来租用办公场所，雇用全职工人，支付公共设施、交通、维修服务以及游说活动等账单，购买电话、答录机、台式电脑以及办公桌、重型打印机和/或印刷服务、影印机、办公用品、美术用品（包括：例如，雪桩、面具、服装、花车以及喷漆等）、信笺、信封、名片、邮资等，保障武器和训练（就含有更多暴力成分的运动而言）；当然，还要筹集更多的资金和征募更多的支持者。积极分子（activists）花费大量的个人时间使用各种方式来动员和组织这些资源，他们所使用的方式，对内可以使他们得到发展，并使其思想得以相互交流，对外则指向征募潜在的新成员、各种官方职位和其他目标。

第二个焦点在于，资源动员理论家们已经展示，在“理性人”（rational actor）当中进行的复杂的组织和交流——而不是在“大众”当中的社会蔓延或情绪扩散——有助于**动员**（mobilization），这种动员导致了社会运动得以发展的那种大规模集体行动的产生。也就是说，虽然社会压力或不公正条件对于一场社会运动是**必要的**（necessary），但它对于解释社会运动的出现却是**不充分的**（not sufficient）。事实上，在很多令人压抑或表面上看来使人无法忍受的条件下，抗议却并未出现。在非洲荒漠中集体挨饿的人们，如果缺少可动员的资源，抑或他们仍然不能组织起来动员他们所拥有的资源，那么，他们仍将有可能继续挨饿，仍将无力改变他们的处境。

组织、利益、资源、战略以及压抑与机遇的某种混合物，构成了社会运动持续发展的基础。资源动员理论家假定，集体行动包含团体对于利益的理性追求。使用战略和工具理性的**理性人**（rational actor），取代了暴民而成为集体行动分析的核心参照物。目标和不满是权力关系的永恒产物，不能用来解释社会运动的形成。在这一范式中，社会运动得以形成，其原因在于资源、组织以及集体行动的机遇发生了变化。而且，动员涵盖了规模较大的、具有特殊目的的正式官僚组织。根据这一理论，成功的标志通常表现为有关群体的政治地位得到承认，或有关群体获得了更多的物质利益。

社会学家约翰·麦卡锡（John McCarthy）和扎德（Mayer Zald）最早提出了关

于这种范式的一个更有影响力的观点。① 他们使用经济学术语“产业”一词来描述社会运动“工作”。他们指出，社会运动产业的核心，是由正式组织或社会运动组织构成的，为了生存，这些组织的运作与“公司”——理性组织的标志性形式——非常相似。它们积累金钱、权力和其他资源，雇用大量员工，这些人在一个层级指令结构中组织起来，参与特殊任务，并兜售他们的思想以获得资金和支持。此外，它们还与其他社会运动组织竞争稀缺资源和“市场份额”。

近来，克利福德·鲍勃（Clifford Bob）已经拓展了这条分析路径，他的分析揭示，发展中国家的社会运动行动者，包括暴力抗议或分离主义运动，是如何为了争夺相对稀缺的资源和非政府组织（NGOs）提供的政治合法性而在一个不公平的竞技场尔虞我诈展开竞争的。② 他还为我们描述了这些非政府组织购买场地“交易”的方式——它们会采取策略选择所要支持的某些运动“客户”，而不支持其他“客户”，推销它们所要投资的目标。

其结果是，社会运动经常变更其特色，抑或其集体身份的表征，来迎合潜在的非政府组织赞助人的期望。这一理论假定，最为成功的社会运动，是那些学会在海外谋求自我发展并将自己归入非政府组织认为可接受的或至少值得冒险的那种抗议类型的社会运动。鲍勃虽然使用“供求关系”这种市场语言来描述这种关系，但他很快就指出，这种关系充斥着组织上的不平等。供应方由一些颇有影响的非政府组织构成，它们在选择所要支持的群体或运动目标时，会有自己的理由。需求方则是许多地方团体，它们正在寻找与非政府组织的国际联系能够为它们提供的东西：改变国内冲突的更好的资源和影响力。当然，在这一模型中，“需求”并不是一个地方团体自身需要的一种功能。这就要求一个群体愿意出卖自己，或最起码要做出妥协，通常要按照资助方能够接受的标准，来对自己的主张大加修改，并对该组织最初的不满做进一步的确定。

当今一些从事社会运动研究的学者认为，资源动员范式留下了几个未经检验的关键因素。例如，一些人就指责说，对于理性经济行为的强调，在认知和情感两个层面，在消除社会运动行为者心理维度方面显得有些离谱。例如，尽管我们在认知层面

---

① John D. McCarthy and Mayer N. Zald，*The Trend of Social Movements in America*：*Professionalism and Resource Mobilization*（Morristown，NJ：General Learning Press，1973）.

② Clifford Bob，*The Marketing of Rebellion*：*Insurgents*，*Media*，*and International Activism*（Cambridge：Cambridge University Press，2005）.

都认为，抗议行动是一个正确的行动过程，但是，一个人情感上的恐惧仍然有可能阻止他做出反抗的决定。

而且，正如杰夫·古德温（Jeff Goodwin）和詹姆斯·贾斯珀（James Jasper）所指出的，强调诸如正式的社会运动组织和非政府组织的社会运动方法的羸弱，在于它们将抗议者描述成永恒的利己主义者，而无视众多的情感变化和认知过程，正是这些过程塑造了任何社会运动目标的结构。他们特别指出：

> 由于摒弃了这些因循守旧的传统心理，这些学者不经意间将新古典主义经济学的假定植入他们的模式当中：人都是自身狭隘利益的理性追求者。这些学者忽视了社会运动的一个核心问题：人们何以开始感知到共同的不满或利益？尤其是对于某些远离他们日常生活的事情，诸如全球变暖、核能源抑或遥远国度的人权？①

其他评论家则将焦点集中于如下问题：资源动员理论缘何未能成功地将集体行动与其在有关合法权利文化信念上的起源联系在一起？就其对集体行动如何成为对集体感知的**不公正**（injustice）的理性而有组织的回应的强调而言，资源动员理论的大部分工作也仅限于确定了先前的各种道德传统之间存在的一种冲突。它并未对人们如何开始将特殊权利或资源的缺乏视为一种不公正做出解释。进而言之，这一范式没有能够证明这种权利如何以不同的方式植入国家权威的背景之中。②

资源动员理论另一个主要缺陷在于，它没有对社会和政治领域如何为一些现代社会运动的出现或成功而其他社会运动却胎死腹中创造条件做出解释。③ 这一范式将焦点集中于经济因素和政治机遇，没有对那些在特殊的政治或历史背景下出现的资源或机遇做出解释。

政治过程 vs. 身份政治

整个 1980 年代以及 1990 年代初，在社会运动研究领域，对于社会和政治范围的

---

① Jeff Goodwin，and James M. Jasper，eds.，*The Social Movements Reader：Cases and Concepts*（Malden，MA：Blackwell，2003），166－167.

② John Walton，*Western Times and Water Wars：State，Culture，and Rebellion in California*（Berkeley：University of California Press，1992），317.

③ Jean L. Cohen and Andrew Arato，*Civil Society and Political Theory*（Cambridge，MA：MIT Press，1992），499.

探究努力出现了较大分离。广义上的敌对阵营的出现，导致两个思想流派的出现：美国的**政治过程理论**（political process theory）和西欧的**新社会运动理论**（new social movement theory）。政治过程理论直接由资源动员范式发展而来，尽管是为了寻求对后者存在的主要弱点——缺少对历史和政治因素的关注——进行阐释。新社会运动理论在很大程度上则是一种以认同为指向的范式，这种范式既反对新古典主义有关社会角色的假设，也否认公民社会和文化在锻造、形塑和维系 1960 年代出现的“新”社会运动中发挥了作用这种苍白无力的观点。

今天我们所能看到的是，资源动员/政治过程范式以及以认同为指向的范式，各自包含着一种排斥对方主要观点的理论框架。当然，正如科恩和阿拉托（Arato）已明确阐明的，两种范式都依赖于现代社会运动的关键特征，来确定当代社会运动的特殊之处：“一种自知之明，即抛弃赞成激进变革的革命梦想，这种激进变革对于国家而言，不是必需的和主要的方向。”①

政治过程理论　大量的社会运动研究将焦点集中于这一问题：如何对社会运动运行于其中的政治环境进行概念化。政治过程方法在塑造社会运动领域的概念、观点以及研究日程等方面主导了这种努力。正如批评家古德温和贾斯珀所指出的，政治过程理论“……也许遭到了批判，但却不能无视它的存在”②。在考察政治过程理论提出的主要概念和假设之前，我们首先需要了解这一范式是怎样从资源动员理论发展而来的。与此同时，我们还将探究政治过程理论家所要求的、在历史上已经为社会运动的出现提供了的便利环境，即民族国家。

蒂利是政治过程理论首个也是最有影响的塑造者之一（见第三章对蒂利的长篇讨论）。他通过研究发现这样一个事实：尽管社会运动也许在制度化的政治渠道之外发挥着作用，但它们却以某些重要方式与政治过程和政治领域保持着联系。政治过程理论家天真地断言，国家不仅是社会运动的目标，也是其支撑，这表明，社会运动不仅将国家作为发泄不满的对象，也期待着来自国家的救济。正如古德温和贾斯珀（2003）所指出的，政治过程理论

① Jean L. Cohen and Andrew Arato, *Civil Society and Political Theory* (Cambridge, MA: MIT Press, 1992), 493.

② Jeff Goodwin, and James M. Jasper, eds., *The Social Movements Reader: Cases and Concepts* (Malden, MA: Blackwell, 2003), 4.

> ……已将焦点集中于冲突和社会运动的外部环境，在某种程度上，它们甚至这样解释社会运动的起源，即将其视为由国家提供“机会”的产物（诸如减轻压迫或者经济和政治精英之间的分裂）。[1]

对于社会运动政治维度的这种明确强调，逐渐将政治过程理论与资源动员理论区别开来。根据政治过程理论，社会运动的时间选择和出现，要求一种超越经济资源动员的理解，而且必须深入了解什么才是“政治机会结构”。

1970年代晚期和1980年代早期，蒂利对西欧尤其是英国和法国的暴力式集体行动进行了历史比较分析，这使得他得以对其早年提出的资源动员模式中其他不符合历史的功利主义逻辑进行了定位。[2] 蒂利解释说，自有史以来，人们就已经团结起来追求共同目标，但是，只有到了19世纪，社会运动才得以形成并得到逐步发展。[3] 蒂利证明，这一时期西欧所发生的权力结构从地方到国家层面的历史性转折，影响了集体行动的组织形式和“全部特性”，即“对一个特定群体有效的一套方法”[4]。

蒂利断言，国家是现代工业社会最有影响力的行为体，基于为自身利益而行动的国家精英对于利益的感知，国家能够有选择地压制或推动社会运动的发展。[5] 显然，国家企图镇压直接觊觎其权力或政策的革命或恐怖活动。与此同时，国家也会容忍甚至鼓励某些社会运动，将其纳入政府管理，为它们提供惯常的政府准入。

像某些集体行为理论家一样，蒂利仍然对现代化或大规模的结构性变化之于集体行动的影响持理解态度。但是，他实际上却是反对社会崩溃理论的，这种理论将城市化和工业化发生的时机和程度直接与经济困难或政治冲突联系在一起。相反，他阐明了经济转型、城市化、国家建设以及大众媒体的出现，如何在破坏某些集体行动的同时也为其他形式的社会运动提供了便利条件。

蒂利现代化命题的新颖之处在于，它假定，结构性变化对于政治冲突的影响，在于对日常社会**团结**（solidarity）的长期塑造，而不是短期内出现的紧张关系。在现代

---

① Jeff Goodwin, and James M. Jasper, eds., *The Social Movements Reader: Cases and Concepts* (Malden, MA: Blackwell, 2003), 6.

② Charles Tilly, *From Mobilization to Revolution* (Reading, MA: Addison-Wesley, 1978).

③ Charles Tilly, "Britain Creates the Social Movements," in James Cronin and Jonathan Schneer, *Social Conflict and the Political Order in Modern Britain* (London: Croom-Helm, 1982).

④ Charles Tilly, *Big Structures, Large Processes, and Huge Comparisons* (New York: Russell Sage, 1984), 307.

⑤ Charles Tilly, *From Mobilization to Revolution* (Reading, MA: Addison-Wesley, 1978).

化条件下，自治社团取代了社区的团结。集体行动的特征，因更加正式的、审慎组织起来的自治社团会议，取代了更为随意的、惯常聚集在一起的社区团体、当地市场、节日或得到家长式权威认可的其他形式，而变得越来越明显。18 世纪那种典型的自发式饥民暴动或抗税叛乱，更多地遭到镇压，到 19 世纪时（英国及其北美殖民地、意大利、德国和法国），逐渐被诸如示威游行和罢工等更多自治式组织和抗议形式所取代。①

蒂利解释说，这种转变的发生是由于国家和资本家赢得了先前由家庭、社区和其他小团体掌握的资源控制权。② 而且，城市化和大众传媒的发展，降低了对正式组织的社团进行大规模动员的成本。最后，蒂利指出，制度和国家层面选举的发展——以及国家政治生活广泛参与的开始——促使游行示威的形成和传播成为集体行动的一种主要形式。正如他所阐述的，“其基本形式类似于选举集会，而且……它提供了展示竞争者力量的一种有效手段，有时候会影响一场选举的结果”③。

蒂利令人信服地证明，现代公民社会的关键机制，如组织、征募、集会、申请、宣传以及民主国家全国范围组织游行示威等权利，是如何为全国社会运动的出现提供广阔空间的。蒂利的研究同时还证明，现代集体行动是以公民社会和政治社会内部自治社会和政治空间的发展为先决条件的。这种公民社会和政治社会，以各种权利为保障，得到以正式的政治代议机构为基础的民主政治文化的支撑。

不管怎样，无论是蒂利还是追随他的政治过程理论家们，都没有在他们的模式中为目标旨在公民社会本身的集体行动创造概念空间。在政治过程理论中，只有以**国家**（state）为指向的集体行动对社会运动形成了支持。通过对国家实践之于 19 世纪出现的集体行动所具有的政治机会和战略意义的着重强调，蒂利所关注的只是那些有组织的集团为夺取权力而发动的集体行动。

关键概念：政治机会、动员和框架 那些追随蒂利的理论家们，在以国家为中心的社会运动研究方面，提出了一套结构性概念，如“政治机会结构”“动员网络”“文化框架”等。他们使用这些概念，大多用于解释 1960 年代和 1970 年代发生于西欧民

① Charles Tilly, Louise Tilly, and Richard Tilly, *The Rebellious Century*: *1830—1930* (London: J. M. Dent & Sons Ltd., 1975).

② Charles Tilly, *Big Structures*, *Large Processes*, *and Huge Comparisons* (New York: Russell Sage, 1984).

③ Charles Tilly, *From Mobilization to Revolution* (Reading, MA: Addison-Wesley, 1978), 168.

主国家的社会运动。正如麦克亚当、约翰·麦卡锡和扎德所描述的：

> 大多数政治运动和革命是由社会变革引发的，这些社会变革使得既有的政治秩序更容易受到变革的伤害，或更善于接受变革。但是，这些“政治机会”只不过是集体行动的必要条件。在缺乏充分组织——无论正式的还是非正式的——的情况下，诸如此类的机会是不容易被捕捉到的。最后，除了具备机会和组织这种结构性条件，政治运动是否能够发生，还要看运动的拥护者们是否对运动的意义达成共识。①

政治过程理论认为，当具有共同不满的人们被组织起来并认识到他们能够成功地解决他们所关注的问题，能够抓住日益增加的“政治机会”时，社会运动就会形成。但是，究竟什么是政治机会？尽管许多理论家都进行了不懈的努力，但在有关政治过程的文献中，对于政治机会的定义，并未达成稳定的共识。不管怎样，一些经常被引用的例子，还是有助于传递概念背后的一般思想的。权利遭受不法侵害、被组织起来的人们，要参与集体抗议活动，必须具备下列条件之一：

1. （至少是部分）获得当局批准；
2. 察觉到政府的镇压在减弱；
3. 运动（社会经济的和/或行政管理的）之外的精英开始分化；
4. 确保得到精英或其他有影响的群体的支持。

政治环境的这种变化，能够降低抗议者的风险，提高其政治影响。当然，抗议者有时候会不顾一切，冒着严重风险——或至少是其目标无法预料的风险——这些风险能够创造新的机会，而不是简单地对因精英的关系转换和行动所创造的机会做出反应或进行把握。

尽管政治过程理论家在“动员结构”的定义问题上不能达成一致意见，但它们要么首先是社会的，要么就是倡议网络和正式组织。它们可以包括家庭或工作单位、自治社团、社会运动组织形式，或者全部战术内容。这一概念意味着要探讨社会运动出现的动力因素，尽管政治过程理论家常常将其视为预先存在的结构，而不是社会运动

---

① Doug McAdam, John D. McCarthy, and Mayer N. Zald, eds., *Comparative Perspectives on Social Movements: Political Opportunities, Mobilizing Structures, and Culture Framings* (New York: Cambridge University Press, 1996), 8.

组织者的创造。但正如古德温和贾斯珀略带挖苦地强调的，“这一概念回避了这样的问题，即如何以及何时确信是这些‘结构’而不是其他结构，为集体抗议提供了便利”①。

1980年代，政治过程理论家开始对如下工作倾注更多的关注：抗议者致力于使人们相信他们共同拥有不满，致力于创造强有力的象征符号，致力于构建集体认同。通过上述这些过程，组织者“勾勒”其议题和目标，而与潜在的应征者和广大公众的信念、情感和渴望产生共鸣。通过扩展欧文·戈夫曼（Erving Goffman）的“框架”概念②，研究社会运动的学者得以证明，使得社会运动及其所包含的信息为应征者所理解并具有吸引力的这种文化工作，是组织者的一项重要活动。③ 戈夫曼运用这种框架隐喻来解释个人如何发展和利用社会心理学的解释策略，来减少复杂性并使他们的日常生活经验的意义条理化。戈夫曼指出，正是通过这些框架，我们才对社会现实有了准确的感知。

需要注意的是，集体的视野和意愿加之行动，还是不充分的。国家的压制能够阻止社会运动的出现。事实上，仅仅是国家暴力的威胁有时候就足以挫败一个组织良好的、权利受到侵害的群体的集体行动，并因此而阻止一场社会运动的出现。当然，在解释社会运动出现的时机时，除了国家使用暴力镇压的能力和意愿之外，还可以考虑其他因素。例如，国家只是在某些时候忽略了某些群体的要求。作为一种选择，国家常常能够成功地使人们相信，那些挑战政府的人及其主张，是离经叛道、不值一提、不足为信的。

我们还应牢记，集体行动者拥有的共同不满和组织，常常属于持续的条件（抑或“常数”，引出研究设计的语言问题），因而对于解释一场社会运动出现的时机是不充分的。简言之，对于政治过程理论家来说，解释社会运动出现的时机，要求确定对于集体行动者开放的或可扩展的政治机会结构。此类机会甚至可以由集体行动者目标所指的国

---

① Jeff Goodwin, and James M. Jasper, eds., *The Social Movements Reader: Cases and Concepts* (Malden, MA: Blackwell, 2003), 20.

② Erving Goffman, *Frame Analysis: An Essay on the Organization of Experience* (New York: Harper, 1974).

③ 参见 David Snow, A. E. Burke Rochford, Jr. Steven K. Worden, and Robert D. Benford, “Frame Alignment Processes, Micromobilization, and Movement Participation,” *American Sociological Review*, 1986, 51, 464-481; and David A. Snow and Robert D. Benford, “Ideology, Frame Resonance, and Participant Mobilization,” *International Social Movement Research* 1988, 1, 197-217。

家来提供。政治过程模式同样也告诉我们，社会运动为什么会衰落。政治机会的减少、动员结构的削弱抑或文化框架，都有可能阻碍社会运动，并（或）使其丧失合法性。

对于政治机会这一概念以及有关的政治过程理论，还有很多问题需要探讨，也存在着众多的评论。最基本的问题是，当集体行动者看到一种政治机会的时候，他们如何得知它就是政治机会？如果集体行动者最初没有察觉到一种已经存在的机会，他们有可能抓住它吗？换言之，我们能够客观地谈论已经错过的政治机会吗？①

在政治过程理论中，聚焦于目标的内容和权力的获得，就很难理解以政治社会为目标指向的任何“政治影响”的含义。正如我们随后将要详细讨论的，政治影响较适合于拥有公共领域、权利以及民主代议机构的现代公民社会。这些机构在形成甚至可能改变社会规范和政治文化方面具有开放性。对于公民社会的集体行动者来说，从文化的意义上劝说政治社会的行动者是有可能的——不仅仅是获得权力或金钱，而且要避免权力和金钱的影响对公民社会的各项制度和社会关系造成威胁。而且，超越保护主义立场，目标指向政治社会文化劝诫的激进政治，能够使公民社会现存的各项制度和社会关系得到进一步民主化。

身份政治与“新”社会运动理论

与资源动员理论和政治过程理论的假设相比，新社会运动理论的几个关键假设来自马克思的著述（见第二章对马克思的大量讨论）。所有社会本身固有的并且推动其内部社会变革的，是不平等权力关系的存在——压迫者与被压迫者。冲突被假定为一种集体行动，而不是始于原子化的或无社会联系的个体的行动。相互冲突的集体行为将导致社会运动。

新社会运动理论家倾向于将社会的现代化视为这样一个过程，也就是使国家逐渐在制度上实现对公民社会的控制和支配地位。因此，他们倾向于避免出现那种支持被他们视为唯一真实的解放过程即革命的政治变革。从新社会运动理论的视角看，一场社会运动的目标，并不是对政治过程产生影响，而是超越现存体制的结构性限制，使

① 参见 Jeff Goodwin and James M. Jasper，eds.，*The Social Movements Reader：Cases and Concepts*（Malden，MA：U. K. Blackwell，2003），12。

它沿着更为民主的路径进行改造。

新社会运动理论主张，运动的行为者选择的政治战略，能够导致或遵循非等级化的民主组织方式，并鼓励广泛的参与。组织方式意义重大。通过不民主方式组织起来的运动不会产生民主的变革。

“新”社会运动指的是这样的社会运动：(1) 身份在其中显示出重要意义；(2) 热衷于新的政治形式（例如创新性的、直接的行动策略）；(3) 有助于促成新形式的社会交往。包括各种各样的例子：本土的、种族的、环境的、同性恋的、女性的以及人权运动。政治身份引发了一场关于解释与表达的冲突——展现个人和集体身份或为其创造空间、对文化规范和适当的社会角色重新做出解释以及引导或转换话语实践的一场斗争。

共同拥有的集体身份对于任何社会运动的动员来说都是必不可少的，与此同时，身份也可成为社会运动追求的一种目标：要么是获得对遭非难身份的认可（例如“男同”或“女同”），要么是对身份的种类进行分解（例如西班牙裔美国人 vs. 拉丁裔美国人或奇卡诺人）。集体身份同样可以被用作一种政治策略，正如诺埃尔·斯特金（Noel Sturgeon）在有关生态保护妇女激进分子的著作中所证明的。①

斯特金的研究解释了女权运动的一翼如何综合有关母性与大自然的论述来提供并赞美男女之间的生物差异——更多的是针对运动内部女性的沮丧，她们对于性别不平等的理解，根植于一种社会建构主义的观点。这些派别最终学会了如何容忍文化多样性以及在策略上如何利用这些依赖于它们目标所指的反对派的各种矛盾身份。它们得知，每一种身份都有自己的优势和弱点，可以通过维系一种广泛的集体身份特性和杂乱的异质性来巩固它们的运动。

对于新社会运动的理论家艾伦·图雷纳（Alan Touraine）而言，激进社会运动的目标，策略上并不是为了争取国家的包容和权力，而是从草根阶层开始，在国家支配力所及的范围之外，为扩大政治活动的领域，使新生的和现存的公共领域实现民主化而斗争。当代的集体行动者有意识地围绕权力展开斗争，以构建新的身份，在公民社会和政体内部，为自治社会行动创造民主领域，对规范做出重新诠释并重塑各种制度；将公民社会视为集体行动的目标领域，鼓励政治社会学家去考察集体行动者创造

① Noël Sturgeon, *Ecofeminist Natures: Race, Gender, Feminist Theory and Political Action* (New York: Routledge 1997).

他们所捍卫的身份和团结的过程，评估社会对立面及其冲突所带来的风险之间的关系，分析有助于提高行动者反省能力的结构性发展。正如图雷纳所指出的，“……既然我们在加强公民社会方面已经有了持续几个世纪的优先选择权，那么，我们现在的责任就是，探寻反对国家的自由斗争与为避免这种斗争沦为只是为了公民社会领袖的利益而展开的社会冲突之间的重大关联”①。

图雷纳进一步指出，那种主张利用与政府对抗来保卫社会但结果却使公民社会内部支配与不平等的关系仍然没有任何改观的自由主义思想，注定是错误的。正如英格兰和美国自由资本主义的发展所表明的（见第五章关于波兰尼的论述），这有可能仅仅意味着社会经济精英之于政府精英的优越地位。换言之，像社会运动一样，当代冲突并不仅仅是冒着反对国家来捍卫公民社会和自治的风险。相反，问题在于社会运动应该捍卫**哪一种**（which kind）类型的公民社会。

超越民主精英主义和民主原教旨主义：2008 年总统大选与社会变革的压力

2008 年，在新罕布什尔州，纽约州民主党联邦参议员希拉里·罗德姆·克林顿（Hillary Rodham Clinton），尽管正在为成为美国首位女性总统而展开竞选，但她却发现，自己已被刻画成维持现状的保守派。她的对手、伊利诺伊州联邦参议员巴拉克·奥巴马（Barack Obama），将自己描述成公民权利运动遗产的承载者，并自我吹嘘为能够给美国带来真正变革的候选人。他认为，希拉里是现行政治体制的维护者，她对美国公众所希望的变革无能为力，也不感兴趣。

希拉里·克林顿对这种指责予以了回应，她指出，非洲裔美国人的公民权利早在 1960 年代即得到保障，不仅仅是通过马丁·路德·金博士领导的运动，还通过约翰逊总统——他签署了《公民权利法案》。她对此进行了详细阐述，她说自己不仅在“谈论”变革（暗示奥巴马在那样做），而且有 30 年的“促成变革”的记录。当来自非洲

① Alan Touraine，“Triumph or Downfall of Civil Society?”，in *Humanities in Review*，vol. 1（Cambridge，UK：Cambridge University Press，1983），138.

裔美国社区的重要领导人对此提出强烈抗议并将其描述成种族主义者的言论时，希拉里·克林顿因这些言论在竞选中付出了高昂代价。

除了哪位候选人最能代表变革的希望外，政治社会学家还有另一个问题需要解决。在希拉里·克林顿的评论中，还揭示了另外一种偏见——民主精英主义的作用，对此我们应该进行自我调适。“民主精英主义”概念所反映的思想是，促进民主规范、价值、关系以及制度的变革，只能来自组成政治社会的各种精英。当然，我们已经看到，集体行为理论对民主精英主义的思考，何以竟到了将社会运动——在现存制度化的政治渠道之外发挥作用——视为彻底的不民主运动的程度。

政治过程理论和资源动员理论，同样也有助于民主精英主义的培育，其以两种典型方式之一表现出来：(1) 只有当政治或社会经济精英为社会运动提供机会时，我们才认为社会运动有能力对重大变革产生影响；或 (2) 为了获得来自政治社会的承认，社会运动必须以牺牲民主的组织形式为代价，而变成更具有等级色彩和不平等的组织形式。简言之，民主精英主义并不认为社会运动行动者正在**创造** (creat) 各种机会——他们不过是正在试图抓住那些有可能属于他们的机会。

不管怎样，给予社会运动如何与公民社会相互影响或它如何企图影响公民社会更多的关注，有助于我们避免“民主精英主义”的陷阱。我们已经看到，对于公民社会更多的关注，如何有助于我们理解当代社会运动所关注的不仅是包容政治，也包括身份政治。它还有助于我们揭示当代社会运动开展包容政治的范围，有助于我们回答社会运动行动者如何建构可行而相关的各种社会身份，并在此基础上完成集体行动的任务。

另一方面，我们还必须认识到，对于公民社会的短视，诸如那些以新社会运动理论为基础的观点，很容易导致另外一种陷阱：“民主原教旨主义”。民主原教旨主义是这样一种思想，即通过民主手段、规范、价值、制度以及各种形式的自我组合，是建立民主社会的唯一方式。按照这一观点，正如许多社会运动组织所拥有的，实现官僚化不仅损害民主，而且会加强反民主的价值观，并最终导致非民主的变革；这种观点实际上是米歇尔斯所提出的“寡头政治铁律”的一种不同版本。此外，民主原教旨主义最终导致在参与政治组织和国家生活方面的一种集体倒退。对于变革所作的所有努力仍然聚焦于公民社会。它培育了这样一种理念，即影响国家的种种努力只能导致公民社会被国家所支配或同化。

那么，社会运动研究者如何化解这一困境呢？对公民社会的关注有助于我们强化当代集体行动的一个可能的维度，即政治的影响力。当代政治运动的这一维度——目标旨在保持公民社会与政治社会之间的联系——是政治过程理论和新社会运动理论都缺少的东西，有助于我们避免民主精英主义和民主原教旨主义的两种陷阱。

政治影响

对于公民社会草根阶层的行动者来说，是否有可能改变我们的政治领导人和公司游说者思考和行动的方式呢？抑或自下而上的民主政治改革实际上只是一种妄想？真正的变革只能通过社会革命自下而上进行吗？公民社会的集体行动者与政治社会的集体行动者之间是什么关系？对于当代社会运动，这种关系又能告诉我们什么？

政治社会是将思想和利益凝聚成特殊政策建议的政治体系的一部分。研究正在经历民主转型国家的政治社会学家发现，这一概念对于解决对抗性社会阶级和利益集团如何与治理过程相连接这一问题，是非常有用的。这一对抗空间，通常被称为“政治社会”，即特殊的政治机构（行政的、立法的或司法的）试图控制公共需求的空间。一般认为，政治社会和公民社会都拥有各自独立（尽管不一定必然要分离）的政治文化。来自两个领域的行动者都试图影响对方的政治文化。

公民社会和政治社会都不能存在于独立的真空中。它们共存于一个复杂的、不断变化的关系体系中。政治社会由管理国家的那些人组成。公民社会的成员至少能够在影响政治社会成员的言论和行动方面进行尝试。当社会运动促使政治精英确信不仅要改变他们对一项特殊议案或建议的思考、而且要改变对一项既定议题的思考时，社会运动就已经改变了现存的政治话语的边界。在最佳情况下，他们影响着政治领导人为新的身份、新的规范以及新的表达需要创造空间。事实上，公民社会成员为影响政治社会成员所作的这种尝试，也许是当代社会运动的主要特征。

政治和经济制度的进一步民主化，对于有效的政治影响力同样是至关重要的。说服一个政治家一次投票支持某个集团的利益，是远远不够的。为了有效地变革那些持续了很长时间并充分蔓延到文化领域的东西，社会运动行动者必须触动权力结构和权力中心的改革。离开这种改革，公民社会的任何收获，面对不断变化的政治风向，都将变得越来越脆弱。

文化、结构与国家

为了揭示当代社会运动如何施加其政治影响，政治社会学家正在对文化、结构与国家之间的关系进行重新审视。**文化**（culture）由一系列形成意义、价值和主体性的实践活动组成，包括物质的和非物质的。[①] 小威廉·休厄尔（William Sewell, Jr.）在其著名的《结构理论：二元性、机构与转型》一文中，将**结构**（structure）界定为被赋予一定资源并维系资源的文化模式。结构同样也反映并繁衍不平等的权力关系。[②] 当结构采取话语、规则、政策、方法、诀窍以及类似的形式时，我们就能够分析它们何以能够有意或无意地促进或限制行动的主题，并将其扩展至新的背景中。[③] 从这一意义上来说，文化是所有制度——经济的、政治的以及社会的——的一个维度。

社会运动分析常常将“文化”与“政治结构”——国家或政治社会——割裂开来。例如，弗朗西斯卡·波勒塔（Francesca Polletta）指出，只有在文化妨碍了挑战者感知国家客观脆弱性的能力时，政治过程理论才将文化概念化为约束性行动，这是不恰当的。[④] 换言之，撇开该理论对文化框架的强调[⑤]，姑且也不谈文化如何能够使

---

① Glenn Jordan and Chris Weedon, *Cultural Politics: Class, Gender, Race and the Postmodern World* (Oxford: Blackwell, 1995), 8.

② William H. Sewell, Jr., "A Theory of Structure, Duality, Agency, and Transformation," *American Journal of Sociology*, 1992, 98, 1-29.

③ 参见 Swidler 1986; Zerubavel 1990; Sewell 1992; Kane 1997, 2000; and Hall 1999。

④ Francesca Polletta, "Culture Is Not Just in Your Head," in Jeff Goodwin and James M. Jasper, *Rethinking Social Movements: Structure, Meaning, and Emotion* (Lanham, MD: Rowman & Littlefield, 2004), 99.

⑤ David A. Snow and Robert D. Benford, "Master Frames and Cycles of Protest," in Aldon D. Morris and Carol McClurg Mueller, eds., *Frontiers in Social Movement Theory* (New Haven, CT: Yale University Press, 1992); Robert D. Benford, "An Insider's Critique of the Social Movement Framing Perspective," *Sociological Inquiry*, 1997, 67, 409-430; Mario Diani, "Linking Mobilization Frames and Political Opportunities: Insights from Regional Populism in Italy," *American Sociological Review*, 1996, 61, 1053-1069; Anne E. Kane, "Theorizing Meaning Construction in Social Movements: Symbolic Structures and Interpretation during the Irish Land War, 1879-1882," *Sociological Theory*, 1997, 15 (3), 249-276; Bert Klandermans, *The Social Psychology of Protest* (Oxford: Blackwell, 1996); Doug McAdam, "Culture and Social Movements," in Enrique Laraña, Hank Johnson, and Joseph R. Gusfield, eds., *New Social Movements: From Ideology to Identity* (Philadelphia: Temple University Press, 1994); Doug McAdam, John D. McCarthy, and Mayer N. Zald, eds., *Comparative Perspectives on Social Movements: Political Opportunities, Mobilizing Structures, and Culture Framings* (New York: Cambridge University Press, 1994); Sidney Tarrow, *Power in Movement: Social Movements, Collective Action, and Politics* (New York: Cambridge University Press, 1998), Chapter 7.

挑战者表达共同的不满、构建作为一个统一行动者的集体身份并觉察一种存在的政治机遇等问题，这一理论只有在理论家们不能觉察到什么是他们声称的客观政治机会时，才考虑文化对于挑战者的约束力。进而言之，在这一意义上，文化仅仅存在于挑战者的头脑之中。相比之下，政治过程理论给予那种仅仅存在于国家行为者头脑中的文化的关注，如果还有一点儿的话，那也是少之又少的。而且，直到最近，它对于政治结构的文化维度也没有给予任何关注。

造成这种结果的原因在于，这一理论含蓄地将机构与文化混为一谈，这导致文化概念极为轻易地被转换了。① 因此，“文化”被理解成主观的可变的东西，而“政治结构”则成了客观的、持久的东西。“文化”为抗议提供了便利，而“政治结构”则限制了抗议。弱势者（或公民社会的行动者）动员“文化”来挑战结构，而有权势者（或政治社会的行动者）则垄断“政治结构”来保持权力。

究竟我们如何对文化与结构之间的关系进行重新界定，才能更好地理解政治的影响？波勒塔为此提供了一种可行的替代方案，她指出，“任务不是为了支持潜在反对派的‘主观’感觉及其对政治结构的评价而抛弃对‘客观’政治结构的强调，而是为了探究由政治结构的文化维度带来的（客观）资源和束缚”②。

穆斯塔法·埃米拜尔（Mustafa Emirbayer）和古德温已经有力地指出，将结构的文化维度设想成“掌握自身内部自主逻辑的具有象征意义的模式”，与将其视为“实质上独特的社会生活‘领域’”是完全不同的。③ 从概念上对文化和政治结构进行人为

---

① 例如，参见 Doug McAdam，“Culture and Social Movements，” in Enrique Laraña，Hank Johnson，and Joseph R. Gusfield，eds.，*New Social Movements：From Ideology to Identity*（Philadelphia：Temple University Press，1994）. 另见 William H. Sewell，Jr.，“A Theory of Structure，Duality，Agency，and Transformation，” *American Journal of Sociology*，1992，98，1－29；Mustafa Emirbayer and Jeff Goodwin，“Network Analysis，Culture，and the Problem of Agency，” *American Journal of Sociology*，1994，99（6），1411－1454；Sharon Hays，“Structure and Agency and the Sticky Problem of Culture，” *Theory and Society*，1994，12，57－72；and Francesca Polletta，“Culture Is Not Just in Your Head，” in Jeff Goodwin and James M. Jasper，*Rethinking Social Movements：Structure，Meaning，and Emotion*（Lanham，MD：Rowman & Littlefield，2004）。

② Francesca Polletta，“Snarls，Quacks，and Quarrels：Culture and Structure in Political Process Theory，” *Sociological Forum*，1999，14（1），64；另见 Francesca Polletta，“Culture and Its Discontents：Recent Theorizing on the Cultural Dimensions of Protest，” *Sociological Inquiry*，1997，67：431－450；以及 Mabel Berezin，“Politics and Culture：A Less Fissured Terrain，” *Annual Review of Sociology*，1997，23，361－383。

③ Mustafa Emirbayer and Jeff Goodwin，“Network Analysis，Culture，and the Problem of Agency，” *American Journal of Sociology*，1994，99（6），1440；可比较，例如，Allison Brysk，*From Tribal Village to Global Village. Indian Rights and International Relations in Latin America*（Stanford，CA：Stanford University Press，2000，42－44）。

的二维划分，然后使二者之间的边界具体化，最终将导致无法对当代社会运动进行深入剖析。“文化具有政治属性，因为意义是由试图对社会权力进行重新界定的过程——清晰的或含蓄的——构成的。”① 政治结构同样是文化，尽管不是唯一的。再次重申，文化是所有结构和实践——包括政治结构和实践——的一个维度。

那么，政治又如何发挥其作用呢？它为什么对社会运动理论家如此重要？国家行为总是嵌入文化之中。政治社会的行动者，那些治理国家的人们，并不缺少文化修养或道德，尽管在政治学家或国际关系理论家当中存在着这样界定他们的倾向。国家行动者对于利用重要的文化结构来进行的文化或道德规劝是不具有免疫力的。文化结构——诸如宪政原则、程序规则、文化传统、“传统智慧”、制度记忆、政治禁忌及类似宣誓效忠某人所承担的政治责任的仪式、对市场功能的经济信念、对合法权利的理解以及道德观——能够引导政体成员和社会运动行动者的选择甚至想象力。根据这些文化结构在国家中制度化的程度，我们才能开始将其作为为社会运动提供的潜在机遇进行分析。既然竞争性结构通常是有效的，社会运动就能够通过将其偏爱的结构“混合”的方式而对政治社会产生影响。需要注意的是，这里所强调的是对政体的政治影响，而不是政体内部的政治包容。

这一切又是如何运行的呢？来自最近的社会运动的一个案例，清楚地展示了这一过程：为明确全球化的意义、背景以及后果而进行的斗争。在下一章跨国社会运动和全球政治中，我们将对这一过程进行界定。

① Sonia E. Alvarez，Evelina Dagnino，and Arturo Escobar，Introduction，in *Cultures of Politics*，*Politics of Cultures*：*Re-Visioning Latin American Social Movements*，edited by Sonia E. Alvarez，Evelina Dagnino，and Arturo Escobar (Boulder，CO：Westview Press，1998)，6.

第十一章
跨国社会运动与全球化

当今最有活力的一些社会运动，正忙于为全球化之于世界的意义而斗争。它们正在使我们明白，全球化并非地方共同体必须臣服的某种不可避免的自然力量。本章我们将考察跨国社会运动和全球化的主导力量，以及它们如何塑造当今的社会运动。

全球化的多重意义

当代全球化（contemporary globalization）——生产在全球层面的重组以及跨越民族国家边界的贸易和金融的巨大增长——的主要特征，就是保持了波兰尼在《巨变》一书（见第五章）中所确定的 19 世纪的过程。它们由于包括公司、国家、社会运动等行为体的强大跨国网络以及以**新自由主义**（neo-liberalism）著称的强有力的经济意识形态，而得到进一步强化。

“自由市场”这一经济概念，是全球——作为这样一个市场，在其中，所有贸易和其他经济活动都不再受法律、政治和道德的“约束”——新自由主义观的基础，简言之，就是不受任何监管。这种观点宣称，最好的市场就是最有效率的市场，而最有效率的市场，就是那些仅接受人类竞争的“自然”法则治理的市场。企图使全球市场受法律、政治和道德约束的任何努力，最终都将降低市场的竞争性，并因此通过降低生产率（例如增长和收益）而使经济遭到“伤害”，反过来，又使“经济之饼”的整体规模缩水。

显然，这些过程并非塑造当代全球化的唯一过程。全球化是由一系列多层面的过程构成的。同样需要强调的是，可以说，全球化仍然处于“构建之中”。尽管有许多方式来组织它，但是，全球化仍然需要规则、政策、规制以及强制性合同来进行组织。为实现其重大意义而进行的斗争、公正而道德的工作原则以及务实的制度化，构成了我们称之为**全球化政治**（politics of globalization）的一个重要方面。

“自由市场”命题一直以来都是非常成功的，因为许多政治家一直在接受这样的劝导：经济发展将**导致**（cause）政治自由化的回应，新自由主义经济全球化是不可避免的，而国家别无选择，只有遵从其逻辑，否则将被边缘化，等等。在这一意义上，我们能够说，新自由主义是一种影响政治社会的文化结构。此时，它是一种拥有众多信徒的极其强大的文化结构。然而，反对其前提或不赞成其后果的社会运动行为者，就能够对其构成挑战，致使它无法再保持优势。社会运动已经开始利用被史密斯称之为的“全球化的跨国主义”，来表达对于一个日益全球化的世界的完全不同的认识。

这种全球化的跨国主义坚持认为，经济总是被嵌入法律、政治和道德之中。按照这种观点，尽管当前还在努力构建这样一种难以捉摸的安排，但是，新自由主义的市场自我调节观，不仅不符合社会的需要，而且——为了对波兰尼做出回应——是一种“不可能实现的乌托邦”。特别值得注意的是，“跨国的”（transnational）与“跨国主义的”（transnationalist），并不具有相同的意义。“跨国的”指的是超越民族国家边界和国家之间的国际体制。而跨国主义的观点，质疑的是全球化与民族国家之间的二元对立，并“坚持边界、国家政策以及民族认同的持续重要性，即使这些常常被跨国界交流和社会实践所僭越”①。

而且，这种观点并未将民族国家、跨国实践和进程视为相互排斥的社会现象，也未将其视为二元的概念分类。跨国主义观点认为，民族国家、跨国实践和进程有助于相互之间的建构。在它看来，民族国家不仅仅因为跨国实践和进程而得以改变，而且常常参与到甚至促进了那些正在改变民族国家的跨国实践和进程之中。最后，值得引用萨森近来对这些跨国现象的描述：

> 尽管局限于国家层面——事实上是次国家——这种环境下，但是，这些进程仍然是全球化的一部分。它们使得联结地方层面或“国家”层面的多重过程和行为体的跨界网络和实体，抑或特殊议题或动因，牵涉到越来越多的国家或地区。在我所列出的这些实体和过程中，例如，以一种明确或模糊的全球议程参与特殊地区竞争的行为者的跨界网络，与许多人权和环保组织属于同样的情况。国家工作的特殊方面——例如，在越来越多的国家，某种货币和财政政策的贯彻落实，通常要承受来自国际货币基金组织和美国的巨大压力，因为这些政策对于全球金融市场的构建是至关重要的；以及这样一个事实，即各国法院正在使用各种国际手段——无论是人权、国际环境标准，还是 WTO 规制——来处理原本应该使用国内手段加以解决的各种棘手问题。②

---

① Michael Peter Smith，*Transnational Urbanism. Locating Globalization*（Oxford：Blackwell，2001），3.

② Sakia Sassen，*A Sociology of Globalization*（New York：W. W. Norton，2007），6.

上述内容反映了萨森将她的全球化概念变成跨国主义话语一部分的审慎努力。

但是，我们希望在这里强调的，是一种被试图“自下而上”挑战全球化的社会运动所利用的观点。认识到这一点非常重要，即并非所有从政治社会外部接近全球化的人，都带着挑战或改变全球化进程的目的而采取那样的行动。彼得·埃文斯（Peter Evans）对“来自底层的全球化”的两种类型进行了甄别：（1）跨国网络，这种类型试图**适应**（adapt）全球精英的权力；（2）那些明显试图**挑战**（challenge）这种权力的全球化，通过“……极力争取不同的规则和构建不同的意识形态认知”来实现。①

第一类来自底层的全球化，指的是这样的事例：来自贫穷国家的普通公民，建立了将自己与富裕国家联系起来的跨国共同体，他们在这些富裕国家积累财富的同时，仍然保持着与原有共同体的联系。正如埃文斯所指出的，尽管这种集体行动反映了这些面对全球化挑战和机遇的人们的适应能力，但并未对全球主导规则甚或用来使其具有合法性的经济意识形态构成挑战。②

第一类中的那些集体行动，是极其有趣的。然而，为了本章的目的，我们将只考察第二种类型——就是被埃文斯称为“反霸权”的社会运动，即对新自由主义全球化提出质疑的社会运动。③ 根据跨国主义的观点，问题不在于法律、政治和道德是否塑造未来的全球经济，而在于由**谁的**（whose）法律、政治和道德来对其进行塑造。所有市场，包括当前正处于建构中的全球市场，都依赖于规则和制度才能发挥作用。那么，将由谁来塑造它们的创造物？又如何来对市场做出安排？从跨国主义的观点来看，这些问题都是非常关键的，但新自由主义的全球化观对此均未论及，而且，更危险的是，它认为不需要对此加以考虑。

不同的政治文化正在争取通过立法政治、行政部门的法律执行以及法官的道德理性将某些话语改变成（或不使其变成）全球化的制度性话语。在这样的语境下，挑战新自由主义并影响全球化话语构建的政治机会就出现了。从公民社会的集体行动者能够持续证明社会在市场调节中所发挥的必要作用的程度来看，他们保持了对我们组织这种市场所依赖的理念产生影响的可能性。正如社会理论家、巴西长期规划部部长罗

---

① Peter Evans，2000，“Fighting Marginalization with Transnational Networks：Counter-Hegemonic Globalization，” *Contemporary Sociology*，2000，29（1），231.

②③ Ibid.，230.

伯托·昂格尔（Roberto Unger）所指出的：

> 如果我们能够改变自由贸易的意义和组织方式，我们同样也能够改变全球化的意义和组织方式。如果我们能够根据自己的主张进行全球化，而不是按照当前势不可挡的力量来发展，那么，一切问题都简单了：我们将比我们所想象的更加自由。①

许多社会运动和跨国行为者网络，都正在试图影响全球化政治。不管怎样，对已经转换为**跨国社会运动**（transnational social movement）的一场传统社会运动进行严密的考察，或许是极为有益的，它所质疑的不仅是一个国家的压制性政策，更是从整体上对新自由主义全球化提出挑战。跨国社会运动通过行动者网络维系着与其对手之间的富有争议的互动，它们拥有跨越民族国家边界联结起来的共同目标，而且有能力在多个国家协同发起社会动员活动，从而公开影响社会变革。② 我们可以将自由缅甸运动（Free Burma Movement）作为一个跨国社会运动的案例来进行考察，以证明政治如何在一个全球化的世界中发挥其影响。它同样凸显出社会运动学者将不得不思考这样的问题：全球化正在如何改变社会运动，同时一些社会运动又是如何试图改变全球化的。

作为跨国社会运动的自由缅甸运动③

整个 2007 年秋，世界各地的人们惊恐地得知，众多无辜的佛教僧侣在仰光和曼

① Roberto Mangabeira Unger, *Free Trade Reimagined: The World Division of Labor and the Method of Economics* (Princeton, NJ: Princeton University Press, 2007), 2.

② Sanjeev Khagram, Kathryn Sikkink, and James V. Riker, *Restructuring World Politics: Transnational Social Movements, Networks, and Norms* (Minneapolis: University of Minnesota Press, 2002), 8; and Sidney Tarrow, *Power in Movement: Social Movements, Collective Action, and Politics*, 2nd ed. (New York: Cambridge University Press, 1998), 184.

③ 下列案例研究大多来自我自己的研究成果。参见 John Dale, "Transnational Conflict between Peasants and Corporations in Burma: Human Rights and Discursive Ambivalence under the U. S. Alien Tort Claims Act," in Mark Goodale and Sally Engle Merry, eds., *The Practice of Human Rights: Tracking Law between the Global and the Local* (Cambridge: Cambridge University Press, 2007), 285-319; and John Dale, *Transnational Legal Action: Global Business, Human Rights, and the Free Burma Movements* (Minneapolis, MN: University of Minnesota Press)（即将出版）。

德勒和平示威活动中，惨遭缅甸军政府枪杀。① 在8—10月间，军事执政团逮捕了大批僧侣、学生以及其他参与示威的市民，他们与僧侣和学生一起抗议燃油价格上涨，更为重要的是，他们提出了进行民主政治变革的要求。

就缅甸军政府而言，采取这种带有暴力色彩的国家镇压方式，并不是什么新鲜事物。这种场景与1988年8月发生的事情有些类似，在当时遍及全国的抗议活动中，成千上万的公民举行罢工并走上街头，要求结束几十年军事统治带来的经济混乱，呼吁建立民主政府。当时，也是这个通过1962年军事政变攫取权力的军政府，对公众的抗议进行了丧心病狂的镇压，杀害了3 000多人。

缅甸的亲民主运动，最初只是一国范围内的集体行动。然而，在1990—1994年间，几个因素的出现，改变了对亲民主运动构成挑战的环境，使其转化为一种反霸权的跨国社会运动。首先，正是在这一时期，亲民主运动的领导人开始意识到，缅甸军政府并非他们实现民主政治变革的唯一障碍。跨国公司和缅甸的外国投资，为缅甸军政府利用国家权力镇压社会运动提供了支持。此外，缅甸军政府拒绝承认强大反对党在1990年民主选举中所取得的胜利。② 进而言之，军政府为引进急需的海外直接投资，推出了一项新的经济自由化政策，而此时，冷战刚刚结束，提倡全球化的新自由主义在不断增强其影响。试图通过缅甸来建立天然气管道的跨国公司——如法国的道达尔和美国的雪佛龙，与军政府控制的石油和天然气企业建立了商业伙伴关系。

亲民主运动开始与其他运动一起共同组织**跨国运动**（transnational campaigns）。跨国运动指的是公开影响社会变革的各种战略或一系列策略，由跨越民族国家边界联系起来的多种行为体进行协调和共享。③ 参与跨国运动的行为者，不必构建一个统一的跨国身份，但却经常利用跨国主义的观点。他们也经常将各种社会运动联结起来。

---

① 伴随着由于暴力镇压1988年的亲民主运动而带来的国际谴责，缅甸军政府执政党——国家恢复法律和秩序委员会（The State Law and Order Restoration Council，SLORC）——采取了一系列措施试图净化有关任何非法手段的集体记忆，通过这些非法手段，该党确保了它对国家的政治统治。国家恢复法律和秩序委员会采取的措施之一就是，更改它所统治的国家的国名——从“缅甸联邦社会主义共和国”（Burma）改为“缅甸联邦”（Myanmar）。我将使用“Myanmar”一词来指称1990年以后的军政府；然而，为了避免给人造成本作者认同SLORC政权所采取的集体遗忘措施，我仍然使用“Burma”一词来指称这个国家，而用“Burmese”来指该国的公民。

② 他们之所以举行这些选举，原因在于他们相信通过恐吓能够获得绝大多数选票，但却败给了以压倒性胜利获胜的昂山素季（Aung San Suu Kyi）领导的全国民主联盟。

③ Sanjeev Khagram，Kathryn Sikkink，and James V. Riker，*Restructuring World Politics*：*Transnational Social Movements*，*Networks*，*and Norms*（Minneapolis：University of Minnesota Press，2002），7.

例如，劳工、环境、人权以及女权等运动，有可能临时捆绑在一起，成为某种跨国运动，随后再分开，各自重组到其他由不同社会运动参与的跨国运动中去。这些跨国运动也许是围绕着制度化或非制度化的政治策略而组织起来的。由缅甸亲民主运动的行为者组织起来的这种跨国运动，与先前发生在缅甸国内的抗议活动是不一样的，它们不是直接将矛头指向缅甸军政府。相反，其目标所指为民主国家（如美国）和跨国公司，这些跨国公司的建立得到了那些试图从缅甸开放的市场中谋取利润的国家的特许。

在组织这些运动的过程中，亲民主运动发展成一种跨国社会运动。对于自由缅甸运动的转型来说，最为重要的就是发展与世界上其他草根运动和行动者的联盟。他们与美国和澳大利亚的地方州政府和市政府、非国家行为体、类似欧盟的地区性治理实体、东亚和东南亚的非政府组织以及国际非政府组织①、各大洲以及超过 26 个国家的自治组织等，建立广泛的联盟，来开展跨国运动（稍后将详加叙述）。该运动还吸引了先前存在的诸如捍卫人权、女权、自然环境保护、劳动权、当地居民权利以及强调企业投资社会责任的跨国行动者。它们甚至创造了新的**跨国倡议网络**（transnational advocacy networks）——具有非国家行为体的结构，通常建立在非正式联系的基础上，跨越民族国家边界而联系起来，拥有共同的价值观和理念，保持频繁的信息交流②，其中包括符合国际“知情权”对跨国公司出资与国家合作的拟建项目的劳动条件和环境影响的信息交流。

值得注意的是，自由缅甸运动开始提出了一种有关企业治理和全球化的跨国主义观点。这种跨国主义观点对自由缅甸运动深信不疑的新自由主义的几个主要假设提出了质疑，正是它们支撑着缅甸军政府的高压政策。首先，自由缅甸运动向这样的理念

---

① 国际非政府组织（INGO）是一个非营利性的民间志愿团体，其主要目标是公开对某些形式的社会变革施加影响。与社会运动相比，它拥有合法地位，倾向于雇用专业人员，拥有更为正式的组织。总体上看，这对于所有非政府组织，无论是国内的还是国际的，都是适用的。事实上，两种形式的非政府组织，都拥有跨国的或国际范围的目标。但是，国际非政府组织还拥有一种投票成员来自多个国家的决策结构。如国际乐施会（Oxfam International）、美慈组织（Mercy Corps）、国际世界展望会（World Vision International）以及拯救儿童联盟（Save the Children Alliance）。国际非政府组织可以通过私人慈善事业而得以建立，如卡耐基基金会、福特基金会、麦克阿瑟基金会或盖茨基金会等，或者作为现行国际组织的附属组织而存在，如天主教教会的国际非政府组织天主教救济会（Catholic Relief Services）。

② 跨国倡议网络具有非国家行为体的结构，常常建立在非正式联系的基础上，与跨越民族国家边界并具有共同价值观、话语体系的行为体联结起来，进行密集的信息交换。信息的交流和使用是跨国倡议网络的标志。参见 Margaret E. Keck and Kathryn Sikkink，*Activists Beyond Borders：Advocacy Networks in International Politics*（Ithaca，NY：Cornell University Press，1998）。

发出了挑战，即市场参与者不能或不应该根据他们的道德立场来选择商业伙伴；其次，该运动质疑的是这样的思想，即国家对驾驭跨国公司是无能为力的；最后，该运动反对这样的声明，即公司与大多数政府不同，不必要求它们遵守普遍的人权原则。

所有这些跨国运动都在美国得以出现。它们既不是被构思出来的，也不是同时发动起来的，而且，也不存在于一种支配一切的“元话语”的预想框架之内。但是，这些运动在时间上还是有部分重叠的，并且每一种运动都是在对其他运动的战略有所了解的情况下发动起来的。事实上，当这些运动在不同时段展开的时候，一些行动者显然同时参与了不止一种这样的运动。每一种这样的运动，都将目标指向具体的新自由主义观点，不同网络系统的行动者（他们最终会构建一种反向运动）会援引这些新自由主义观点来促使与缅甸保持持续的投资和贸易关系。

选择性采购法运动

选择性采购法运动最初在获得马萨诸塞州 30 个市政府和地区立法并颁布“自由缅甸”法方面，是非常成功的。这一立法限制了政府实体自身从与缅甸有贸易往来的任何个人或公司购买产品和服务的能力（包括其各个机构和官方的能力）。提议进行选择性采购立法背后的战略，就是在跨国市场中利用政府的采购权获得采购产品和服务的采购合同，来迫使国内和海外公司做出选择：要么寻求与颁布该法的地方或地区政府签订利润可观的合同，要么致力于与缅甸军政府进行合作。

在实践中，与同一时期许多西方国家进行讨论但却并未付诸实施的经济制裁政策相比，这些选择性采购法的规定，对于控制与缅甸军政府的贸易是更加有效的。选择性采购法运动成功地说服除一家美国公司之外的所有其他美国公司以及许多外国公司中止了与缅甸的贸易。这样做，就等于向新自由主义观点提出了一个重大挑战。新自由主义声称，市场应该是非道德的，它跟公司与谁做生意应该没有关系。政府实体不仅拒绝与缅甸的贸易，也拒绝与跟缅甸有贸易往来的任何公司进行交易，事实恰恰表明，上述观点是错误的。它们作为消费者，有责任和义务与那些符合其道德标准的公司——那些不与人权践踏者做生意的公司——做生意。

抵制这一运动的唯一美国公司就是优尼科石油公司（另称加州联合石油公司）。该公司仍然是唯一得到美国特许的与缅甸有贸易往来的公司。从选择性采购运动肇始之初，它始终是在缅甸投资最多的美国公司。

取消优尼科公司特许权的运动

根据非政府组织新近提供的证据，新的运动目标明确指向优尼科公司，试图取消其特许权。非政府组织的文件披露，优尼科公司依赖强制劳动来建设其穿越缅甸的天然气管道。

加利福尼亚州的法律强调，公司是依托其创立时所在的州而得以存在的法律实体。法律还详细列举了公司有可能被剥夺授予它们得以存在的特许权的各项条件。它提供了一个法律程序，允许“加州人民”——通过首席检察官——来吊销践踏现行法律的任何公司的许可证。

取消优尼科公司特许权的运动，利用了一项跨国战略，通过这项战略，自由缅甸运动试图使加州首席检察官为加州人民的利益提起诉讼，以不仅在加州而且在缅甸及其他国家发生的“反人类罪”“破坏环境罪”以及其他践踏国际法的罪名，来取消优尼科公司的特许权。

自由缅甸运动请求加州检察官伦德格伦（Lundgren）和洛克耶（Lockyer）分别针对优尼科公司提起诉讼，以取消其公司特许权。这种努力带来了复杂的后果。两位检察官均未被说服提起针对优尼科公司的诉讼。然而，该运动的组织者从来没有真正期望他们会那样做。这场运动战略上的首要目标，就是质疑加利福尼亚地区行动者的辩解声明，即他们无权规范——无论道德上多么令人质疑——在缅甸的公司选择与缅甸军政府进行贸易的行为。这些政治家经常提出的难题在于，缅甸公司的行为处于缅甸军政府的行政管辖之下，而缅甸军政府对这些公司及其活动表现出热烈的欢迎，却全然不顾国内民众对由此引发的国际社会的经济制裁的强烈抗议。

这一运动试图教育公众，使其了解美国地方各州拥有对它们授予特许权的公司的错误行为提出质疑的合法权力，而不管它们在世界上什么地方从事其贸易活动。它试图表明，优尼科公司对缅甸人权的践踏，是有可能被加州法律行政人员阻止的——如果他们在政治和法律上愿意那么做——原因在于，加州给予了优尼科公司特许权，而加州法律行政人员拥有法律依据和权力取消优尼科公司享有的特许权。如果那样去做，就相当于这场运动利用了跨国主义的观点来证明——尽管政府会提出抗议，说它们无权控制跨国公司——在全球化时代，地方各州和联邦政府仍然拥有巨大的权力。这场运动所表明的是，国家并不缺乏行动的权力，但它们常常缺乏行动的意愿。

外国人侵权法运动

这场运动最终将焦点集中于由美国《外国人侵权法》（另译为《外国人侵权请求法》）所提供的跨国法律空间（一个辩论全球化意义的场所）。美国第一届国会于1789年正式通过了这项法案，但在随后200多年的时间里，却从未动用过。这项法令只是简单地宣称："对外国人（非美国公民）仅基于所实施的违反'万国公法'或美国缔结的条约提起的任何侵权（即有危害的或错误的）民事诉讼，联邦各州地方法院具有初始管辖权。"（《美国法典》第28编第1350条）① 最近，这部法令的适用范围已经扩大到美国之外对违反国际法的国家和代理人进行诉讼。

但是，在1996年，缅甸的十几个农民却状告优尼科石油公司，声称该公司参与共谋甚至直接从缅甸发生的使用奴隶劳工及其他几起严重侵害人权的事件中获益。在以《外国人侵权法》名义提起诉讼的**"多伊诉优尼科公司案"**（Doe v. Unocal）中，该运动的行动者（这一次是以案件原告及其支持者的身份），就利用了跨国主义的观点来反对新自由主义的以下理念：公司只受其业务开展期间所在国法律的约束，而且，普遍的道德或人权标准并不适用于跨国公司。

多伊案原告请求法院要求公司承担责任，即使所谓的行为发生在美国之外。他们真正所要求的，实际上是要求法院将法律的、伦理的和道德的标准强加于跨国公司，并促使这些标准得到全世界跨国公司的遵守，无论它们走到哪里。农民在与优尼科公司的较量中最终取得了重大成果。与要求其遵守美国最高法院关于跨国公司必须对其在任何地方发生的侵害人权的行为负责的规定相比，优尼科公司似乎更愿意支付一笔为数不菲的赔偿。

这一案例的重要之处在于，这些跨国运动所反映的并非一场将其关注焦点转向跨

---

① "万国公法"（the law of nations）是有关"国际关系的法律，不仅包含国家，……也包括个人（如那些诉诸人权或犯战争罪的人）"（*Black's Law Dictionary* 822，7th ed.，1999）这一定义与美国第九巡回上诉法庭（the Ninth Circuit Court of Appeals）在"多伊诉优尼科公司案"中使用的定义是相同的。根据兰登书屋袖珍足本大辞典（*Random House Compact Unabridged Dictionary*，特别版第二版），"万国公法"这一概念首次出现的时间介于1540年和1550年之间。

国公司的运动。相反，它们所反映的是自由缅甸运动的行动者将目标指向政治的、法律的以及道德理念的战略选择，这些理念已经嵌入规则和制度安排之中，并赋予它们意义。而这些规则和制度安排，使得跨国公司与缅甸军政府之间的跨国伙伴关系合法化了。这些跨国伙伴关系以多种方式在那些跨国公司被授予许可证的各国得以维系，正如这些运动已经证明的。简言之，跨国运动的目标所指，同样也应该是国际性的。

正如 2007 年晚些时候所证明的，缅甸地方运动的参与还没有实现彻底的解辖域化。* 至今仍然生活在缅甸的人们，继续冒着生命危险周期性地举行象征性的抗议活动，与国外的自由缅甸运动行动者遥相呼应。即使是以民主改革的名义而进行的每一次象征性抗议活动，都仍然是对所承担的义务的一次重要表达。这种象征性抗议，不仅仅是一种姿态，还是一种策略。参与者的抗议，作为一种向观众表演的方式，在过去的 20 年时间里，已经跨越缅甸疆域，极大地拓展了与集体行动者的团结——这些行动者正在缅甸境内为促成民主变革而开展跨国运动。他们同样还策略性地调整举行象征性抗议活动的时机，来展示对特殊的跨国主义主张的支持——这些跨国主义主张，正是在缅甸之外周期性发生的自由缅甸运动以各种非暴力形式来教育和提醒缅甸公众进行民主斗争的过程中提出来的。

跨国社会运动既依赖于信息交流，也离不开协调策略。但它们同样有可能导致联合动员，甚至有可能带来破坏社会秩序的潜在威胁。诸如自由缅甸运动之类的某些跨国社会运动，已经开始从事影响政治的活动，试图破坏正在支持全球化发展的复杂文化结构的稳定性。正是这些运动，提出了涉及社会运动未来以及对它们进行研究的各种有趣问题。

社会运动及其研究的新方向

跨国社会运动的研究，向政治社会学家提出了许多新难题。未来前景广阔的研究思路包括：研究跨国公司对这些运动运行于其中的政治环境的影响、不同结构的国家

---

* 亦称解疆域化（deterritorialized），法国后现代主义哲学家德勒兹与加塔利创造的一个概念，指把物质生产和欲望从社会压抑力量下解放出来的过程，这一过程使欲望摆脱限制性的心理与空间疆界，走向开放的自由空间。德勒兹和加塔利把解辖域化看作个人和团体摆脱压抑性社会规则之控制、创造新的生活和存在模式的必由之路，并把资本主义看作解辖域化的范例。见王治河等主编：《后现代主义辞典》，北京，中央编译出版社，2004。——译者注

（如：民族国家 vs. 跨国政府网络，或独裁国家 vs. 民主国家）对跨国社会运动的影响，以及通过非暴力战略对全球化形成挑战的跨国社会运动与利用恐怖主义影响政治的跨国革命运动之间的各种差异。

1. 从政治社会学的角度来考察，跨国公司在跨国社会运动中发挥了什么作用，它们对政治社会又产生了多大的影响？

缅甸军政府所创建的与公司之间的跨国关系网络，不仅使那些试图利用所在国不为其提供合法保护的劳动力的公司获取了丰厚利润，而且为缅甸军政府提供了支持，为其镇压国内的亲民主运动提供了便利。但是，同样是这些跨国贸易伙伴关系，也为该运动创造了新的机遇。

第一，正是由于跨国公司嵌入了创建它们的国家的政治、法律与道德之中，而不仅仅是因为那些与它们保持着贸易和投资联系的国家政府，就像缅甸军政府与优尼科公司之间的关系，使得跨国公司无意间为它们的挑战者提供了新的机会。

第二，跨国公司带着自身的历史记录来到缺少社会保护的国家，试图寻找新的、能带来更多利润的伙伴。优尼科公司将其与加州之间的交往历史带到了缅甸——加州的沿海地带已经由于一场漏油事故而遭到污染，但优尼科公司却没有为此承担相应的经济责任。尽管大多数加州人并不能在一幅世界地图上找到缅甸的准确位置，更是没有多少人能够识别缅甸军政府，但是，大多数加州人却知道优尼科公司。

跨国公司不仅在地理上跨越一国界限，它们还将各国联结起来。对于跨国公司在某一国如缅甸的同行竞争对手来说，它们也会博得其他国家（如有的国家与优尼科公司有一定关联，且该公司声名狼藉）此类跨国公司的反对者的同情。

在有关跨国倡议网络的具有开创性的著作中，玛格丽特·E. 凯克（Margaret E. Keck）和凯瑟琳·斯金克（Kathryn Sikkink）二人告诉我们，当国家与其国内行动者之间的渠道被封锁的时候，具有跨国网络特征的“回飞镖模式”的影响就会发生：国内的非政府组织将绕开国家，并直接寻找国际盟友，试图从外部向其国家施加压力（见图 11－1）。这种现象在各种人权运动中更为明显。① 她们的模式实际上证明了这一过程中的一个额外步骤，遭其国家封锁的非政府组织，正是通过这一步骤来激活其

① Margaret E. Keck and Kathryn Sikkink, *Activists Beyond Borders: Advocacy Networks in International Politics* [Ithaca, NY: Cornell University Press, 1998], 12.

成员向所在国施加压力的网络，而且，如果相关的话，一个第三方组织反过来将向正在实施封锁的国家施加压力，即将目标指向国家。

这一模式几乎将焦点完全集中于国家与公民社会之间的互动。她们没有为考察市场与社会之间的互动关系留下任何空间。跨国公司和市场关系并未出现在凯克和斯金克有关跨国社会运动或跨国倡议网络为了改变促使其行动的人权状况如何施加压力的概念模式中。当然，正如我们在自由缅甸运动这一事例中所看到的，国家与跨国公司之间的贸易关系有可能形成了一个差异极大的目标，并有可能需要一种比凯克和斯金克模式所假设的影响社会变革的更为不同的压力。

根据这篇文章提供的经验研究证据，尽管凯克和斯金克正确地强调了国家的持续重要性，但她们这样做的理由却暴露出一个涉及人权实践及其对于跨国运动之意义的令人生疑的假设。她们声称，政府才是人权的主要践踏者。① 基于这一假设，她们对回飞镖模式的概念逻辑进行了构建："当一个政府侵犯或拒绝承认权利时，在国内政治或司法领域，个人和国内团体通常是无追索权的。他们最终可以寻求国际联系来表达其担忧甚或保护其生命。"②

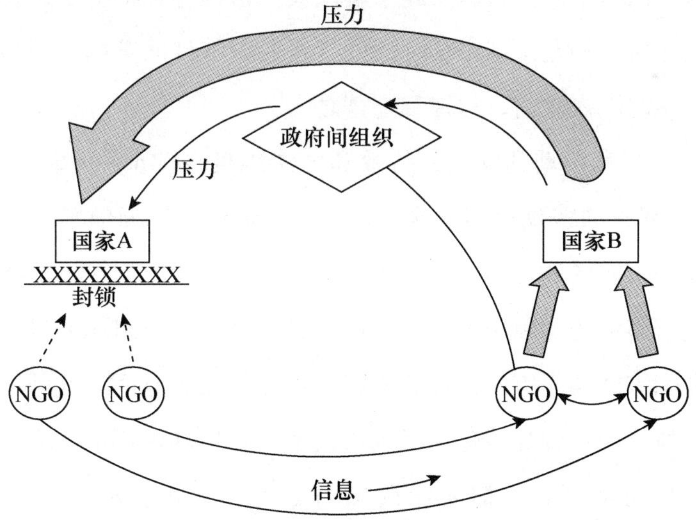

图 11－1　回飞镖模式

资料来源：Margaret E. Keck and Kathryn Sikkink，*Activists Beyond Borders*：*Advocacy Networks in International Politics*（Ithaca，NY：Cornell University Press，1998），13。

①② Margaret E. Keck and Kathryn Sikkink，*Activists Beyond Borders*：*Advocacy Networks in International Politics*（Ithaca，NY：Cornell University Press，1998），12.

从自由缅甸运动掀起的跨国运动中，我们应该吸取的教训之一就是，如政府般丛生的跨国公司，也许是重大的人权践踏者。在某些案例中，跨国公司甚至与国家沆瀣一气来侵犯人权。而且，“多伊诉优尼科公司案”和其他针对践踏人权的公司和国家在《外国人侵权法》名义下提起诉讼的案例都表明，美国之外的个人和团体，在一个跨国的法律空间，很可能在美国联邦地区法院的司法领域内找到追索权。也就是说，在国内各州，拥有公民身份的人权受害者，并不一定拥有进入司法领域的垄断权。这些观点中的每一点，看起来似乎都像是对凯克和斯金克模式的一种简单修补。然而，综合起来看，它们使人联想到一种可供选择的跨国压力模式，这种模式明显不同于二人在她们的模型中所描述的“国际压力”。

凯克和斯金克二人对“国际压力”的探讨，似乎暗示着某种图谋，通过各种不同政治形式（信息、符号、影响力和责任）的组合，来劝说外国直接或通过政府间组织的调停间接干预目标国的事务。然而，跨国运动却提出了一种完全不同的压力模式，即外国既不是直接干预目标国事务，也不是通过政府间组织的调停来进行干预。凯克和斯金克所确立的不同政治类型，对这种可供选择的压力模式仍然是至关重要的，但它们是在一种跨国法律空间内得以实施来解决美国法律界定的立法、行政和司法问题的。这种美国法律协调的是全球市场（此处指将获得特许的美国公司与缅甸军政府联系起来的市场）如何嵌入政治、法律和道德之中。

美国正是通过国家行动的立法、行政和司法**维度**（dimensions），以及国家行动（市政、地区和联邦）的多重空间**层次**（levels），来对支持缅甸军政府的跨国公司施加与国际压力完全不同的**跨国**（transnational）压力。尽管凯克和斯金克将焦点集中于国家向其他国家施加的国际压力（有时候通过国际非政府组织来进行协调），但是，她们没有为思考国家施加于跨国公司的跨国压力提供概念空间。这种压力也许有助于那些已经与目标所指的跨国公司建立了贸易关系的封锁国内部的社会变革。只有存在概念上巨大的延伸可能时，人们才能认识到，一个国家是如何对其他国家施加压力的。

2. 国家正在消失、削弱，抑或正如新自由主义全球化观点所主张的正在变成陈腐的东西吗？如果那样的话，对于明显使得国家既成为其支撑物又成为其目标的运动而言，又意味着什么呢？它们也会消失吗？或者会以其他形式出现吗？如果是这样，社会运动理论家如何描述和解释它们的行为？无论社会运动行动者还是研究者，至少不得不对此做出解释，并探讨国家的转型之路，即使国家没有处于消逝之中。

显然，国家正在削弱或不久即将过时的观点，直接指向那些在韦伯式框架内所理解的国家：一个统一的行为体（1）在一个既定疆域内，对合法使用强制力行使垄断权；（2）确保领土边界和主权；（3）在特定的领域内治理特定的人口（见第三章对这些思想的深入讨论）。

当然，我们可以提出许多反例来证明这种国家的效用和相关问题。例如，肩负维和任务的联合国从各国军队中组织志愿部队，将秩序强加于那些正在遭受种族大屠杀或内战等内部冲突的国家（不经它们同意）。

另一个例子是跨国人权制度，由它来负责调查世界范围内的侵犯人权事件，并在拥有管辖权的国家败诉或拒绝起诉时，为法院提供审判国家、国家代理人甚至公民的场馆。正如萨拉·H. 克利夫兰（Sarah H. Cleveland）中肯地指出的，这种制度已经

> ……由联合国颁布的一系列松散条约、政府间实体和国际组织（如国际劳工组织）设立的特殊权利制度、区域性协议和监管组织，以及经由条约、国家实践及非政府和私人行为体演化而来的普遍的惯常禁令等得以阐明。[①]

这种人权制度还包括法官、法院、法庭、条约、真相委员会、积极分子、人权组织、证人以及听证等。这些机构、组织和个人，活跃于一个完全不同于民族国家的空间范围。人权制度对国家控制其疆域和公民的主权要求构成了挑战——即便不能获胜——因为其道德权威是通过由人民、机构、实践、规则、话语和规则等共同构成的一种超越民族国家国际体制的跨国网络来实现的。[②]

在“全球反恐战争”中，我们能够发现更多的事例。美国用来证明发动伊拉克战争并占领伊拉克正当性的“先发制人战争”政策，显然对民族国家的主权原则提出了挑战，即使美国声称，它这样做是为了确保其边界不受企图用“大规模杀伤性武器”来危害国家的恐怖主义分子的破坏。与此同时，当今的跨国恐怖主义网络还对国家实

---

① Sarah H. Cleveland, “Norm Internalization and U. S. Economics Sanctions,” *Yale Journal of International Law*, 2001, 26, 20.

② Margaret E. Keck and Kathryn Sikkink, *Activists Beyond Borders*: *Advocacy Networks in International Politics* (Ithaca, NY: Cornell University Press, 1998); Aradhana Sharma and Akhil Gupta, *The Anthropology of the State*: *A Reader* (Malden, MA: Blackwell, 2006); and Saskia Sassen, *Losing Control? Sovereignty in an Age of Globalization. The Schoff Lectures* (New York: Columbia University Press, 1996).

际上是否有能力保卫国土这样一种观念提出了挑战。而国家对于利用军工企业打击其敌人的日益依赖，表明政府丧失了对合法使用强制力的绝对控制，把合法使用强制力私有化推向了市场。

所有这些例子，似乎都支持了这样一种主张，即韦伯式的国家垄断正在崩溃。① 然而，我们不应将此理解为国家正在消失，抑或与全球化过程越来越不相干。恰恰相反，大量丰富的证据表明，国家在处于解构过程的同时，正在以**跨国政府网络**（transnational governmental networks）的形式重新聚合起来。

当今世界，公司，海盗、洗黑钱者、军火和毒品贩子、人口和人体器官走私者，所有这些，都是通过跨国网络来发挥作用的。主张革命和改革的抗议者也是如此，他们使用的策略从恐怖主义到合法运动无所不包。那么，各国政府也正在通过跨国网络运转，也就不足为奇了。正如安妮-玛丽·斯劳特（Anne-Marie Slaughter）所指出的，“政府官员网络——警方调查人员、金融监管者，甚至法官和议员——日益明显地通过交换信息和协调行动来打击全球犯罪，在全球范围内解决共同面临的难题”②。

这些跨国政府网络，由更为分散的国家行为体组成，它们仍然履行着基本的政府职能——立法、司法和行政——在各自民族国家内部相互作用，当然也与它们的国外或超国家的对应物——通过跨国协调、司法和立法渠道——产生互动。那么，跨国社会运动在转换这种国家行动的意义和力量的努力中，如何成功地将自身及其话语实践嵌入到这些网络中呢？它们正在对哪种社会转型产生影响呢？

当然，对跨国政府网络与**跨国治理网络**（transnational networks of governance）进行甄别，也许是非常有必要的。毕竟，为了便于治理，并不总是只对国家行为体进行跨国组织。有时候，公司、非政府组织甚至积极分子都被吸收到这些网络之中——常常通过一种新自由主义政策将公共服务私有化，并且“授权”（以及指派和串通）个人和社区进行自治。

3. 社会运动理论所笃信的公民权利，对于因受国家总体上遭到削弱的影响而处于危险之中的社会运动的出现及其影响力，是至关重要的吗？社会运动仍然有能力从事具有政治影响的活动吗？是不是有一个新的领域正在出现，有点类似全球公民社

① P. W. Singer, *Corporate Warriors: The Rise of the Privatized Military Industry* (Ithaca, NY: Cornell University Press, 2003), 18.

② Anne-Marie Slaughter, *A New World Order* (Princeton, NJ: Princeton University Press, 2004), 4.

会，将目标定位于这些跨国政府网络及其私营企业伙伴，并对其施加影响？如果是这样的话，与专制国家相比，跨国社会运动对民主国家国内政策的影响，是否因为这些国家能够提供更多组织起来的机遇而更加有效呢？

一些政治社会学家将跨国社会运动视为国际政治中一种强大的新兴力量，认为它们正在使全球规范和实践发生转换。[①] 其他一些人，正如我们所讨论的，则将跨国社会运动视为“自下而上”挑战全球化的力量来源，其目标是国家的权威和实践、跨国政府网络以及国际机制，并在塑造全球治理的过程中发挥着作用。一些人甚至声称，正在绘制即将出现的全球公民社会的蓝图。现在谈论类似一个清晰的全球公民社会的某种东西正在形成，它将能够充当一种有效的规范领域，借此来影响跨国政治，显然还为时过早。但是，至少我们能够看到，存在着重要的跨国进程和机制，正在对地方政治产生深刻影响，社会运动正在创造并有效利用它们来影响社会、文化、政治和经济变革。

我们能够从自由缅甸运动中汲取的教训之一就是，跨国话语策略如何能使社会运动得到授权并增加其有效性。跨国话语策略有助于消磨强势的民族主义概念和意识形态，这些东西太过频繁地妨碍着生活在不同国度的公民理解、领会甚至想象他们的行动（或不作为）如何影响生活在其他国家的公民或受到其影响。与此同时，跨国话语策略对超越民族国家边界差异的公民之间的可见的联系进行了解释，并因此而对应由民族国家概念调整的社区、阶级、种族、民族和性别等关系进行了重组。这表明，公民有可能以新的方式更加有力地协调其跨越国界的行动，表明自己的身份、加强团结、表达自己的诉求。而这些东西尚未被专制国家和市场安排所限制和征服。

进而言之，跨国话语策略提供了运动发展的空间和时间。跨国话语策略为社会构建这些可供选择的身份和表现创造了一个空间，并为集体行动开辟了一个新的空间。这种跨国空间，使得人们有能力察觉向存在于民族主义和新自由主义的全球主义的文化范围之外的专制国家和公司权力发出挑战的政治机遇。跨国话语策略也创造了新的时间条件——对事件的顺序进行重新排列，并将具有迥然不同历史的民族联系在一

---

① Margaret E. Keck and Kathryn Sikkink，*Activists Beyond Borders：Advocacy Networks in International Politics* (Ithaca，NY：Cornell University Press，1998). Sanjeev Khagram，Kathryn Sikkink，and James V. Riker，*Restructuring World Politics：Transnational Social Movements，Networks，and Norms* (Minneapolis：University of Minnesota Press，2002).

起，它们的经历和集体记忆已经同时分别被竞争性的民族主义的文化结构所解读。通过对事件连续发展的重新叙述，因而对历史变迁过程进行再叙述，跨国话语策略也对变革什么、通过谁来变革以及如何变革形成了新的理解。

旨在对民主国家的国内政策施加影响的那些跨国运动，对于提高遭受专制统治的群体的代表性，不一定是缺少效率的。自由缅甸运动这一实例证明，遭受专制统治的群体何以不仅可能遭受独裁国家国内政策的压制，还可能遭受民主国家国内政策的压制，这些民主国家为跨国公司的不民主实践提供了便利，跨国公司正是在这些国家获得了特许权，并与专制国家勾结起来，打压该国的营利性机构。我们还应意识到，这些利润通常是通过降低产品的成本获得的，民主国家对这些产品进行了补贴，其纳税人在经济上同意支付这笔费用，但在道德上并不一定支持。当我们更多地关注民主国家和独裁国家之间的这些跨国联系时——它们的国内政策、公民以及跨越民主国家和独裁国家边界的公司实践和伙伴关系——就会发现，其模糊了双方之间的二元概念差异。这就为设想有效的跨国法律行动创造新的机遇迈出第一步，这种跨国法律行动负责对支配关系以及民主与独裁国家之间就维系这种存有具体概念差异的话语体系进行考察。

4. 最终，我们绝不能忘记，当今的一些跨国社会运动，从事着一种跨国的政治影响活动，这种活动比以改革为导向的活动更具有革命性，而且，它们依赖暴力策略来实现其影响。例如，古德温由于将“基地”组织描述成一种**跨国革命运动**（transnational revolutionary movement）而提供了一个有说服力的案例：“‘基地’组织不仅在多国拥有武装人员，这在革命组织中绝不是不同寻常的，但是，它反对并试图颠覆的却不只是一种秩序，而是多种政治秩序。”① 他解释说，‘基地’组织等于是一个泛伊斯兰革命计划，将自己视为跨国穆斯林社会（umma）的保护国和领袖，认为这种多种族的跨国共同体之所以支离破碎并遭受压迫，是由于“叛教者”和虚伪的伊斯兰世俗伪政权——从摩洛哥到棉兰老岛——以及巴勒斯坦的犹太复国主义集团的暴力实践所致。②

当然，与本章我们所强调的跨国社会运动——试图对全球化过程进行民主改革并通过非暴力的跨国策略来实现这一目标——相比，“基地”组织所发起的跨国社会运

① Jeff Goodwin, “A Theory of Categorical Terrorism,” *Social Forces*, 2006, 84 (4), 2042.

② Ibid., 2043.

动，目的是利用暴力式的跨国策略颠覆伊斯兰世界的几个国家。古德温将**革命恐怖主义**（revolutionary terrorism）界定为：针对平民或非武装人员，策略地使用暴力和暴力威胁的革命运动（即任何组织或网络及其支持者，试图从根本上变革政治和/或社会经济秩序），并常常试图在大众中制造影响。① “基地”组织认为，支持伊斯兰世界这些压迫性的非伊斯兰政权的，正是美国政府（以及其他西方盟国，尤其是英国）。“基地”组织的基本信条就是，如果它们想成功地为反对伊斯兰世界“近敌”的地方斗争提供便利，那么，它们首先必须迫使西方的“远敌”撤走其军队。②

“基地”组织针对国家民众不加选择地使用恐怖主义、试图影响但却不是颠覆国家的策略选择，反映出一种新奇的跨国策略。如果古德温对于“基地”组织的研究是正确的，就等于是将美国视为民主国家的一个真正代表，因此，普通民众将对“他们的”政府的暴力行动负责，并间接地为他们所支持的穆斯林政府的专制行为负责。古德温写道：

> “基地”组织认为普通美国民众与政府沆瀣一气——道德上应该为由于美国的倡议而在大量国家发生的穆斯林“大屠杀”事件负责。［并认为，因此］……逻辑上和事实上针对美国平民的主张，其目的只是为了促使“他们的”政府的政策发生改变。③

判断这种特殊的跨国社会运动实现其目标的成功程度，现在还为时过早。

然而，这种例子有可能指出了强调跨国社会运动对公民社会所产生的民主影响的有限性。两种社会运动似乎都代表了那种“来自底层的全球化”，这种全球化是以反被边缘化的名义向反霸权的全球化和反民主政权发出的挑战。但是，自由缅甸运动和“基地”组织的实质性目标有重大差别吗？自由缅甸运动试图使嵌入其政治文化中的价值、规范和制度实现民主化。而“基地”组织发起的运动，尽管其目的是试图抵制美国及其盟国的政治和文化帝国主义，并颠覆它认为正在压迫穆斯林社会成员的伊斯兰世界的政权，但是，仍然不清楚的是，它试图实现制度化的可供选择的政治秩序，抑或它滥用暴力来影响被它视为支持其国家压迫者的公民社会的策略，是否与民主化议程保持一致。

尽管如此，通过揭示跨国社会运动和跨国政府网络如何选择可用的策略和战术（包括那些恐怖主义的策略和战术）来影响全球化政治，政治社会学似乎仍将从中受益。

---

① Jeff Goodwin, “A Theory of Categorical Terrorism,” *Social Forces*, 2006, 84 (4), 2028.

②③ Ibid., 2043.

第十二章

大众媒体

1972年，《华盛顿邮报》两个年轻的记者卡尔·伯恩斯坦（Carl Bernstein）和鲍勃·伍德沃德（Bob Woodward），撰写了一系列报道华盛顿特区民主党全国委员会办公室遭非法闯入的文章。① 民主党的办公室坐落在水门饭店和公寓大楼，6月17日清晨闯入几个不明身份的人，被正在对大厦进行例行检查的保安弗兰克·米尔斯（Frank Mills）发现。最初，这看上去像是一起笨拙的盗窃事件，但警方很快就发现，这几个人在包括主席劳伦斯·奥布莱恩（Lawrence O'Brien）在内的民主党全国委员会成员的办公室安装窃听装置。随后不久，随着事件的进展，真相逐渐浮出水面，其中一个人叫詹姆斯·麦科德（James McCord），他拥有自己的安保公司，实际上曾是再度当选的尼克松总统竞选班子的首席安全顾问。虽然所有这一切应该引起公众和媒体的某种程度的关注，但大多数人和组织对此却漠不关心。美国此时正值中期选举，越南战争也继续吸引着大多数人的注意力。伯恩斯坦和伍德沃德两位记者属于少数对这一事件进行追踪报道和阐述事态经过的记者。在《华盛顿邮报》编辑本·布拉德利（Ben Bradlee）的同情和支持下，两位记者不久就揭露了有关这一邪恶阴谋的更多细节。

五名非法闯入者最终遭大陪审团起诉并被捕入狱。事实证明，这几个人与共和党保持着不同的联系。正如伯恩斯坦和伍德沃德在1972年10月10日发表于《邮报》的文章中所报道的，"FBI特工已经确定，水门窃听事件起因于为竞选而进行的大量政治窃听活动，以及为了尼克松再次当选而进行的破坏活动，它是由白宫官员和尼克松总统竞选委员会一手导演的"②。这种联系暗示了某种比窃听行为更为危险的东西。事实上，随着事件的展开，事实越来越清楚：这种窃听行为是由那些已经插手其他重要政治事件的人物实施的，他们的动机已经深深地隐藏在政治机器之中。伯恩斯坦和伍德沃德在窃贼与窃听行为本身之间建立了更为重要的联系，暗示了这一事件与白宫之间可能的关联。他们的多数信息来自被他们称为"深喉"（Deep Throat）的某个人。直到2005年，这个"深喉"的身份才被揭露，他就是W. 马克·费尔特（W. Mark Felt），一名FBI的前高官，他的身份也引起大量猜测。

伯恩斯坦和伍德沃德对事件真相的揭露，终于促使其他新闻媒体和机构解除了对

---

① 这里所关"水门事件"的年表，来自《华盛顿邮报》网站（www.washingtonpost.com）提供的细节，包括总的年表以及伯恩斯坦、伍德沃德以及其他邮报记者所撰写的特写文章。

② *Washington Post* website, October 10, 1972, A01.

各自采访记者的限制。FBI和司法部更为直接地介入，提供了更多有关这一窃听事件的背景信息。最终，国会被迫于1973年召开听证会，参众两院"水门事件"委员会都牵涉其中。白宫始终坚持，它与该事件没有任何关系。尼克松任命阿奇博尔德·考克斯（Archibald Cox）为这一案件的特别检察官，要求他彻查此案。但是，伯恩斯坦和伍德沃德以及更多政府部门却坚决不妥协。不法之徒与白宫之间的联系是意味深长的。但是，这又确切地意味着什么呢？经过1973年整个一年一直到1974年夏天，涉及白宫的这一案件才开始得到解决。尼克松最终接受了其高级顾问H. R. 霍尔德曼（H. R. Haldeman）和约翰·埃利希曼（John Ehrlichman）的辞职建议，并解雇了他的首席法律顾问约翰·迪安（John Dean）。①

事实上，迪安成了国会听证会的关键人物和告密者，最终使总统倒台。他声称，白宫本身与这一窃听案件多少是有牵连的，而总统一直在积极努力地掩盖"水门事件"背后的身份和动机。对于尼克松来说，不幸的是，白宫的一个前雇员亚历山大·巴特菲尔德（Alexander Butterfield）向当局揭露，尼克松从1971年开始就在椭圆形办公室安装窃听装置，记录他与所有下属的谈话内容和电话录音。显然，如果总统卷入了掩盖"水门事件"背后势力的这场阴谋，那么，他自己的罪行证据就有可能保留在这些录音材料中。国会继续展开调查，要求总统交出磁带。尼克松总统引用行政特权对此做出回应，宣称自己不必交出这些材料。然而，1974年7月24日，总统的回应遭最高法院否决。

当然，我们所有人现在已经得知那些听证会的结果。尽管尼克松勉强同意将录音材料交给国会，但它们却残缺不全。其中一盘磁带竟然有16分钟的中断，尼克松和他的同僚、特别是他的长期私人秘书罗斯玛丽·伍兹（Rosemary Woods），都无法解释这16分钟到底发生了什么。但每个人都心知肚明。尼克松总统试图掩盖"水门事件"真相，而共和党已深度卷入对民主党全国委员会的窃听事件。1974年8月，尼克松濒临被弹劾的边缘，成为第一个辞职的美国总统。

在美国近期历史上，已经很少出现如此扣人心弦的时刻了。新闻记者揭露如此多的美国政治内幕，更是少见。伯恩斯坦和伍德沃德二人，通过无所畏惧的报道，揭露了共和党与总统违法的事实。这一幕使得新闻工作、尤其是新闻调查工作，充满了无

---

① *Washington Post* website, May 1, 1973, A01.

穷的魅力。伯恩斯坦和伍德沃德成为家喻户晓的人物。它同样赋予新闻记者一种权力意识和职业自豪感。政治家可以按照自己的意愿行事，但媒体总是会报道、监督，促使他们对自己的行为负责。

本章我们要考察的是，新闻出版以及更宽泛意义上的所有媒体，如何制作和报道新闻，以及在这一过程中，它们如何影响我们对世界政治甚至整个世界的认知。如今，特别是在21世纪之初，媒体显然在政治活动和基本的社会政治制度运行中发挥着强有力的作用。但是，它们有多么强大？它们塑造着什么？“水门事件”有可能只是新闻发展史上的一次偶发事件吗？

美国大众媒体发展史上的重要事件

美国报业的发展已经有200多年的历史了。[1] 不管怎样，它们的影响正是在19世纪才首次突显出来。它们最初为那些大亨和权威人士所拥有，不仅被利用来传播消息，而且用于为其老板的利益而塑造新闻。这一时期，报纸成为介入美国政府内部政治运行并揭露其弊端的手段。特别是新闻记者如林肯·斯蒂芬斯（Lincoln Steffens）和雅各布·里斯（Jacob Riis），以其对新闻内幕的揭露而闻名，这是一种以**“黑幕揭发”**（muckraking）而广为人知的风格，因为它试图挖掘政治活动和政治家的肮脏。在这些对揭露腐败具有灵敏嗅觉甚至将那些利用公权谋私利的人们曝光的记者中，斯蒂芬斯是最成功的一个。尽管里斯的风格多少有些不同，但他将注意力集中于这样的故事，即美国新移民（外来移民）正在接受的、特别是他们如何在城市的肮脏和贫穷中勉强度日的方式。报纸以及诸如斯蒂芬斯和里斯这样的记者，不仅为报道世界提供了一种方式，而且为保护公众不受政治家荒诞行为的伤害提供了一种手段。

一些报业大亨，通过其拥有的财产和对媒体的控制，产生了巨大的影响。也许最为著名的就是威廉·伦道夫·赫斯特（William Randolph Hearst），他创建了一个庞

① 有关媒体历史和形式的一系列精彩随笔，参见 Michael Schudson，*The Power of News*，*Part I*，*The News in Historical Perspective*（Cambridge，MA：Harvard University Press，1995）。

大的报业帝国，其中就有《旧金山纪事报》。赫斯特试图利用他的报纸来帮助阐述他的世界观，并进而对历史进程产生影响。他成为那些意欲利用报纸来塑造新闻并在有关事务中表达自己声音的人们的一个典范。当赫斯特成为奥森·韦尔斯（Orson Welles）的著名电影《公民凯恩》（又名《大国民》——译者注）的原型时，其名声大噪。利用报纸来谋取私利的其他人，包括科洛内尔·罗伯特·麦考密克（Colonel Robert McCormick），他是《芝加哥论坛报》的所有人。麦考密克是一个保守的共和党人，他不仅对利用社论版毫无顾忌，而且利用所谓的新闻版面来表达自己的信仰，由此影响人们的思维方式。

能够证明麦考密克倾向的一个最著名的例证就是1948年的总统大选。此次总统大选，参与竞选的双方是共和党的托马斯·E. 杜威（Thomas E. Dewey）与时任总统的民主党人杜鲁门。杜鲁门并不被大家看好，在大选持续的相当长时间里，他一直落后于杜威。在选举结果揭晓的前夕，麦考密克的《芝加哥论坛报》在头版醒目位置刊登标题新闻说杜威已经赢得了选举。事实上，杜鲁门最终胜出，在一张著名的照片中，杜鲁门手中举着一份《芝加哥论坛报》，报纸上是杜威获胜的醒目标题。

进入20世纪，报纸仍然是世界新闻的主要消息来源。然而，在1950年代电视问世后，它开始取代报纸和收音机。与“冷媒体”（cool medium）出版物相比，电视因其视觉影像而被视为一种“热媒体”（hot medium）。[①] 无论是通过新闻报道还是日常的肥皂剧，电视都为其主题活动提供了一种亲切感，这种亲切感使其所传递的信息具有了一种其他媒体不具备的真实感。

电视塑造政治生活的巨大影响力，在1960年总统大选中显现出来。包括哥伦比亚广播公司总裁弗兰克·斯坦顿（Frank Stanton）在内的几个关键人物都认为，在两个领先的候选人——时任副总统尼克松与来自马萨诸塞州的年轻的民主党国会议员肯尼迪之间进行电视辩论，是一个不错的主意。经过几次调整和协商之后，在两人之间安排了四场系列辩论。

与今天不同，当时的辩论并非一个具有高度表演性质的事件，第一场电视辩论的气氛相当尴尬。只有一名记者向两位候选人提问。每一位候选人站在一个小矮桌后

① Marshall McLuhan, *The Medium Is the Message* (New York: Bantam Books, 1967).

面，向电视观众发表演说。那时，彩电尚未大量进入美国人的家庭，电视节目都是黑白的。首场电视节目录制之前，尼克松由于膝盖受伤一直待在医院，大概瘦了20磅。他的西服看上去肥大宽松，很不合体，而且，他拒绝化妆。特有的浓密胡须，使他看上去憔悴不堪，使人产生不安全感。他很少微笑，直接面对镜头时又显得极不自然。相反，肯尼迪这个还不太老练的政治家，刚刚度假回来。他看上去皮肤黝黑、身体健康。与此同时，面对镜头他应对自如，表现沉稳而圆滑。实际上，两个人对问题的把控都很好，收音机听众认为，尼克松是首场辩论的获胜者。但电视却使肯尼迪占尽了上风。在11月的投票中，肯尼迪以微弱优势击败尼克松。许多观察家在回顾第一场辩论时指出，首场辩论不仅是肯尼迪的胜利，它还表明，电视具有印刷媒体无可匹敌的强大力量，这也许是美国历史上破天荒的事情。①

今天，我们还在经历另一场戏剧性转变，即全世界大众媒体的性质和影响的变革。越来越多的人获取信息的渠道，从出版物和电视转向互联网。伴随这种转变的，是人们远离诸如电视网络新闻等以往常规信息来源的总体转变。

让我们来看看皮尤“人与新闻”研究中心近期的调查数据。② 皮尤研究中心对美国公众进行了定期样本调查，发现了人们利用媒体的方式。表12-1是1993—2006年间美国人观看晚间电视网络新闻人口比例呈规律性下降趋势的情况。请注意，阅读报纸的人口比例也在持续下降——从1993年的58%降至2006年的40%。唯一受欢迎的媒体是在线新闻：在线获取新闻的人口比例，从1996年的2%增至2006年的31%。

互联网有可能在大众媒体塑造我们的政治观以及我们获取新闻的方式方面，导致另一场革命。正如哥伦比亚新闻学院近期的一篇报道所观察到的：“我们认为，正在发生的绝不是某些人所预测的新闻的终结。但是，我们的确看到，人们在自己生存的世界中了解什么以及如何了解的一种颠覆性变化……受众正在从诸如电视或报纸等传统媒体转向网络新媒体。”③

---

① Susan A. Hellweg, Michael Pfau, and Steven R. Brydon, *Televised Presidential Debates: Advocacy in Contemporary America* (New York: Praeger, 1992).

② Pew Research Center for People & the Press, “Online Papers Modestly Boost Newspaper Readership,” July 30, 2006.

③ *The State of the News Media: An Annual Report on American Journalism*, “An Overview,” 见网站 www. stateofthenewsmedia. org/2006。

表 12-1　　变化中的新闻景观（%）

	比例					
	1993	1996	2000	2002	2004	2006
定期观看：						
当地电视新闻	77	65	56	57	59	54
有线电视新闻	—	—	—	33	38	34
晚间网络新闻	60	42	30	32	34	28
早间网络新闻	—	—	20	22	22	23
昨日收听/阅读：						
收音机	47[a]	44[a]	43	41	40	36
报纸	58[a]	50	47	41	42	40
在线新闻每周 3 天或以上	—	2[b]	23	25	29	31

注：
[a] 来自 1994 年数据。
[b] 来自 1995 年数据。
资料来源：Pew Research for the People & the Press，“Online Papers Moderntly Boost Newspaper Readership” report from July 30，2006。

作为公司资本主义工具的大众媒体

像赫斯特和麦考密克这些媒体帝国的大亨们，用亲身经历证明人们如何利用媒体发家致富并获得影响力。如今，控制各种媒体所有权的不再是孤零零的某个人，而是那些大公司。诸如时代华纳和迪士尼等大型企业集团已经成为不同形式和类型的大众媒体的领袖。许多评论家担心的是，媒体仅集中于少数人手中，有可能严重损害美国民主制度的本质。①

让我们来看看当今的媒体巨人及其所控制的各种形式的媒体（见图 12-1）。请注意，当今的各种媒体，从印刷媒体到电视再到互联网，都是由少数公司控制的。这些公司包括：新闻公司（所有人为鲁珀特·默多克［Rupert Murdoch］）、迪士尼、通用电气、时代华纳、维亚康姆以及哥伦比亚广播公司等。它们控制着从美国广播公司、美国全国广播公司和哥伦比亚广播公司到迪士尼的范围广泛的媒体市场。

① 例如，一系列优秀文章见“The 10th Anniversary National Entertainment State,” *The Nation*，2006，283（1）。

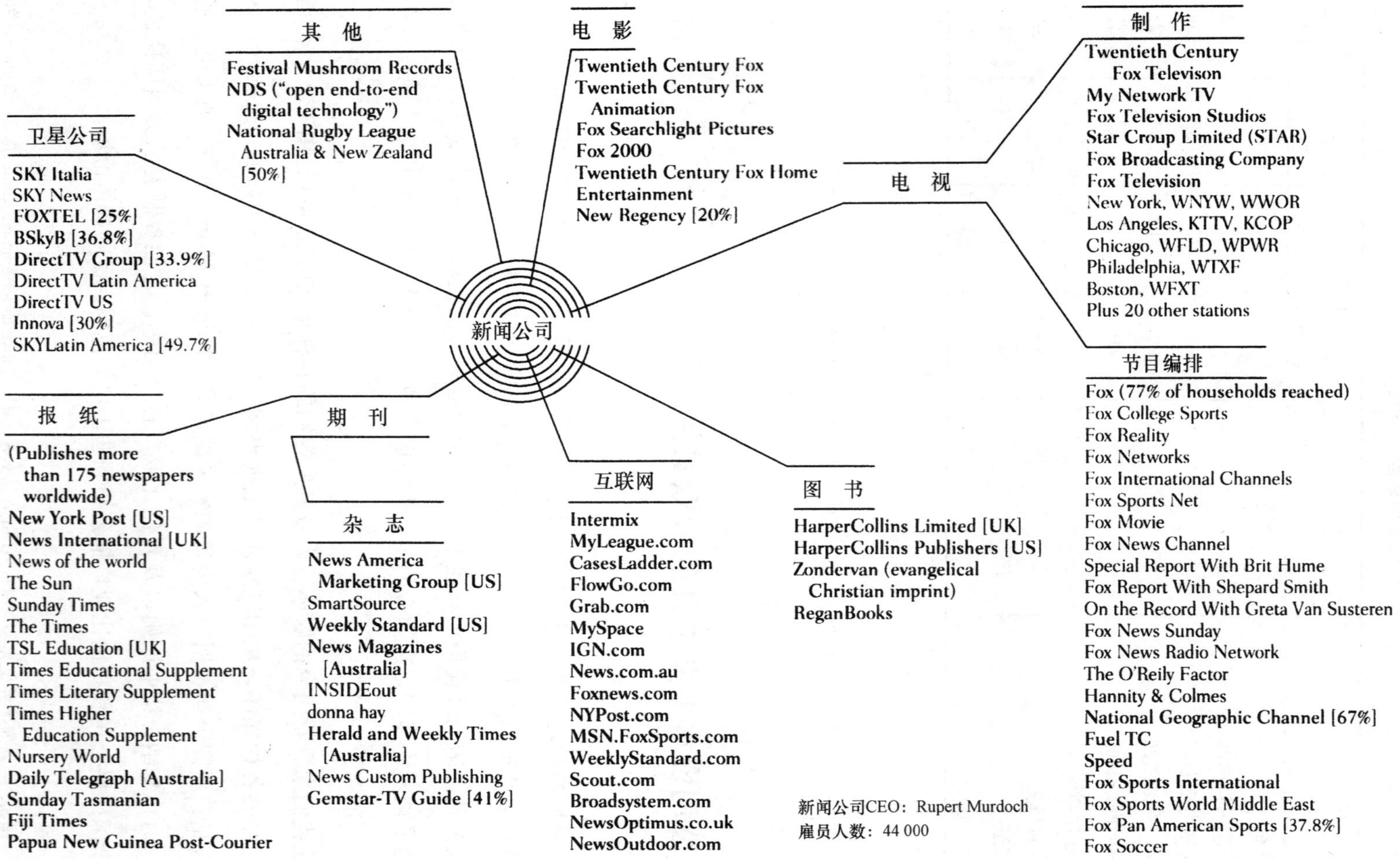
新闻公司
卫星公司
SKY Italia
SKY News
FOXTEL [25%]
BSkyB [36.8%]
DirectTV Group [33.9%]
DirectTV Latin America
DirectTV US
Innova [30%]
SKYLatin America [49.7%]
其 他
Festival Mushroom Records
NDS ("open end-to-end digital technology")
National Rugby League Australia & New Zealand [50%]
电 影
Twentieth Century Fox
Twentieth Century Fox Animation
Fox Searchlight Pictures
Fox 2000
Twentieth Century Fox Home Entertainment
New Regency [20%]
电 视
制 作
Twentieth Century Fox Televison
My Network TV
Fox Television Studios
Star Croup Limited (STAR)
Fox Broadcasting Company
Fox Television
New York, WNYW, WWOR
Los Angeles, KTTV, KCOP
Chicago, WFLD, WPWR
Philadelphia, WTXF
Boston, WFXT
Plus 20 other stations
节目编排
Fox (77% of households reached)
Fox College Sports
Fox Reality
Fox Networks
Fox International Channels
Fox Sports Net
Fox Movie
Fox News Channel
Special Report With Brit Hume
Fox Report With Shepard Smith
On the Record With Greta Van Susteren
Fox News Sunday
Fox News Radio Network
The O'Reily Factor
Hannity & Colmes
National Geographic Channel [67%]
Fuel TC
Speed
Fox Sports International
Fox Sports World Middle East
Fox Pan American Sports [37.8%]
Fox Soccer
报 纸
(Publishes more than 175 newspapers worldwide)
New York Post [US]
News International [UK]
News of the world
The Sun
Sunday Times
The Times
TSL Education [UK]
Times Educational Supplement
Times Literary Supplement
Times Higher Education Supplement
Nursery World
Daily Telegraph [Australia]
Sunday Tasmanian
Fiji Times
Papua New Guinea Post-Courier
期 刊
杂 志
News America Marketing Group [US]
SmartSource
Weekly Standard [US]
News Magazines [Australia]
INSIDEout
donna hay
Herald and Weekly Times [Australia]
News Custom Publishing
Gemstar-TV Guide [41%]
互联网
Intermix
MyLeague.com
CasesLadder.com
FlowGo.com
Grab.com
MySpace
IGN.com
News.com.au
Foxnews.com
NYPost.com
MSN.FoxSports.com
WeeklyStandard.com
Scout.com
Broadsystem.com
NewsOptimus.co.uk
NewsOutdoor.com
图 书
HarperCollins Limited [UK]
HarperCollins Publishers [US]
Zondervan (evangelical Christian imprint)
ReganBooks
新闻公司CEO：Rupert Murdoch
雇员人数：44 000

图12–1

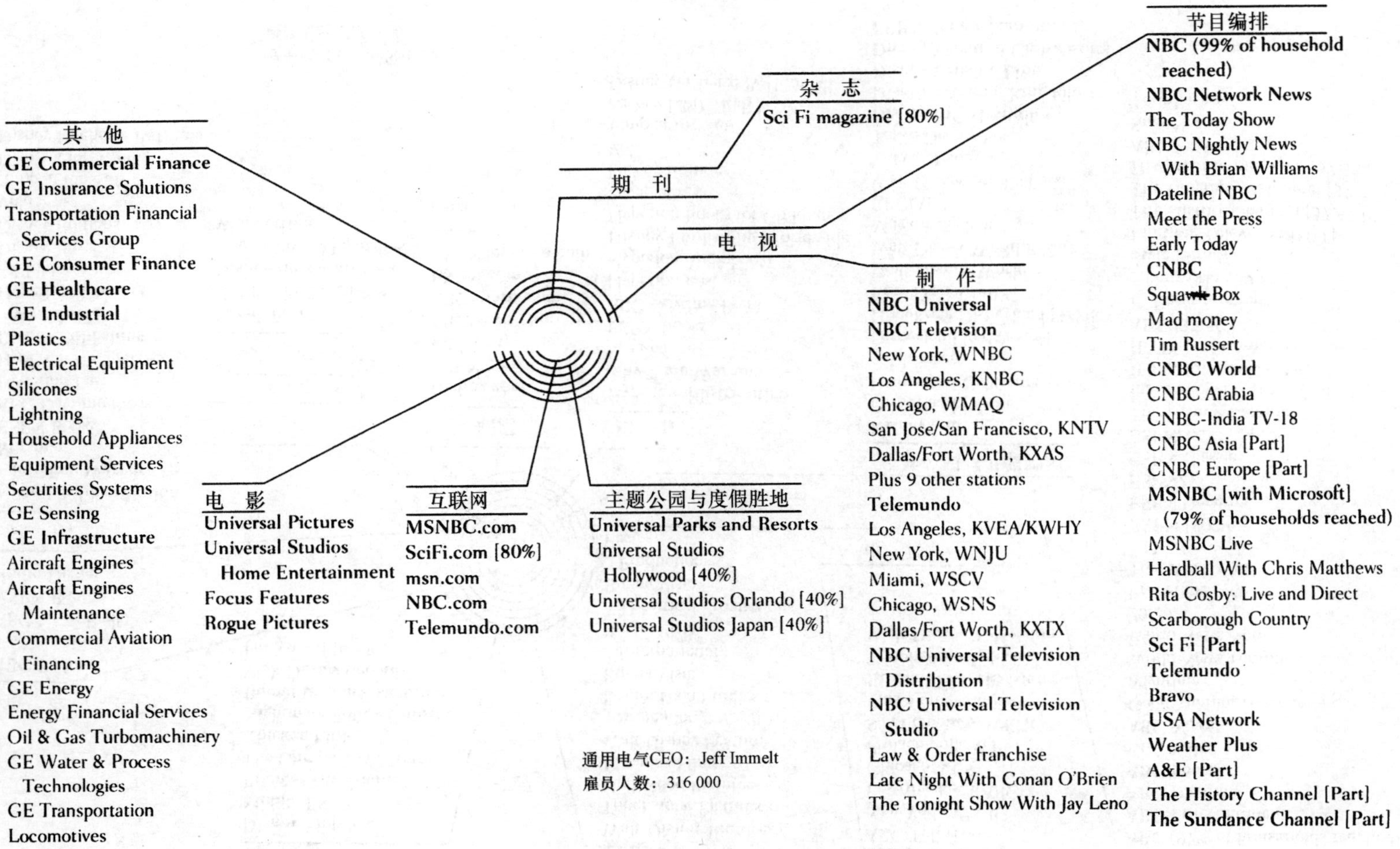
其 他
GE Commercial Finance
GE Insurance Solutions
Transportation Financial Services Group
GE Consumer Finance
GE Healthcare
GE Industrial
Plastics
Electrical Equipment
Silicones
Lightning
Household Appliances
Equipment Services
Securities Systems
GE Sensing
GE Infrastructure
Aircraft Engines
Aircraft Engines Maintenance
Commercial Aviation Financing
GE Energy
Energy Financial Services
Oil & Gas Turbomachinery
GE Water & Process Technologies
GE Transportation
Locomotives
电 影
Universal Pictures
Universal Studios Home Entertainment
Focus Features
Rogue Pictures
互联网
MSNBC.com
SciFi.com [80%]
msn.com
NBC.com
Telemundo.com
主题公园与度假胜地
Universal Parks and Resorts
Universal Studios Hollywood [40%]
Universal Studios Orlando [40%]
Universal Studios Japan [40%]
期 刊
杂 志
Sci Fi magazine [80%]
电 视
制 作
NBC Universal
NBC Television
New York, WNBC
Los Angeles, KNBC
Chicago, WMAQ
San Jose/San Francisco, KNTV
Dallas/Fort Worth, KXAS
Plus 9 other stations
Telemundo
Los Angeles, KVEA/KWHY
New York, WNJU
Miami, WSCV
Chicago, WSNS
Dallas/Fort Worth, KXTX
NBC Universal Television Distribution
NBC Universal Television Studio
Law & Order franchise
Late Night With Conan O'Brien
The Tonight Show With Jay Leno
节目编排
NBC (99% of household reached)
NBC Network News
The Today Show
NBC Nightly News With Brian Williams
Dateline NBC
Meet the Press
Early Today
CNBC
Squawk Box
Mad money
Tim Russert
CNBC World
CNBC Arabia
CNBC-India TV-18
CNBC Asia [Part]
CNBC Europe [Part]
MSNBC [with Microsoft] (79% of households reached)
MSNBC Live
Hardball With Chris Matthews
Rita Cosby: Live and Direct
Scarborough Country
Sci Fi [Part]
Telemundo
Bravo
USA Network
Weather Plus
A&E [Part]
The History Channel [Part]
The Sundance Channel [Part]
通用电气CEO：Jeff Immelt
雇员人数：316 000

图12-1（续）

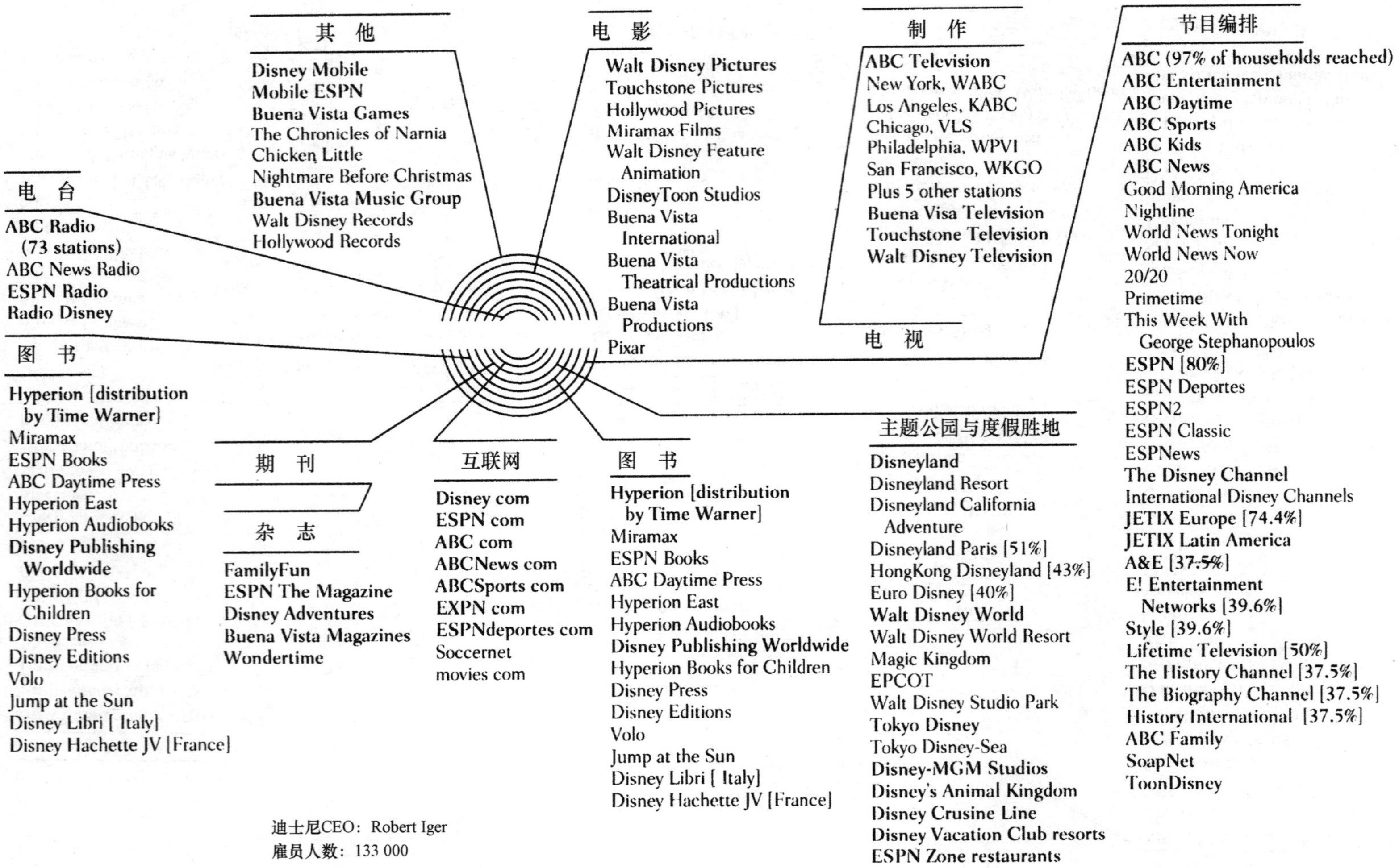
其他
Disney Mobile
Mobile ESPN
Buena Vista Games
The Chronicles of Narnia
Chicken Little
Nightmare Before Christmas
Buena Vista Music Group
Walt Disney Records
Hollywood Records
电影
Walt Disney Pictures
Touchstone Pictures
Hollywood Pictures
Miramax Films
Walt Disney Feature Animation
DisneyToon Studios
Buena Vista International
Buena Vista Theatrical Productions
Buena Vista Productions
Pixar
制作
ABC Television
New York, WABC
Los Angeles, KABC
Chicago, VLS
Philadelphia, WPVI
San Francisco, WKGO
Plus 5 other stations
Buena Visa Television
Touchstone Television
Walt Disney Television
电视
节目编排
ABC (97% of households reached)
ABC Entertainment
ABC Daytime
ABC Sports
ABC Kids
ABC News
Good Morning America
Nightline
World News Tonight
World News Now
20/20
Primetime
This Week With George Stephanopoulos
ESPN [80%]
ESPN Deportes
ESPN2
ESPN Classic
ESPNews
The Disney Channel
International Disney Channels
JETIX Europe [74.4%]
JETIX Latin America
A&E [37.5%]
E! Entertainment Networks [39.6%]
Style [39.6%]
Lifetime Television [50%]
The History Channel [37.5%]
The Biography Channel [37.5%]
History International [37.5%]
ABC Family
SoapNet
ToonDisney
电台
ABC Radio (73 stations)
ABC News Radio
ESPN Radio
Radio Disney
图书
Hyperion [distribution by Time Warner]
Miramax
ESPN Books
ABC Daytime Press
Hyperion East
Hyperion Audiobooks
Disney Publishing Worldwide
Hyperion Books for Children
Disney Press
Disney Editions
Volo
Jump at the Sun
Disney Libri [Italy]
Disney Hachette JV [France]
期刊
杂志
FamilyFun
ESPN The Magazine
Disney Adventures
Buena Vista Magazines
Wondertime
互联网
Disney com
ESPN com
ABC com
ABCNews com
ABCSports com
EXPN com
ESPNdeportes com
Soccernet
movies com
图书
Hyperion [distribution by Time Warner]
Miramax
ESPN Books
ABC Daytime Press
Hyperion East
Hyperion Audiobooks
Disney Publishing Worldwide
Hyperion Books for Children
Disney Press
Disney Editions
Volo
Jump at the Sun
Disney Libri [Italy]
Disney Hachette JV [France]
主题公园与度假胜地
Disneyland
Disneyland Resort
Disneyland California Adventure
Disneyland Paris [51%]
HongKong Disneyland [43%]
Euro Disney [40%]
Walt Disney World
Walt Disney World Resort
Magic Kingdom
EPCOT
Walt Disney Studio Park
Tokyo Disney
Tokyo Disney-Sea
Disney-MGM Studios
Disney's Animal Kingdom
Disney Crusine Line
Disney Vacation Club resorts
ESPN Zone restaurants
迪士尼CEO：Robert Iger
雇员人数：133 000

图12–1（续）

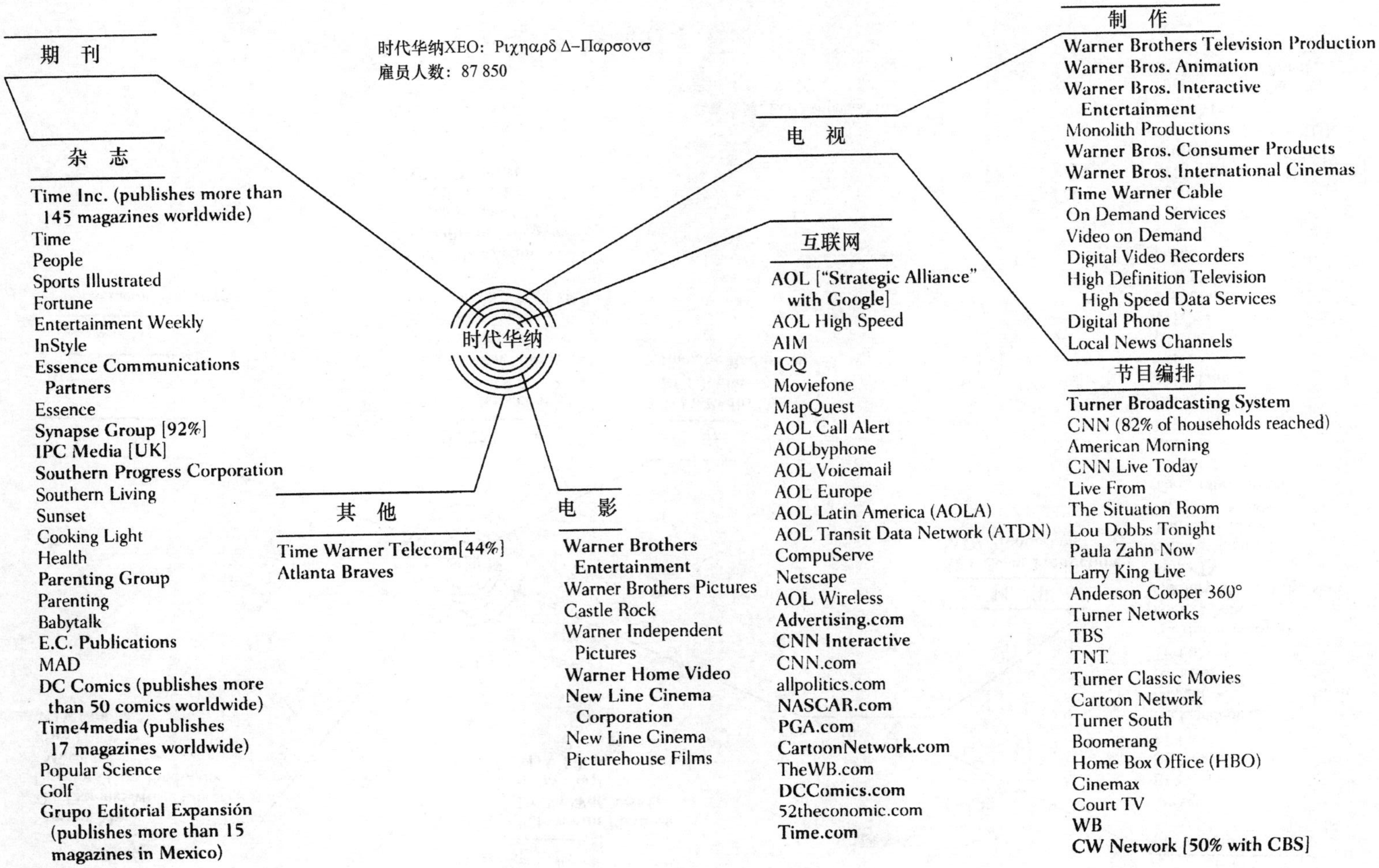
时代华纳XEO：Ριχηαρδ Δ–Παρσονσ
雇员人数：87 850
时代华纳
期 刊
杂 志
Time Inc. (publishes more than 145 magazines worldwide)
Time
People
Sports Illustrated
Fortune
Entertainment Weekly
InStyle
Essence Communications Partners
Essence
Synapse Group [92%]
IPC Media [UK]
Southern Progress Corporation
Southern Living
Sunset
Cooking Light
Health
Parenting Group
Parenting
Babytalk
E.C. Publications
MAD
DC Comics (publishes more than 50 comics worldwide)
Time4media (publishes 17 magazines worldwide)
Popular Science
Golf
Grupo Editorial Expansión (publishes more than 15 magazines in Mexico)
其 他
Time Warner Telecom[44%]
Atlanta Braves
电 影
Warner Brothers Entertainment
Warner Brothers Pictures
Castle Rock
Warner Independent Pictures
Warner Home Video
New Line Cinema Corporation
New Line Cinema
Picturehouse Films
互联网
AOL ["Strategic Alliance" with Google]
AOL High Speed
AIM
ICQ
Moviefone
MapQuest
AOL Call Alert
AOLbyphone
AOL Voicemail
AOL Europe
AOL Latin America (AOLA)
AOL Transit Data Network (ATDN)
CompuServe
Netscape
AOL Wireless
Advertising.com
CNN Interactive
CNN.com
allpolitics.com
NASCAR.com
PGA.com
CartoonNetwork.com
TheWB.com
DCComics.com
52theconomic.com
Time.com
电 视
制 作
Warner Brothers Television Production
Warner Bros. Animation
Warner Bros. Interactive Entertainment
Monolith Productions
Warner Bros. Consumer Products
Warner Bros. International Cinemas
Time Warner Cable
On Demand Services
Video on Demand
Digital Video Recorders
High Definition Television
High Speed Data Services
Digital Phone
Local News Channels
节目编排
Turner Broadcasting System
CNN (82% of households reached)
American Morning
CNN Live Today
Live From
The Situation Room
Lou Dobbs Tonight
Paula Zahn Now
Larry King Live
Anderson Cooper 360°
Turner Networks
TBS
TNT
Turner Classic Movies
Cartoon Network
Turner South
Boomerang
Home Box Office (HBO)
Cinemax
Court TV
WB
CW Network [50% with CBS]

图12–1（续）

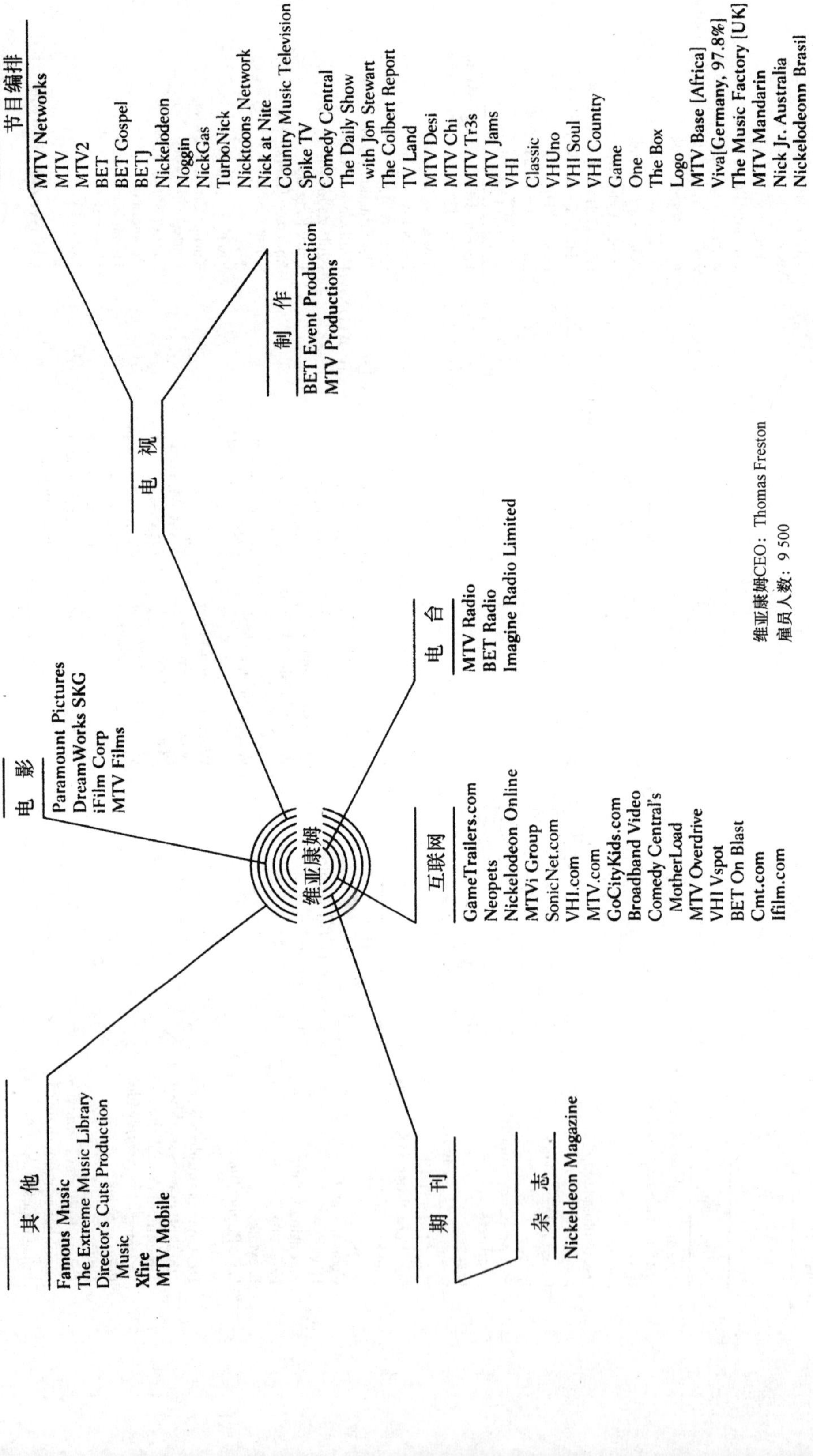
维亚康姆
其他
Famous Music
The Extreme Music Library
Director's Cuts Production Music
Xfire
MTV Mobile
电影
Paramount Pictures
DreamWorks SKG
iFilm Corp
MTV Films
电视
制作
BET Event Production
MTV Productions
节目编排
MTV Networks
MTV
MTV2
BET
BET Gospel
BET]
Nickelodeon
Noggin
NickGas
TurboNick
Nicktoons Network
Nick at Nite
Country Music Television
Spike TV
Comedy Central
The Daily Show with Jon Stewart
The Colbert Report
TV Land
MTV Desi
MTV Chi
MTV Tr3s
MTV Jams
VHI
Classic
VHUno
VHI Soul
VHI Country
Game
One
The Box
Logo
MTV Base [Africa]
Viva[Germany, 97.8%]
The Music Factory [UK]
MTV Mandarin
Nick Jr. Australia
Nickelodeonn Brasil
期刊
杂志
Nickeldeon Magazine
互联网
GameTrailers.com
Neopets
Nickelodeon Online
MTVi Group
SonicNet.com
VHI.com
MTV.com
GoCityKids.com
Broadband Video
Comedy Central's MotherLoad
MTV Overdrive
VHI Vspot
BET On Blast
Cmt.com
Ifilm.com
电台
MTV Radio
BET Radio
Imagine Radio Limited
维亚康姆CEO：Thomas Freston
雇员人数：9 500

图12-1（续）

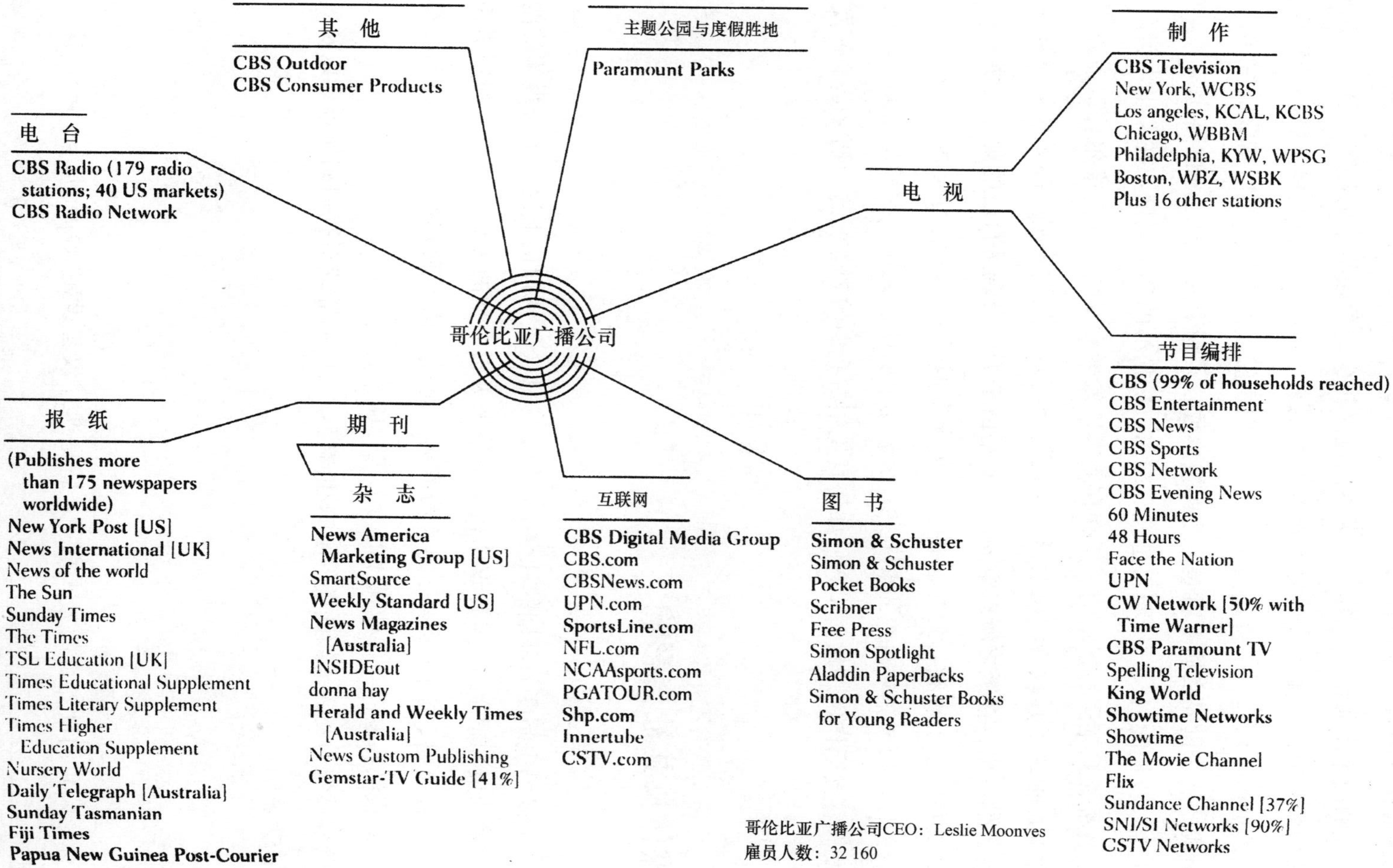
哥伦比亚广播公司
其　他
CBS Outdoor
CBS Consumer Products
主题公园与度假胜地
Paramount Parks
制　作
CBS Television
New York, WCBS
Los angeles, KCAL, KCBS
Chicago, WBBM
Philadelphia, KYW, WPSG
Boston, WBZ, WSBK
Plus 16 other stations
电　台
CBS Radio (179 radio stations; 40 US markets)
CBS Radio Network
电　视
节目编排
CBS (99% of households reached)
CBS Entertainment
CBS News
CBS Sports
CBS Network
CBS Evening News
60 Minutes
48 Hours
Face the Nation
UPN
CW Network [50% with Time Warner]
CBS Paramount TV
Spelling Television
King World
Showtime Networks
Showtime
The Movie Channel
Flix
Sundance Channel [37%]
SNI/SI Networks [90%]
CSTV Networks
报　纸
(Publishes more than 175 newspapers worldwide)
New York Post [US]
News International [UK]
News of the world
The Sun
Sunday Times
The Times
TSL Education [UK]
Times Educational Supplement
Times Literary Supplement
Times Higher Education Supplement
Nursery World
Daily Telegraph [Australia]
Sunday Tasmanian
Fiji Times
Papua New Guinea Post-Courier
期　刊
杂　志
News America Marketing Group [US]
SmartSource
Weekly Standard [US]
News Magazines [Australia]
INSIDEout
donna hay
Herald and Weekly Times [Australia]
News Custom Publishing
Gemstar-TV Guide [41%]
互联网
CBS Digital Media Group
CBS.com
CBSNews.com
UPN.com
SportsLine.com
NFL.com
NCAAsports.com
PGATOUR.com
Shp.com
Innertube
CSTV.com
图　书
Simon & Schuster
Simon & Schuster
Pocket Books
Scribner
Free Press
Simon Spotlight
Aladdin Paperbacks
Simon & Schuster Books for Young Readers
哥伦比亚广播公司CEO：Leslie Moonves
雇员人数：32 160

图12-1（续）

在马克思主义者和其他现代资本主义的批评家眼中，媒体的所有制结构证明了现代资本主义的两个本质特征：其一，资本向越来越少的公司集中的趋势；其二，资本家利用他们所掌握的资源，想方设法在意识形态上创造一个支持其经济野心的符号世界。我们的世界依然是一个符号世界，无论我们所阅读的新闻还是所接收的视频，都由符号组成。这个世界实质上就是一个由极少数公司和个人所创造的世界。

事实上，我们的国家已经不再是托克维尔首次描绘的那个国度，在那里，美国式民主通过各种相互竞争的报纸的广泛存在而得以发现和反映。托克维尔着重强调，美国的文化制度促成了其政府的民主形式，也许任何诸如此类的制度都无法与报纸的重要性相比。他指出，报纸之所以重要，一则是由于为公众表达自己的观点提供了一种工具，其重要性还表现在，像更多的其他美国东西一样，其使用权和所有权是广泛的。不管怎样，如今非常清楚的事实是，少数几个媒体巨人对于我们从新闻中所获得的东西发挥着支配作用。然而，它们如何真正塑造我们的观点？这一切又是如何发生的呢？

大众媒体及其社会影响

在一个以民主制度为基础的社会中，如美国社会，从理论上说，大众媒体的能力受到更多的约束和限制。[①] 各种媒体相互竞争来吸引公众的关注。还可以利用诸如调查报告等多种策略，来阐述核心的政治方案。而且，诸如联邦通讯委员会等联邦机构，可以对报纸和电视等各种媒体的行为进行监管。

尽管媒体权力受到诸如此类的限制和监管，它们仍继续对我们如何思考以及我们的观点产生影响。

议程设定

媒体影响我们世界观的方式之一，就是通过**议程设定**（agenda setting）这一过

① 例如，参见诺姆·乔姆斯基（Noam Chomsky）的著作，它对企业媒体影响我们观点的方式采取了一种更愤世嫉俗的立场。

程。这一概念与公开会议的运作有着密切关系。在公开会议的运作中，主管官员能够对会议期间实际发生的事情设定议程。对于民主运转的各种批评指责说，这一议程设定过程涉及广泛的政府部门，而且，它不过是政府借以限制公众可利用的信息和选择的手段。①

在大众媒体的研究中，议程的设定已经开始意味着某种类似的事情。它指的是这样一个过程：媒体借助这一过程，能够对特殊政治人物和事件以及由他们确定的特殊政策和主张所引发的公众的思考进行塑造。有关议程设定的大量研究，已由马克斯韦尔·麦库姆斯（Maxwell McCombs）和他的同事完成。② 麦库姆斯和他的同事唐·肖（Don Shaw）开始只是对 1968 年大选期间新闻媒体报道的事件和行为进行了研究，随后对公众如何看待这些事件，包括其重要性，进行了抽样调查。正如他们所言，其基本假设是非常有说服力的——“媒体议程，设定了公共议程”③。

这项研究是在北卡罗来纳大学的教堂山分校进行的。他们选择的受访者是那些尚未决定在大选中如何投票的人们。两位研究者假设，这些公民最易受到新闻媒体及其报道的影响。他们对几种新闻来源的内容，包括地方和全国报纸及两家电视台，进行了密切观察和记录。数据分析揭示了一个惊人的事实。在大选期间，有五个议题——外交政策、法律与秩序、经济、公共福利以及公民权利——左右着媒体和公众的观点，媒体和公众赋予了所有这些议题大致相同的重要性。换言之，他们的基本假设——公共议程是由媒体设定的——得到确认。两位研究者还对这一结果的替代性解释进行了思考，例如，人们只是有选择地阅读或收听认可他们观点的素材。但是，在对数据进行精确考察之后，他们得出结论：议程设定为他们的发现提供了最有力的解释。

继这一初步研究之后，对于不同选举、不同议程以及不同地方（包括其他国家）的其他研究，也基本上验证了麦库姆斯和他的同事提出的假设。而且，这些研究还提供了一些细微差别，并对议程设定背后的基本概念进行了完善。例如，研究者已经对

---

① 例如，参见 Arthur Vidich and Joseph Bensman，*Small Town in Mass Society*（Princeton，NJ：Princeton University Press，1968）；and Matthew Crenson，*The Unpolitics of Air Pollution*（Baltimore，MD：Johns Hopkins University Press，1971）。

② Maxwell McCombs，*Setting the Agenda：The Mass Media and Public Opinion*（Cambridge，UK：Polity Press，2006）.

③ Ibid.，5.

公众如何看待特殊候选人的品性进行了研究。这表明，通过媒体提出的诸如个人举止或特殊立场等品性的方式，在公众如何看待候选人的方式中得到反映。此外，这些研究已经超越了选举而将思考范围扩展至更广阔的领域，如关于公民权利重要性或犯罪等的辩论。媒体的形象塑造再一次从公众的观点中得到反映。

为了使媒体作为议程设定者的形象更加完美，麦库姆斯和他的同事甚至也提出了一个更深层次的问题——谁来设定媒体的议程？他们得出结论：美国政治议程设定中的一个关键人物就是总统。他们的研究特别表明，媒体议程反映的是总统的议程。换言之，总统在决定哪些信息可以见诸媒体方面发挥着重要作用。这一结论与他们的研究似乎是吻合的。历史学家的研究表明，诸如西奥多·罗斯福总统——首次将媒体视为“天字第一号讲坛”——以及稍后其远房侄子富兰克林·罗斯福——曾利用电台的周六早间节目向年轻的听众们宣传他的思想——在塑造公众如何看待他们本人及其政策方面，都是行家里手。

我们甚至可以从我们这个时代以及更多的现代总统的工作中看到这些重要影响。最近这些年，布什的工作已经证明，他是一个善于利用媒体塑造公众世界观的能手。例如，布什多次出现在照片和电视上——他登陆军舰，谈论伊拉克战争的进展情况。这些生动地刻画出他作为美军总司令的角色，显然，其中蕴含着某种与美国的政治文化产生深层共鸣的东西。

然而，即便是总统，在如何塑造媒体议程方面也是受限制的。当 2005 年伊拉克战争在美国越来越不得民心时，特别是 2006 年，布什总统对于媒体议程细节的控制很是力不从心。尤其是有一段情节证明了这一点，而且，在这种情况下，揭示出总统声望的下降。这件事发生在 2006 年秋，就在民主党赢得 11 月选举的决定性胜利之后。人们对于布什及其所发动的伊拉克战争的普遍不满，此刻正在显现。通过每晚残酷无情的图片影像，电视媒体清晰地展示出伊拉克普遍存在的暴力和数不清的死亡与杀戮。许多人，特别是那些在新闻媒体中露脸的人物，已经将这场战争贴上了“内战”的标签，这一名称只不过是为了描述伊拉克的分裂是多么严重。但是，布什及其顾问们对此却不屑一顾，他们仍坚持认为，这不是一场内战。然而，媒体所展示的持续的暴力以及不同派别对于美国在伊拉克的存在进行的大规模抵抗，似乎说明了事情的另一面。媒体和公众舆论的转向，最终似乎迫使布什政府不得不收敛其在伊拉克所采取的军事行动。最终越来越清晰的是，只有总统才在设定媒体议程以及作为其结果的公众议程方面拥有如此大的影响力。

框架设计

媒体得以塑造公众世界观的另一种方式，是通过它们**设计议题框架**（frame issues）的方式来实现的。这里的框架设计概念，与研究社会运动时使用的概念多少有点类似：它们是根据某种规则和策略来安排活动的方案和范本。当框架设计这一概念用作大众媒体的术语时，它显然意味着讲述和报道一个特殊新闻事件的方式：谁是主角；事件的逻辑或论据是什么；谁对谁做了什么；什么是真正利害攸关的议题。例如，有关犯罪新闻事件的框架设计，有可能涉及犯罪的性质、犯罪的主体以及犯罪的原因等。

阅读报纸、观看电视抑或阅读网络新闻的任何一个人，对不同类型的新闻报道和设计这些新闻报道的方式，应该是有所了解的。例如，有关犯罪的新闻报道，必定要谈论受害人和罪犯。罪犯的性格以及他们可能的犯罪动机通常是重点内容。新闻媒体在报道有关犯罪的新闻时，有时候会流露出基本的偏见和歧视。同样，有关战争的新闻，突出的是暴力和杀戮，以及在有关这种战争的政治辩论中，诸如此类被设计出来的新闻能够深入影响公众思考的方式。例如，媒体对越南战争的报道，在降低公众对那场战争的支持方面，据说发挥了很大的作用。

进行框架设计，有助于有选择性地去突出对某一事件或一系列事件的报道。从某些重要的基本方面来看，它们不是事实，却是事实和新闻得以组织的方式。从这一意义上说，新闻报道能够在与公众的信息交流中发挥潜在的巨大影响。正如议程设定一样，框架设计也已成为社会科学家进行审慎的经验研究的主题。在这些问题的研究方面，善拓·彦佳（Shanto Iyengar）是最为谨慎的学者之一，他已经进行了一系列研究，来解释有关公众对事件观点的框架设计效果。①

彦佳对人们如何理解新闻以及民意测验的框架设计效果，都进行了经验研究。他所揭示的主题之一就是，一个事件的责任归因（attribution of responsibility）如何影

① Shanto Iyengar, *Is Anyone Responsible? How Television Frames Political Issues* (Chicago: The University of Chicago Press, 1994).

响公众对该事件的理解。他指出，如果一条新闻是根据一个偶发事件来进行报道的，也就是说，是一个由单个罪犯实施的犯罪行为，那么，对它的理解是一种情况。但是，如果新闻报道的组织倾向于提供更多的主题覆盖，例如，它不是从某种单一情节的角度来考虑一个人的贫困问题，而是从作为某种总体社会力量的一个结果的角度来加以考虑，那么，就会导致另外一种理解。这种差异对于人们思考世界的方式具有决定性影响。彦佳用几种不同的方法——包括使人们在电视节目中以不同的形象曝光——对这一观点进行了重复验证。他的结论或多或少保持着完整性：人们对诸如犯罪或贫穷等进行责任归因的方式，在很大程度上依赖于媒体构建以及报道新闻的方式。换言之，媒体不仅是在提供影像，而且为我们实际上如何思考世界提供了一种强有力的颇具代表性的方式。

延伸例证：媒体与 SDS

从这里所引用的证据和研究来看，媒体能够塑造公众思考世界——世界政治以及世界范围的各种事件——的方式，这一点是非常清楚的。但是，媒体对于塑造所发生的事件是否具有持久的影响呢？关于这些问题，有几个延伸的案例研究。其中最有趣的一个，就是社会学家托德·季特林（Todd Gitlin）所进行的研究。季特林好奇的不仅是媒体塑造我们理解世界的方式，也包括它们是否有可能影响事件的实际过程。为了验证他的思想，他对 1960 年代媒体尤其是诸如《纽约时报》等报纸对美国学生争取民主社会（Students for a Democratic Society，SDS）的报道方式进行了研究。

SDS 是骚动不安的 1960 年代的一个主要学生组织。由于是由一群青年学生建立和组织起来的——他们中的大多数来自密歇根大学——这一组织有助于动员学生和其他年轻人参与各种活动。它的大部分工作，就是致力于美国“参与式民主”的宣传。他们认为，真正的民主意味着人们必须积极参与政府治理的所有领域，不仅是在选举时参与投票，而且应该包括广泛而可能的政治活动。SDS 有助于鼓励人们积极从事公民权利运动，积极参加地方社区组织和各种活动。

季特林对过去几年《纽约时报》对待和报道 SDS 的方式进行了跟踪研究。与此同时，他还对该组织本身的运行——它的兴衰沉浮及其成员的活动和利益如何变化等——进行了跟踪研究。他的研究揭示出大量有趣的事情。他首先发现，在始于 1965

年的早期报道中，《纽约时报》对待 SDS 是相当友好的——将其看成一个追求崇高理想的青年组织。1965 年，由弗雷德·鲍利奇（Fred Powledge）撰写的第一篇文章，就刊登在头版醒目位置。当其成员数量增长并成为新政治时代的一个主要组成部分时，该组织的声望似乎也由于报纸的报道而得到提升。但是，几个月之后，甚至在随后的几年时间里，《纽约时报》的态度发生了转变。它对该组织的报道明显变成批评性的和否定性的，尽管该组织本身无论如何也不会发生这么大的变化。《纽约时报》所报道的有关该组织的新闻，也从头版——读者阅读报纸首先看的版面——转入内页。当这一切发生的时候，该组织的命运本身也日渐式微。

最后，季特林得出结论：SDS 的成功乃至最终失败和没落，并非依赖于其组织者和成员的能量，而是多少依赖于像《纽约时报》这样的媒体对待它的方式。他指出，媒体实际上提供了一盏照亮世界政治的"聚光灯"。正如聚光灯能够照亮并突出这个世界的轮廓一样，它也能"烤焦整个世界"①。

然而，还有一部分情节是季特林没有深入研究的，而这部分内容——抛开媒体的关注——却正好体现了 SDS 的影响。假如不是为了这一组织，也不是为了它所追求的众多目标，那么，我们对于现代民主的思考，将仍然停留在旧制度术语的范围内。SDS 及其年轻的追随者使许多人深信，"参与式民主"是一个重要的理想。在那些对此笃信不疑的人当中，就包括诸如阿伦特和巴伯这样的著名政治学家，两人都将这样的理念吸纳到他们对民主政治思想的再研究之中。②

媒体与新闻产业

尽管从理论上说媒体是因着眼于追求"真相，真相至上"而被组织起来的，但事实上，它们不过是另一种形式的产业。因为它们必须定期和及时生产出一种产品，决定什么是新闻以及如何突出它，常常取决于最后的依据，而不是根据某种组织和策略

① 季特林的这种看法来自 Doris Graber，*Mass Media & American Politics*，6th ed.（Washington，DC：CQ Press，2002），182。

② 例如，参见 John McGowan，*Hannah Arendt：An Introduction*（Minneapolis，MN：University of Minnesota Press，1997）；and Benjamin Barber，*Strong Democracy*（Berkeley，CA：University of California Press，2001）。

的程序。新闻制作就是关于新闻机构如何工作和它们试图报道什么的全部内容。

媒体试图充当世界新闻的把关者角色。它们所报道的是它们认为是新闻的素材，作为公众的我们因此而相信同一件事情。媒体会对新闻进行设计和包装，要么置于日报的头版、晚间新闻的主要频道，要么像CNN或FOX提供的频道那样，每天持续报道。而多数记者都喜欢来一个漂亮的组合包装。

而且，在新闻发布过程中，某些人物对公众施加了极大的影响，他们不仅被公众视为另一种特约撰稿人或电视明星，而且被视为某种信得过的人。已经发现的这种信任元素，对于电视媒体的成功意义颇大。著名的电视记者沃尔特·克朗凯特（Walter Cronkite）多少年来一直被人们视为“最值得信任的美国人”，这既是一种恭维，同时也是对诸如尼克松总统这样的政治人物间接表示蔑视的一记掌掴。如今，在全国广播新闻中，新近推出的晚间新闻广播节目的主持人布赖恩·威廉姆斯（Brian Williams）和凯蒂·库里克（Katie Couric）等人，试图获得克朗凯特曾经拥有的那种影响。

当今有关新闻机构的研究也表明，它们在尽可能努力制作最好的、更客观的新闻的同时，越来越受到其经济实力的制约。大众媒体倾向于保持对利润和成本的关注，因而刊登文章或展示那些能够吸引消费者的东西。最近这些年，利润和成本问题已经带来了剧烈的变化，特别是对印刷媒体造成的压力。正如2006年秋《纽约时报》所报道的，“在最新的一个报告周期内，全国日报的发行量急遽下降……［持续着］数十年的下滑趋势”①。它们补充说，尤其是最近15年内，下降是最剧烈的。而且，由诸如AC尼尔森公司之类的机构根据用户使用率来对电视节目进行监控。人口统计资料对于广告商来说意义尤其重大，而当今的媒体比以往任何时候都更为关注人口统计资料。它们的受众足够年轻吗？面向一种性别而不是另一种，是不是带有太多的偏见？

大众媒体如今面对的是那些超越常规和自身日程安排的各种力量。例如，越来越多的记者所关注的是，新闻产业更多的是产业而不是新闻。皮尤“人与新闻”研究中心近期的一项研究发现，越来越多的记者担忧，其报道的质量和客观性正饱受利润与成本的制约之苦。在对美国547名记者采访的基础上进行的这项研究发现，66％的全国记者和57％的当地记者都认为，经济压力已经损害了新闻报道的质量。自1995年

① *The New York Times*，October 31，2006，C1.

以来，这些数字大幅攀升，当时分别有41%的全国记者和33%的当地记者都声称，成本压力正在产生负面影响。①

公众的媒体观和媒体敏感性

尽管我们已经看到了媒体是如何运行的，也了解了它们塑造我们世界观的方式，但是，它们实际上对我们的基本政治信念和政治观施加了多大的影响？它们如此强大，以致相对于其他力量，如我们的朋友和家庭等，具有压倒性优势吗？这一问题至关重要，而且，目前所有的证据都交织在这里。

早期有关选举和政治的研究表明，媒体对于人们投票方式的影响微乎其微。类似《投票与人们的选择》等1940年代有关选举的经典研究发现，正是诸如朋友和家庭成员等对人们的投票决定产生了更为重大的影响。② 无论男性还是女性，都倾向于投票支持他们生命中的重要人物——他们的妻子或丈夫，也有可能是他们的父母，甚至他们的亲密朋友。这种初期的证据，事实上有助于宣传这样的理念，即社会联系和社会网络代表的是影响人们思考政治以及政治行为方式的最突出因素。

此外，有大量研究显示我们对早期政治了解了什么以及世界倾向于对我们的基本政治观产生什么影响。③ 例如，社会学家曼海姆就曾指出，人们在同时代的同龄人——抑或我们现在所称的代际（如X一代）——中成长起来，而这样的一代容易受到重大事件的影响。④ 如越南战争，对于1960年代的成年人来说，就是这样一种重大事件。对于美国黑人来说，公民权利运动也是这样一种事件。人们的基本定位和态度

① The Pew Research Center for People & the Press, "Bottom-Line Pressures Now Hurting Coverage, Say Journalists," May 23, 2004.

② Paul Lazarsfeld, Bernard Berelson, and Hazel Gaudet, *The People's Choice* (New York: Columbia University Press, 1944).

③ 例如，参见Robert D. Hess and Judith Torney-Purta, *The Development of Political Attitudes in Children* (Garden City, NY: Doubleday, 1968); M. Kent Jennings and Richard G. Niemi, *Generations and Politics: A Panel Study of Young Adults and Their Parents* (Princeton, NJ: Princeton University Press, 1981)；另可参见Anthony M. Orum, ed., *The Seeds of Politics: Youth and Politics in America* (Englewood Cliffs, NJ: Prentice-Hall, 1972)。

④ Karl Mannheim, "The Problem of Generations," in Karl Mannheim, *Essays in the Sociology of Knowledge* (London: Routledge & Kegan Paul, 1952).

不可避免地受到此类事件的左右。此类事件对于政党选择以及政治世界中的人们倾向于自由还是保守的总体态度，留下了持久的印记。

其他研究则表明，家庭背景对于我们如何思考和勾勒这个世界，具有重大影响。孩子们在成长过程中常常像他们的父辈那样去思考，原因在于，这是一种直接学习，也是社会阶级的一种副产品。[①] 来自高收入家庭的孩子，享有诸如良好教育和其他资源等福利，这些东西使得他们具有与其父母同样的政治特点。换言之，家庭背景塑造着我们的世界观，而不仅仅是媒体发挥着这样的作用，无论它们看起来有多么强大。

尽管存在着这种证据，但是，正如我们在本书先前的章节中所看到的，在政治制度方面正发生着根本性变化，这使得我们面对大众媒体的影响显得极为脆弱。政党不再发挥它们一度曾拥有的影响。因此，越来越多的年轻人，日益将自己视为无党派选民。特别是有关议程设定的研究已经表明，无党派选民，即没有固定党派忠诚的人们，同样更容易受到媒体及其选择的影响。

新闻的未来与未来的新闻

无论从重塑全球经济还是从重塑媒体的视角来看，我们都生活在一个革命时代。印刷媒体正处于衰落之中。主要新闻机构的出售和破产，如 2005 年的奈特里德报业连锁集团的遭遇，可能是一个重大变化即将来临的先兆。而且，如上所述，越来越多的人，特别是年轻的一代，正转向互联网，借助各种网站来获取所需的新闻。

随后的重大变化有可能以公众互动以及利用互联网的方式降临。例如，2004 年总统大选期间，像 MoveOn. org 之类的网站，对候选人的前景产生了重大影响。民主党总统候选人霍华德・迪安（Howard Dean），通过互联网筹集了大笔资金，实际上所有这些资金都来自小额捐助——他声称，这使得他的候选人身份具有了普遍支持的印记。其他新奇事物，如博客，同样有可能在我们对待媒体事件的方式上导致戏剧性变化，尽管目前博客的法律地位仍悬而未决。

当然，这里所关注的最重要的一个问题在于，民主国家能够并且将要利用互联网

---

① 例如，参见 M. Kent Jennings and Richard Niemi，op. cit。

来促进民主的方式。互联网允许双向甚至多方对话，如同特殊的在线社区的发展。一些政治学家甚至已经指出，它不但能为人们提供一种新颖而强大的选举投票方式，而且使人们能就其他感兴趣的政治问题向政府表达自己的观点。① 所有这一切，为新形式的互动和新型社区的成长提供了无数的可能性。② 然而，与此同时，它也为监管互联网流量以及谁参与了特殊的实践活动的新方式，打开了方便之门。事实上，在不远的将来，民主国家最激烈的一场斗争将最有可能在要求公开性的各种力量与要求政府控制互联网使用的力量之间展开。

---

① 例如，参见 Caroline J. Tolbert and Ramona S. McNeal，"Unraveling the Effects of the Internet on Political Participation，" *Political Research Quarterly*，2003，56（2），175-185。

② 例如，参见 Barry Wellman and Caroline Haythornwaite，*The Internet in Everyday Life*（Oxford：Blackwell Publishers，2002）。

第十三章
政治参与和民主追求

引　言

将诸如此类冗长而复杂的教科书的线索联结起来，是一件很困难的事情。事实上，很多教科书完全放弃了这一过程，因为这代表着一种挑战。但是，政治社会学领域不只是，甚或不仅是有关抽象理论以及它如何适用于这个世界的研究。它同时还是一门学科，是由那些力图理解这个世界同时也希冀改变这个世界的人们所创立的。马克思这位最活跃的理论家，对此是最为清楚的，这体现在他有关费尔巴哈的著作中的简洁而著名的论断："哲学家们只是用不同的方式**解释**世界，问题在于**改变**世界。"①

所有的社会学家都像马克思一样，对于相同的目标都拥有相同的热情和指向。政治社会学如何帮助我们实现最终目的？我们深信，通过将注意力集中到现代世界的两个组成部分——参与和民主上，我们是能够做到这一点的。我们相信，两个组成部分构成了塑造以及重塑我们生活于其中的这个世界的所有努力的基础。事实上，两者不可避免地相互联结在一起：多数（尽管不是所有）民主理论使得这一点越来越清楚，即这样一种体系要求处于建构自己的社会和政治世界中的人们广泛而积极地参与。我们甚至可以声称，这样的参与对于民主本身的运行绝对是至关重要的。

在这里，我们应将对这两个核心问题的关注，集中于我们何以能够对这个世界施加影响。我们将详尽考察人们政治参与的本质和重要性。我们首先应在民主理论的背景下来考察政治参与。本章我们将对在第七章中首次介绍的一些思想和理念进行详细阐述。随后我们将对民主和参与面临的一些重大理论挑战进行思考，特别是对理性选择和行动理论提出的非常深刻的挑战进行探讨。正如近期出版的《政治社会学手册》所清晰阐释的，这些理论如今对构成众多政治社会学家著述和思考基础的全部思想和假设，都提出了实质性挑战。② 只有介入这些思想、考察其后果，才能在政治社会学

① Karl Marx, "Theses on Feuerbach," in Robert C. Tucker, editor, *The Marx-Engels Reader*, 2nd ed, (New York: W. W. Norton & Company, Inc., 1978), 145.（中文译文参见《马克思恩格斯选集》，2版，第1卷，57页，北京，人民出版社，1995。）

② Thomas Janoski, Robert R. Alford, Alexander M. Hicks, and Mildred A. Schwartz, eds., *The Handbook of Political Sociology: States, Civil Societies, and Globalization* (New York: Cambridge University Press, 2005), Introduction.

领域找到其有关世界的特殊观点和立场的坚实基础。

接下来，我们应转向对政治参与的经验研究，从细节上来展示我们对这种参与事实的了解。我们尤其要关注的是，什么样的政治参与方式使得社会各阶层在参与程度和种类方面存在明显的差异。因此，我们将展示参与如何因性别、种族以及社会阶级而发生变化。在这里，我们不仅应考察政治参与的人数和方式的变化，也要考察对于变化发生的原因的相互矛盾的解释。

最后，我们一方面要思考有可能推动公众参与的力量和因素，另一方面，也要考察制约参与的各种力量和因素。这里要特殊关注的是这样一种观点：与政治社会学中的多数思考相比，政治参与不仅被简单地视为一种志愿活动——由人们的愿望和目标所推动的，同样也是由特殊的动员机构（找不到更好的措辞来表达）开辟和指导的一种活动。以往社会学家对于参与的描述形成的印象是，人们好像只是在自身参与偏好的基础上进行选择。但是，政治学家很早就已经得知，人们不是简单地做出行动决定，而常常是在外部力量的鼓动下决定采取行动。事实上，我们随后要在社会学强调自发行动的意向与政治学强调动员的意向之间，搭建一座理论桥梁。[①]

那么，本章我们将考察人们在日常生活中有可能参与自治和社会生活所借助的途径。尽管我们所有人都那样做了，以家庭成员甚至朋友的身份，但是，在某种民主理论看来，我们也是作为大型社会参与型公民的一员参与政治活动的，这是非常必要的。正如帕特南等学者所指出的，正是在这样的公共角色中，我们必须介入相互之间的争论和交流，因为这才是民主真正所关涉的：就我们认为有意义——不仅对我们自己有意义，而且对我们的下一代以及子孙万代都有意义——的事情，进行平等的日常思想交流以及相互之间的对话。

民主理论与参与

民主理论是关于政府为了推动并贯彻实施其公民的意愿和目标而运行的一切内

---

① 这种经验已经在有关社会运动的文献中非常清晰地体现出来；事实上，这种文献有可能首次在有关政治的社会学研究中赋予动员机构一种决定性作用。

容。与非民主的形式相比——特别是威权政体和极权制度——民主国家建立在试图贯彻公众意愿的制度的基础之上。这样的制度包括国会或议院等元素，在国会或议院中，公众选举的代表为了公众的利益而参与争论并进行决策。

如今，不同派别的理论家力图强调的有关这些主题和元素的所有种类的变化都已经出现了。一些理论家强调自由选举的重要性，在这种选举中，公众能够不受惩罚地参与，并选择特定的候选人来代表其利益。其他理论家，如穆勒，意识到在大型社会所有人都直接参与的困难，因而强调代议制的重要性，以及代表们何以能以公平公正的方式来工作以贯彻公众的意志。①

然而，民主理论中也有一些成分是毋庸置疑的。其中最为重要的就是人们对自治的参与。在这一点上，没有人比亚伯拉罕·林肯（Abraham Lincoln）阐述得更为坦率或清晰了：民享、民治、民有。换言之，民主，如美国的民主，从根本上说，是一种制度，这种制度试图代表人民并促进他们的集体福祉。

一种经典的民主观及其批评者

卢梭的著作，在很多方面被视为有关现代民主的富有创造力的著述，它们清晰地阐释道，真正的民主是这样一种民主，即人民的意志通过政府的工作得到体现——而如果缺乏公众的参与，没有哪一个政府能被称作民主政府。人民的意志，意味着公众以一种公开而可见的方式做出集体判断。只有允许人们践行其个人意志并且他们的建议得到关注，才能真正称一个政府为民主政府。任何缺乏这种自由、公开而可见的（或公共的）行动的政府，至少在卢梭看来，是不能被称为民主政府的。②

那么，如何才能实现这样一种人民意志的表达呢？一些民主理论家指出，通过激进的公众集会和示威来表达人民的意志，不仅是不可能的，而且正如穆勒曾坚持的，同样也是相当滑稽和危险的。这里的寓意在于，如果在实践上允许人们自由地做出个人判断并付诸实践，而且每个人都开始那样做，其结果有可能是混乱的无序状态。像卢梭这样的近代批评家实际上已经断言，人们对政治工程的大规模参与，有可能导致

① John Stuart Mill, *Utilitarianism, Liberty and Representative Government*, Introduction by A. D. Lindsay (New York: E. P. Dutton & Company, Inc., 1951).

② *The Essential Rousseau*, translated by Lowell Bair (New York: New American Library, 1974).

危险的后果（见第六章）。事实上，这样的批评家似乎相信，只要加以限制，公众参与自治是一件很好的事情。

但是，为什么这样的参与会成为如此有害的东西呢？假如现代社会的范围既定的话，人们可以理解穆勒对于直接民主所持的保留意见，但是，如果允许所有人在其生活和自治中有所选择的话，又有可能出现什么问题呢？我们认为，批评家有关充分民主推理的缺陷，在于他们将想象与公众参与联系在一起。政治参与的批评者，如贝雷尔森等人，在其有生之年见证了与欧洲特别是纳粹德国法西斯政权的崛起联系在一起的邪恶与恐怖。他们似乎认为，广泛的公众参与，有可能变成与纳粹在举行臭名昭著的纽伦堡盛大集会期间精心安排的大规模游行和示威活动类似的那种东西。但是，政治参与，特别是包含民主制度——诸如议会，更重要的是自由和公开的选举——的政权中的政治参与，并不必然会变成由煽动家主导的集会。实际上，它是由此类批评家提出的一个十足的伪命题，其作用就是为他们自己的如下信念提供支撑：只要保证人们最低程度的参与，民主的运行就是健康的。

我们并不赞成诸如贝雷尔森或其他批评家的观点。我们和卢梭一样相信，当今民主的核心元素——事实上是民主的决定性因素——就是人民自由地参与治理和指导自身生活与命运的行动。这种参与对于维系民主政府和制度是至关重要的。如果人民不愿、拒绝抑或不能参与，就只能容忍政府官员采取促进自身利益并实现自身目标的行动。换言之，公众的参与为政府官员的行动设置了一道约束屏障。更有甚者，参与还为公众提供了借以向政府官员表达和阐述自身利益的途径。

为什么公众参与对于民主的运行是重要的

正如卡罗尔·佩特曼（Carole Pateman）和巴伯所指出的，人民参与公共生活，不仅对于民主制度的运行是件好事，对于公民本身也是好事。[1] 事实上，参与使得公民远离了其他消极议题。公共生活的参与，为人们提供了发展和表达他们自己有关政府性质应该是什么的观点的重要方式。它还为人们提供了一种发展技巧和提升自身能

---

① Benjamin R. Barber, *Strong Democracy: Participatory Politics for A New Age*, 20th Anniversary Edition with a New Preface (Berkeley, CA: University of California Press, 2003); and Carole Pateman, *Participation and Democratic Theory* (Cambridge, UK: Cambridge University Press, 1970).

力成效感的机会，正如许多有关政治行为的研究所展示的。确如巴伯所言，参与也是可以转化的：它激发了人们的潜能，并将这些能力转化为行动，转化为有助于推进其目标的活动。就其本质而言，参与也是一个公共的、可见的事件：它是人们共同做的某种事情，因而它也是人们不得不采取一致行动的一次机会。它还为人们提供了这样的机会：与他人分享和彻底检验其思想、得到反馈意见（包括批评）、再次系统阐述和重新组织其所思。简言之，参与是个人采取的与他人相联系的行动，因而正如卢梭所阐释的，一场公共活动为人们提供了一种公意。

然而，将参与完全浪漫化的做法是个十足的错误。如果民主政府的核心制度得不到适当巩固，参与就有可能被政府官员滥用。此外，必须建立代议制度，人民通过它来贯彻自己的意志。还必须在宪政基础上建立法律制度，以使某些程序和指导方针在实现公意中得到贯彻。这样的制度基础，对于民主的运行是极为重要的。但是，如果全体公众没有机会表达或采取行动来实现其信念、利益和理想，这些东西当然也就毫无意义。

总之，民主政府的必要条件，就是人民能够自由而平等地参与公共生活。缺少这一条件的任何东西，都不能称之为民主。正是由于现代民主运行的这一核心规则，诸如帕特南等观察家和其他许多人，如今才对像美国政府那样的政府的运行给予如此多的关注。正如所展示的，如果只有极少数人对政府和公共机构的运行表现出强烈的兴趣，而且只有相对少数人在全国大选中参加投票，那么，实际上我们还能称这样的制度是一种民主政府制度吗？

民主理论面临的一种挑战：理性选择

诸如卢梭以及稍后的巴伯和帕特南等人的民主理论，都建立在这样的假设基础上：公众参与无论对于民主政府的运行，还是对于公民的生活，都是非常重要的。对于政府来说，人民充分而积极的参与意味着，政府领导人——政府官员——能够了解其公民的需要和愿望。对于公民而言，正如巴伯所指出的，这种实际的参与是可以转化的：通过实际参与的魔力将他们的思想和愿望转化为共同从事的活动，并对政体的运行产生真正的影响。现在，对于人民的生活而言，如果参与既不可转化，也没有什么成效，其结果又会怎么样呢？

这些问题之所以会出现，是因为政治社会学特别是基于民主理论的社会学研究，面临着重大的思想挑战。1960 年代，一种新的理论开始在政治社会学家中深入人心。自此，它已经像野火一样蔓延，对于政治理论本身的许多假设甚至其理论基础构成了挑战。同时，它还对社会学的理论基础和许多原理提出了挑战。

理性选择与集体行动

有关理性选择或公共选择理论的一部开创性著作，是政治学家曼瑟尔·奥尔森（Mancur Olson）撰写的。[①] 奥尔森提出了一套理论来解释人们在追求“公共物品”过程中的集体行动的性质。这种公共物品包括诸如公园绿地、新的体育场馆、改善的高速公路系统等，以及其他不可分割的、由公众共同享有的此类物品。奥尔森坚持认为，只要人们相信他们的行动能够促进公共物品的获得，他们就有可能参与旨在获取此类物品的集体行动。

因此，他声称，人们倾向于参与小集团的活动，因为在此类团体中，他们将会意识到，其行动能够对决策结果产生重大影响。如果人们渴望建一座公园，而这样的事情只有在他们积极争取时才有可能发生——投票支持抑或为其提供物质支持——那么，任何个人或个人组成的小集团，都将积极加入并参与这样的努力。

但是，大多数企图获得此类公共物品的集体行动，历来会将一小部分人排斥在外。公共物品的概念是明确的：不可分割的且为社会成员共享的物品。而公众这一概念常常（如果不总是）包括各种各样从决策中受益的人。因此，奥尔森进一步推论：倾向于获得一般公共物品的集体行动，将使大多数人参与进来。果真那样的话，任何孤立的个体都将意识到，个人通过实际行动、花费时间，甚或提供物质贡献来进行参与，无论他付出多少，随着人数的增加，所获得的报酬将会减少。如果每个人都能从事态的进展中获益，如新公园的落成，那么，任何孤立的个人实际上都有可能克制自己的参与，因为不管他为新公园的建设做了多少，他都将受益。

---

① Mancur Olson, *The Logic of Collective Action: Public Goods and the Theory of Groups* (Cambridge, MA: Harvard University Press, 1971).

搭便车难题

奥尔森的论证，依据的是对个人及其行动选择的一种特殊思考方式。它假定，每个人都将计算其行动的成本和收益。如果集体行动的收益保持不变，对于任何公共物品都将如此，那么，个人的成本就将成为决定性因素。按照奥尔森的观点，在大规模集体行动中，个人将推断，即使自己不参与，也能享受公共物品，原因在于，还以新公园为例，所有公众都可以享受公共物品。因此，参与行动对他而言意义甚微；而且，实际上，由于有那么多人参与进来，一个人的行动不会对集体行动的整体结果产生什么影响。换言之，个人的参与不可能影响行动的结果。

其结果是，在大规模集体行动中，不存在对孤立的个人参与进行激励的因素。个人仍将从一种积极的后果中受益。奥尔森称之为**“搭便车”**（free rider）难题。换言之，社会成员仍能享受一个新的公共物品的福利，无论它是一座公园还是体育场馆，而不用自己付出时间或金钱成本。他们实际上成为这一成果的搭便车者。那么，问题就出现了——这是奥尔森提出的深奥议题：为什么孤立的个人应该参与旨在获得一项特殊物品的集体行动？如果个人也像奥尔森那样进行推理，那么，为什么人们还要参与追求公共物品的大规模集体行动？

在奥尔森和其他理性选择理论家的著作问世之前，社会学家们一直认为，个人将以自愿或自由选择能促进其利益的方式行动。进而言之，社会学家常常根据人们在社会运行过程中渴望追求的某种基本价值观或目标，来思考诸如此类的利益。他们很少——如果曾经有的话——求助于将适用于奥尔森假设的所有此类行动的人类理性模式。但是，奥尔森清晰地表明，如果我们从成本和收益的角度进行思考，个人将找不到合理的理由来追求任何旨在为了公共物品的集体行动。这样，我们面临的理论任务，就从解释自由选择基础上的个人行动的原因，转向了对组织、政府、社会运动以及其他集团如何促使人们为了更加广泛的公共项目而行动起来进行解释。

选择性激励

奥尔森建议，组织必须提供一系列**选择性激励**（selective incentives）措施，鼓励人们参与对于组织——无论是地方政府还是当地社区组织——具有特殊利益的行动。这种激励有可能包括诸如金钱等实际的物质利益，或简单的象征性利益，例如，和他人一起参与被视为对组织具有重大意义的纯粹娱乐活动。其他理性选择理论家采取了相似的推理方式，例如，他们指出，这是一种责任，或一种必须履行的相似职责，将会激励人们参与集体行动，其意义远远大于此类行动的相对成本和收益问题。①

对于自由而公开的民主的运行而言，奥尔森和其他理性选择理论家所提出的挑战是巨大的。② 他们实际上宣称，生活在民主制度中的人们，即使可以自由参与集体行动，如自由而公开的选举，也不可能是完全自由的：他们的思想和行动仍然受制于对行动成本和收益所作的评估。这样的思考看起来似乎是十分合理的，只要人们在日常生活中对于购买物品甚或对于与家庭成员共同从事的休闲活动进行相似的计算。

日常社会生活中的公众参与

有学者提出了与理性选择理论截然不同的论点。他们对理性选择理论提出质疑，否认政治参与对于个人和民主制度的潜在重要性。我们必须像政治社会学家那样，以这样的方式来证明参与的重要性：必须将这一概念带出由个人行动者所确定的简单的成本和收益范围。事实上，正如理性选择理论家所做的，我们必须将其视为像个人在日常生活中追求的其他东西一样、对于个人来说显而易见且自然而然出现的某种东西。就像理性选择理论家们援引经济生活中的一些特征一样，论证必须符合实际，为此必须援引人们所发现的围绕自己的日常社会生活的一些特征。

正如我们所看到的，主要的解决方案就是，必须使人们感觉到参与在其生活中是自然而然发生的，是他们日常生存环境的重要组成部分，对于他们的日常生活既是重要的，也是必不可少的。人们必须认识到，对公共事务和公共领域——实体空间和制

---

① John H. Aldrich, "Rational Choice and Turnout," *American Journal of Political Science*, 1993, 37 (1), 246-278. 这是应用理性选择理论模式分析选民投票率的一篇精彩文章，提供了有关理性选择理论模式本质的清晰阐释，与此同时，也对它们是否以及如何适用于分析集体行动，如投票，既包括个人的低成本，也包括低收益等，进行了分析。

② 关于这一问题，也可参见 Kay Lehman Schlozman, Sidney Verba, and Henry E. Brady, "Participation's Not a Paradox: The View from American Activists," *British Journal of Political Science*, 1995, 25 (1), 1-36。

度空间——的参与和介入，不是简单地强加于他们的某种东西。它似乎必须像在阳光明媚的早晨起床、像驾车上班、像遛狗散步一样舒适。公众的参与必须成为人们生活中理所当然的部分；与此同时，它也必须被人们感知到对于自己的生活是重要而必不可少的。

换言之，公共参与必须起因于人们日常生活的社会和文化环境。在古典民主理论中，正如汉娜·阿伦特和其他人所援引的，公民卷入公共事务，是因为公共领域是其生活的自然组成部分。[①] 如希腊人一样，即便公民身份只覆盖了人口的一小部分，但公民身份绝不单单是作为一种满足宪法义务的方式而强加于人们的。它如曾经般那样，仍然是人们颇感舒适的外表。也正因为如此，公共项目中的参与，如今也必须使民主国家的公民有相同的体验。它必须使人感觉到愉快和重要性所在，当超越成本和收益问题时，人们愿意去做。换言之，它变成了一种责任而不是让人感觉好像是一种负担。

那么，这种感觉如何才能出现？我们认为，它必须来自自然而然的社会运行，来自一个特殊社会的文化元素。在有关美国民主的精彩分析中，托克维尔指出了那些促使美国民主社会形成的各种特征。正如我们早些时候所论述的，这些特征中就包括美国人对各种社团和公共生活的积极参与。这一广泛领域就是人们所熟知的**公民社会**（civil society），是这个世界潜在的社会基础（见第五章）。但是，托克维尔进行了更为深刻的阐释：有助于将美国建成有效运转的民主社会的元素，是美国人的**习俗**（customs）——正如我们今天所说的美国文化的各种表现形式。美国人想当然地认为，正是这样一种文化元素在他们国家的运行中发挥着作用。

那么，为什么人们选择参与公共事务？其原因在于，人们感觉到，这种参与对于他们的做事方式来说，是完美而自然的。它是如此自然，以至于如果人们不参与的话，就会破坏他们自己的生活，就会破坏他们亲眼所见的生活秩序。就此而论，这当然是一种延伸的说法。事实上，许多观察家都指出，在像美国这样的国家中，我们这个世界正在朝着完全相反的方向运行——远离共享公共领域和公共关注的意识，而走向更严重的个人主义和孤芳自赏。[②]

---

① Hannah Arendt, "On Public Happiness," in *The Frontiers of Democratic Theory*, ed. Henry Kariel (New York: Random House, Inc., 1970), especially p. 5.

② 例如，参见 Richard Sennett, *The Fall of Public Man* (New York: W. W. Norton & Co., 1992)，以及许多其他人的著述。

尽管世界也许正朝着一个不同的方向发展，但是，在一个强调私有财产和私人算计的世界，其经济仍继续侵害着我们的生活；民主的承诺和希望在于，参与能够成为日常生活的必要组成部分。巴伯希冀借助不同的制度手段来改善其理论，但这种思路似乎在某种程度上过于理想化而显得不切实际。不过，我们不应只是简单地寻找实践环境，而应依据生活的本性去寻找那些参与发生且被赋予价值的真实的运行环境。一些国家在这方面做得比其他国家要好些。

公众的参与之于民主的运行和成功，是至关重要的，以至于我们不得不使它脱离简单的成本和收益计算。现在，我们试图转向对实际的政治参与进行实证检验，并试图发现有助于促使人们参与的社会环境和条件。这样的实证检验，必须使我们能够对有关具体条件有更加深刻而清晰的认识，这些条件能够促进公众的参与，而且——如果人们愿意重塑这个世界的话——必须提供这些条件以使公众有可能最大限度地参与。

政治参与和社会分层

民主理论强调参与的重要性，其目的在于使民族国家能够像民主社会那样运行。然而，理性选择理论家指出，对于人们参与公共项目各种条件的限制，还是真实存在的。那么，有关人们及其参与的经验世界，向我们揭示了什么样的参与条件呢？谁实际上参与了以及为什么参与？现在，我们就转而思考有关人们政治参与水平的一系列经验研究及其结果。大多数这样的研究结果来自对美国政治的研究，但是，也有一部分建立在对其他国家研究的基础之上。这样的结果都将有助于为公众参与的希望和可能性以及成功的民主追求提供一种实事求是的评价。

政治参与的比例和类型

在民主国家的公共活动中，人们以不同方式来进行参与，参与的程度也是不同的。一些人参与得很多：他们竞选政治官职，或积极参加政治选举，为他人当选捐助钱财和/或时间。多年来，有大量研究已经触及此类参与的细节，而且已经取得了一定的研究成果。

人们最普遍的行为，就是选举特别是总统选举中的投票行为。大约每两个登记选民中，就有一个会在选举中投票；与参与地方选举相比，更多的人热衷于在总统竞选中投票。通常只有 30%～40%的登记选民，实际上会在地方政府选举中投票。

但是，不同国家的选民的投票率和投票登记是有差异的。欧洲国家的投票率持续保持较高状态，部分原因在于欧洲的投票登记是自动进行的，政府定期对这些登记进行更新。① 而在美国，不同群体的投票登记比例差异很大。较富裕或受良好教育的人和进行登记的人数，高于穷人和受教育程度低的人数。登记比例上的这些差异如此显著和一致，以致近来不得不出台相关法律，以使人们更容易进行投票登记。②

虽然投票成为最普遍的政治参与方式，但在过去的几十年间，公民的投票率却处于下降之中。1960 年代，投票率还是相当高的：大约有十分之六的登记选民，在总统大选中参与投票。但随着时间的消逝，无论美国还是欧洲各国的投票率，均呈现出逐渐而持续的下降趋势。③ 许多研究都重复得出相同的结论，这种下降趋势已经成为许多研究民主的学者的大量话题和讨论的源泉。④ 稍后我们将对此进行深入探讨。

人们还有很多实际参与政治的方式。在有关这些问题的开创性研究中，政治学家西德尼·维伯（Sidney Verba）和诺曼·尼（Norman Nie）根据人们的参与类型来对人们进行分类。⑤ 例如，他们发现，人们有时候参与地方社区活动，而避免参加其他种类的政治活动。其他人则倾向于参加政治竞选，尤其是投身于投票之外的选举活动之中。针对一般公众，他们确定了几种参与类型：**消极投票者**（inactive），或对政治根本不积极的人（22%）；**投票专业户**（voting specialists），或只参加投票的人（21%）；**局部参与者**（parochial participants），或那些专门进行政治联系的人（4%）；**社区活动家**（communalists），或积极参与社区事务而较少参加竞选活动的人（20%）；

---

① Russell J. Dalton，*Citizen Politics：Public Opinion and Political Parties in Advanced Industrial Democracies*，3rd ed.（New York：Seven Bridges Press，2002），36-38；也可参见 Ruy A. Teixeira，*The Disappearing American Voter*（Washington，DC：Brookings Institution，1992），13-18。

② 关于这些努力的政治发展史，参见 Frances Fox Piven and Richard A. Cloward，*Why Americans Still Don't Vote*（Boston：Beacon Press，2000），特别是 Chapter 11。

③ Dalton，op. cit.，Chapter 3.

④ 例如，参见 Teixeira，*The Disappearing American Voter*，以及 Aldrich，"Rational Choice and Turnout" 中引用的讨论和许多精彩分析。

⑤ Sidney Verba and Norman H. Nie，*Participation in America：Political Democracy and Social Equality*（New York：Harper & Row Publishers，1972）.

竞选活动家（campaigner），或那些积极参加竞选活动而较少参与社区事务的人（15%）；**十足的积极分子**（complete activists）（11%）。其他重要研究倾向于巩固和确认这些相同的模式。①

社会阶级和参与

政治参与并不是均衡地发生于所有集团和阶层的成员之间。事实上，某些特殊的社会差异会反复出现在有关参与的经验研究中，而且其中最核心的差异与社会阶级和参与比例都有关系。

事实上，维伯和诺曼·尼在其研究中首次提出了一种基于阶级差异的基本参与模型。这种模型明显而清晰地表明，上层社会阶级成员的政治参与比例远远高于下层社会阶级成员的参与比例；抑或换一种说法，在参与的可能性与个人所处的社会阶级等级之间，存在着一种正相关。② 维伯和诺曼·尼指出，在参与建立在一系列分离的活动如参加竞选和地方事务等情况的基础上，这种模型有助于解释整体参与比例的差异。但它也适用于每一种特殊的参与类型。例如，一个人的社会阶级背景越是高级，他就越有可能参加总统大选的投票。

我们还得知，社会阶级是由不同元素组成的。特别是有关社会阶级的一般研究，形成了这样的措施：按照诸如受教育水平、职业类型以及家庭年收入等对人们的等级进行组合。这些措施实际上就是衡量一个人社会经济地位的方法。所有这些措施，如果分别进行考虑的话，再一次揭示出基本结果相同的模型：例如，一个人的年收入越高，他就越有可能参与政治。

然而，在这三种元素中，一个人的受教育程度是最为重要的因素。③ 换言之，与家庭收入或职业相比，正是教育因素导致参与——特别是投票——的可能性出现了更大的差异。

例如，表 13－1 揭示了 1996 年总统大选中这种投票率模型。其他研究则提出了与

① Lester W. Milbrath and M. L. Goel, *Political Participation: How and Why Do People Get Involved in Politics?* (Chicago: Rand McNally, 1977); and Sidney Verba, Norman H. Nie, and Jae-On Kim, *Participation and Political Equality: A Seven-Nation Comparison* (Chicago: University of Chicago Press, 1978).

② Verba and Nie, op. cit.

③ 例如，参见 Dalton, Chapter 3。

此近乎相同的模型。[①] 值得注意的是，一般而言，当被调查对象的受教育程度提高时，投票率也会提高。换言之，当人们获得更多的教育时，会有更多的人参加投票。在此表中，没有读完中学的人们与至少受过大学教育的人们之间的差异，是极为显著的。政治学家雷蒙德·沃尔芬格（Raymond Wolfinger）和史蒂文·罗森斯通（Steven Rosenstone）指出，教育会对人们产生许多重要影响：提高人们的认知能力，由此而提高人们理解政治的能力；增进人们的公民义务和责任感；帮助人们解决在投票登记以及投票过程中遇到的特殊程序问题。

表 13-1　　1996 年总统选举投票中的教育因素

受教育程度	未投票	投票	个案人数
小学或以下	46%	54%	411
上过中学	53%	47%	776
中学毕业	34%	66%	2 228
上过大学	29%	71%	2 103
大学毕业或以上	14%	86%	896
个案人数	2 095	4 319	6 414

资料来源：American National Election Studies University of Michigan，Ann Arbor。

有关政治参与的一项最佳研究，是由维伯、凯·莱曼·施洛茨曼（Kay Lehman Schlozman）以及亨利·布雷迪（Henry Brady）等人完成的。[②] 它对这些问题进行了更为深入的探讨。维伯和他的同事提出了一个特殊而简明的政治参与理论，即“公民志愿主义模式”。他们指出，公民之所以能够参与政治，建立在三个核心因素的基础之上：**资源**（resources），如可用的时间；**支持**（engagement），如对政治的心理兴趣；**征募**（recruitment），或与政党和其他组织之间的联系。每一个因素各自都促进了参与的可能性，但在他们看来，资源也许是三个因素中最重要的。而且，所谓的资源不仅仅是指时间一类的东西，还包括精力以及钱财等。

该理论是一套综合理论，它提供了一种充分而令人满意的方式，来解释人们参与政治的兴趣和能力之间的差异。它对于捕捉社会阶级中存在的差异，是极其有用的。

---

① Raymond E. Wolfinger and Steven J. Rosenstone, *Who Votes?* (New Haven, CT: Yale University Press, 1980).

② Sidney Verba, Kay Lehman Schlozman and Henry E. Brady, *Voice and Equality: Civic Voluntarism in American Politics* (Cambridge, MA: Harvard University Press, 1995).

上层阶级的人们显然享有其他阶层的人们不曾拥有的大量优势：他们有更多的时间、更多的金钱以及受过更多的教育。这再一次说明，正是教育因素导致了所有这些差异，其原因在于

> 最初的特权环境对于受教育程度产生了影响，反过来，后者也对几乎每一个其他参与要素的获得——在工作中、在组织内或者较小程度上在教堂里获得的技能；政治参与心理；展示行动的要求——都产生了影响。①

稍后，当考虑有可能使人们参与政治的机会得到提高的方式时，我们将再次对这一特殊的发现进行探讨。

性别与参与

在像美国这样的国家中，男性和女性参与政治的比例始终是不一样的。正如我们在第七章所指出的，从某种程度上说，这些都是历史事实，并且符合政治实际。直到1920年，美国宪法第19条修正案通过之后，女性才获得了选举权。然而，即使在该修正案通过之后，参与政治的女性人数也少于男性。

例如，维伯和诺曼·尼就发现，总体上看，女性参与政治的比例低于男性。② 在随后的研究中，维伯及其同事发现，的确存在着性别差异，但远非先前的研究中所显示的那么显著。③ 事实上，与其他证据结合起来看，近几十年来，似乎男女政治参与的整体比例之间的性别差异一直处于下降之中。④

撇开这些简单的参与指标不说，实际上，最近这些年，女性越来越多地卷入了政治官职的竞争并赢得胜利。尽管在当今的美国国会中，女性仍然占据少数，但她们与男性之间的差距正在缩小。到2006年晚些时候，就在中期选举之前，13名女性（10名民主党人和3名共和党人）在美国参议院供职，同时有61名女性（43名民主党人和18名共和党人）拥有众议院席位。4名参议员和7名众议员开始了她们在国会中的

---

① Verba，Schlozman and Brady，p. 514.

② Verba and Nie，op. cit.

③ Verba，Schlozman and Brady，op. cit.

④ M. Margaret Conway，Gertrude A. Steuernagel，and David W. Ahern，*Women and Political Participation：Cultural Change in the Political Arena*，Third Edition（Washington，DC：CQ Press，2005）.

首届任期。

尽管社会阶级差异能够通过人们拥有的资源和精力来进行解释，但是，解释性别差异却是一件相当复杂的事情。它不会沦落为一个简单的资源问题。[①] 正如我们所指出的，部分差异可以通过各种法律来得到解释，这些法律阻止女性像男性一样充分参与政治。但是，也可以通过其他途径来解释这些差异，尤其是那些在女性被赋予选举权之后仍然存在的差距。

一些理论家指出，结构性环境的存在，一直使得女性参与成为更加困难的事情。正如一些女权主义者所指出的，从某种程度上说，也许存在着一种男性关系网，它有可能限制了女性的各种政治参与。从另一种角度说，也许越来越多的女性作为双职工家庭的一部分加入劳动力大军时，女性所肩负的责任——包括养育子女和支撑家庭——简单地加倍了，并且变得越来越艰难。[②]

一个更为可能的分析思路，就是为男女在各自成长和社会化方面的性别差异寻找一种解释。1960 年代的早期研究发现，男孩和女孩的成长经历不同，导致他们日后对政治的兴趣和关注存在差别。例如，男孩有可能在战事新闻方面表现出比女孩更大的兴趣，这种兴趣本身就与政治有密切的关联。[③] 最近的研究表明，这种童年和早期经历，也许是解释性别差异的关键之所在。南希·伯恩斯（Nancy Burns）和她的同事，在有关性别政治的起源的令人印象深刻的研究的结论部分指出："我们看到，从心理上看，女性参与政治的可能性小于男性：对政治的兴趣较小、对政治的了解要少、对政治的敏感性要低。这种态度上的欠缺，带来了巨大的行动上的性别差异。"[④]

种族、族群与参与

种族和族群与阶级和性别一样，对人们参与政治的可能性有着巨大影响。特别是

---

① Nancy Burns，Kay Lehman Schlozman，and Sidney Verba，*The Private Roots of Public Action：Gender，Equality，and Political Participation*（Cambridge，MA：Harvard University Press，2001）.

② 但是，伯恩斯、施洛茨曼和维伯几乎没有发现有关这种结构性解释的证据。

③ Fred I. Greenstein，*Children and Politics*（New Haven，CT：Yale University Press，1969）；Robert D. Hess and Judith V. Torney，*Development of Political Attitudes in Children*（Garden City，NY：Doubleday Anchor，1968）.

④ Burns，Schlozman，and Verba，op. cit.，p. 360.

在美国，有大量关于非洲裔美国人、拉丁裔美国人和白人参与的差异和比例的研究。其中大部分研究，始终致力于揭示黑人和白人之间的差异。①

很显然，已有的研究表明，黑人的政治参与比例低于白人。表 13－2 所提供的数据，来自维伯、施洛茨曼以及布雷迪的研究。例如，需要注意的是，非洲裔美国人的投票意向弱于白人，而在三个群体中，拉丁裔美国人是政治上最不活跃的群体。总体上看，拉丁裔美国人政治行为的低参与率，与来自其他研究的大量发现是一致的。②

表 13－2　　美国各种族政治行为（积极参与百分比，%）

政治行为	盎格鲁白人	非洲裔美国人	拉丁裔	拉丁裔公民
投票	73	65	41	52
竞选工作	8	12	7	8
竞选捐助	25	22	11	12
联系	37	24	14	17
抗议	5	9	4	4
非正式社区活动	17	19	12	14
管理层成员	4	2	4	5
隶属于某政治组织	52	38	24	27

资料来源：Sidney Verba，Kay Lehman Schlozman and Henry E. Brady，*Voice and Equality*，Harvard University Press，1995。

一项有关黑人和白人政治参与差异的早期研究发现，由于受社会阶级所控制，黑人的政治参与感比白人更强烈。也就是说，与相应的白人阶级相比，黑人更倾向于积极参与政治。有多种旨在说明这种差异的解释，其中最流行的解释就是，族群社区的力量有助于激励黑人参与政治并提高他们的政治参与率。③ 然而，最近的一些研究对这种解释提出了质疑。④

近年来最重要的一项发现，出自劳伦斯·博博（Lawrence Bobo）和小富兰克

① 有关这种研究的大量文献，可以在以下文章中找到：Jan E. Leighley and Arnold Vedlitz，"Race，Ethnicity，and Political Participation：Competing Models and Contrasting Explanations，" *The Journal of Politics*，1999，61（4），1092－1114。

② 例如，参见 M. Margaret Conway，*Political Participation in the United States*（Washington，DC：CQ Press，2000），31；也可参见 Rodolfo O. de la Garza et al.，*Latino Voices：Mexican，Puerto Rican and Cuban Perspectives on American Politics*（Boulder，CO：Westview Press，1992）。

③ Marvin E. Olson，"Social and Political Participation of Blacks，" *American Sociological Review*，1970，35（4）：682－697.

④ Leighley and Vedlitz，op. cit.

林·吉列姆（Franklin Gilliam，Jr.）的研究。① 他们指出，当地的参与环境对非洲裔美国人的政治参与产生了深刻影响。事实上，他们发现，在黑人掌权的城市，黑人更加积极，其参与的比例高于处于相应社会经济地位的白人。换言之，他们指出，在这种情况下，黑人已经超越了单纯的政治行为来扩展并建立他们自己的政治资源。② 其他研究也强调了背景和组织、特别是宗教组织，对非洲裔美国人的政治参与施加的重要影响。③

对于拉丁裔美国人而言，大多数研究已经表明，拉丁裔、尤其是墨西哥移民——美国最大的拉丁裔群体——比白人和黑人的参与率都低。拉丁裔美国人在参与程度方面的一些差异，可以归因于他们与黑人和白人相比，在可以利用的资源方面存在的种种差异。也就是说，既然许多拉丁裔美国人处于较低的社会阶层，缺少可用于行动的金钱和时间等资源，他们当然会比白人缺乏参与。但是，还有其他因素能够抵消那些资源上的差异。特别是黑人和拉丁裔美国人参加教会的活动，似乎为较高水平的兴趣和行动提供了一种重要激励。而且，诸如语言等其他元素——可以促进更加强烈的群体认同感，进而提高对组织活动的兴趣——也能以同样的方式提高并助益拉丁裔美国人的参与比例。④

小　结

我们已经看到，人们在政治参与的方式和比例方面存在着一些重要差异。对民主的追求也许要求每个人拥有积极参与政治的机会，但是，除非消除了某些群体从事参与活动的障碍，否则的话，由阶级、性别和族群所导致的差异仍将有可能得以延续。怎样才能营造公平的政治竞争环境？能做些什么呢？现在我们就转而思考一些有可能并且实际上已经实施的策略。

---

① Lawrence Bobo and Franklin Gilliam，Jr.，“Race，Sociological Participation，and Black Empowerment，” *American Political Science Review*，1990，84（2），377-393.

② Ibid.，p. 387.

③ 例如，参见 Frederick C. Harris，“Something Within：Religion as a Mobilizer of African-American Political Activism，” *The Journal of Politics*，1994，56（1），42-68；Doug McAdam，*Political Process and the Development of Black Insurgency：1930－1970*（Chicago：University of Chicago Press，1982；1999）；and Aldon D. Morris，*The Origins of the Civil Rights Movement：Black Communities Organizing for Change*（New York：Free Press，1984）。

④ Verba，Schlozman and Brady，op. cit.，492-495.

在追求民主中促进政治参与

由布什领导的美国政府发动了伊拉克战争，企图将民主带到该地区。尽管美国政府颠覆了萨达姆政权，但是，建立民主的努力却始终是艰难的。许多观察家都曾持有这样的看法。实行民主不只是创建一个（傀儡）政府——由民选官员和民主机构（如议会）组成，而首先应该是建立这样一个政府：只有当它建立在坚实的社会文化基础之上，它才能够得以运转。最为重要的，它必须在其运行和协商过程中，允许并鼓励广泛的公众参与。

我们已经看到，即使在那些拥有支持和鼓励参与机构的西方国家，也存在着阻止这种参与的种种障碍。正如理性选择理论家告诫我们的，人们不会自愿地参与保障重大公共项目的努力，无论它们是什么。大多数人只会简单地得出结论：他们的努力所要求的时间和金钱成本太高，他们还需要时间去做更重要的事情。进而言之，正如我们所看到的，所有的事实都表明，一些群体只是缺乏参与的资源和/或机会，这一点是超越了理性选择理论家的诟病的。

那么，考虑到这些难题，我们还可以采取多种策略。正如政治学家弗朗西斯·福克斯·皮文（Frances Fox Piven）和理查德·克洛沃德（Richard Cloward）所宣称的，克服许多人参与的主要障碍是一件简单的事情：许多人既无时间也无机会进行投票登记，因此，他们干脆就不参加了。① 其结果是，在皮文和克洛沃德的力促下，美国通过了一项主要法律——1993 年的《全国选民登记法》，为人们提供了进行选民登记的更为便利的渠道。这些结果始终是令人鼓舞的。然而，正如皮文和克洛沃德所指出的，新的法律尚未让所有抑或许多无法参与的人参加进来。而且，即使选民登记有所增加，选民的投票率也仍然处于下降之中。

另一种是从结构角度进行分析给出的答案，隐藏在社会秩序的基础之中。那些参与者与未参与者之间存在的一个主要的结构性差异，在于他们接受教育培训即学校教育的程度。受过更多教育的人们，可能有更多的机会来发展有利于他们参与的技巧。

---

① Frances Fox Piven and Richard A. Cloward, *Why Americans Still Don't Vote* (Boston: Beacon, 2000).

其中一些技巧是很简单的，如了解登记的程序机制。但是，其他技巧却是较艰深的，如具有与众多人进行交流的能力，对于那些有意愿的人而言，具有掌控和融会贯通有关政治和公共领域重要事实的能力。

伴随着试图弥补教育赤字而来的难题，与任何主要结构性障碍带来的难题一样，在于这些赤字是一系列有利和不利因素日积月累的结果。有良好教养的公民，必定来自父母受过良好教育的家庭。

这种家庭拥有许多特权和资源，这些东西是那些缺少良好教育的人们所在的家庭享受不到的。收入——虽然没有投票率和参与那么重要，但总的看来，它像教育一样，可能有助于减少差异。但是，在诸如美国这样的国家，任何试图缩小富人和穷人之间经济差距的努力都面临着巨大的障碍。事实上，在过去的 10～15 年间，美国最富裕群体与最贫困群体之间的收入不平等，变得比以往任何时候都更为显著。

也许，可用来向更多的人开放政治参与舞台的最为重要的和可接受的策略，就在于通力合作去动员那些通常不参加选举或其他政治活动的人们。罗森斯通和马克·汉森（Mark Hansen）的一项主要研究证明，理解政治参与根源和起因的常规方法，只有一半是正确的。[①] 他们坚持认为，正如奥尔森和其他理性选择理论家所主张的，参与不只是人们自由而公开的选择的一个简单结果。事实上，他们指出，当组织使用直接而协调一致的方式去吸引选民或从事另一种类型的政治运动时，实际上政治参与的比例就会提高。换言之，动员是参与过程——由此成为为实现民主而作出的更广泛的努力——的核心，正如对个人自愿选择的依赖一样。事实上，这一点是极为重要的，因为它有助于抵消诸如一些人所面临的教育赤字抑或穷人所面对的资源匮乏等不利影响。[②]

最后，我们在这里再次指出，为了使参与深入人心，必须将其视为人们真实生活的一种自然而重要的延伸。只有当人们相信，政治参与是其日常社会生活的基本组成部分时，人们才会参与政治。尽管实现这一点也许很难，但是，必定有某种类似参与的文化迫切性的东西，这种东西是从人们习惯了的日常生活环境中流露出来的。我们深信，政治社会学能够灌输给我们的有关当今世界民主追求的经验和教训，在本质上是最为重要和最为深刻的。

---

① Steven J. Rosenstone and John Mark Hansen，*Mobilization，Participation and Democracy in America* (New York：Macmillan，1993).

② Piven and Cloward，ibid.，Chapter 12.

图书在版编目（CIP）数据

政治学与社会：第5版/（美）奥勒姆，（美）戴尔著；王军译. —北京：中国人民大学出版社，2017.4

（人文社科悦读坊）

ISBN 978-7-300-22372-8

Ⅰ.①政… Ⅱ.①奥…②戴…③王… Ⅲ.①政治学与社会-教材 Ⅳ.①D0

中国版本图书馆CIP数据核字（2016）第005087号

人文社科悦读坊

政治学与社会（第五版）

［美］安东尼·M. 奥勒姆（Anthony M. Orum）
　　　约翰·G. 戴尔（John G. Dale）　著

王军　译

Zhengzhixue yu Shehui

出版发行	中国人民大学出版社		
社　　址	北京中关村大街31号	**邮政编码**	100080
电　　话	010－62511242（总编室）		010－62511770（质管部）
	010－82501766（邮购部）		010－62514148（门市部）
	010－62515195（发行公司）		010－62515275（盗版举报）
网　　址	http://www.crup.com.cn		
	http://www.ttrnet.com（人大教研网）		
经　　销	新华书店		
印　　刷	北京中印联印务有限公司		
规　　格	185 mm×260 mm　16开本	**版　　次**	2017年4月第1版
印　　张	20.25 插页2	**印　　次**	2017年4月第1次印刷
字　　数	314 000	**定　　价**	58.00元

东亚大局势：日本的角色与东亚走势
[美] 彼得 ·J. 卡赞斯坦　[日] 白石隆

谁在反对美国
[美] 彼得 ·J. 卡赞斯坦　罗伯特 ·O. 基欧汉

大国博弈（第六版）
[挪威] 盖尔 · 伦德斯塔德

政治学的思维方式
[英] 安德鲁 · 海伍德

政治的常识（第三版）
[英] 安德鲁 · 海伍德

政治学与生活（第 12 版）
[美] 迈克尔 ·G. 罗斯金 等

政府未来的治理模式
[美]B. 盖伊 · 彼得斯

官僚制内幕
[美] 安东尼 · 唐斯

政治学与社会（第五版）
[美] 安东尼 · M. 奥勒姆　约翰 · G. 戴尔

全球秩序的崩塌与重建
[英] 安德鲁 · 赫里尔

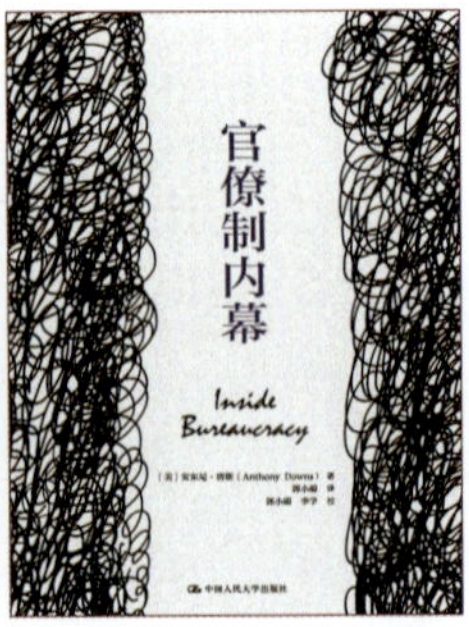